Ulrike Herrmann
Kein Kapitalismus ist auch kei

CW01645535

PIPER

Zu diesem Buch

Zum Dogmatismus der Mainstream-Ökonomie gehört, dass sie die wichtigsten Theoretiker ihres eigenen Fachs einfach ignoriert. Adam Smith, Karl Marx und John Maynard Keynes werden an den Universitäten kaum, verzerrt oder gar nicht mehr gelehrt. Dabei haben diese Theoretiker ihre Disziplin begründet und umgewälzt. Auch andere Ökonomen waren wichtig, aber nur diese drei haben die Koordinaten ihres Faches jeweils neu definiert. Ohne sie gäbe es die moderne Volkswirtschaftslehre nicht.
Doch Mainstream-Ökonomen tun gern so, als wären Smith, Marx und Keynes »überholt« und nur noch Gespenster der Geschichte. Dabei wird der beliebte Trick benutzt, dass automatisch als »modern« gilt, was in der Gegenwart verfasst wird. »Heutig« ist, was heute entsteht. Doch diese Tautologie verdeckt, dass sich in der Ökonomie ein beispielloser Vorgang abspielt: Die meisten Theoretiker sind direkt in eine Art fiktives Mittelalter zurückgekehrt.
Die heutige Ökonomie tut so, als wären Smith, Marx und Keynes gestrig – dabei halten sie sich selbst im Vorgestern auf.

Ulrike Herrmann arbeitet als Wirtschaftskorrespondentin bei der *taz,* sie ist regelmäßiger Gast im Radio und im Fernsehen. Herrmann ist ausgebildete Bankkauffrau und hat an der FU Berlin Geschichte und Philosophie studiert. Zuletzt erschienen bei Piper im Taschenbuch ihre Bestseller »Hurra, wir dürfen zahlen« und »Der Sieg des Kapitals«.

Ulrike Herrmann

KEIN KAPITALISMUS IST AUCH KEINE LÖSUNG

Die Krise der heutigen Ökonomie oder
Was wir von Smith, Marx und Keynes lernen können

Stagflation – (217)
= keine Inflation mitten in einer Rezession
1975 G.B.

Monetarismus erklärt
S. 220

Derivate:
222–223

PIPER

Mehr über unsere Autoren und Bücher:
www.piper.de

Von Ulrike Herrmann liegen im Piper Verlag vor:
Hurra, wir dürfen zahlen
Der Sieg des Kapitals

MIX
Papier aus verantwortungsvollen Quellen
FSC® C083411

Aktualisierte Taschenbuchausgabe
ISBN 978-3-492-31159-5
Piper Verlag GmbH, München 2018
Juni 2018

Umschlaggestaltung: zero-media.net, München; nach einem Entwurf von Buchgut, Berlin
Satz: Piper Verlag GmbH, München
Gesetzt aus der Charter
Druck und Bindung: CPI books GmbH, Leck
Printed in the EU

Für die Studierenden der Ökonomie

Mein ganzer Dank geht an Daniel Haufler und Andrew James Johnston, dass sie auch dieses Buch so gründlich durchgesehen haben. Zudem war es Andrews Idee, dass ich doch über Smith, Marx und Keynes schreiben könnte.

Inhalt

1 Einleitung: Die Krise der heutigen Ökonomie

Warum sind die Reichen reich und die Armen arm? Wie funktioniert Geld? Woher kommt das Wachstum? Wann kommt es zu Wirtschaftskrisen? Wieso gibt es Arbeitslosigkeit? Schon Kinder stellen diese Fragen – aber die Ökonomen können sie nicht eindeutig beantworten. Oft ignorieren sie diese Fragen sogar und schrauben lieber an mathematischen Modellen, die mit der Realität nichts zu tun haben.

Die Ökonomie steckt in der Krise. Selbst Laien fällt auf, dass die herrschenden Wirtschaftstheorien nicht stimmen können. Die britische Königin Elisabeth II. regiert seit mehr als 65 Jahren, aber denkwürdige Zitate hat sie kaum geliefert. Eine Frage ist jedoch in Erinnerung geblieben, die sie nach dem Finanzcrash 2008 stellte: »Wie konnte es passieren, dass niemand diese Krise vorhergesehen hat?«

Nicht weniger legendär ist die Antwort der britischen Ökonomen. Sie gaben in einem dreiseitigen Brief zu: »Um die Sache zusammenzufassen, Ihre Majestät; hier hat die kollektive Vorstellungskraft vieler kluger Menschen versagt.«[1]

Nicht nur die Queen wundert sich, warum »viele kluge Menschen« keine besseren Theorien produzieren. Auch Kanzlerin Angela Merkel kann mit vielen Ratschlägen nichts anfangen, die sie von Wirtschaftswissenschaftlern erhält. Im Sommer 2014 war sie nach Lindau eingeladen, wo sich die Nobelpreisträger für Ökonomie trafen. Die Kanzlerin schonte die Herren nicht. Höflich, aber bestimmt warf sie ihnen vor, einen absurden Wahrheitsanspruch zu vertreten. Die Ökonomen sollten »die Ehrlichkeit haben, die Fehlerquoten oder die Unschärfen anzugeben, wenn man es nicht ganz genau weiß«.[2]

Leider sitzen die Wirtschaftswissenschaftler nicht isoliert in einem Elfenbeinturm, wo sie keinen Schaden anrichten können. Im Gegenteil, sie sind so mächtig wie keine andere Disziplin. Sie gehören zu den obersten Politikberatern und sind in allen Expertengremien vertreten. Es ist nicht übertrieben: Die Irrtümer der Ökonomen kosten nicht nur Milliarden, sondern sogar Menschenleben.

Selbst berühmte Volkswirte sind inzwischen überzeugt, dass ihr Fach mit einer rationalen Wissenschaft nichts mehr zu tun hat, sondern sich in quasi-religiöse Sekten zerlegt, die doktrinäre Glaubenssätze verbreiten. So stellte der US-amerikanische Ökonom Paul Romer auf seinem Blog fest: »Die Ökonomie funktioniert nicht mehr, wie es bei einer wissenschaftlichen Disziplin üblich sein sollte. Dieses Problem scheint sich zu verschärfen.« Und er warf seinen Kollegen vor, »wie auf einem inter-religiösen Treffen« nur noch »Dogmen zu rezitieren« und dafür »andächtige Stille« zu erwarten.[3]

Enttäuscht ist auch der Nachwuchs. Viele Studenten ahnen, dass ihnen die Volkswirtschaftslehre ein Zerrbild der Wirklichkeit vermittelt. Sie haben sich in einem *Netzwerk Plurale Ökonomik* zusammengeschlossen, um die einseitige Lehre zu reformieren. Denn in ihrem Studium kommen wichtige Themen nicht vor. Sie lernen nichts über das Geldsystem und auch nichts über die Wirtschaftsgeschichte. Stattdessen wird nur eine einzige Theorie gelehrt: die sogenannte *Neoklassik*, die vor allem auf mathematische Modelle setzt.

Es gehört zu den Wundern der Mainstream-Ökonomie, dass sie unbeirrt an ihren Dogmen festhält, obwohl mehrere Finanzkrisen gezeigt haben, dass diese Modelle nicht stimmen können. Doch die Neoklassik hat sich unangreifbar gemacht – indem sie den Markt der Lehrbücher beherrscht. Wer die Studenten in den ersten Semestern prägt, muss sich um seine Anhänger nicht mehr sorgen. Die Theorieschlacht ist gewonnen.

Zum Dogmatismus der Mainstream-Ökonomie gehört, dass sie die wichtigsten Theoretiker ihres eigenen Faches einfach ignoriert. Adam Smith, Karl Marx und John Maynard Keynes werden an den Universitäten kaum, verzerrt oder gar nicht mehr gelehrt. Dabei haben diese Theoretiker ihre Disziplin begründet und umgewälzt. Auch andere Ökonomen waren wichtig, aber nur diese drei haben die Koordinaten ihres Faches jeweils neu definiert. Ohne sie gäbe es die moderne Volkswirtschaftslehre überhaupt nicht.

Doch Mainstream-Ökonomen tun gern so, als wären Smith, Marx und Keynes »überholt« und nur noch Gespenster der Geschichte. Dabei wird der beliebte Trick benutzt, dass automatisch als »modern« gilt, was in der Gegenwart verfasst wird. »Heutig« ist, was heute entsteht. Doch diese Tautologie verdeckt, dass sich in der Ökonomie ein beispielloser Vorgang abspielt: Die meisten Theoretiker sind direkt in eine Art fiktives Mittelalter zurückgekehrt. Die heutige Ökonomie tut so, als wären Smith, Marx und Keynes gestrig – dabei halten sie sich selbst im Vorgestern auf.

In der Ökonomie hat sich eine Schule durchgesetzt, die ihre Modelle so konstruiert, als würde die Wirtschaft nur aus Tauschhandel bestehen und als hätte es die Industrialisierung nie gegeben. Es mag ungeheuerlich klingen, aber die meisten Volkswirte haben keinen Begriff davon, was es bedeutet, in einem voll ausgereiften Kapitalismus zu leben, in dem Großkonzerne herrschen und Banken das Geld aus dem Nichts schöpfen. Daher sind diese Ökonomen stets so verblüfft und überfordert, wenn es zu Finanzkrisen kommt.

Die Irrwege der Mainstream-Ökonomen lassen sich jedoch nur verstehen, wenn man die Alternativen kennt: also Smith, Marx und Keynes. Wie alle Theoretiker waren sie Kinder ihrer Zeit, so dass manche ihrer Ideen durch die historische Entwicklung widerlegt wurden. Aber anders als die heutigen Ökonomen haben sie die wesentlichen Fragen gestellt – und sich in der realen Welt umgesehen. Deswegen sind ihre Analysen noch immer aktuell, und selbst ihre Irrtümer verraten mehr über den Kapitalismus und seine dynamische Geschichte, als es die Theorien der Mainstream-Ökonomen jemals könnten.

Der Titel meines Buchs ist also durchaus ironisch gemeint: *Kein Kapitalismus ist auch keine Lösung* zielt direkt auf Mainstream-Ökonomie, die noch immer so tut, als könnte man sich in die heile Welt der kleinen Wochenmärkte zurückziehen, wo nur Äpfel und Birnen gehandelt werden.

Aber natürlich spielt der Titel auch darauf an, dass es nicht so einfach ist, den Kapitalismus abzuschaffen – eine Erfahrung, die schon Marx machen musste. Der Kapitalismus ist ein totales System, das nicht nur die Wirtschaft, sondern alle Lebensbereiche durchdringt. Aber genau deswegen ist er so spannend. Das Abenteuer namens Kapitalismus lässt sich am besten erfahren, wenn man seine klügsten Theoretiker kennt. Also Smith, Marx, Keynes.[4]

2 Ein Philosoph entdeckt die Wirtschaft: Adam Smith

Der Name Adam Smith polarisiert bis heute: Viele glauben, er sei ein Erzliberaler gewesen, der leidenschaftlich für »freie Märkte«, ein »freies Individuum« und die Entmachtung des Staats gekämpft hätte. In Großbritannien wurde 1977 sogar eigens ein Adam Smith Institute gegründet, um für die Lieblingsthemen der späteren Premierministerin Margaret Thatcher zu agitieren: Privatisierung des Staatseigentums, Deregulierung der Finanzbranche und Steuersenkungen für die Reichen.[1]

Doch diese Sicht auf Adam Smith ist nicht nur verengt, sondern beruht zudem auf einem Missverständnis: Smith war ein Sozialreformer, der gegen die Privilegien der Reichen kämpfte. Er war zwar für den Wettbewerb und freie Märkte, aber nicht als Selbstzweck, sondern weil er die Vorrechte der Grundbesitzer und der begüterten Kaufleute beschneiden wollte. Würde Smith heute leben, wäre er wahrscheinlich Sozialdemokrat.

Seine Zeitgenossen haben dies genau verstanden. Im frühen 19. Jahrhundert wurde Smith von den Konservativen kritisiert, nicht von den Linken.[2] Auch Karl Marx war ein großer Bewunderer von Smith, hat ihn gründlichst studiert und dessen zentrale Begriffe übernommen.

Smith war der erste große Wirtschaftstheoretiker. Vor ihm gab es vor allem »Hausväterliteratur«, die im 16. bis 18. Jahrhundert sehr populär war. In diesen Ratgebern wurde von der Viehzucht bis zur Kindererziehung alles abgehandelt, was ein männlicher Familienvorstand damals wissen musste. Selbst Kochrezepte fehlten nicht.

Die vormoderne Ökonomie war kein eigenes Fach, sondern gehörte – wenn überhaupt – zur Ethik. Diese Verquickung zeigte sich auch noch beim wichtigsten Lehrer von Adam Smith, bei Francis Hutcheson, dessen *Kurze Einführung in die Moralphilosophie* 1753 posthum erschien. Im III. Buch widmete sich der Philosophieprofessor aus Glasgow *Den Prinzipien von Wirtschaft und Politik*, doch mit unserem heutigen Verständnis von Wirtschaft hatte der Text nichts zu tun: Behandelt wurden nur die Pflichten von Eltern und Kindern sowie von Herren und Dienern. Themen wie Eigentum, Erbfolge, Verträge oder Geld kamen bei Hutcheson zwar auch vor – aber in Buch II, das den Titel *Elemente des Naturgesetzes* trug. Geld wurde damals also noch nicht als ein Teil der »Wirtschaft« begriffen, womit sich Hutcheson in bester Tradition befand: Seine thematische Anordnung hatte er direkt aus der Antike übernommen.[3]

Mehr als 2000 Jahre lang hatten die Europäer in den immergleichen, eher unökonomischen Kategorien gedacht – bis Adam Smith kam. Sein Buch *Der Wohlstand der Nationen* erschien 1776 und damit nur 23 Jahre nach Hutchesons Werk, war aber völlig anders aufgebaut. Hutcheson hatte noch in den Begriffen der Ständegesellschaft gedacht, während Smith den beginnenden Kapitalismus beschrieb.

Obwohl ihn nur wenige Jahre von seinem Lehrer trennten, lebte Smith bereits in einer anderen Zeit. Spätestens ab 1760 wurde offenkundig, dass in England eine Entwicklung eingesetzt hatte, die in der Menschheitsgeschichte ohne Beispiel war. »Industrielle Revolution« würde sie später heißen. Diese neue Epoche benötigte eine neue Theorie – und Adam Smith lieferte den ersten großen Entwurf.

Smith selbst verstand sich als Philosoph, denn die Ökonomie war noch kein eigenständiges Fach. Überhaupt waren die ersten Wirtschaftstheoretiker eine äußerst buntscheckige Schar: Unter ihnen waren auch Schriftsteller, Juristen, Börsenspekulanten, Verwaltungsangestellte, Mathematiker und Ärzte. Eine sichtbare Zäsur fand erst 1903 statt, als die Universität Cambridge die Ökonomie als Prüfungsfach zuließ. Seither ist sie eine akademische Disziplin.

Smith litt nicht an Minderwertigkeitskomplexen. Er traute sich zu, die ganze Welt zu erklären – und wollte ein neues, umfassendes philosophisches System begründen. Sein Interesse spannte sich von der Ästhetik bis zur Astronomie, von der Erkenntnis- bis zur Rechtstheorie. Dieser Gesamtentwurf ist nie fertig geworden, auch weil

Smith ein überaus langsamer Arbeiter war. Es blieb bei zwei Büchern, die sich mit der Moral und der Wirtschaft befassten. Smith selbst hielt seine *Theorie der ethischen Gefühle* (1759) für das bessere Werk, doch tatsächlich hat *Der Wohlstand der Nationen* (1776) seinen bleibenden Ruhm begründet.

Das Buch ist witzig und elegant geschrieben, aber trotzdem nicht immer leicht zu lesen. Bereits der schottische Philosoph David Hume merkte an, dass es »zu viel Aufmerksamkeit verlangt«, um ein größeres Publikum zu erreichen. Im Vergleich schneidet Smith jedoch bestens ab: Die Hauptwerke von Marx und Keynes sind weitaus mühevoller zu verdauen.

Bei allen drei Theoretikern bietet es sich an, mit ihrem Leben einzusteigen, denn ihre Theorien sind von ihren Erfahrungen nicht zu trennen. Doch während Marx und Keynes so viel Material hinterlassen haben, dass jeder Abriss ihr Leben nur streifen kann, ist es bei Smith genau umgekehrt: Er wollte unbedingt verhindern, dass Privates öffentlich wurde, und hat kurz vor seinem Tod fast alle seine Manuskripte und Briefe verbrennen lassen.[4] Aber selbst das lückenhaft Bekannte hilft, ihn als Theoretiker besser zu verstehen.

Die Mutter bleibt der wichtigste Mensch – ein Leben lang

Smith wurde 1723 im schottischen Kirkcaldy geboren, einer kleinen Hafenstadt, die am Nordufer des Firth of Forth liegt und etwa 18 Kilometer von Edinburg entfernt ist. Bereits bei seiner Geburt war Smith Halbwaise: Sein Vater, der ebenfalls Adam hieß, war sechs Monate zuvor gestorben.[5]

Beide Eltern stammten aus der schottischen Oberschicht und gehörten zur »minor gentry«, also zum niederen Landadel – obwohl der Name »Smith« denkbar alltäglich klingt. Die Briten haben ein überaus feines Gespür für Standesunterschiede, doch diese soziale Hierarchie wird nicht immer durch Adelstitel oder Namenszusätze ausgedrückt.

Über Smith' Vorfahren ist wenig bekannt, aber sein Vater stammte offenbar aus einer einflussreichen Familie, die wichtige Verwaltungsposten innehatte.[6] Auch Smith' Vater wurde gut versorgt: Er hatte in Aberdeen und Edinburg Jura studiert und wurde dann mit 26 Jahren der Privatsekretär von Hugh Campbell, dem 3. Earl of Loudoun. Dank der Patronage seines Herrn stieg Smith schließlich zum obersten Zollbeamten in Kirkcaldy auf und dürfte kurz vor seinem Tod etwa 300 Pfund im Jahr verdient haben. Dies war damals eine stattliche Summe: Der Durchschnittslohn schottischer Arbeiter lag wahrscheinlich bei maximal 30 Pfund im Jahr.[7]

Dass Smith' Vater zur Oberschicht gehörte, machten auch seine Ehen deutlich: Seine erste Frau Lilias war die älteste Tochter von Sir George Drummond of Milnab, der als Bürgermeister von Edinburg gedient und im schottischen Parlament gesessen hatte. Da Lilias früh starb, vermählte sich Smith' Vater 1720 ein zweites Mal: Diesmal fiel seine Wahl auf Margaret Douglas, die Tochter eines begüterten Grundeigentümers und Enkelin des 3. Lord Balfour of Burleigh.

Smith' Vater starb im Januar 1723 im Alter von 43 Jahren. Die Todesursache ist unklar, aber er ließ seine Witwe gut versorgt zurück – jedenfalls für damalige Verhältnisse. Die Liste des Nachlasses ist überliefert, und sie zeigt, dass auch die Oberschicht ärmlich lebte, wenn man heutige Standards anlegt. Selbst Kleidungsstücke waren so wertvoll, dass sie einzeln verzeichnet wurden. Smith' Vater besaß unter anderem einen blauen Leinenmantel, einen scharlachroten Mantel, ein seidenes Nachthemd und einen weißen Leinenanzug.[8]

Das Geburtshaus von Adam Smith ist längst abgerissen, aber die Nachlassliste seines Vaters verzeichnet akribisch, wie es eingerichtet war. Im Esszimmer befand sich ein großer ovaler Tisch mit fünfzehn Flechtstühlen, an den Wänden hingen unter anderem Bilder der Jungfrau Maria und der Heiligen Drei Könige. Es wurde mit Silberbesteck gegessen, und auch die Schalen waren zum Teil aus Silber. Im Schlafzimmer stand ein blaues Himmelbett, und in einer Abstellkammer befanden sich die Reitutensilien von Smith' Vater: zwei Sättel, Stiefel, Sporen, eine Flinte und ein Paar Pistolen. Wie die Waffen zeigen, war es damals kein gemütlicher Bürojob, beim Zoll zu arbeiten und den grassierenden Schmuggel zu bekämpfen.

Margaret Smith war 29 Jahre alt, als sie erst Witwe wurde und dann sechs Monate später ihren Sohn Adam gebar. Sie hat nie wieder geheiratet, sondern sich ganz auf ihr einziges Kind konzentriert.

Auch für Adam war Margaret lebenslang der wichtigste Mensch: Er hat nie eine Familie gegründet und fast immer mit seiner Mutter zusammengewohnt, die fast neunzig Jahre alt wurde und nur sechs Jahre vor ihrem Sohn starb.

Diese innige Mutter-Sohn-Beziehung hat schon die Zeitgenossen irritiert, und Smith' erster Biograph Dugald Stewart war erkennbar bemüht, sich diplomatisch auszudrücken: »Als Baby war er schwächlich und kränklich und benötigte all die zärtliche Zuwendung seines überlebenden Elternteils. Ihr wurde vorgeworfen, ihn mit grenzenloser Nachsicht zu behandeln, aber dies hatte keinen nachteiligen Einfluss auf seinen Charakter oder sein Naturell.«[9]

Seine ersten Schuljahre verbrachte Smith in Kirkcaldy, und ein Mitschüler gab später zu Protokoll, dass Adam schon damals Bücher liebte und ein außerordentlich gutes Gedächtnis hatte. Außerdem fielen bereits jene Eigentümlichkeiten auf, die er sein ganzes Leben behalten sollte: »Er sprach mit sich selbst, wenn allein, und war in Gesellschaft geistesabwesend.«[10]

Kirkcaldy hatte damals etwa 1500 Einwohner, und Adam Smith erlebte dort die Reste des feudalen Mittelalters: Die Arbeiter in den Salzsiedereien wurden noch immer fast wie Sklaven behandelt, die als Leibeigene an ihren Arbeitsplatz gekettet waren und sich nicht frei bewegen durften. Wurde eine Salzsiederei veräußert, wurden die Arbeiter mitverkauft.[11] In seinem Buch *Der Wohlstand der Nationen* war es Smith später ein Anliegen zu zeigen, dass Sklaverei unwirtschaftlich ist und sich Freiheit auch ökonomisch auszahlt.

Eine Eliteuniversität enttäuscht: Adam Smith langweilt sich in Oxford

Mit vierzehn Jahren immatrikulierte sich Smith an der Universität Glasgow, was früh erscheint, damals aber keineswegs ungewöhnlich war. Der schottische Philosoph David Hume begann sein Studium in Edinburg sogar schon mit zwölf Jahren.

Die Ausbildung in Glasgow war noch weitgehend traditionell. Die beiden ersten Jahre waren Latein und Griechisch gewidmet, doch da

Smith diese Sprachen gut beherrschte, konnte er gleich im dritten Jahr einsteigen. Dort sah der Lehrplan täglich zwei Stunden Logik vor, außerdem Geometrie, Griechisch, Metaphysik – sowie ein Fach, das den Namen »Pneumatik« oder auch »Pneumatologie« trug.

Hinter diesem seltsamen Ausdruck verbarg sich die Lehre von der Natur Gottes und anderer geistiger Wesen. Allerdings war dieser Ansatz bei den jüngeren Professoren in Verruf geraten, und Francis Hutcheson als zuständiger Dozent beschränkte sich darauf, »ein paar einfache und fast schon offensichtliche Wahrheiten« zu vermitteln – und überließ die Pneumatologie ansonsten den Physikern, die damals noch »experimentelle Philosophen« hießen.

Der Lehrplan wurde einfach umgewidmet: Statt der »alten« Pneumatologie wurde nun eine »neue« unterrichtet; man beschäftigte sich nicht mehr mit der Natur geistiger Wesen – sondern mit den mechanischen Eigenschaften von Luft, Flüssigkeiten und Gasen. Es wurden so profane Dinge wie Druck, Dichte oder Elastizität gemessen. Dafür schaffte die Universität Glasgow Luftpumpen, Barometer, Waagen sowie »Magdeburger Halbkugeln« an, mit denen sich die Existenz der Erdatmosphäre nachweisen ließ.

Trotzdem durchlitt Smith noch genug Stunden der »alten« Pneumatologie, um sich später darüber zu beschweren, dass »die Theorie der Geister, von denen man so wenig weiß, genauso viel Raum beanspruchte wie die Theorie der Körper, über die sich so viel herausfinden lässt«.

Mit siebzehn Jahren wechselte Smith ans Balliol College in Oxford, um dort weiter Philosophie zu studieren. Er hatte ein Stipendium namens »Snell Exhibition« erhalten, das bis heute existiert und an Studenten aus Glasgow vergeben wird. Ursprünglich sollten sich die Stipendiaten auf einen Dienst in der Kirche vorbereiten, doch diese Vorschrift wurde schon zu Smith' Zeiten nicht mehr beachtet.

Es kann sein, dass allein Smith' Brillanz ihn für ein Snell-Stipendium empfahl. Doch genauso gut ist es möglich, dass Protektion im Spiel war: Sein Cousin William Smith war der Privatsekretär des 2. Duke of Argyll, eines der größten Landbesitzer Schottlands – und letztlich bestimmte der Duke, was sich an der Universität in Glasgow abspielte.[12]

Ein Snell-Stipendiat erhielt 40 Pfund im Jahr, doch reichte dies kaum für ein standesgemäßes Studentenleben. Zudem verlangte Oxford auch noch »außerordentliche und höchst extravagante Gebühren«, wie Smith in einem Brief an seinen Cousin William klagte.[13] Überhaupt war das Verhältnis zwischen den schottischen Stipendiaten und dem Balliol College denkbar schlecht. Denn das College ließ gern Snell-Plätze unbesetzt, um das Stiftungsgeld für eigene Zwecke abzuzweigen. Zudem hatten die Schotten das Gefühl, dass sie unhöflich behandelt wurden und »immer die schlechtesten Zimmer« erhielten. 1744 waren die Snell-Stipendiaten so erbost, dass sie eine Beschwerde an den Senat der Universität Glasgow schickten. Doch der Master des Balliol College blieb ungerührt: Da die Schotten »einen totalen Widerwillen gegen das College« hätten, sollten sie doch besser woanders hingehen. Das Stiftungsgeld wollte Oxford natürlich behalten.

Für Smith bedeutete Oxford jedoch nicht nur einen Schock, weil die Schotten so unfreundlich behandelt wurden. Vor allem staunte der Siebzehnjährige, wie schlecht die Lehre an dieser angeblichen Eliteuniversität war. Smith hatte erst sieben Wochen am Balliol College verbracht, da schrieb er seinem Cousin William schon süffisant: »Es wäre die eigene Schuld, falls jemand seine Gesundheit in Oxford durch übermäßiges Studium gefährdet; unsere einzige Aufgabe ist, zweimal am Tag zur Andacht zu gehen, und zur Vorlesung zweimal die Woche.«

Oxford war eine reiche Universität, die bestens mit Zustiftungen und kirchlichen Zuwendungen ausgestattet war. Zudem mussten sich Oxford und Cambridge keine Sorgen machen, dass ihnen die Studenten ausgehen könnten, denn bis ins 19. Jahrhundert gab es in England nur diese beiden Universitäten. Reichtum und mangelnder Wettbewerb führten aber zu Problemen eigener Art: Oxford war zu einer Versorgungsanstalt für unverheiratete Kleriker verkommen, die ihren Lehrstuhl als Pfründe ansahen, auf dem sie gemütlich zu verweilen gedachten, bis sich anderswo eine bessere Position anbot. Smith beklagte sich später: »An der Universität Oxford hat der größte Teil der Professoren seit vielen Jahren selbst den Anschein aufgegeben, sie würden unterrichten.«

Die Dozenten sahen Oxford nur als eine Zwischenstation auf ihrem kirchlichen Karriereweg an, weil Fellows nicht heiraten durften und sich daher andere Stellen suchen mussten, wenn sie eine Familie gründen wollten. Also investierten sie wenig Zeit in ihre Lehre und Forschung. Wie es der Bibelforscher George Stanley Faber ausdrückte: Eine Stelle in Oxford sei »ein wunderbares Frühstück, ein mittelmäßiges Mittagessen und ein höchst erbärmliches Abendmahl«.[14]

Es ist nicht bekannt, womit sich Smith in Oxford beschäftigt hat, doch vermuten seine Biographen, dass er rund um die Uhr las – und in dieser Zeit wahrscheinlich auch die Schriften von David Hume kennenlernte. Später sollte ihn eine lebenslange Freundschaft mit dem zwölf Jahre älteren Philosophen verbinden.

Hume war einer der wichtigsten britischen Philosophen, und seine Beiträge zur Ethik und zur Erkenntnistheorie werden bis heute diskutiert. Allerdings setzte sein Ruhm nur langsam ein. Als Smith ihn in Oxford las, war Hume fast unbekannt. Zwar hatte er sein Hauptwerk *Ein Traktat über die menschliche Natur* (1739/40) bereits mit 27 Jahren veröffentlicht, doch zunächst interessierte sich niemand dafür. Hume schrieb später ironisch: »Als Totgeburt fiel es aus der Presse und fand nicht einmal soviel Beachtung, um wenigstens unter den Eiferern ein leises Murren zu erregen.«[15]

Nach nur sechs Jahren hatte Smith genug von Oxford, obwohl Snell-Stipendiaten bis zu elf Jahre bleiben durften, und kehrte 1746 nach Schottland zurück. Er war jetzt 23 Jahre alt und stand vor einem Problem, das viele Universitätsabsolventen kennen: Es hatte keine Stelle und war faktisch arbeitslos. Denn den naheliegenden Karriereweg hatte Smith ausgeschlagen; er wollte auf gar keinen Fall in den Dienst der Kirche treten. Also zog er wieder bei seiner Mutter ein – und las einfach weiter.

Zwei Jahre blieb Smith in Kirkcaldy, »ohne konkrete Zukunftspläne«, wie sein erster Biograph Dugald Stewart schreibt. Dann verschaffte ihm seine Zeit in Oxford doch noch ein Einkommen: Dank der Jahre in England hatte Smith seinen schottischen Akzent abgelegt – was auch viele andere Nachwuchstalente in Edinburg erreichen wollten. Denn 1707 hatten sich England und Schottland zum

»Vereinigten Königreich« zusammengeschlossen, und im Süden eröffneten sich für Schotten neue Karrieremöglichkeiten, wenn sie sich denn verständlich machen konnten.[16]

Smith sollte ihnen dabei helfen, vornehmes Englisch zu sprechen: als freischaffender Vortragsredner, der über Rhetorik und Literatur philosophierte. Pro Jahr nahm er mit seinen Klassen etwa 100 Pfund ein, wie wir aus einem Brief von Hume wissen, der Smith damit neckte, dass ein gewisser John Stevenson sogar fast 150 Pfund mit seinen Auftritten verdienen würde.

Jedenfalls waren die Vorträge so lukrativ, dass Smith drei Jahre lang davon leben konnte, bis er 1751 zum Professor für Logik und Metaphysik in Glasgow berufen wurde. Ein Jahr später wechselte er auf den begehrten Lehrstuhl für Moralphilosophie. Jetzt verdiente er bis zu 300 Pfund pro Jahr, so dass er es sich leisten konnte, seine Mutter und seine Cousine Janet Douglas nach Glasgow zu holen, die ihm den Haushalt führten – und nebenher auch die Studenten versorgten, die gegen eine recht hohe Miete bei Smith wohnen durften.

Überhaupt waren die Studenten Smith' wichtigste Einnahmequelle: Er bekam zwar auch ein Gehalt, lebte aber vor allem von den Gebühren, die die Studenten für seine Vorlesungen zu entrichten hatten. Smith war außerordentlich beliebt, wie später ausgerechnet wurde. 1759 hatte er eine öffentliche Klasse mit etwa achtzig bis neunzig Studenten sowie eine private Klasse mit weiteren zwanzig Studenten – obwohl an der Universität Glasgow überhaupt nur 300 Studenten eingeschrieben waren. Angeblich gab es in den örtlichen Buchläden sogar Gipsbüsten von Smith zu kaufen, die sich die Studenten in ihre Zimmer stellten.

Smith war kein brillanter Redner, aber dennoch hörten ihm die Studenten gern zu, denn seine Leidenschaft steckte an. Zudem gab er sich große Mühe, seine Vorlesungen interessant und nachvollziehbar aufzubauen. Erst legte er die Thesen dar, die er beweisen wollte, und dann illustrierte er sie mit vielen Beispielen aus dem Alltag. Smith hatte einen Sinn fürs Amüsante, fürs Paradox und scheute sich nicht, die Mächtigen zu kritisieren. Sein Publikum sollte nicht nur belehrt, sondern auch gut unterhalten werden. Genau diese rhetorischen Prinzipien prägten später sein Buch *Der Wohlstand der Nationen,* das auch deswegen zu einem Klassiker der Ökonomie geworden ist, weil es das reale Leben widerspiegelt.

Zunächst jedoch erschien 1759 sein Buch *Theorie der ethischen Gefühle*, das für Smith den Durchbruch bedeutete. Die erste Auflage war sofort vergriffen, was auch Hume zu verdanken war, der kräftig Werbung machte und das Buch allen Bekannten schickte, die Einfluss hatten. Hume war in London, als das Werk herauskam, und die Reaktionen der High Society schildert er in einem amüsanten Brief an Smith: »Ihr Buch ist zu bedauern, denn das Publikum scheint höchst geneigt zu sein, es zu beklatschen.« Sogar drei Bischöfe hätten es gekauft und sich nach dem Autor erkundigt. Auch der Duke of Argyll sei ungewöhnlich angetan, was wohl nur bedeuten könne, »dass er es entweder exotisch findet oder glaubt, der Autor könnte bei der Wahl in Glasgow hilfreich sein«.

In Humes Briefen wird deutlich, dass er gern noch enger mit Smith befreundet gewesen wäre. Doch Smith zierte sich. Er war schreibfaul, verfasste Briefe nur, wenn es sein musste, und verließ ungern sein Arbeitszimmer. Obwohl er Hume schätzte und bewunderte, wollte er noch lieber in Ruhe gelassen werden.

In Smith' *Theorie der ethischen Gefühle* zeigte sich bereits, dass er die Wirklichkeit verstehen wollte. Er war kein Philosoph, der ein moralisches System abstrakt herleiten wollte, sondern ihn interessierte, wie ethisches Handeln in der Praxis funktioniert. Smith' Buch kreiste um ein Paradox, das jeder aus dem eigenen Leben kennt: Menschen handeln oft egoistisch, aber gleichzeitig ist ihnen wichtig, dass es ihrer Umwelt gutgeht. Sie freuen sich, wenn andere glücklich sind – und leiden, wenn sie davon hören, dass jemand gefoltert wird. Der Mensch ist fähig zur »Sympathie«, wie Smith es nannte. Er meinte damit, dass Menschen moralisch empfinden, weil sie sich in andere hineinversetzen können. Mit dieser Erklärung lag Smith genau richtig, wie sich herausgestellt hat: In den 1990er Jahren wurden im menschlichen Gehirn die Spiegelneuronen entdeckt.[17]

Wirtschaft in Glasgow: Monopole und Sklavenhandel

Nachdem Smith seine Sicht auf die Moral dargelegt hatte, begann er mit seinem zweiten großen Projekt: die Wirtschaft zu erklären. Zwar ist *Wohlstand der Nationen* erst 1776 erschienen, doch hatte sich Smith schon früh mit ökonomischen Fragen beschäftigt. Bereits 1752 hielt er in einem Glasgower Club namens »Literarische Gesellschaft« einen Vortrag, der sich mit Humes *Essay über den Handel* befasste. Smith gehörte zudem dem »Politischen Ökonomie Club« an, wo sich die mächtigen Kaufleute der Stadt trafen.

Glasgow lebte vor allem vom Tabakimport. Aber es gab auch Zuckerraffinerien und Rumdestillerien; es wurden Leinenstoffe, Seife und Taue produziert. Mit klassischer Marktwirtschaft hatte diese Betriebsamkeit nichts zu tun, wie Smith vor Ort beobachten konnte. Im Gegenteil: Durch geschickte Heiratspolitik hatten sich die großen Handelshäuser in mächtige Syndikate verwandelt, die den gesamten Import kontrollierten. Die drei größten Syndikate teilten sich die Hälfte aller Tabakeinfuhren. Smith konnte daher nie naiv glauben, dass der Markt allein es richten werde. Er wusste genau, dass Geschäftsleute am liebsten Monopole bilden – und hat sich im *Wohlstand der Nationen* wiederholt darüber lustig gemacht.

Auch auf ein anderes Thema stieß Smith wahrscheinlich schon in Glasgow: Wie hängen Sklaverei und Wohlstand zusammen? Die schottischen Kaufleute waren zwar nicht direkt am Sklavenhandel beteiligt; viele profitierten aber indirekt, indem sie Anteile an Sklavenschiffen besaßen, die in Liverpool registriert waren. Zudem beruhte ihr ganzes Geschäftsmodell auf der Zwangsarbeit: Glasgow wurde durch Tabak reich, der in Virginia von etwa 300 000 Sklaven angebaut wurde.

Smith war jedoch nicht nur ein genauer Beobachter des Wirtschaftslebens, sondern hatte auch im Alltag mit Wirtschaftsfragen zu tun. Obwohl er gern als geistesabwesend porträtiert und karikiert wurde,[18] war Smith administrativ begabt, wie seine Kollegen an der Universität Glasgow bald erkannten. Sie beauftragten ihn mit heiklen diplomatischen Missionen und schickten ihn in die Verwaltungsgremien. Unter anderem verhandelte Smith über Stiftungsgelder für die Universität, verbesserte die Buchführung, ließ das Rektoratsgebäude und die Anatomie renovieren, bestellte ein neues Chemielabor und kaufte eine Ausgabe von Diderots *Encyclopédie*, die erstmals das gesamte damals vorhandene Wissen katalogisierte.

Eher zufällig nahm Smith auch an einer Entwicklung teil, die die Welt verändern sollte: Er musste eine Werkstatt für James Watt beschaffen, der damals 21 Jahre alt war und die wissenschaftlichen Geräte der Universität Glasgow warten sollte. In diesem Labor hat Watt dann mit seinen Versuchen begonnen, die Dampfkraft zu optimieren, ohne die die industrielle Revolution nicht möglich gewesen wäre.

Gefördert und teils finanziert wurde Watt von dem Chemiker Joseph Black, der zu den engsten Freunden von Adam Smith gehörte.[19] Doch trotz dieser intensiven Kontakte hat Smith nicht erkannt, wie bedeutend die Technik für das Wirtschaftswachstum war. Smith hat den Beginn der industriellen Revolution miterlebt – aber in seinen Texten kommt sie nicht vor. Maschinen spielen bei ihm kaum eine Rolle; stattdessen konzentriert er sich vor allem auf die Arbeitsteilung.

Ökonomen und Biographen würden gern nachvollziehen, wann Smith welche Gedanken kamen und wie sein Meisterwerk entstand. Doch gibt es kaum Mitschriften seiner Vorlesungen. Smith fürchtete, dass man ihm seine guten Ideen klauen könnte, und wehrte sich dagegen, dass Studenten Notizen machten. In einem Nachruf hieß es: »Der Doktor wachte im allgemeinen extrem eifersüchtig über den Inhalt seiner Vorlesungen … und war besorgt, dass sie transkribiert und veröffentlicht werden könnten. Er wiederholte oft, wenn er jemanden Notizen machen sah, dass ›er Kritzler hasse‹.«

Einige Studenten haben sich trotzdem nicht abschrecken lassen, Notizen anzufertigen, denn 1895 sowie 1958 wurde jeweils eine Mitschrift gefunden, die Smith' Vorlesungen aus den Jahren 1762 und 1763 wiedergeben. Obwohl diese Unterlagen unvollständig sind, zeigen sie doch, dass Smith bereits in Glasgow zentrale Gedanken ausgearbeitet hatte, die später seinen *Wohlstand der Nationen* durchziehen würden. Am Ende der Vorlesungen provozierte Smith die Studenten mit einer Frage, die Ökonomen bis heute beschäftigt:

Warum hat das Wirtschaftswachstum so spät eingesetzt? Warum erst im England des 18. Jahrhunderts – und nicht schon bei den antiken Römern?

In Glasgow kam Smith nicht mehr dazu, eine Antwort zu liefern, denn seine Karriere als Professor endete 1764 abrupt. Smith' *Theorie der ethischen Gefühle* hatte auch einen mächtigen Politiker beeindruckt, Charles Townshend, der zudem Stiefvater und Vormund des jungen Duke of Buccleuch war. Der achtzehnjährige Herzog war einer der reichsten Grundherren Schottlands und verfügte auch über gewaltige Besitzungen in England. Um seine Bildung abzurunden, sollte er den europäischen Kontinent bereisen, und Townshend setzte nun alles daran, Smith als Begleiter für seinen Stiefsohn zu gewinnen. Damit der Philosoph gar nicht erst in Versuchung geriet abzulehnen, wurde er mit einem exorbitanten Gehalt gelockt: Als Tutor sollte er 500 Pfund pro Jahr erhalten – und anschließend lebenslang 300 Pfund pro Jahr. Smith würde also nie wieder arbeiten müssen und könnte sich fortan ganz seinen Studien widmen. Er sagte sofort zu.

Es war damals üblich, dass Söhne aus gutem Hause auf eine »Grand Tour« gingen, die sie mehrere Jahre durch Europa führte. Stationen wie Venedig, Rom und Neapel waren eigentlich ein Muss, aber Townshend hatte seine eigenen Vorstellungen von der Grand Tour des Stiefsohns: Er sollte sich vor allem in Frankreich aufhalten.

Denn Townshend trieb ein Rätsel um, das die Historiker noch immer interessiert: Wie konnte es sein, dass Frankreich sämtliche Kriege gegen Großbritannien verlor? Warum wurde die größte Nation Europas ständig geschlagen? Die Schwäche Frankreichs war besonders seltsam, weil es damals etwa 21 Millionen Einwohner zählte – während es nur etwa 7 Millionen Briten gab.

Seit 1689 hatten Frankreich und Großbritannien fast permanent Krieg gegeneinander geführt, und erst 1763 war der sogenannte Siebenjährige Krieg zu Ende gegangen, in den ganz Europa verwickelt gewesen war. Deutsche wissen von diesem Krieg vor allem, dass es dem preußischen König Friedrich II. endgültig gelang, Schlesien zu annektieren, das lange zu Österreich gehört hatte. Aber zugleich war der Siebenjährige Krieg auch der erste echte Weltkrieg, der auf fast allen Kontinenten ausgetragen wurde und die Kolonialreiche neu ordnete. Frankreich verlor die meisten seiner Besitzungen in Indien und in Nordamerika an die siegreichen Briten, die damit zur unangefochtenen Weltmacht aufstiegen.

Townshend war überzeugt, dass man die Schwäche Frankreichs verstehen musste, wenn man analysieren wollte, was militärische Macht begründet. In einem Brief schärfte er seinem Stiefsohn und Smith ein, was die beiden in Frankreich erforschen sollten: Warum »diese heimtückische & riesige Monarchie, so gewaltig in ihren Ausmaßen … berühmt für ihre Waffen, gefürchtet wegen ihrer Marine und mit florierender Wirtschaft … sich durch irgendeinen geheimen Defekt in ihrer Konstitution als die unfähigste Macht zu Land und zu See erwiesen hat, die die modernen Zeiten hervorgebracht haben«.

Es wurde sogleich zum Stadtgespräch in Edinburg, dass Smith den jungen Herzog nach Frankreich begleiten sollte. Der Historiker David Dalrymple schrieb spöttisch an den Schriftsteller Horace Walpole: »Ich fürchte, dass Mr. Charles Townshend aus einem sehr fähigen Ethikprofessor einen sehr mittelmäßigen Reisebegleiter macht. Mr. Smith hat zwar umfassendes Wissen … aber er ist linkisch und hat so wenig Sprachtalent, dass er niemals lernen wird, sich verständlich auf Französisch auszudrücken.« Diese Skepsis war unberechtigt. Es ist zwar unklar, wie gut Smith' Sprachkenntnisse waren – aber sie reichten aus, um auch sehr komplizierte ökonomische Zusammenhänge auf Französisch zu verstehen.

Begegnung mit der Konkurrenz: die Physiokraten

Im Frühjahr 1764 trafen Adam Smith und der junge Herzog in Paris ein, wo sie von David Hume begeistert empfangen wurden, der dort als Sekretär des britischen Botschafters weilte. Doch die beiden durften nicht bleiben, sondern reisten nach nur zehn Tagen nach Toulouse ab, weil Townshend offenbar fürchtete, dass sich sein Stiefsohn von den Attraktionen in Paris allzu leicht würde ablenken lassen.

Achtzehn Monate verbrachten Smith und der junge Herzog in Toulouse, das damals zwar die zweitgrößte Stadt Frankreichs war, aber trotzdem ziemlich verschlafen. Smith langweilte sich und teilte Hume im Juli 1764 mit: »Ich habe angefangen, ein Buch zu schreiben, um mir die Zeit zu vertreiben.« Seither fragen sich die Smith-Exegeten, ob mit diesem Buch wohl *Der Wohlstand der Nationen* gemeint war. Sicher ist dies nicht. Es kann genauso gut sein, dass Smith damals ein anderes Werk begonnen hat, das unvollendet blieb und das er kurz vor seinem Tod vernichten ließ.[20]

Erst im Herbst 1765 durften Smith und sein Zögling Toulouse verlassen und trafen Weihnachten in Paris ein, um diesmal neun Monate zu bleiben.[21] Hume war zwar schon nach England abgereist, hatte aber Empfehlungsschreiben für alle wichtigen Salons hinterlassen. Smith gab sich größte Mühe, sein Äußeres an die Ansprüche der eleganten Pariser anzupassen, und schaffte gleich mehrere Gehröcke an. Trotzdem war der erste Eindruck nicht unbedingt einnehmend. Die Schauspielerin und Autorin Marie-Jeanne Riccoboni beschrieb ihn als »hässlich wie der Teufel« wegen seiner großen Zähne und der rauen Stimme.

In den Pariser Salons lernte Smith auch eine Gruppe Intellektueller kennen, die sich selbst die »Économistes« nannten, also die »Ökonomen«. Diese Begegnung war für ihn ein Schlüsselerlebnis, und er würde sie später als die »intelligentesten Männer Frankreichs« bezeichnen. Die Économistes gruppierten sich um den königlichen Hofarzt François Quesnay, der 1758 sein *Tableau économique* veröffentlicht hatte, das das allererste Kreislaufmodell einer Volkswirtschaft darstellte. Der Gedanke war eigentlich schlicht und trotzdem revolutionär: Die Ausgaben des einen sind die Einnahmen eines anderen. In einer Volkswirtschaft hängt jeder Sektor mit jedem anderen Sektor zusammen. In diesen Kreislauf sollte der Staat möglichst wenig eingreifen: »Laissez faire et laissez passer« wurde zum Wahlspruch der Économistes.

Als Smith 1766 die französischen Ökonomen traf, arbeiteten sie gerade die theoretischen und politischen Weiterungen von Quesnays Modell aus. Es kam zu einer einzigartigen Konstellation: Smith war vor Ort dabei, als die einzige andere große Wirtschaftstheorie entworfen wurde, die zu seiner Zeit entstand und mit seinem Modell konkurrierte.

Quesnay wurde von der gleichen Frage umgetrieben, die auch Townshend beschäftigte: Warum war der französische Staat ökonomisch so schwach? Die Antwort des Hofarztes lautete, dass die überkommene Feudalstruktur die Landbevölkerung ausbeutete und verarmen ließ. Quesnay prägte den berühmten Spruch »Pauvres paysans, pauvre royaume; pauvre royaume, pauvre roi« (Arme Bauern, armes Königreich; armes Königreich, armer König).

Diese Analyse wird bis heute von Historikern geteilt, allerdings zog Quesnay daraus theoretische Umkehrschlüsse, die allzu radikal waren. Er postulierte, dass nur die Natur Werte schaffe und dass allein die Landwirtschaft einen Staat reich machen könne. Handwerker und Manufakturen hingegen würden nichts zum gesellschaftlichen Wohlstand beitragen; Kaufleute und Gewerbetreibende seien eine »sterile Klasse«. Um die allumfassende Bedeutung der Landwirtschaft auszudrücken, wurde diese Theorie auch »Physiokratie« genannt, was vom Griechischen abgeleitet »Herrschaft der Natur« bedeutet.

Smith hielt es für einen »verhängnisvollen Irrtum«, dass Handel und Gewerbe angeblich keine Werte produzieren sollten, und nannte Quesnay »einen spekulierenden Arzt«. Mit typischer Süffisanz schrieb Smith, dass die Irrlehre zum Glück »nirgendwo Schaden anrichten« würde, denn auf der ganzen Welt sei kein einziges Wirtschaftssystem bekannt, das allein auf der Landwirtschaft beruhe. Diese Idee würde nur in den Gedanken »einiger Männer mit großer Bildung und großem Scharfsinn in Frankreich« herumspuken. Smith war überzeugt, dass Handel und Gewerbe sehr wohl Werte schaffen – weil der Wohlstand durch Arbeit entstehe, nicht durch die Gaben der Natur. Trotz dieser inhaltlichen Differenzen hat Smith Quesnay sehr geschätzt. Ihm hätte er sogar sein Buch *Der Wohlstand der Nationen* gewidmet, wenn der Franzose nicht schon vor dessen Erscheinen gestorben wäre.[22]

Im Herbst 1766 endete die Bildungsreise des Herzogs abrupt, die eigentlich noch nach Deutschland hätte führen sollen. Denn im Oktober erkrankte sein jüngerer Bruder Campbell Scott, der ihn fast auf der gesamten Reise begleitet hatte, und selbst der Hofarzt der französischen Königin konnte ihn nicht retten. Scott starb an einer Fieberattacke, so dass sich Smith und Buccleuch mit einer Leiche im Gepäck auf den Heimweg machen mussten.

Das Werk eines Pensionärs: *Der Wohlstand der Nationen*

Da Smith nun mit einer lebenslangen Pension ausgestattet war, kehrte er in seinen Geburtsort Kirkcaldy zurück, richtete sich dort mit Mutter und Cousine ein – und blieb bis 1773 in der kleinen Provinzstadt, um den *Wohlstand der Nationen* zu schreiben. Aus Frankreich hatte er vier große Kisten Bücher vorausgeschickt, die ihm so wertvoll waren, dass er 200 Pfund für die Versicherung ausgab – also fast ein Jahresgehalt.

Die Arbeit an dem neuen Buch war ein langsamer, mühevoller Prozess, aber Smith schien die selbst gewählte Isolation nicht zu stören. An Hume schrieb er: »Mein Zeitvertreib sind lange, einsame Spaziergänge am Strand. … Ich fühle mich sehr glücklich, behaglich und zufrieden. Ich war es, vielleicht, noch nie so sehr in meinem ganzen Leben.«

Obwohl das Buch 1773 eigentlich fertig war, feilte Smith noch drei weitere Jahre an dem Text herum. Es ist ihm lebenslang schwergefallen, Werke abzuschließen und abzugeben, aber diesmal hatte er einen besonders guten Grund: Die amerikanische Revolution kündigte sich an, die in der Unabhängigkeitserklärung vom 4. Juli 1776 kulminierte.

Die Ereignisse in Nordamerika wollte Smith noch unbedingt in sein Buch einarbeiten, lieferten ihm die britischen Kolonien doch das beste Beispiel dafür, wie sich eine Gesellschaft entwickelt, die den Feudalismus gar nicht erst kennengelernt hat – sondern gleich ins kapitalistische Zeitalter gestartet ist. Um die politischen Ereignisse besser verfolgen zu können, verließ Smith sogar die Einsamkeit in Kirkcaldy und zog nach London, um dort sein Buch zu beenden.

Am 9. März 1776 erschien das Werk endlich. Bis heute hält sich das Gerücht, das Buch habe zunächst nur wenig Beachtung gefunden.[23] Doch tatsächlich war die erste Auflage sofort ausverkauft und auch ökonomisch ein Erfolg: Am Ende des Jahres konnte Smith Tantiemen in Höhe von 300 Pfund kassieren.

Hume lag schon im Sterben, als Smith' Buch erschien, das er mit Ungeduld erwartet hatte. Er las es sofort und schrieb Smith am 1. April 1776 einen Brief, der die Stärken und gelegentlichen Schwächen des Werks prägnant zusammenfasst: »Lieber Mr. Smith, ich bin sehr zufrieden mit Ihrer Leistung, und die Durchsicht hat mich von einem Zustand großer Sorge erlöst. Das Werk wurde von so vielen Erwartungen begleitet, von Ihren eigenen, denen Ihrer Freunde und denen der Öffentlichkeit, dass mir vor seinem Erscheinen bange war, aber nun bin ich sehr erleichtert. Allerdings erfordert die Lektüre notwendigerweise sehr viel Aufmerksamkeit, und die Öffentlichkeit ist geneigt, nur so wenig davon zu geben, dass ich bis auf weiteres bezweifle, dass es zunächst sehr populär sein wird. Aber es hat Tiefe und Solidität und Scharfsinn, und wird durch so viele bemerkenswerte Fakten illustriert, dass es schließlich die öffentliche Aufmerksamkeit erlangen muss. … Wenn Sie hier neben meinem Kamin säßen, würde ich einige Ihrer Thesen bestreiten. Ich kann mir nicht vorstellen, dass die Pacht für die Felder einen Teil des Preises für landwirtschaftliche Produkte ausmacht, sondern dass der Preis nur durch das Angebot und die Nachfrage bestimmt wird … Aber diese und hunderte anderer Punkte lassen sich nur in einem Gespräch diskutieren; und ich schmeichle mir, bis Sie mir das Gegenteil mitteilen, dass dies bald sein wird. Ich hoffe, es ist bald: Ich bin in einem sehr schlechten Gesundheitszustand und kann mir einen langen Aufschub nicht leisten.« Im August 1776 starb Hume, wahrscheinlich an Darmkrebs.

Es ist kein Zufall, dass Hume ausgerechnet das Thema Preise herausgriff, um leise Kritik anzudeuten. Denn wie Preise zustande kommen, war ein Rätsel, das die Ökonomen lange nicht in den Griff bekommen haben. Adam Smith ist daran genauso gescheitert wie später Karl Marx.

Smith fordert den Freihandel – und wird Zollbeamter

Der Wohlstand der Nationen blieb Smith' letztes Werk. Bis zu seinem Tod hat er nichts mehr veröffentlicht, auch weil er seine Existenz als Privatgelehrter wieder aufgab: Der britische Premierminister ernannte ihn im Januar 1778 zu einem der obersten Zollaufseher für Schottland. Den Posten hatte er seinem ehemaligen Schützling Buccleuch zu verdanken, und zumindest finanziell konnte Smith nicht klagen, denn für seinen Dienst erhielt er 600 Pfund pro Jahr.[24] Allerdings musste er für dieses Geld auch arbeiten; der Posten war kein dekoratives Amt, das seine letzten Lebensjahre verschönern sollte.

Zölle waren damals eine der wichtigsten Einnahmequellen des Staats, und in Großbritannien gab es rund 800 Gesetze, die den Zoll betrafen. Zudem mussten die Zollaufseher auch noch die Vollzugsbeamten überwachen. Die Aufgaben waren derart umfangreich, dass sich das Aufsichtsgremium vier Tage pro Woche treffen musste – und zwar das ganze Jahr hindurch. Smith klagte schon bald, dass »es unmöglich ist, sich mit anderen Angelegenheiten zu beschäftigen«.

Smith' Biographen fragen sich bis heute, warum er dieses anstrengende Amt nicht wieder aufgab, um sich erneut seinen Schriften zu widmen. Jedenfalls entbehrte es nicht einer gewissen Ironie, dass Smith ausgerechnet zum Zollaufseher wurde, denn im *Wohlstand der Nationen* hatte er leidenschaftlich für den Freihandel plädiert.

Im Mai 1784 starb seine Mutter, die knapp neunzig Jahre alt wurde – und mit der Smith fast sein ganzes Leben zusammengewohnt hatte. Spätestens ab Januar 1787 ließ auch seine eigene Gesundheit nach, und er konzentrierte seine letzten Kräfte darauf, seine beiden Meisterwerke noch einmal zu überarbeiten: »Das Beste, wie mir scheint, was ich tun kann, ist jene (Bücher), die ich schon veröffentlicht habe, im besten und vollkommensten Zustand zu hinterlassen.«

Smith war Perfektionist. Er konnte den Gedanken nicht ertragen, dass seine unfertigen Schriften später veröffentlicht würden. Also sorgte er sechs Tage vor seinem Tod dafür, dass fast alle seine Manuskripte verbrannt wurden. Nach diesem Feuertod seiner Texte war er so beruhigt und gelöst, dass er ein letztes Mal seine Freunde empfangen konnte. Lange hielt er jedoch nicht durch und verabschiedete sich ins Bett mit den Worten: »Ich schätze Ihre Gesellschaft, Gentlemen, aber ich glaube, ich muss Sie nun verlassen, um eine andere Welt zu betreten.«

Es ist unklar, welche Texte Smith verbrennen ließ, aber ein Brief an den Duc de la Rochefoucauld vermittelt eine Ahnung. Smith schrieb ihm 1785, dass er »zwei andere große Werke auf dem Amboss« hätte. »Das eine ist eine Art philosophische Geschichte der unterschiedlichen Zweige der Literatur, der Philosophie, Dichtkunst und Eloquenz; das andere ist eine Art Theorie und Geschichte von Recht und Staatsgewalt. Der Stoff für beide ist geordnet. Aber obwohl ich heftig dagegen ankämpfe, fühle ich die Trägheit des hohen Alters rasch heran nahen, und ob ich jemals in der Lage sein werde, eines (der Bücher) zu beenden, ist außerordentlich unsicher.«

Am 17. Juli 1790 starb Smith. Er litt an Symptomen, die seine Zeitgenossen als »obstruction of the bowels« (Blockade der Gedärme) umschrieben. Wie Hume hatte er wahrscheinlich Darmkrebs. Sein Grabmal bestellte er bei dem berühmten Architekten Robert Adam, den er seit seiner Kindheit kannte.[25] Es ist ganz schlicht. Auf einer Tafel steht nur zu lesen: »Hier ruhen die Überreste von Adam Smith, Autor von Theorie der ethischen Gefühle und Wohlstand der Nationen.«

Im 18. Jahrhundert gehörte es zum guten Ton, ein Porträt von sich anfertigen zu lassen. Adam Smith verzichtete darauf. Es gibt kein einziges Bild von ihm, obwohl er mit dem gleichaltrigen Porträtmaler Joshua Reynolds befreundet war.[26] Smith wollte allein durch die beiden Bücher in Erinnerung bleiben, an denen er ein Leben lang gefeilt hatte. Dies ist ihm gelungen. Smith ist der meist zitierte Ökonom aller Zeiten.

3 Vom Bäcker bis zum Freihandel: *Der Wohlstand der Nationen* (1776)

Von Adam Smith stammt die vielleicht berühmteste Metapher der Ökonomie: »die unsichtbare Hand des Marktes«. Selbst wer noch nie von Smith gehört hat, kennt oft dieses eine Schlagwort, das sein Werk angeblich zusammenfassen soll. Es suggeriert, dass Smith behauptet hätte, dass der Staat nur stört und der freie Markt alles richtet, weil dieser wie durch Zauberhand automatisch Reichtum hervorbringe.[1]

Doch diese Interpretation wäre ein Missverständnis. Die »unsichtbare Hand« kommt in dem ganzen Buch nur ein einziges Mal vor – und zwar weit hinten. Auch der »Markt« ist bei Smith keineswegs so wichtig, wie von heutigen Neoliberalen gern unterstellt wird. In der Einleitung erläutert Smith den Aufbau seines Werks – doch der Begriff »Markt« fällt dort nicht.[2]

Smith wollte erklären, wie es zu Wohlstand und Wachstum kommt. Dabei spielte der Markt zwar auch eine Rolle – aber für Smith hatte er nur eine dienende Funktion. Es ist kein Zufall, dass Smith sein Buch *Wohlstand der Nationen* genannt hat, und nicht etwa *Freiheit der Märkte*.[3]

Smith wollte zeigen, dass die Arbeit die Quelle allen Reichtums ist – und nicht das Anhäufen von Gold- und Silbermünzen, wie es die Merkantilisten bis dahin postuliert hatten. Um sein Werk angemessen beurteilen zu können, muss man wissen, welche Doktrinen er überwinden wollte. Daher ist ein kurzer Exkurs über seine Vorgänger unumgänglich.

Der Irrtum der Merkantilisten: Gold macht nicht reich

Europa ist ein besonderer Kontinent, auch wenn dies vielen Europäern nicht bewusst ist. Nirgendwo sonst auf der Welt ballen sich so viele Staaten auf so engem Raum. Seit dem Zerfall des Römischen Reichs sind unzählige Kriege geführt worden, und überlebt haben stets nur jene Staatsgebilde, die große Söldnerheere finanzieren konnten. Also benötigten die Kriegsherren Silber und Gold, um ihre Soldaten zu entlohnen.

Früh befassten sich die Fürsten mit der Frage, wie sich die Edelmetalle in ihren Schatzkammern vermehren ließen. Dabei stießen sie auf eine Idee, die sich im modernen Ökonomendeutsch »Leistungsbilanzüberschuss« nennt. Man musste mehr exportieren als importieren, um Gold und Silber ins Land zu spülen.

Die Fürsten machten sich also daran, heimische Manufakturen und Monopolbetriebe zu fördern, damit diese Exportprodukte herstellten. Umgekehrt wurden Importe verboten und mit hohen Zöllen belegt. Dieses Vorgehen wurde später »Merkantilismus« genannt.[4]

Die Merkantilisten waren keine Theoretiker, sondern Praktiker: Sie entstammten der königlichen Verwaltung oder waren Kaufleute. Sie haben daher kein einheitliches »System« entwickelt, sondern eine Vielzahl von Einzelvorschlägen gemacht, wie sich der Gold- und Silberschatz des Staats mehren ließe. In jedem europäischen Land sah der Merkantilismus etwas anders aus.

Der erste Merkantilist war vermutlich der englische König Edward III., der von 1327 bis 1377 regierte. Er trug nur noch englische Wollstoffe, um auch seine Untertanen zu animieren, heimische Produkte zu kaufen – und nicht etwa flämische Tuche, die damals der letzte Schrei waren. Gleichzeitig holte Edward flämische Weber ins Land, damit sie die englischen Kaufleute in die neuesten Techniken einwiesen. Das Prinzip Plagiat war also bereits im Mittelalter bekannt.

So naheliegend es für den einzelnen Fürsten gewesen sein mag, seine Exportindustrie zu fördern – so hatte der Merkantilismus doch entscheidende Mängel, die bereits den Zeitgenossen auffielen.

Erstens: Es ist logisch unmöglich, dass alle Staaten nur exportieren und niemand importiert. Der Handel würde zum Erliegen kommen.

Zweitens: Der Merkantilismus diente zwar den Fürsten – nicht aber den Konsumenten. Die Bürger fanden die hohen Importzölle lästig, die eine Art Sondersteuer des Königs waren. Zudem nutzten es viele Manufakturbesitzer aus, dass sie gegen die ausländische Konkurrenz geschützt waren. Sie verlangten überhöhte Preise für minderwertige Waren, kassierten also eine Art Monopolgewinn.

Drittens: Der Merkantilismus destabilisierte Europa, weil er immer wieder Handelskriege auslöste. Es setzte ein globaler Kampf um Territorien ein, denn die Fürsten glaubten irrtümlich, dass der Außenhandel ein Nullsummenspiel sei: Was ein Land gewinnt, müsse ein anderes notwendig verlieren. Erst Smith würde zeigen, dass es Unsinn ist, den eigenen Handelspartner als Feind zu betrachten, und dass Kolonien überflüssig sind.

Viertens: Vor allem aber schien die merkantilistische Grundannahme falsch zu sein, dass jene Staaten am reichsten sind, die über besonders viel Gold und Silber verfügen. Das Schicksal Spaniens hat die Zeitgenossen nachhaltig verstört. Nach der merkantilistischen Logik hätte das Land unermesslich wohlhabend sein müssen, weil es in seinen südamerikanischen Kolonien auf immense Gold- und vor allem Silbervorkommen gestoßen war. Stattdessen verarmte Spanien ab dem 16. Jahrhundert rasant, während die Niederlande und Großbritannien zu mächtigen Handelsnationen aufstiegen, obwohl sie keine Edelmetalle fördern konnten. Der gewaltige Zustrom an Gold und Silber erwies sich als Fluch – aber warum?

Wohlstand der Nationen wandte sich also gezielt gegen den Merkantilismus. Smith selbst hat sein Buch später als einen »sehr heftigen Angriff« beschrieben, mit dem er »das gesamte kommerzielle System von Großbritannien« einreißen wollte. Doch war der Text mehr als nur eine gewaltige Abrechnung; Smith wollte auch eine neue Erklärung liefern, wie Wohlstand entsteht.

Diese Frage konnte sich nur stellen, weil das britische Volkseinkommen erstmals stetig zunahm. Ab dem 18. Jahrhundert begann die Wirtschaft spürbar zu wachsen, und die Briten nahmen staunend wahr, dass sie reicher wurden. Selbst einfache Arbeiter lebten jetzt deutlich besser als ihre Vorfahren, wie Smith gleich zu Beginn seines Buchs festhielt. Akribisch zählte er auf, was in England sogar ein Tagelöhner zu besitzen pflegte: Er hatte einen wollenen Mantel, ein Leinenhemd, ein Bett, Messer und Gabeln, Töpferwaren, Zinnteller sowie Glasfenster.

Selbst im abgelegenen Schottland stieg der Wohlstand und erreichte auch die Ärmsten: Es gab keine Hungersnöte mehr, was völlig neu war. Zwischen 1695 und 1699 war es noch zu einem Massensterben gekommen, als in fünf Jahren vier Ernten ausfielen. Etwa 15 Prozent der Schotten überlebten diese Katastrophe nicht. 1740/41 ereignete sich zwar erneut eine verheerende Missernte, doch diese forderte keine Todesopfer mehr. Das Verkehrsnetz war jetzt so gut ausgebaut, dass Getreide aus anderen Gegenden Großbritanniens herbeigeschafft werden konnte.[5] Auch in normalen Jahren ging es den unteren Schichten besser als früher: Sie konnten sich Butter, Käse und Fisch leisten – und befeuerten ihren Herd mit Kohle statt mit Torf.[6]

Obwohl nun auch die Ärmsten besser aßen und nicht mehr hungern mussten, kam der neue Wohlstand vor allem einer schmalen Mittel- und Oberschicht zugute, deren Komfort deutlich stieg. Ein Indiz ist, dass sich die schottische Papierproduktion vervierfachte, weil sich mehr Menschen mehr Bücher leisten konnten. Auch andere Konsumgüter waren zunehmend gefragt – ob Kutschen, Parfüm oder Übernachtungen in Gasthäusern.[7]

Doch woher kam dieser neue Reichtum, wenn er sich nicht Gold- und Silbervorräten verdankte, wie die Merkantilisten angenommen hatten? Smith' Antwort lautete: Es ist die menschliche Arbeit, die den Wohlstand erzeugt; sie produziert die Waren und Dienstleistungen, die dann konsumiert werden können.

Heute erscheint es uns selbstverständlich, dass es ohne Arbeit keinen Wohlstand geben kann. Aber hinter dieser Einsicht verbirgt sich eine theoretische Revolution, die die Ökonomie für immer verändert hat: Gold und Silber sind Vermögenswerte, im Wirtschaftsdeutsch auch »Bestandsgrößen« genannt. Man hat Goldmünzen – oder man hat sie eben nicht. Indem Smith jedoch die Arbeit in den Mittelpunkt rückte, lenkte er den Blick auf das Einkommen, also eine »Strömungsgröße«. Reichtum wurde neu definiert: Er ist kein Besitz, den man in Tresoren lagern kann, sondern wird erst durch den Produktionsprozess erschaffen.

Arbeit allein konnte allerdings nicht erklären, warum es plötzlich zu einem Aufschwung kam. Denn die Menschen hatten ja immer schon schuften müssen. Bereits die Bibel thematisiert, wie lästig die ewige Plackerei ist, indem sie ausführlich die Vertreibung aus dem Paradies schildert. Wenn aber Arbeit seit jeher zum menschlichen Dasein gehörte – warum machte sie die Briten im 18. Jahrhundert reicher als vorher? Smith glaubte, eine Erklärung zu haben: das Prinzip der Arbeitsteilung. Mit ihr beginnt sein Buch, und sie durchzieht den gesamten Text.

Das zentrale Prinzip: Die Arbeitsteilung erklärt (fast) alles

Das Wort »Arbeitsteilung« fällt schon im allerersten Satz des Buchs und wird anhand einer Stecknadelfabrik illustriert. »Ein Mann schmiedet den Draht, ein anderer streckt ihn, ein Dritter schneidet ihn, ein Vierter spitzt ihn zu, ein Fünfter schleift ihn.« Insgesamt seien achtzehn verschiedene Arbeitsschritte nötig, um eine Stecknadel herzustellen, meldet Smith statistisch genau. Exakt wird vorgerechnet, dass dank dieser Arbeitsteilung zehn Personen 48 000 Stecknadeln pro Tag produzierten – während ein Einzelner keine zwanzig, vielleicht noch nicht einmal eine einzige Stecknadel hätte herstellen können.

Mit dieser Akribie täuscht Smith eine empirische Anschauung vor, die er höchstwahrscheinlich gar nicht besaß. Er behauptet zwar, dass er die Stecknadelproduktion selbst besichtigt hätte: »Ich habe eine kleine Fabrik dieser Art gesehen, wo nur zehn Mann angestellt waren.« Aber tatsächlich dürfte Smith keine einzige Manufaktur jemals betreten haben – egal, ob sie nun Stecknadeln oder andere Produkte herstellte. Zu seiner Zeit gab es nämlich nur eine echte Fabrik in ganz Schottland: die Eisenhütte »Carron Works«, die Kanonen für die britische Marine produzierte.[8]

Smith hat sein Stecknadel-Beispiel wahrscheinlich profan abgeschrieben: bei dem französischen Aufklärer Denis Diderot, der schon 1755 in seiner *Encyclopédie* einen Artikel über Stecknadeln veröffentlich hatte. Auch bei Diderot stand zu lesen, dass genau achtzehn Arbeitsschritte benötigt würden, um eine Nadel herzustellen.[9]

Obwohl Smith bekanntlich befürchtete, man könnte ihm seine guten Gedanken klauen, kannte er umgekehrt keine Hemmungen. Er bediente sich gern bei anderen Autoren, ohne sie zu nennen – worüber sich Marx, der es mit seinen Fußnoten sehr genau nahm, später lustig machte.[10]

Auch Diderot war allerdings nicht der Erste, der erkannt hatte, dass man die Produktion am besten arbeitsteilig organisiert. Bereits im 17. Jahrhundert beschrieb der britische Philosoph William Petty, wie eine Uhr in verschiedenen Arbeitsschritten zusammengesetzt wird.[11]

Die Segnungen der Arbeitsteilung waren so offensichtlich, dass sie bereits in der Antike praktiziert worden war. Bei den griechischen Philosophen Aristoteles, Platon und Xenophon wird sie erwähnt, und die Römer trieben sie zur Perfektion: Das Lateinische verzeichnet über 500 Ausdrücke für verschiedene Gewerbe,[12] und in den antiken Manufakturen für Keramik, Baustoffe, Textilien oder Glas wurde in mehreren spezialisierten Arbeitsschritten serielle Massenware hergestellt.

Wenn die Arbeitsteilung längst beschriebene Praxis war – was war dann neu an Smith' Theorie? Diese Frage drängte sich schon den Zeitgenossen auf. Smith' erster Biograph Dugald Stewart sah sich zu einer längeren Verteidigung gezwungen, die in dem Satz kulminierte: »Letzten Endes sollte das Verdienst eines Werks wie Mr. Smith' vielleicht weniger anhand der Neuheit der einzelnen Prinzipien gemessen werden als vielmehr anhand der Argumente, die diese Prinzipien begründen, und anhand der wissenschaftlichen Methode, mit der sie in ihrer richtigen Ordnung und Verbindung dargestellt werden.«[13] Erkennbar erregt fügte Stewart an, dass Smith' Vorgänger doch nur »durch einen glücklichen Zufall« zuerst über die Wahrheit »gestolpert« seien.

Wie Stewart sehen es auch die heutigen Smith-Experten: Seine Details waren damals nicht immer neu – wurden aber völlig neu zusammengefügt. Vor Smith gab es keine Wirtschaftstheorie, sondern nur ökonomische Einzelbetrachtungen. Smith war der Erste, der eine Gesamtschau präsentierte, an der sich alle folgenden Ökonomen abarbeiten konnten.

Gemeinnutz durch Eigennutz: Wie die Makroökonomie entdeckt wurde

Arbeitsteilung klingt sehr technisch – aber Smith machte daraus ein soziales Universum. Aus diesem einen Prinzip wollte er alle wichtigen Phänomene der Ökonomie ableiten. Der Handel ergab sich quasi automatisch aus der Arbeitsteilung: Wer tagaus, tagein nur noch Stecknadeln herstellt, der kann seine Bedürfnisse nicht mehr allein befriedigen. Er muss seine Waren mit anderen tauschen, die ebenfalls hochspezialisierten Tätigkeiten nachgehen. Wo arbeitsteilig produziert wird, sind Märkte zwingend.

Handel ist für Smith so naturgegeben wie die Sprache und der Verstand. Jeder Mensch hätte die angeborene »Neigung zu schachern, zu tauschen und zu handeln«. Der Beweis ist zwar etwas dürftig, aber lustig: »Niemand sah jemals einen Hund, der mit einem anderen Hund einen fairen und bewussten Tausch von einem Knochen gegen einen anderen eingegangen wäre.«[14]

Menschliche Tauschgeschäfte funktionieren meist reibungslos, weil man sich auf den Eigennutz der Marktteilnehmer verlassen kann. Dies wird mit zwei Sätzen begründet, die zur wohl berühmtesten Passage des ganzen Buchs aufgestiegen sind: »Es ist nicht die Güte des Metzgers, des Brauers oder des Bäckers, die uns unser Abendessen erwarten lässt, sondern dass sie ihre eigenen Interessen im Blick behalten. Wir wenden uns nicht an ihre Menschlichkeit, sondern an ihre Eigenliebe, und reden ihnen gegenüber niemals von unseren Bedürfnissen, sondern von ihren Vorteilen.«[15]

Diese beiden Sätze sind oft falsch verstanden worden. Vor allem Neoliberale glaubten, Smith hätte beweisen wollen, dass Egoismus allein schon reicht, damit die Wirtschaft problemlos funktioniert. Zudem meinten viele Leser, Smith hätte es zu einer Tugend geadelt, rücksichtslos das eigene Interesse zu verfolgen. Diese Fehlinterpretation ist nicht neu, sondern ebenso alt wie der *Wohlstand der Nationen*. Wenige Wochen nach Smith' Tod schrieb ein anonymer Autor in der *Times* empört, dass Smith sich zum Handlanger der Geschäftsleute gemacht und »einen Lehrstuhl für Moralphilosophie in eine Professur für Handel und Finanzen« umgewandelt habe.[16]

Smith ging es jedoch nicht darum, den Eigennutz zu verteidigen. Ihn interessierte das Prinzip der unbeabsichtigten Konsequenzen. Obwohl sich jeder einzelne Marktteilnehmer egoistisch verhält, profitieren letztlich alle. Die Gesellschaft ist also nicht die Summe ihrer Teile, sondern funktioniert anders, als es die Binnenlogik des Individuums erwarten ließe. Diese Erkenntnis war revolutionär: Sie ist die Geburtsstunde der Makroökonomie. Sie erforscht die Mechanismen, die die gesamte Volkswirtschaft prägen, und kümmert sich nicht um den einzelnen Betrieb oder Kunden.[17]

Allerdings war Smith nicht der Erste, dem aufgefallen war, dass die Laster der Einzelnen positive Gesamteffekte haben können. Der Satiriker Bernard Mandeville hatte bereits 1705 seine *Bienenfabel* veröffentlicht, die bald zum Bestseller wurde und Generationen von Moralphilosophen zutiefst verstörte. Mandevilles Bienen waren nämlich ein schändlicher Haufen, denen es trotzdem bestens ging: Sie lebten in Saus und Braus, und selbst die ärmsten Bienen profitierten noch, weil sie die reichen Bienen bedienen konnten. Jeder hatte sein Auskommen, obwohl Lug und Trug, Neid, Eitelkeit und Raffgier herrschten. Doch eines Tages schämten sich die Bienen ihres unmoralischen Lotterlebens und wurden zu Musterschülern des Anstands. Sie folgten also dem Ratschlag aller Philosophen, doch es kam anders als gedacht: Wo einst Reichtum war, regierte nun die Armut. Mit liebevollem Detail schmückte Mandeville aus, wie die Arbeitslosigkeit um sich griff, kaum dass die Bienen rechtschaffen wurden. Die Juristen hatten keine Mandanten mehr, weil alle säumigen Schuldner sofort zahlten. Auch Priester wurden kaum benötigt, weil es nichts mehr zu beichten gab, seitdem alle Bienen ehrlich waren. Die Diener hatten keine Herren mehr, den Gefängniswärtern fehlten die Diebe und den Hutmachern die Kundschaft. Die Pointe dieser Fabel hatte Mandeville gleich im Titel untergebracht, damit die Botschaft bloß nicht unterging: *Private Laster, öffentliche Vorteile.*[18]

Mandeville nahm die Einsicht der Physiokraten vorweg, dass die Ausgaben des einen die Einnahmen des anderen sind. Er dachte schon in makroökonomischen Kreisläufen, obwohl er mit seiner Fabel vor allem die Moralphilosophen provozieren wollte. Ihn ärgerte die Lebensferne vieler Ethiker und auch Kleriker, die von der Kanzel herab unpraktikable Leitsätze postulierten. Als Moralphilosoph fühlte sich Smith natürlich getroffen, aber anders als viele Kollegen reagierte er geschmeidig auf Mandevilles Angriff: Er leugnete nicht, dass der Bäcker oder Brauer aus Eigennutz handelten, sondern baute diese Erkenntnis in sein Gesamtsystem ein.

Smith lobte den Egoismus nicht, aber er verurteilte ihn auch nicht – solange er nicht schadet. Es ist nun einmal eine Tatsache, dass ein Fleischer Geld verdienen will, sonst würde er sich gar nicht erst hinter seine Schlachtbank stellen. Daraus folgte bei Smith aber noch lange nicht, dass der Markt immer die beste Lösung wäre.

Man darf nicht vergessen, dass Smith zu einer Zeit schrieb, als die Reste der Ständegesellschaft noch überall spürbar waren: Schottische Salinenarbeiter gehörten ihren Herren, englische Dorfbewohner durften nicht einfach in die Städte umziehen, Zünfte beherrschten das Handwerk, und der überseeische Handel wurde von Monopolbetrieben kontrolliert. Smith bekämpfte diese Privilegien, indem er zeigte, dass sie keine ökonomische Funktion hatten, sondern schädlich waren. Die Wirtschaft funktionierte besser, wenn auch die einfachen Bürger frei agieren durften – und nicht durch Standesrechte geknebelt wurden.

Smith war allerdings nicht der Meinung, dass man den Staat ruhig abschaffen oder zusammenstreichen sollte. Neoliberale haben ihn da gezielt missverstanden. Smith war kein Theoretiker des »laissez faire«, der den Staat zu einem »Nachtwächterstaat« umbauen wollte, der sich nur noch um Sicherheit und Ordnung kümmerte. Smith hatte ein anderes Ziel: Er wollte den Staat aus den Klauen der Privilegierten befreien.

Ein Rätsel, das ein Rätsel bleibt: Wie entstehen Preise und Gewinne?

Jede Ware hat ihren Preis. Aber wie entsteht er? Es ist zwar offensichtlich, dass ein Haus viel mehr kosten muss als etwa eine kleine Stecknadel. Doch welches Tauschverhältnis ist angemessen? Das Problem der Preise treibt die Ökonomie bis heute um und hat schon Adam Smith ausgiebig beschäftigt.

Er beginnt mit einem Phänomen, das als »klassisches Wertparadoxon« in die Ökonomiegeschichte eingegangen ist: Ohne Wasser könnte kein Mensch leben, trotzdem ist es sehr billig oder sogar ganz umsonst. Umgekehrt ist ein Diamant kaum zu gebrauchen, aber trotzdem extrem teuer. Der Preis einer Ware hängt also nicht nur von ihrer Nützlichkeit ab. Oder wie Smith es formulierte: Gebrauchswert und Tauschwert fallen auseinander.[19]

Smith hat dieses Paradox nicht aufgelöst, sondern letztlich ignoriert, indem er sich auf den Tauschwert konzentrierte. Denn er wollte ja erklären, wie der Handel funktioniert, der durch die Arbeitsteilung entsteht. Wohl war ihm aber nicht dabei. Smith ahnte, dass seine Preistheorie nicht funktionierte, ohne dass er genau benennen konnte, wo der Fehler lag. Er war so verunsichert, dass es ihm nötig schien, vor dem eigenen Text zu warnen: »Ich muss sehr ernsthaft um die Geduld und die Aufmerksamkeit des Lesers bitten: um seine Geduld, um auch Details zu untersuchen, was an einigen Stellen unnötig langweilig erscheinen mag; und um seine Aufmerksamkeit, um zu verstehen, was vielleicht … immer noch einigermaßen unklar erscheinen mag.«

Diese Zögerlichkeit ist untypisch für Smith. Er besaß ein gesundes Selbstvertrauen und war sich bewusst, dass er mit seinem *Wohlstand der Nationen* ein epochales Werk hinterlassen würde. Doch am Phänomen der Preise scheiterte Smith, wie er indirekt selbst einräumte: Dieses Thema sei »extrem abstrakt«.

Doch so unwohl ihm war: Smith' Preistheorie würde die nächsten hundert Jahre dominieren. Auch Karl Marx hat auf ihr aufgebaut, um seine Mehrwerttheorie zu begründen. Smith' Preistheorie ist zwar nicht unbedingt richtig, berührt aber den Kern der Ökonomie.

Bis heute dominiert die »Preisfrage« die meisten wirtschaftspolitischen Debatten: Was ist der richtige Preis für Arbeit, also der Lohn? Wo kommen die Gewinne her, und wie hoch sollten sie sein? Welche Rolle spielen Zinsen, die der Preis für Kredite sind?

Smith vertrat die sogenannte »Arbeitswertlehre«: Er war der Meinung, dass der natürliche Tauschwert einer Ware durch die Menge der Arbeit bestimmt wird, die nötig ist, um die Güter herzustellen. Der Wert der Arbeit wiederum misst sich daran, wie viel ein Tagelöhner benötigt, um sich und seine Familie zu ernähren.[20]

Dieses Lebensminimum war bei Smith kein Hungerlohn, der gerade für das Nötigste reicht. Die Verelendungstheorie würden erst seine Nachfolger David Ricardo und vor allem Karl Marx entwickeln. Smith hingegen nahm an, dass auch die Tagelöhner vom Aufschwung profitierten, wofür er viele plastische Beispiele aus dem Alltag lieferte: »Kartoffeln, zum Beispiel, ... kosten nur noch halb so viel wie vor 30 oder 40 Jahren. Das Gleiche lässt sich von Rüben, Karotten, Kohl sagen, die früher nur mit dem Spaten angebaut und jetzt mit dem Pflug beackert werden ... Die großen Verbesserungen bei der Herstellung von Leinen- und Wollstoffen statten die Arbeiter mit billigerer und besserer Kleidung aus.« Smith war ein Optimist, und sein Staunen, dass es plötzlich zu Wachstum und technischen Verbesserungen kam, durchzieht das ganze Buch.

Obwohl es durchaus plausibel klingt, dass die Arbeitsmenge den Warenwert bestimmt, ergibt sich sofort ein gravierendes Problem: Einem Produkt ist von außen nicht unbedingt anzusehen, wie viele Stunden seine Herstellung verschlungen hat. Wie also kommt man vom »natürlichen« Wert einer Ware zu dem Preis, der am Ende tatsächlich gezahlt wird?

Smith war ein Schlawiner: Er löste das Problem nicht, sondern umging es, indem er einfach zwei Preise einführte. Es gab den »natürlichen Preis«, der sich durch die Arbeitsmenge bemaß, und daneben existierte der »nominale Preis«, der in Geld ausgedrückt wurde. Dieser »nominale Preis« hieß bei ihm auch »Marktpreis«, weil er sich durch Angebot und Nachfrage bildete. Denn wie sein Wasser-Diamant-Paradox zeigte, war Smith nicht entgangen, dass Überfluss und Knappheit entscheidende Kategorien sind, um Preise zu erklären.

Zwei Preise für ein Gut zu postulieren bescherte jedoch neue Probleme, denn nun musste Smith zeigen, dass der »natürliche« Preis und der »nominale« Marktpreis meistens zur Deckung kommen. Smith' Lösung erscheint heute wenig überraschend, ist aber keineswegs selbstverständlich: Er entwickelte eine Theorie des Gleichgewichts. Angebot und Nachfrage würden auf dem Markt stets zum Ausgleich tendieren – und dann dem »natürlichen« Preis entsprechen.

Diese Theorie des Gleichgewichts hatte den großen Vorteil, dass sie erst einmal einleuchtend klang: Ist das Angebot weit größer als die Nachfrage, fällt der Marktpreis unter den natürlichen Preis und die Arbeitskosten sind nicht mehr gedeckt. Für die Unternehmer würde es sich nicht mehr lohnen, Güter herzustellen, die bereits im Überfluss vorhanden sind. Also sinkt das Angebot wieder, und der Preis steigt, bis der Marktpreis dem natürlichen Preis wieder entspricht. Ist umgekehrt die Nachfrage größer als das Angebot, schießen die Preise nach oben und liegen weit jenseits der Arbeitskosten, so dass es sich rentiert, mehr Güter zu produzieren – was die Marktpreise wieder nach unten drückt, bis sie den Kosten und damit dem »natürlichen« Preis gleichen.

In diesem System des tendenziellen Gleichgewichts waren ausgedehnte Wirtschaftskrisen nicht vorgesehen, was uns heute fremd ist. Aber Smith schrieb noch in einer Welt, in der alle Güter so knapp waren, dass es echte Absatzkrisen nicht geben konnte. Jedes Produkt war so rar, dass sich normalerweise ein Käufer fand. Konjunkturschwankungen waren unbekannt, stattdessen kamen die Störungen des Wirtschaftskreislaufs stets von außen: Vor allem Kriege und Naturkatastrophen ließen Nahrungsmittel exorbitant teuer werden. Auch der plötzliche Tod eines Herrschers konnte die Preise durcheinanderbringen, wie Smith detailverliebt ausführte, da der Markt auf monatelanges Trauern meist nicht vorbereitet war: »Eine öffentliche Trauerzeit lässt den Preis für schwarze Stoffe steigen … und senkt den Preis für farbige Seiden und Tuche.«

Angebot und Nachfrage konnten sich jedoch nur ausgleichen, solange die Preise frei schwankten und es keine Monopole gab. Doch Monopole waren im England des 18. Jahrhunderts allgegenwärtig, wie Smith seitenlang beklagte. Besonders berühmt wurde sein Diktum, dass »Leute aus der gleichen Branche sich selten treffen, selbst zum Vergnügen und zur Abwechslung, ohne dass die Unterhaltung mit einer Verschwörung gegen die Öffentlichkeit endet oder mit einem Trick, um die Preise zu erhöhen«.

Smith wird heute gern als oberster Kämpfer für das freie Unternehmertum dargestellt, doch hatte er ein überaus negatives Bild von Kaufleuten und Fabrikanten: »Das Interesse der Kaufleute … ist in bestimmter Hinsicht immer anders oder sogar entgegengesetzt von jenem der Öffentlichkeit. Ihren Markt auszuweiten und den Wettbewerb zu beschränken … ist stets ein Anliegen der Kaufleute.« Sie würden Monopolpreise kassieren und damit »eine absurde Steuer vom Rest ihrer Mitbürger« verlangen.

Der Staat musste also dafür sorgen, dass der Markt funktionierte, indem er Monopole zerschlägt und den Wettbewerb fördert. Doch wie Smith sehr deutlich sah, war der englische Staat längst zur Beute der herrschenden Klasse geworden. Seit der »Glorious Revolution« von 1688/89 war England zwar eine konstitutionelle Monarchie mit einem gewählten Parlament. Von einer echten Demokratie war das Land aber weit entfernt. Nur etwa 15 Prozent der Männer durften wählen, weil sie genug Einkommen besaßen, um die hohen Hürden des Wahlrechts zu überspringen. Noch restriktiver war das passive Wahlrecht: Abgeordneter konnte nur werden, wer im Jahr 300 bis 600 Pfund verdiente.[21] Das Parlament wurde daher vom niederen Adel und von Kaufleuten dominiert, die ihre Geschäftsinteressen in Gesetze gossen.

Der britische Merkantilismus war ganz im Sinne dieser herrschenden Klasse organisiert: Durch hohe Importzolle wurde die auswärtige Konkurrenz ferngehalten, und gleichzeitig sorgten Zünfte und Gilden dafür, dass auch innerhalb des Landes kaum Wettbewerb aufkam. Wer ein Handwerk erlernen wollte, musste zunächst eine siebenjährige Lehrzeit bei einem Meister absolvieren, so dass die Zünfte keinen Wettbewerb fürchten mussten und ihre Preise einseitig festlegen konnten.

Dieser Dominanz der Geschäftsleute hatte Smith politisch nichts entgegenzusetzen – nur seinen Geist. Als machtloser Intellektueller versuchte er es mit Aufklärung, was für seine Zeit so typisch war, dass das 18. Jahrhundert auch als Epoche der Aufklärung bezeichnet wird. Mit seinem *Wohlstand der Nationen* wollte Smith die engstirnigen Parlamentarier überzeugen, dass es in ihrem ureigenen Interesse sei, Wettbewerb zuzulassen und auf ihre Monopolgewinne zu verzichten.

Im Gegenzug versprach er ihnen, wie der Titel seines Buchs schon sagt: Wohlstand. Nie gekanntes Wachstum. So paradox es klingen mochte: Erst der Verzicht auf ihre Privilegien würde die Privilegierten richtig reich machen. Heute wird Smith häufig so gelesen, als wäre er der oberste Advokat der Wirtschaftslobby gewesen. Doch sein eigentliches Ziel war, die Tagelöhner und kleinen Handwerksgesellen zu befreien, die an ihre Stellen gekettet waren und von ihren Herren ausgebeutet wurden. »Das Vermögen des armen Mannes sind die Kraft und die Geschicklichkeit seiner Hände; ihn daran zu hindern, diese Kraft und Geschicklichkeit so einzusetzen, wie er selbst es für richtig hält …, ist eine eindeutige Verletzung seines heiligsten Eigentums.«

Um diese Ausbeutung zu beenden, musste Smith die herrschende Klasse jedoch überzeugen, dass ihr die Ausbeutung nichts nutzte. Bei Smith profitierten die Fabrikanten genauso wie die Arbeiter von der Freiheit des Markts; auf Neudeutsch würde man von einer »Win-win-Situation« sprechen. Von Klassenkampf war nichts zu ahnen. Dieses Konzept würden erst David Ricardo und später Karl Marx entwickeln.

Obwohl Smith so frohgemut Wohlstand für alle versprach, hatte seine Preistheorie zwei riesige Löcher, an denen auch seine Nachfolger verzweifelten.

Erstens: Es war höchst unbefriedigend, dass sich bei Smith die Begriffe doppelten. Beim Wert gab es einen Gebrauchswert und einen Tauschwert und beim Preis einen natürlichen Preis sowie einen Marktpreis. Diese Inflation von Begriffen und Konzepten erschien seltsam, da die Lebenswirklichkeit eine andere war: Auf den realen Märkten bildete sich immer nur ein Preis, der dann auch den Wert eines Guts definierte.

Zweitens, und noch schlimmer, konnte Smith nicht richtig erklären, wie die Gewinne der Unternehmer entstanden. Er kam über das Offensichtliche nicht hinaus: Profite konnte es nur geben, wenn Überschüsse existierten. Würden die Arbeiter nur genau so viel produzieren, wie sie selbst zum Überleben benötigten, wären Unternehmensgewinne undenkbar. Profite entstanden erst, wenn die Arbeiter mehr herstellten, als sie selbst verbrauchen durften.

So weit, so klar. Aber wie hingen diese Profite mit dem Tauschwert und dem natürlichen Preis zusammen? An dieser Stelle verhedderte sich Smith erneut und wartete schon wieder mit einem gedoppelten Konzept auf, das in sich widersprüchlich blieb.

Der erste Ansatz ging davon aus, dass der Tauschwert eines Guts nur durch die Menge der Arbeit bestimmt wird, die zur Herstellung nötig ist. Von diesem Gesamtwert der Ware wird dann der Profit des Unternehmers abgezogen. Der Arbeiter erhält nur einen Rest, der groß genug sein muss, damit er sich und seine Familie ernähren kann. Diese Variante wird auch »deduktiver« Ansatz genannt, weil die Gewinne der Kaufleute vom Tauschwert der Ware subtrahiert werden.

Doch gleichzeitig entwickelte Smith noch eine zweite Variante, um die Profite von Unternehmern zu erklären. Diesmal setzte sich der natürliche Preis aus Lohn, Pacht und Profit zusammen. Plötzlich war also nicht mehr allein die Arbeit wichtig – stattdessen ging es um das Einkommen, über das Tagelöhner, Landbesitzer und Kaufleute jeweils verfügten. Dieser Ansatz wird auch »additiv« genannt, weil jetzt Löhne, Pacht und Profit gemeinsam den natürlichen Preis sowie den Tauschwert einer Ware ergeben sollten.[22]

Diese konkurrierenden Varianten waren verwirrend, zumal sich der »deduktive« und der »additive« Ansatz in der Summe nicht deckten. Smith wählte einen Ausweg, der für ihn typisch war: Er ignorierte die Widersprüche einfach.

Im Rückblick fällt es leicht, sich über Smith' Wert- und Preistheorie lustig zu machen, aber dies würde seiner Leistung nicht gerecht. Trotz aller Widersprüche war es Smith nämlich gelungen, die Ökonomie völlig neu zu ordnen, indem er als die drei zentralen Gruppen Landbesitzer, Arbeiter und Unternehmer ausmachte.

So erstaunlich es heute erscheinen mag: Frühere Theoretiker hatten die Bedeutung der Kapitalisten völlig übersehen. Dies galt etwa für die französischen Physiokraten, die nach Wirtschaftszweigen und nicht nach sozialer Rolle unterschieden hatten. Bei den Physiokraten war die Landwirtschaft als Ganzes die einzig »produktive Klasse«, in der dann sowohl Landbesitzer wie Landarbeiter versammelt waren – während sich in der »sterilen Klasse« die Manufakturbesitzer, Handwerker und Fabrikarbeiter gemeinsam wiederfanden.

Erst Smith bündelte die Kapitalisten in einer Klasse – und die Arbeiter in einer anderen. Bei ihm spielte es keine Rolle mehr, ob die Tagelöhner auf dem Land oder in der Fabrik schufteten, denn sie waren alle abhängig beschäftigt. Smith konnte zwar nicht schlüssig erklären, wie Profite entstehen, aber das Phänomen hat er präzise beschrieben: Unternehmer investieren in die Produktion, um ihre Gewinne zu maximieren. Uns erscheint diese Erkenntnis trivial, und dennoch war es eine theoretische Revolution, den Kapitalisten als eine zentrale Figur im Kapitalismus zu erkennen.[23]

Das Los der Arbeiter: Reicher als »viele Könige in Afrika«

Wer wird Kapitalist und wer Arbeiter? Wer wird reich und wer muss schuften? Smith war seiner Zeit weit voraus, denn er sagte eindeutig: Mit der Begabung des Einzelnen hat es überhaupt nichts zu tun, ob er Tagelöhner oder Philosoph wird. Smith war weder arrogant noch Sozialdarwinist. Er glaubte nicht an Intelligenzunterschiede zwischen Arm und Reich, sondern hielt es für eine soziale Zufälligkeit, wer das Glück hat, in die höheren Ränge hineingeboren zu werden. Die neoliberale Rhetorik von den »Leistungsträgern« hätte er als naiv abgetan.

Gleich zu Beginn seines *Wohlstands der Nationen* stellte er klar: »Der Unterschied der natürlichen Begabungen ist bei verschiedenen Menschen in Wirklichkeit viel geringer, als uns bewusst ist … Das Gefälle zwischen höchst ungleichen Persönlichkeiten, wie zum Beispiel zwischen einem Philosophen und einem gewöhnlichen Lastenträger, scheint nicht so sehr ihrer Natur zu entspringen, sondern Lebensgewohnheit, Sitte, Bildung. Als sie zur Welt kamen, und während der ersten sechs oder acht Lebensjahre, mögen sie sich sehr ähnlich gewesen sein, und weder ihre Eltern noch ihre Spielkameraden konnten einen auffälligen Unterschied bemerken. ... Wenig später werden sie jedoch für sehr verschiedene Tätigkeiten eingesetzt. Der Unterschied der Geistesgaben wird dann wahrgenommen und erweitert sich Schritt für Schritt, bis es schließlich die Eitelkeit des Philosophen kaum noch zulässt, Ähnlichkeiten einzuräumen.«

Es ist kein Zufall, dass sich Smith ausgerechnet über die Philosophen mokierte. Sein Witz konnte zwar sehr spitz sein, aber er wollte seine Leser nicht verschrecken, die allesamt zur Elite gehörten. Er wollte sie überzeugen, dass sie sich ihre Privilegien nicht verdient hatten – und dies konnte nur gelingen, wenn er sich vom eigenen Spott nicht ausnahm. Smith ging sogar so weit, sich selbst und seine Kollegen mit Hunden zu vergleichen: »Von Natur aus ist ein Philosoph ... von einem Lastenträger noch nicht einmal halb so weit entfernt wie eine Dogge von einem Windhund, oder ein Windhund von einem Spaniel.«

Doch obwohl Smith so klar erkannte, dass die Chancen höchst ungleich verteilt waren, lag es ihm fern, zur Revolution aufzurufen. Die Arbeitsteilung war für ihn ökonomisch notwendig: Es musste sowohl Lastenträger als auch Philosophen geben, wenn die Wirtschaft funktionieren sollte. Allerdings forderte Smith, dass auch die unteren Schichten am wachsenden Wohlstand beteiligt wurden. Schließlich würden sie die Hauptarbeit verrichten. »Es ist nur billig, dass jene, die die gesamte Gesellschaft ernähren, bekleiden und mit Unterkünften versehen, einen derartigen Anteil an ihren eigenen Erzeugnissen ... erhalten, dass sie selbst auch leidlich gut ernährt, gekleidet und untergebracht sind.«

Auch hier dachte Smith wieder makroökonomisch und erkannte bereits, dass es ohne Löhne keine Nachfrage gibt und dass es der Gesamtwirtschaft schadet, wenn zu viele Menschen zu arm sind, um zu konsumieren. »Dienstboten, Arbeiter und Handwerker ... machen den weitaus größten Teil einer Gesellschaft aus. Aber was die Lebensumstände der Mehrheit verbessert, kann niemals als Unbill für das Ganze betrachtet werden.«[24]

Wieder war Smith seiner Zeit weit voraus, denn die meisten seiner Standesgenossen glaubten, dass man die Armen am besten arm beließe, damit sie nicht zu aufsässig würden. Die britische Oberschicht fürchtete, dass die Tagelöhner weniger arbeiten würden, falls man sie besser entlohnte – und dass die gute Gesellschaft dann ohne ihre willigen Dienstboten auskommen müsste. Smith hielt es für Unsinn, die unteren Schichten vorsätzlich aushungern zu wollen: Es sei unwahrscheinlich, dass »Menschen besser arbeiten, wenn sie schlecht statt gut ernährt sind, wenn sie niedergeschlagen statt frohgemut sind, wenn sie häufig krank statt gesund sind«.

Smith verstand sehr genau, dass das Machtgefälle zwischen den Unternehmern und ihren Arbeitern enorm war und dass die Tagelöhner nur geringe Chancen hatten, ihre berechtigten Interessen durchzusetzen. »Die Arbeitgeber, von denen es weniger gibt, können sich sehr viel einfacher zusammenschließen; außerdem erlaubt es das Gesetz, … dass sie Kartelle bilden, während es jene der Arbeiter verbietet. Wir haben keine Gesetze, die es untersagen würden, den Preis der Arbeit zu drücken, aber viele Verordnungen, die eine konzertierte Aktion für höhere Löhne verbieten.«

Im 18. Jahrhundert gab es noch keine Gewerkschaften, aber Smith hätte diese Idee sicher begrüßt. Ihm war bewusst, wie erpressbar Arbeiter waren, die ihren täglichen Lohn brauchten, um zu überleben. »Bei Auseinandersetzungen können die Arbeitgeber weitaus länger durchhalten. Ob Großgrundbesitzer, Pächter, Fabrikant oder Kaufmann: Selbst wenn sie keinen einzigen Arbeiter beschäftigen würden, könnten sie ein oder zwei Jahre lang von den Überschüssen leben, die sie bereits erzielt haben. Viele Arbeiter hingegen könnten … ohne Anstellung nicht eine Woche existieren. Auf lange Sicht mag der Arbeiter für seinen Herrn so nötig sein wie der Herr für ihn; aber diese Abhängigkeit ist nicht so unmittelbar.«

Es ist bizarr, dass heute viele Neoliberale glauben, Smith würde sich als idealer Kronzeuge eignen, um die schrankenlose Profitmaximierung zu verteidigen. Denn er konnte mit dem Lieblingsargument der Unternehmer nichts anfangen, hohe Löhne würden hohe Preise bedeuten und daher die Wirtschaft belasten. Ironisch schrieb Smith: »Unsere Kaufleute und Fabrikanten beschweren sich häufig über die nachteiligen Folgen von hohen Löhnen … Aber sie sagen nichts über die nachteiligen Folgen hoher Gewinne.«

Sah Smith die Fabrikanten schon äußerst kritisch, so war er auf die adeligen Großgrundbesitzer noch schlechter zu sprechen. Fabrikanten investierten immerhin in neue Produkte und Verfahren; sie mussten kreativ werden, um Gewinn zu machen. Anders der Hochadel: Er kümmerte sich oft gar nicht um seine Ländereien, sondern führte lieber ein Luxusleben in London, wo er die Pachteinnahmen verprasste. Die feudalen Großgrundbesitzer würden »ernten, wo sie nie gesät« hätten, und »Monopolpreise« kassieren, weil die Menschen auf die Lebensmittel angewiesen wären, die sie auf ihren Gütern produzierten.

Daher befand Smith, dass man übertriebenen Luxus ruhig besteuern könne, und forderte Abgaben auf die »Trägheit und Eitelkeit der Reichen«. Auch schlug er eine progressive Einkommenssteuer vor, bei der die Wohlhabenden mehr zahlen sollten als die Armen: »Die Bürger eines jeden Staates sollten zum Unterhalt der Regierung beitragen, … so dass es ihrer jeweiligen Leistungsfähigkeit entspricht.« Diese Steuerpläne waren weitaus revolutionärer, als sie heute klingen. Denn Smith nahm die Idee einer Einkommenssteuer vorweg, die es zu seinen Lebzeiten noch nicht gab und die in England erst 1842 dauerhaft eingeführt werden sollte.[25]

Mit den Steuereinnahmen sollten unter anderem Schulen finanziert werden, die auch den Kindern von Tagelöhnern zumindest das Lesen, Schreiben und Rechnen vermittelten. Denn Smith war schmerzlich bewusst, dass nur die Nachkommen der gebildeten Schichten selbst Bildung erhielten. Erneut war Smith revolutionärer, als es heute erscheint. Die allgemeine Schulpflicht wurde in England erst 1871 eingeführt, also fast ein Jahrhundert später.

Auch hier zeigt sich wieder, dass Smith keinen neoliberalen »Nachtwächterstaat« wollte, der sich nur um die innere und äußere Sicherheit kümmert und ansonsten den freien Markt walten lässt. Smith forderte einen aktiven Staat, der Verantwortung für das Wohlergehen aller Schichten übernahm. Dazu musste man sich allerdings vom Merkantilismus verabschieden. Statt Importzölle zu erheben und Monopolbetriebe zu fördern, sollte der Staat in Infrastruktur und Bildung investieren. Die Idee einer umfassenden Sozialversicherung gab es zu Smith' Zeit noch nicht, sonst hätte er bestimmt auch sie gefordert. Er wusste, dass eine Gesellschaft nur prosperieren kann, wenn auch die unteren Schichten profitieren.

Smith redete die Realität nicht schön: Obwohl er die Arbeitsteilung für segensreich hielt, beschrieb er sie als eine Form der Gewalt, die die Tagelöhner in eine stumpfsinnige Routine zwang und geistig verkümmern ließ. Durch permanente intellektuelle Unterforderung würden die Arbeiter »dumm und unwissend« und in »schlaffer Stupidität« versinken. Sie wären weder zu Gedanken noch Gefühlen fähig und würden auch körperlich verfallen.[26]

In der Präzision und Schärfe seiner Sozialkritik war Smith nicht weit von Marx entfernt, aber er war kein Revolutionär, sondern setzte auf stete, kleine Fortschritte. Die rudimentäre Schulbildung, die er propagierte, sollte die Arbeiter zumindest ein wenig vor der Verblödung schützen. Ansonsten vertrat er eine Art »Trickle-down-Theorie«, die darauf hoffte, dass auch die Arbeiter profitieren würden, wenn der Wohlstand der Nation stieg.

Smith' Zuversicht ist aus historischer Sicht verständlich, denn er schrieb in einer Zeit, in der es auch den unteren Schichten besser ging. Erst nach seinem Tod setzte jene rapide und umfassende Verelendung des Proletariats ein, die Marx so wortgewaltig anprangern sollte. Smith hingegen konstatierte noch optimistisch, dass die Armen zwar immer noch arm seien, wenn man ihr Leben mit dem »extravaganten Luxus« der Oberschichten vergleiche. Aber in England hätten selbst die Landarbeiter bessere Behausungen »als viele Könige in Afrika«.

Die Tagelöhner lebten nicht nur besser als die Herrscher mancher fremden Völker – sondern sogar besser als die eigenen Majestäten, die England 200 Jahre zuvor regiert hatten. Voller Süffisanz berichtete Smith, dass ein einst königliches Möbel jetzt ein ganz normales schottisches Wirtshaus verschönern würde: »Das Hochzeitsbett von James I. von Großbritannien, das seine Königin aus Dänemark mitgebracht hatte, als Geschenk passend für einen Herrscher, … war vor einigen Jahren die Zierde einer Kneipe in Dunfermline.« Es ging dem Land also bestens: Wenn sich selbst bierselige Tagelöhner im Bett eines Königs fläzen konnten, dann hatte der Wohlstand die Nation erreicht.

Freihandel weltweit: Die Anfänge der Globalisierung

Das Thema Alkohol kommt bei Smith nicht häufig vor, aber an einer strategisch wichtigen Stelle ist es platziert – um das Ärgernis der Importzölle zu illustrieren. Smith wusste, worüber er klagte, denn er und seine Standesgenossen waren direkt betroffen: Zölle machten den geschätzten Wein aus Frankreich so teuer, dass man auf den billigeren Portwein aus Portugal ausweichen musste, der nicht besonders beliebt war.[27] Die Wut seiner Mitbürger machte sich Smith zunutze, um energisch für den Freihandel zu werben.

Spöttisch schrieb er: »Mittels Glasscheiben, Mistbeeten und Schutzwänden können sehr gute Trauben auch in Schottland angebaut werden«, aber leider wäre dieser Tropfen dann etwa dreißigmal so teuer wie französischer Wein. Auch vor moralisch-medizinischen Argumenten schreckte Smith nicht zurück, um den freien Weinimport zu fordern: »Billiger Wein scheint nicht die Ursache von Trunkenheit, sondern von Nüchternheit zu sein. Die Einwohner von Weinländern sind im Allgemeinen die nüchternsten Völker in Europa.«[28]

Für Smith stellte der Freihandel nur eine besondere Variante der Arbeitsteilung dar. Jedes Land sollte sich auf jene Produkte spezialisieren, die es am besten und billigsten herstellt. Wieder versprach Smith eine Win-win-Situation, die den Wohlstand aller Nationen mehren würde. Doch Smith' Landsleute blieben skeptisch, obwohl sie nichts gegen billigen Wein gehabt hätten. Sie sorgten sich, dass die anderen europäischen Länder genauso reich werden könnten wie England, wenn man ihre Waren unbeschränkt importierte. Die Angst vor der Globalisierung ist also nicht neu – nur dass man sich damals vor Frankreich fürchtete, während jetzt vor allem Chinas Aufstieg gemischte Gefühle auslöst.

Smith versuchte seine Mitbürger zu beruhigen, indem er auf ein

Phänomen hinwies, das bis heute zu beobachten ist: Reiche Länder handeln vor allem mit anderen reichen Ländern, denn nur wo Wohlstand herrscht, kann Nachfrage nach auswärtigen Produkten entstehen. »Eine Nation, die durch den Außenhandel reich werden will, kann dies am ehesten erreichen, wenn auch ihre Nachbarn reiche und fleißige Handelsnationen sind. Eine große Nation, die auf allen Seiten von wilden Nomaden und armen Barbaren umgeben ist, kann zweifellos Reichtum erlangen, indem sie ihr eigenes Land bewirtschaftet und den Binnenhandel fördert, aber nicht durch Exporte.«[29]

Exportnationen sollten also untereinander keine Handelskriege anzetteln und Zölle erheben, um ihre Kunden in die Armut zu treiben. Für diese Art von Unsinn prägte Smith einen Begriff, der noch heute in der Volkswirtschaftslehre benutzt wird: »beggar your neighbour« (den Nachbarn ausplündern).

Beim Freihandel geht es jedoch nicht nur um Waren. Wo es keine Zölle und Kapitalverkehrskontrollen gibt, kann auch das Geld frei fließen. Diese monetäre Seite des Freihandels erschien Smith' Zeitgenossen besonders gefährlich. Sie fürchteten, dass viele Unternehmer ihr Geld ins Ausland schaffen und dort investieren würden, anstatt in England Produktionsstätten aufzubauen. Auch diese Angst ist noch immer weit verbreitet und wird heute gern mit dem Spruch garniert: »Das Kapital ist wie ein scheues Reh.«

Smith hielt diese Sorge für absurd und entwickelte ein fünfstufiges Gegenargument:

1. Jeder Unternehmer will seinen Gewinn maximieren.
2. Bei freien Märkten sorgt der Wettbewerb dafür, dass die Gewinne überall gleich hoch sind. Denn wären die Profite in einem Land höher als in einem anderen, würde dort so viel investiert, dass die Profite alsbald auf das Durchschnittsniveau sinken würden.
3. Investitionen im Ausland bergen jedoch ein erhöhtes Risiko, weil sie sich aus der Ferne schlecht kontrollieren lassen.
4. Diesem erhöhten Risiko steht aber kein höherer Gewinn gegenüber.
5. Fazit: Unternehmer investieren am liebsten zu Hause im eigenen Land.[30]

Diese Erörterungen finden sich im letzten Drittel des Buchs, und hier geschah es schließlich: Smith verwendete seine weltberühmte Metapher. Zum ersten und einzigen Mal sprach er von der »unsichtbaren Hand«, die dafür sorgen würde, dass die Unternehmer nicht ins Ausland abwandern, sondern vor allem die heimische Industrie fördern, obwohl sie nur ihr Eigeninteresse im Blick hätten.

Wie immer bei Smith war es nicht als Freifahrtschein für die Unternehmer gedacht, wenn er ihren Egoismus als hilfreich betrachtete. Im Gegenteil: Er wollte die Macht der Fabrikanten und Kaufleute brechen, die sich bequem hinter den Zollmauern eingerichtet hatten und überhöhte Preise kassierten. Er wollte zeigen, dass der freie Wettbewerb auch global funktioniert und Unternehmer keine Sonderprivilegien benötigen, damit die Nation floriert und gegenüber anderen Ländern bestehen kann.

Obwohl Smith seine Theorie mit Verve vortrug, war sie nicht wirklich befriedigend, wie auch seinen Zeitgenossen bald auffiel. Es leuchtete zwar ein, dass Frankreich leichter Wein herstellen konnte als England – schon aus rein klimatischen Gründen. Aber die Zölle betrafen ja nicht nur Wein, sondern meistens Güter, die überall in Europa produziert wurden. Dazu gehörten Getreide, Rindfleisch, Salz oder Wollstoffe. Warum war es vorteilhaft, diese Waren auszutauschen? Welchen Sinn hätte es beispielsweise, den Freihandel bei Textilien einzuführen, so dass Frankreich Stoffe nach England liefert und England Stoffe nach Frankreich? Dies erschien geradezu widersinnig, und erst Smith' Nachfolger David Ricardo würde darauf eine Antwort finden.

Kolonien und Sklaverei: Ausbeutung macht ärmer

Adam Smith dachte global: Der Freihandel sollte nicht nur Europa, sondern möglichst die gesamte Welt umfassen. Daher schreckte er auch nicht vor dem Superlativ zurück, dass die Entdeckung Amerikas und des Seewegs nach Asien »die beiden größten und wichtigsten Ereignisse in der Menschheitsgeschichte« gewesen seien. Also bedeutsamer als die Schrift oder das Rad.

Diese Einschätzung mag erstaunlich klingen, hatte aber erneut mit dem Prinzip der Arbeitsteilung zu tun. Smith war auf einen Gedanken gekommen, der noch heute die Lehrbücher ziert: Arbeitsteilung setze nicht nur voraus, dass es Märkte gibt – sondern diese Märkte sollten möglichst groß sein. In einem kleinen autarken Dorf würde es sich gar nicht lohnen, eine Stecknadelfabrik zu errichten, wo der einzelne Tagelöhner die Nadeln nur noch schleift oder mit einem Kopf versieht. Arbeitsteilige Betriebe sind nur dann rentabel, wenn der Absatz stimmt. Oder wie es Smith formulierte: »Die Arbeitsteilung bleibt stets begrenzt … durch die Ausdehnung des Marktes.«[31]

Als Fortschrittsoptimist konnte Smith es nur begrüßen, wenn auch die »Könige in Afrika« oder die indigenen Völker in Asien und Amerika die Chance erhielten, englische Industrieprodukte zu kaufen. Alle Erdenbürger sollten durch den Freihandel reicher werden. Smith dachte eurozentristisch und wollte die europäische Aufklärung in die ganze Welt exportieren. Aber er war kein Chauvinist, sondern stellte sich den Freihandel als einen Austausch zwischen gleichberechtigten Partnern vor. Die Sklaverei und die koloniale Ausbeutung lehnte er vehement ab.

Immer wieder beklagte er »die Misshandlung der Eingeborenen« und die »Ausplünderung der wehrlosen Ureinwohner«. Smith schrieb es nicht der überlegenen Intelligenz der Europäer zu, dass sie dabei waren, die ganze Welt zu unterjochen – sondern hielt es für einen historischen Zufall, dass die Europäer ab dem 16. Jahrhundert militärisch immer überlegener wurden und Imperien gründen konnten.

Smith hoffte, dass die Europäer ihre Vormacht möglichst schnell wieder verlieren würden: »Künftig könnten die Eingeborenen in den Kolonien vielleicht erstarken oder die Europäer schwächer werden, und die Bewohner der unterschiedlichen Weltgegenden könnten jene Ebenbürtigkeit an Mut und Stärke erlangen, die gegenseitig Furcht einflößt und als Einziges geeignet ist, unabhängige Nationen so einzuschüchtern, dass sie die Rechte des Anderen zumindest ansatzweise respektieren.«

Die Gier nach Kolonien war für Smith der endgültige Beweis, wie gefährlich der merkantilistische Irrtum war, dass Edelmetalle allein schon reich machen würden. Die Spanier hätten Südamerika nur erobert und die Ureinwohner geknechtet, um ihren »geheiligten Durst nach Gold« zu stillen.

Als Smith an seinem *Wohlstand der Nationen* schrieb, hatten die britischen Besitzungen in Indien und Amerika zwar kein Edelmetall zu bieten, aber auch die Engländer waren nicht frei von dem Glauben, dass Gold und Silber reich machten. Sie wandten nur eine indirekte Strategie an: Ihre Kolonien sollten Produkte liefern, die sich teuer gegen Gold oder Silber verkaufen ließen. Aus Amerika kamen Tabak, Kaffee und Zucker. Indien schickte Gewürze, Indigo, Baumwollstoffe, Seide, Salpeter, Reis und Tee.

Im 18. Jahrhundert war das britische Kolonialreich noch ein Flickenteppich, das nicht einheitlich regiert wurde, sondern aus einem Sammelsurium von Kronkolonien, privaten Ländereien, Militärstützpunkten und Besitzungen der Handelskompanien bestand. Direkt oder indirekt kontrollierten die Briten damals Kanada, die amerikanische Ostküste, Teile der karibischen Inseln und Nordostindien. Zudem besaßen sie entlang der afrikanischen Westküste einige Militärstützpunkte, um den Sklavenhandel abzuwickeln.[32] Dieses Konglomerat an Besitzungen wird heute das »erste britische Weltreich« genannt. Australien, Neuseeland sowie die Kolonien in Afrika und im Nahen Osten kamen erst viel später hinzu, während die Siedlerkolonien in den USA 1783 unabhängig wurden und verloren gingen.

Den Kolonien wurde genau vorgeschrieben, was sie anzubauen hatten. Sie durften ihre Waren nur auf britischen Schiffen transportieren, die eine britische Besatzung hatten und einen britischen Hafen anliefen. Umgekehrt mussten sie alle Importwaren im britischen Mutterland kaufen. Dieses enge Korsett sollte nicht nur Zolleinnahmen für den britischen Staat garantieren, sondern diese sogenannten Navigationsgesetze waren zugleich auch Militärpolitik. Eine große Handelsflotte mit erprobten Matrosen ließ sich sehr schnell zu Kriegsschiffen umrüsten. Der Merkantilismus hatte seine eigene fatale Logik: Der Kampf um die Kolonien provozierte genau die Kriege, die die Kolonien dann finanzieren sollten.

Handel und Eroberung waren nicht zu trennen: Die Engländer gingen in ihren Kolonien mitunter so brutal vor, dass Millionen

Menschen starben. Kurz bevor Smith seinen *Wohlstand der Nationen* beendete, hatte sich in Bengalen eine katastrophale Hungersnot ereignet, an der die Britische Ostindien-Kompanie die Hauptschuld trug.

In der Ganges-Ebene war es ab 1769 zu ausgedehnten Dürren gekommen, und der Ernteausfall war besonders fühlbar, weil zuvor viele Felder für die Exportwirtschaft umgenutzt worden waren: Statt Getreide anzubauen, mussten die Bauern Mohnpflanzen kultivieren und Opium produzieren, das die Britische Ostindien-Kompanie gewinnbringend nach China weiterverkaufte. Daher waren die Vorratslager leer, als die Trockenheit einsetzte. Doch statt Getreide aus anderen Landesteilen Indiens zu schicken, ignorierten die Briten den Notstand und sorgten sich nur um ihren eigenen Profit: Da die Dürre ihre Handelswaren reduzierte, trieben sie zum Ausgleich die Steuern bei den Bauern umso härter ein. Bis zu einem Drittel der Bengalen verhungerte.[33]

Obwohl die Steuereinnahmen sogar mitten in der Dürre stabil blieben,[34] war die Ostindien-Kompanie 1772 faktisch pleite. Doch ein Konkurs war ausgeschlossen, denn er hätte ein Finanzbeben in London ausgelöst. Zu viele Kaufleute und Bankiers waren direkt oder indirekt in die Geschäfte der Ostindien-Kompanie verwickelt. Für die Kompanie galt bereits damals, was heute auf Investmentbanken zutrifft: Sie war »too big to fail«.[35] Für viele Briten war es ein Schock, dass die Ostindien-Kompanie gerettet werden musste. Kolonien sollten den Staat reich machen, nicht arm.

Die Britische Ostindien-Kompanie war eine private Aktiengesellschaft, deren Anteile vor allem Aristokraten und vermögenden Kaufleuten gehörten. Zudem war es kein Geheimnis, dass die Angestellten der Kompanie extrem korrupt waren: Nur wenige Jahre in Indien genügten meistens, um unfassbar reich nach England zurückzukehren. Die britischen Emissäre betrieben in Asien einen lukrativen Handel auf eigene Rechnung, den sie finanzierten, indem sie die Steuern, die sie den Indern abpressten, zum Teil veruntreuten.

In Großbritannien bürgerte sich für die neureichen Indien-Rückkehrer ein eigener Begriff ein: »Nabobs«, was vom bengalischen

Herrschertitel »Nawab« abgeleitet war. Diese Nabobs waren gründlich verhasst, denn sie nutzten ihre indische Beute, um alte Adelssitze zu erwerben und sich damit einen Platz als Parlamentsabgeordnete zu sichern. Sie stiegen zu einer eigenen Lobby im britischen Unterhaus auf und setzten ihre Macht ein, um die Privilegien der Ostindien-Kompanie zu erhalten.

Smith konnte sich also sicher sein, dass viele Leser zustimmen würden, wenn er der Ostindien-Kompanie vorwarf, dass sie die »Korruption gedeihen ließ, indem schlecht bezahlten Beamten erlaubt wurde, ihren eigenen Privathandel zu betreiben«. Mit moralischer Empörung allein hielt sich Smith allerdings nicht lange auf: Er wollte die Kompanie samt ihrem »Monopolhandel« gleich ganz abschaffen. Denn nicht nur die Inder würden ausgeplündert, sondern auch die Briten zu Hause geschröpft: »Die Einwohner von England ... mussten nicht nur für die außergewöhnlichen Profite der Kompanie ... aufkommen, sondern auch für die extreme Vergeudung, die durch Betrug und Missmanagement ... verursacht wurde.«

Dem imperialen Stolz mochte es zwar schmeicheln, wenn sich die Briten fremde Territorien aneigneten, aber faktisch seien diese fernen Gebiete nur teuer: Man musste die Kolonien erobern, verwalten und gegen die europäische Konkurrenz verteidigen. Anstatt Gewinne einzufahren, nahm die britische Regierung ständig neue Kredite auf, weil die Kriegskosten explodierten. Im Jahr 1700 betrugen die englischen Staatsschulden 14,2 Millionen Pfund, 1763 lagen sie bei 130 Millionen und im Jahr 1800 bei 456 Millionen Pfund.[36]

Den Welthandel konnte man auch billiger haben, befand Smith. Man musste nur auf die Gängelung der Kolonien verzichten.[37] Mit dieser Prognose behielt er recht: Kaum war *Der Wohlstand der Nationen* im März 1776 erschienen, erklärten die USA am 4. Juli 1776 ihre Unabhängigkeit. Doch anders als von so vielen Briten befürchtet, brach der Handel mit Amerika nicht etwa ein, nachdem man die Kontrolle über die Siedler verloren hatte. Stattdessen boomte das transatlantische Geschäft endlich ungestört.

Smith war ein Gegner jeglicher Unterdrückung. Er lehnte nicht nur die Rechtlosigkeit der Inder und amerikanischen Ureinwohner ab, sondern auch die Sklaverei auf den Plantagen Nordamerikas und der Karibik. Er war nicht der einzige Aufklärer, der den britischen Sklavenhandel abschaffen wollte. Doch die anderen Abolitionisten führten stets moralische Gründe an, die Smith zwar teilte – aber erstmals um ökonomische Argumente ergänzte.

Er wollte zeigen, dass sich Entrechtung gar nicht lohnt. »Die Erfahrung aller Epochen und Nationen zeigt, ... dass die Arbeit von Sklaven die teuerste ist, obwohl sie nur ihren Unterhalt zu kosten scheinen.« Denn die Sklaven hätten keinerlei Motivation, sich anzustrengen oder die Werkzeuge pfleglich zu behandeln. »Ein Mensch, der kein Eigentum erwerben darf, kann kein anderes Interesse haben, als möglichst viel zu essen und möglichst wenig zu arbeiten.«

Smith konnte allerdings nicht damit rechnen, dass seine Zeitgenossen sofort verstehen würden, warum die Sklaverei unrentabel sei, denn die Plantagen in den amerikanischen Südstaaten und in der Karibik warfen gigantische Gewinne ab. Doch Smith drehte dieses Argument einfach um: Die hohen Profite würden nicht wegen, sondern trotz der Sklaverei erwirtschaftet. Baumwolle, Tabak und Zucker seien so lukrative Produkte, dass man sich sogar die kostspielige Zwangsarbeit leisten könne. Der Anbau von Getreide hingegen wäre längst nicht so rentabel, weswegen man in Connecticut oder Pennsylvania auf die teuren Sklaven verzichten und normale Tagelöhner einsetzen würde. »Der Anbau von Zuckerrohr oder Tabak kann die Kosten der Sklavenwirtschaft tragen ... In den englischen Kolonien, deren Haupterzeugnis Weizen ist, wird der weitaus größte Teil der Arbeit von freien Männern verrichtet.«

Smith argumentierte mit einem Paradox: Wäre Sklaverei wirklich kostengünstig gewesen, hätte sie sich in ganz Nordamerika durchsetzen müssen, denn normale Tagelöhner waren dort sehr teuer. Die Arbeiter setzten hohe Löhne durch, weil sie stets damit drohen konnten, sich als eigenständige Bauern niederzulassen. Da genug Land vorhanden war, musste es sich für die Tagelöhner lohnen, auf einen eigenen Hof zu verzichten. Doch obwohl freie Arbeiter kostspielig waren, konnten sie mit den Sklaven konkurrieren: »Die Arbeit von freien Männern ist am Ende billiger als jene von Sklaven. Dies gilt sogar in Boston, New York und Philadelphia, wo die Löhne gewöhnlicher Arbeiter so sehr hoch sind.«

Waren Sklaven tatsächlich teuer? Bis heute wird diskutiert, welche Rolle die Sklaverei im Kapitalismus spielte und warum diese Form der Zwangsarbeit im 19. Jahrhundert abgeschafft wurde. Wieder war es Smith gelungen, eine These zu formulieren, die der Ökonomie keine Ruhe mehr ließ.[38]

Smith liebte die Provokation und nutzte daher den allerletzten Absatz seines Buchs, um sich erneut über die kolonialen Eiferer lustig zu machen, die von Weltreichen träumten: »Die Herrscher von Großbritannien haben … das Volk mit der Einbildung ergötzt, dass sie ein großes Imperium auf der westlichen Seite des Atlantiks besäßen. Dieses Imperium hat jedoch bisher nur in der Einbildung existiert. Es war bisher kein Imperium, sondern der Plan eines Imperiums, keine Goldmine, sondern der Plan einer Goldmine; ein Plan, der teuer war und teuer bleibt …, ohne dass ein Gewinn wahrscheinlich wäre.« Er empfahl daher seinem Heimatland, »seine künftigen Ansichten und Pläne an die reale Mittelmäßigkeit seiner Umstände anzupassen«.

So dreist muss man erst einmal sein: Da schrieb Smith ein Buch mit dem Titel *Wohlstand der Nationen,* schien also Reichtum zu versprechen – und schloss ausgerechnet mit dem Ratschlag, die eigene Mittelmäßigkeit zu akzeptieren. Doch für Smith war dies kein Widerspruch. Wohlstand konnte es nur geben, wenn auch die Nachbarn wohlhabend waren. Mittelmäßigkeit war kein Schrecken, sondern das Synonym für Gleichheit. Smith wollte seinen Mitbürgern erklären, dass Ausbeutung auch die Ausbeuter ärmer macht.

Smith' bahnbrechendes Werk wäre immer gelesen worden, doch David Ricardo hat es kanonisiert. Er hat Smith' Theorien vervollständigt, aber auch verändert. Er hat seine Gedanken formalisiert und in Modelle umgewandelt. Ricardo hat dafür gesorgt, dass Smith zum Gründungsvater einer Schule wurde, die bis heute »klassische Ökonomie« heißt. Dieser Begriff stammt übrigens von Karl Marx.

Die Brücke von Smith zu Marx: David Ricardo (1772–1823)

Es geschah im Jahr 1799 in einer Leihbücherei im englischen Kurort Bath: David Ricardo fiel ein Exemplar von *Wohlstand der Nationen* in die Hände. Er blätterte ein bisschen, und sein Leben nahm eine neue Wendung. Ricardo begann sich für Ökonomie zu interessieren. Er las Smith gründlich, und er las ihn immer wieder, bis er genau wusste, was ihn überzeugte – und was nicht.

In der Theoriegeschichte ist Ricardo einzigartig, weil er gleich zwei konträre Strömungen in der Ökonomie geprägt hat: Der eine Ricardo führte direkt zu Marx – und der andere Ricardo inspirierte die Neoliberalen.

David Ricardo wurde 1772 in der City of London geboren, als drittes von siebzehn Kindern. Sein Vater Abraham entstammte einer jüdisch-portugiesischen Familie, die über Livorno nach Amsterdam eingewandert war und vom Aktienhandel lebte. 1760 wurde Abraham nach London geschickt, um dort die Geschäftsinteressen der Familie wahrzunehmen.[39] Sohn David wurde früh ins Börsengeschehen eingeweiht: Bereits mit vierzehn Jahren trat er in die Firma des Vaters ein, um den Aktien- und Anleihenhandel zu erlernen.

Doch schon bald musste er sich selbstständig machen: Seine Eltern goutierten es nicht, dass er mit 21 Jahren die Quäkerin Priscilla Ann Wilkinson geheiratet hatte, und brachen den Kontakt mit ihm ab. Also lieh sich Ricardo Geld von Freunden, eröffnete sein eigenes Büro und war als Börsenspekulant so erfolgreich, dass er seinen Vater bald überholte. Als David Ricardo 1823 an einer Mittelohrentzündung starb, gehörte er zu den 500 reichsten Männern Großbritanniens und hinterließ das damals gewaltige Vermögen von etwa 700 000 Pfund.[40]

Vor allem der Krieg gegen Napoleon hatte Ricardo reich gemacht: Er vermittelte und garantierte die Militärdarlehen der britischen Regierung – und spekulierte 1815 auf einen Sieg in der Schlacht von Waterloo. Nachdem diese größte Wette seines Lebens aufgegangen war, setzte er sich mit 43 Jahren zur Ruhe. Er verließ die Börse, investierte sein Vermögen vorzugsweise in Ländereien und führte fortan ein Leben, wie es sich sonst nur Adelige leisten konnten. Er zog sich auf das prächtige Gut Gatcombe Park zurück, das heute Prinzessin Anne, der Tochter von Königin Elisabeth II., gehört.

Seine letzten Lebensjahre widmete Ricardo vor allem der Ökonomie, musste aber ab 1819 auch gelegentlich nach London pendeln, weil er ins britische Parlament eingezogen war. Mit freien und demokratischen Wahlen hatte dies nichts zu tun: Ricardo hatte sich einfach einen sicheren Abgeordnetensitz in Irland gekauft, wo er Zeit seines Lebens noch nie gewesen war.[41]

Ricardo war Autodidakt und nur wenige Jahre zur Schule gegangen, da sein strenggläubiger Vater befand, dass Schreiben, Lesen und Rechnen völlig ausreichten.[42] Da Ricardo zudem zur Vorsicht neigte, äußerte er sich als Ökonom anfangs nur zu Themen, mit denen er als Finanzspekulant bestens vertraut war: 1809 veröffentlichte er anonym einen Zeitungsartikel mit dem Titel »Der Preis des Goldes«, der sofort Aufmerksamkeit erregte. In weiteren Texten befasste er sich unter anderem mit dem »Einfluss des niedrigen Getreidepreises auf die Kapitalrendite« (1815) oder mit »Vorschlägen für eine wirtschaftliche und sichere Währung« (1816).

Vielleicht wäre es bei diesen isolierten Texten geblieben und vielleicht hätte Ricardo nie ein Buch geschrieben, wenn James Mill ihn nicht permanent gedrängt hätte, ein Opus Magnum zu verfassen. Mill war ein mittelmäßiger Philosoph und Ökonom, der sein Auskommen bei der Britischen Ostindien-Kompanie gefunden hatte und die Überlegenheit seines Freundes neidlos anerkannte. 1815 schrieb Mill an Ricardo: »Da Sie bereits der beste *Denker* in der politischen Ökonomie sind, bin ich fest entschlossen, dass Sie auch der beste Schreiber werden.«

Doch obwohl Mill immerzu ermunternde Worte an Ricardo schickte, kam dieser kaum voran, wie er diversen Brieffreunden resigniert mitteilte.[43] Im August 1815 klagte er über das Buchprojekt: »Ich fürchte, das Vorhaben übersteigt meine Fähigkeiten.« Im Herbst 1815 schrieb er entmutigt: »Ich mache keinerlei Fortschritte bei der schwierigen Kunst der Gliederung.« Am 7. Februar 1816 konkretisierte er das Problem: »Wenn ich die Hindernisse überwinden könnte, die sich in den Weg stellen, eine klare Einsicht in den Ursprung und das Gesetz des relativen Werts oder des Tauschwerts zu formulieren, hätte ich die Hälfte der Schlacht gewonnen.« Aber im April 1816 stockte das Werk noch immer: »Fast unüberwindbare Hürden widersetzen sich meinem Fortkommen, und ich habe größte Schwierigkeiten, Verwirrung selbst bei den einfachsten meiner Aussagen zu vermeiden.« Im November 1816 klang es nicht viel besser: »Ich habe den größten Wunsch, etwas zu produzieren, das der Veröffentlichung wert wäre, aber dies, so fürchte ich, wird nicht in meiner Macht stehen.« Auch mit dem fertigen Manuskript war Ricardo nicht zufrieden. Es hätte ihn »über alle Maßen verwirrt, das Gesetz des Preises zu ermitteln«.[44]

1817 erschien das hart erkämpfte Werk schließlich unter dem Titel *Die Prinzipien der politischen Ökonomie und der Besteuerung*. Obwohl das Buch ungemein sperrig geschrieben ist, war es ein Erfolg. Die erste Auflage von 750 Exemplaren war bald ausverkauft, so dass 1819 sowie 1821 weitere Auflagen von jeweils 1000 Büchern folgten.

Ricardo war kein Stilist. Seine Sätze holpern dahin, und am liebsten begann er mit der Wendung »wenn wir annehmen, dass … «. Im Geist operierte Ricardo wie ein Mathematiker, aber die Mathematik hatte ihren Siegeszug in der Ökonomie noch nicht angetreten. Diagramme und Formeln wurden damals nicht benutzt, um wirtschaftliche Zusammenhänge auszudrücken, und so behalf sich Ricardo mit endlosen Rechenbeispielen, die jedoch nicht immer vollständig erklärt werden.

Doch nicht nur die Zahlenkolonnen machen den Text schwierig: Ricardo hatte in seinen Briefen keineswegs übertrieben, als er stöhnte, dass er an der Gliederung scheitern würde. Er wusste tatsächlich nicht, wie man ein Buch aufbaut. Sein Text ist so chaotisch, dass es zu einem Volkssport unter Theoriehistorikern geworden ist, sinnvollere Gliederungen vorzuschlagen. Auch Marx hatte diverse Ideen, wie sich Ricardo hätte verständlicher ausdrücken können.[45]

Ricardo machte den typischen Anfängerfehler: Statt sich die Gliederung vorher zu überlegen, schrieb er assoziativ und hangelte sich von Absatz zu Absatz, von Kapitel zu Kapitel, wie es seinem eigenen Gedankenfluss entsprach. Klar war ihm am Anfang nur, dass er seine Vorgänger ergänzen und korrigieren wollte. So sehr er Smith oder auch den französischen Ökonomen Jacques Turgot bewunderte, machte er bei ihnen doch eine große Leerstelle aus: Sie hätten sich kaum darüber geäußert, wie das Volkseinkommen verteilt wird. Warum sind Unternehmer reich und Arbeiter arm? Um diese ebenso naheliegende wie brutale Frage kreiste Ricardos Denken, auch wenn er es abstrakter ausdrückte: Die Ökonomen hätten bisher »sehr wenig befriedigende Informationen bezüglich des natürlichen Flusses von Pacht, Profit und Lohn« geliefert.[46]

Doch bevor sich Ricardo den Profiten, Löhnen und Pachterträgen widmen konnte, musste er zunächst erklären, was überhaupt den Reichtum ausmachte, der dann zwischen Unternehmern, Arbeitern und Landbesitzern verteilt wurde. Damit kehrte er genau zu jener Frage zurück, die schon Smith zur Verzweiflung getrieben hatte: Wie entsteht der Wert von Waren? Etwa ein Jahr lang kämpfte Ricardo mit diesem Problem, wie den Stoßseufzern in seinen Briefen zu entnehmen ist. Am Ende übernahm er einfach die Begriffe von Smith – und radikalisierte sie.

Smith selbst hatte sich ja nie entscheiden können, was den Tauschwert einer Ware ausmachen sollte, sondern ließ zwei Versionen unverbunden nebeneinander stehen. Bei ihm gab es erstens den »deduktiven« Ansatz, der davon ausging, dass der Tauschwert eines Guts *allein* durch die Menge der nötigen Arbeit bestimmt sei. Von diesem Gesamtwert wurde dann der Profit des Unternehmers abgezogen. Der Arbeiter erhielt nur einen Rest, der groß genug sein musste, damit er sich und seine Familie ernähren konnte.

Zweitens propagierte Smith eine »additive« Sicht, die er selbst auch deutlich favorisierte: Der natürliche Preis, also der Tauschwert einer Ware, setze sich aus Lohn, Pacht und Profit zusammen. Plötzlich ging es um das Einkommen, über das Arbeiter, Landbesitzer und Unternehmer verfügten. Smith hinterließ das ungelöste Problem, dass die »deduktive« und die »additive« Sicht in der Summe nicht gleich waren.

Ricardo war geistig weitaus strenger als Smith und litt an diesem Wirrwarr. Für ihn konnte es nur ein Konzept geben, nicht zwei konkurrierende Begriffe, und er traf eine folgenreiche Entscheidung: Er wählte den deduktiven Ansatz – was dann direkt zu Marx führte.

Bei Ricardo bemaß sich der Tauschwert also allein durch die Arbeitsmenge, die zur Erzeugung einer Ware nötig ist. So weit, so eindeutig. Doch Ricardo übersah, wie brisant diese Aussage war: Wenn nur die Arbeiter den gesellschaftlichen Reichtum schufen – wo kamen dann die Gewinne her? Die Unternehmer schienen völlig überflüssig zu sein und nur Profite zu machen, weil sie ihre Arbeiter ausbeuteten. Diese Konsequenz war so offensichtlich, dass sie nicht nur Marx auffiel.

Im Rückblick scheint es erstaunlich, dass der extrem reiche Spekulant Ricardo seine eigene Klasse implizit für obsolet erklärte. Wie konnte ihm das passieren? Eine erste Erklärung ist nicht so banal, wie sie vielleicht klingen mag: Ricardo hatte keine bessere Theorie. Damit war und ist er nicht allein. Bis heute können die Ökonomen nicht schlüssig herleiten, wie es zu Ungleichheit kommt und warum die Reichen so reich sind. So schrieb der Nobelpreisträger Paul Krugman im Januar 2016 in seinem Blog: »Wir wissen wirklich nicht, wie man die persönliche Einkommensverteilung modellieren könnte – im besten Fall haben wir einige halbwegs plausible Ad-hoc-Ansätze.«[47] Zwar haben sich seit Ricardo die herrschenden Theorien verändert, aber die zentralen Fragen des menschlichen Zusammenlebens überfordern die Ökonomen noch immer.

Doch zurück zu Ricardo: Bei ihm tauchte erstmals jenes Vokabular auf, das später auch Marx benutzen würde. Ricardo sprach von »Klassen« und von »Kapitalisten«. Den Begriff »Klassenkampf« verwendete er zwar noch nicht, aber eine neue Unversöhnlichkeit durchzog sein Buch. Während Adam Smith noch überall Win-win-Situationen ausgemacht hatte und eine bessere Welt kommen sah, war Ricardo weitaus pessimistischer. Für ihn war es letztlich unausweichlich, dass die Arbeiter verelenden würden.

Denn Ricardo übernahm die Bevölkerungstheorie des Ökonomen Thomas Malthus, mit dem er eng befreundet war. Malthus hatte ein berühmtes Paradox formuliert: Wenn die Wirtschaft wächst, wird die Masse trotzdem nicht reicher. Stattdessen steigt nur die Zahl der Menschen, die versorgt werden müssen, weil mehr Kinder geboren werden. Irgendwann wäre die Landwirtschaft aber überfordert, diese Mengen zu ernähren, und es käme zu Hungersnöten, so dass die Bevölkerung wieder schrumpft. Ricardo folgerte daher, dass die Arbeiter ihrem Elend gar nicht entkommen könnten. Sie sorgten für die eigene Armut, indem sie sich stets bis an die Grenze der verfügbaren Nahrung vermehrten.

Ricardo war jedoch nicht nur Pessimist, was die Zukunft der Arbeiter anging – auch für die Kapitalisten sah er unschöne Zeiten voraus. Bei ihm litten indirekt auch die Unternehmer, wenn die Bevölkerung zu stark zunahm. Dieser Zusammenhang erscheint zwar erstaunlich, war aber bei Ricardo so zwingend, dass er einen »tendenziellen Fall der Profitrate« prognostizierte.

Eine kleine Warnung: Wer sich für die amüsanteren Verästelungen der klassischen Theorie nicht interessiert, kann die nächsten sieben Absätze überspringen. Wer aber dabeibleibt, lernt eine der kühnsten Volten in der Ökonomiegeschichte kennen. Für Ricardo war die Zukunft des Kapitalismus paradoxerweise eine Art Feudalismus. Am Ende würde nur der landbesitzende Hochadel profitieren.

Diese bemerkenswerte Vorhersage folgte direkt aus Malthus' Theorien, die Ricardo weiterentwickelte. Malthus hatte richtig beobachtet, dass eine starke Zunahme der Bevölkerung damals bedeutete, dass auch schlechtere Böden bewirtschaftet werden mussten. Diese minderwertigen Felder erforderten jedoch mehr Arbeit und erbrachten eine geringere Ernte, weswegen der Getreidepreis deutlich steigen musste, damit sich der Anbau lohnte. Den erhöhten Getreidepreis kassierten aber alle Landbesitzer – auch die Eigentümer der besten Böden, die mit wenig Aufwand große Ernten einfahren konnten. Die Besitzer dieser produktiven Felder erhielten also ein leistungsloses Zusatzeinkommen, das Malthus »Grundrente« nannte.

Diese Grundrente integrierte Ricardo nun in seine Arbeitswertlehre. Zur Erinnerung: Der Tauschwert einer Ware ist bei ihm allein durch die Arbeitsmenge bestimmt, die zu ihrer Erzeugung nötig ist. Wenn der Getreidepreis steigt, bleibt die Arbeitsmenge gleich, die beispielsweise zur Produktion von Schuhen oder Wollstoffen erforderlich ist. Die Arbeiter müssen jedoch mehr Lohn erhalten, weil das Getreide teurer geworden ist. Sonst könnten sie und ihre Familien nicht überleben. Ergo: Der Wert der Waren bleibt gleich, doch der Preis der Arbeit steigt – also sinken die Profite der Unternehmer.

Ricardo war Realist. Er sah durchaus, dass die englische Wirklichkeit längst nicht so düster war, wie es seine Theorie prognostizierte. Die britischen Arbeiter lebten nicht an der Subsistenzgrenze, sondern hatten es weitaus besser als etwa ihre deutschen oder italienischen Kollegen, wie Ricardo selbst festhielt: »Ein englischer Arbeiter würde seine Löhne … als zu dürftig betrachten, um eine Familie zu ernähren, wenn er keine andere Nahrung als Kartoffeln kaufen könnte und er keine bessere Wohnstätte hätte als nur eine Lehmhütte … Viele der Annehmlichkeiten, die jetzt in einer englischen Familie üblich sind, hätten in früheren Epochen unserer Geschichte als Luxus gegolten.« Moderne Historiker haben errechnet, dass 1825 die Reallöhne in London knapp dreimal höher als in Wien waren.[48]

Auch die Unternehmer machten damals ordentliche Profite. Ricardo war bewusst, dass sein pessimistisches Szenario nur eintreten würde, wenn die Bevölkerung so schnell wuchs, dass die technischen Verbesserungen in der Landwirtschaft nicht mehr ausreichten, um noch genug Nahrung zu produzieren. Ricardo beschrieb also nicht die Gegenwart, sondern hielt es nur für eine mögliche Zukunft, dass die großen Landbesitzer dereinst die Kapitalisten wieder verdrängen könnten. Daher prognostizierte er auch keinen absoluten Fall der Profitrate, sondern drückte sich deutlich vorsichtiger aus und sprach von »einem tendenziellen Fall der Profitrate«.[49]

Doch trotz aller theoretischen Vorsicht: Ricardo wollte sicherstellen, dass er selbst nicht zu den Verlierern gehören würde, falls die großen Landbesitzer immer höhere Grundrenten kassierten – und investierte daher fast sein gesamtes Vermögen in Agrarflächen. Es war nicht nur Hobby, sondern Glaube an die eigene Theorie, dass er den Herrensitz Gatcombe erwarb.[50]

Schon kurz nach Ricardos Tod fiel auf, dass die Bevölkerungsexplosion gar nicht eintrat, auf der sein Pessimismus beruhte: Zwar nahm die Zahl der Engländer zu, aber nicht etwa weil die Geburten exorbitant gestiegen wären – sondern weil die Menschen schlicht länger lebten und vor allem die Kindersterblichkeit langsam zurückging.

Zudem hatte Ricardo die Leistungsfähigkeit der Landwirtschaft unterschätzt: Die Preise für Grundnahrungsmittel blieben ab 1811 für die nächsten Jahrzehnte stabil, obwohl sich die britische Bevölkerung von 12,5 auf 26,7 Millionen im Jahr 1841 verdoppelte.[51] Es schien daher Unsinn zu sein, dass die Grundrente der Landbesitzer derartig steigen würde, dass für die Kapitalisten keine Gewinne mehr übrig blieben. Der »tendenzielle Fall der Profitrate« kam daher bei Ricardos Nachfolgern nicht mehr vor. Mit einer Ausnahme: Karl Marx. Allerdings würde dieser völlig anders begründen, warum die Kapitalisten dem Untergang geweiht wären.

Marx hat Ricardo konsequent zu Ende gedacht. Aus den Gedanken eines Millionärs hat er die Theorie des unausweichlichen Klassenkampfs gemacht. Von Ricardo übernahm er die zentralen Thesen, dass nur Arbeit Werte schafft, dass die Gesellschaft aus antagonistischen Klassen besteht, dass die Arbeiter verelenden müssen – und dass sich die Kapitalisten Werte aneignen, die sie selbst nicht produziert haben.

Ricardo hat jedoch nicht allein Marx inspiriert, sondern ist auch Ahnherr der Liberalen. Sie begeisterten sich vor allem für seine Theorie der »komparativen Kostenvorteile«, die bis heute in keinem Wirtschaftslehrbuch fehlt, um die Segnungen des Freihandels zu erläutern. Der Siegeszug dieser Theorie ist beispiellos in der Ökonomiegeschichte: Kein anderes Rechenbeispiel ist in den vergangenen 200 Jahren so oft zitiert worden. Diese enorme Wirkungsgeschichte ist umso bemerkenswerter, als der Freihandel für Ricardo selbst kaum eine Rolle spielte. Seine Theorie der komparativen Kostenvorteile macht ganze zwei Prozent seines Buchs aus, wie Wirtschaftshistoriker inzwischen akribisch nachgerechnet haben. Auch ist Ricardo nie wieder auf diese Idee zurückgekommen – weder in anderen Schriften noch in seiner umfangreichen Korrespondenz.[52]

Wieder setzte Ricardo dort an, wo Adam Smith aufgehört hatte. Für Smith war der Freihandel eine Variante der Arbeitsteilung gewesen. Jedes Land sollte sich auf jene Produkte spezialisieren, die es am besten und billigsten herstellen konnte. Frankreich sollte also

Wein anbauen und exportieren – während die Schotten Fische und Salz zu bieten hatten. So einleuchtend diese Idee war, sie konnte die realen Handelsbeziehungen nicht erklären. Denn die Länder exportierten nicht nur Güter, die sie als einzige produzierten, sondern tauschten auch Waren aus, die überall hergestellt werden konnten. Warum, zum Beispiel, wurden Textilien durch ganz Europa geschifft, obwohl doch jedes Land Stoffe produzierte?

Wie Smith wählte auch Ricardo ein alkoholisches Beispiel, um seine Theorie der komparativen Kostenvorteile zu erläutern. Es sei einmal angenommen, dass Portugal und England beide sowohl Portwein wie auch Textilien herstellen können. Außerdem soll gelten, dass England Portwein und Textilien billiger produzieren kann als Portugal. Zudem ist die englische Produktivität bei der Tuchherstellung höher als beim Weinanbau. In diesem Fall wäre es für England vorteilhaft, nur Textilien herzustellen und den Portugiesen die Portweinproduktion zu überlassen, obwohl die Engländer den Portwein eigentlich billiger herstellen könnten als die Portugiesen. Denn der maximale Profit entsteht, wenn man sich auf jene Geschäftszweige konzentriert, bei denen die eigene Produktivität am höchsten ist.

Ricardos Theorie der komparativen Kostenvorteile ist charmant, weil sie mathematisch absolut sauber ist. Es galt also als bewiesen, dass der Freihandel eine Win-win-Situation für alle beteiligten Länder darstellt. Doch trotz dieser höheren Weihen durch die Mathematik schien die Theorie nicht zu stimmen: Schon Ricardos Zeitgenossen fiel auf, dass England immer reicher wurde – während das ärmere Portugal stagnierte.

Mathematik und Empirie fielen also auseinander, ein Phänomen, das in der Ökonomie noch häufig auftreten sollte. Aber wieso konnte der Freihandel schädlich sein, wenn er sich formal so gut begründen ließ? Nach Ricardos Tod sollte es noch fast zwei Jahrhunderte dauern, bis Ökonomen plausibel erklären konnten, warum der Freihandel nicht allen Staaten nutzt, sondern gerade den Entwicklungs- und Schwellenländern oft schadet.

Wie schon Ricardos Beispiele deutlich machen – Wein und Tuche –, lebte er noch in einer vorindustriellen Welt, die vor allem von

»Landwirten, Hutmachern, Tuchmachern und Schuhmachern« bevölkert wurde. Wenn Ricardo von »Kapitalisten« sprach, darf man sich darunter keine modernen Industrieunternehmer vorstellen. Zwar erwähnte Ricardo gelegentlich »Fabrikanten«, aber sie herrschten über Kleinstbetriebe. Technik spielte eine untergeordnete Rolle. Nur in den Textilfabriken standen schon Web- und Spinnmaschinen, die mit Dampfkraft betrieben wurden. Doch die Eisenbahn war noch nicht erfunden, die wenig später die europäische Wirtschaft umwälzen würde.

Adam Smith und David Ricardo beschrieben Handelsökonomien, in denen die Landwirtschaft dominierte und die meisten Rohstoffe lieferte. Beide ahnten, dass die Technik wichtiger werden würde, aber die heutigen Industriegesellschaften konnten sie sich noch nicht vorstellen. Sie schrieben zwar über Kapital, aber den modernen Kapitalismus kannten sie nicht. Das war bei Karl Marx anders.

Zu Marx' Lebzeiten wurde nicht nur die Eisenbahn erfunden, sondern unter anderem auch die Schiffsschraube, die Schreibmaschine, die Fotografie, der Chemiedünger, die Nähmaschine, der Dynamo, die Telegraphie, das Fahrrad, die Glühbirne, das Telefon, die Stahlerzeugung, der Rotationsdruck, die Trockenbatterie, der Stacheldraht, die Margarine und die ersten Impfstoffe.

Nicht nur die Produkte wandelten sich, sondern auch die Fabriken. Smith und Ricardo hatten noch in einer echten Marktwirtschaft gelebt, in der viele kleine Betriebe gegeneinander konkurrierten. Marx hingegen sah, wie riesige Konzerne entstanden und sich die Firmen zu Trusts und Kartellen zusammenschlossen. Wo einst Wettbewerb gewesen war, entstanden Monopole. Diesen neuen, modernen Kapitalismus hat Marx als Erster beschrieben.

4 Ein Kommunist analysiert den Kapitalismus: Karl Marx

Karl Marx wuchs behütet auf. Sein Vater erkannte früh die Begabung des Sohns und förderte ihn liebevoll. Konkurrenz hatte Karl in der Familie nicht zu fürchten. Der jüngere Bruder Hermann war weniger talentiert, so dass der Vater seine Hoffnungen ganz auf Karl konzentrierte. Als Marx schon studierte, schrieb der Vater ihm: »Mein Herz schwelgt zuweilen in Gedanken an Dich und Deine Zukunft.« Über Karls Bruder Hermann hieß es hingegen: »Von seinem Fleiße erwarte ich viel, von der Intelligenz desto weniger ... Schade daß der herzensgute Junge nicht mehr im Kopf hat!«[1]

Karl Marx kam 1818 in Trier zur Welt.[2] Er war das dritte von neun Kindern, war jedoch faktisch der älteste Sohn, weil der erstgeborene Moritz bereits 1819 im Alter von drei Jahren starb. Beide Eltern entstammten jüdischen Rabbinerfamilien.[3]

Marx' Vater Heinrich wurde 1777 geboren und hieß zunächst noch Heschel. Ihm eröffneten sich Möglichkeiten, die sich zuvor noch nie einem Mitglied seiner Familie geboten hatten: Er konnte Jura studieren. Denn Trier wurde 1794 von französischen Truppen besetzt, und fortan galt der »Code Napoléon«, der auch die Gleichberechtigung der Juden vorsah. Doch kaum hatte sich Heschel Marx als Anwalt niedergelassen, war es mit der Emanzipation auch schon wieder vorbei. Auf dem Wiener Kongress 1815 wurde das Rheinland Preußen zugeschlagen, das Juden verbot, in den Staatsdienst einzutreten. Aus preußischer Sicht zählten auch Anwälte zur Obrigkeit.

Marx' Vater stand vor der Wahl, seinen Beruf oder seine Religionszugehörigkeit aufzugeben – und er entschied sich für die Taufe. Aus Heschel wurde Heinrich. Dieser Schritt war nicht ungewöhnlich, denn damals wechselten viele Juden zum Christentum, um am öffentlichen Leben teilnehmen zu können. Ungewöhnlich war jedoch, dass sich Heinrich Marx nicht für den katholischen Glauben entschied, der in der Bischofsstadt Trier dominierte und den die meisten Konvertiten wählten. Heinrich Marx hingegen wurde zum Protestanten und wechselte damit von einer Minderheit zur anderen: Die evangelische Gemeinde in Trier war kaum größer als die jüdische.[4]

Doch Heinrich Marx störte es gar nicht, dass es kein geregeltes Gemeindeleben gab, war er doch von Aufklärern wie John Locke, Isaac Newton oder Gottfried Wilhelm Leibniz geprägt. Er glaubte zwar an einen Gott, aber dies war keine Person, die unmittelbar in die Geschicke der Welt eingriff und sich barmherzig um die Gläubigen kümmerte. Sein Gott war ein fernes und vernünftiges Wesen, und dazu passte das reduzierte Gemeindeleben der Trierer Protestanten bestens.

Es ist nicht bekannt, wann sich Heinrich Marx taufen ließ, doch sicher ist, dass er seine Frau Henriette Presburg noch nach jüdischem Ritus heiratete. Henriette war elf Jahre jünger als er und stammte aus dem niederländischen Nimwegen, wo ihre Familie ein ansehnliches Vermögen erworben hatte.[5] Es war eine arrangierte Ehe, die aus finanziellen Gründen geschlossen wurde. Henriette brachte eine Mitgift von 8 100 Gulden ein, was etwa 4 500 preußischen Talern entsprach. Zum Vergleich: Ein Tagelöhner oder armer Handwerker verdiente rund 100 Taler im Jahr. Mit dem Geld seiner Frau war es Heinrich möglich, seine Familie standesgemäß unterzubringen. 1819 bezog man ein Haus in der Nähe der Porta Nigra, das vier Zimmer, zwei Kammern, zwei Alkoven, eine Küche und drei Mansardenzimmer hatte.[6]

Doch von echtem Reichtum waren die Marxens weit entfernt. Selbst die Oberschicht lebte damals so beschränkt, dass jede einzelne Serviette zählte. Es wurde daher genau verzeichnet, dass Henriette nicht nur Bargeld in die Ehe eingebracht hatte, sondern auch 68 Bettlaken, 69 Tischdecken, 200 Servietten und 118 Handtücher.[7]

Im Wohnhaus der Familie wurden Karl Marx und seine Geschwister am 26. August 1824 getauft; die Mutter trat erst 1825 zum evangelischen Glauben über. Sie hatte Scheu, ihren Vater zu brüskieren, der Vorbeter in der jüdischen Gemeinde von Nimwegen war.

Karl Marx wuchs in der absoluten Provinz auf. Trier war zwar einst ein wichtiges römisches Verwaltungszentrum gewesen, wovon die Porta Nigra und zahlreiche Ruinen zeugten. Aber im frühen 19. Jahrhundert war die Stadt so klein, dass sie noch nicht einmal die mittelalterliche Stadtmauer ausfüllte. Industrie gab es nicht, und auch die Eisenbahn erreichte Trier erst 1860.

In dieser beschaulichen Stadt gehörte Heinrich Marx zu den angesehenen Honoratioren. 1820 wurde er zum Advokatsanwalt berufen, so dass er auch die gewinnbringenden zivilrechtlichen Fälle vertreten durfte und sich nicht nur auf die weitaus weniger lukrativen Kriminalfälle beschränken musste. 1831 bedachte ihn die preußische Regierung mit dem Ehrentitel »Justizrat«, und er gehörte auch der »Casino-Gesellschaft« an, zu der nur die Herren der Trierer Oberschicht Zutritt hatten.

Wie alle begabten Kinder aus dem Bildungsbürgertum besuchte Karl Marx das humanistische Gymnasium. Während sich die meisten seiner Mitschüler mit Griechisch und Latein quälten, erzielte Marx in diesen Fächern allerbeste Noten – und sprenkelte seine Texte lebenslang mit antiken Originalzitaten. In Mathematik hingegen war er schlecht, wie sein Abiturzeugnis von 1835 dokumentiert.

Heinrich Marx wollte nichts dem Zufall überlassen und übernahm die Karriereplanung für seinen Sohn: Karl wurde nach Bonn geschickt, um Jura zu studieren. Die Stadt war etwa so groß wie Trier und zählte damals 13 721 Einwohner. An der Universität waren 700 Studenten eingeschrieben – und nicht wenige kamen aus Trier. Allein acht von Marx' Klassenkameraden hatten sich ebenfalls für Bonn entschieden, und auch in den höheren Semestern gab es genug Studenten aus Trier, damit sich eine Landsmannschaft namens »Corps Palatia« konstituieren konnte, die vor allem durch ihre Trinkgelage und Duelle auffiel.[8] Auch Marx war in mindestens ein Duell verwickelt, wie wir aus einem Brief des Vaters wissen, der 120 Taler nach Bonn schickte, damit der Skandal still bereinigt werden konnte.

Marx versuchte sich auch als Dichter, was unter Studenten damals weit verbreitet war. Sein Gedicht *Empfindungen* begann etwa mit dem Vers:

»Nimmer kann ich ruhig treiben,
Was die Seele stark erfaßt,
Nimmer still behaglich bleiben,
Und ich stürme ohne Rast.«

Über diese Gedichte urteilte schon der Sozialist Franz Mehring in seiner Marx-Biographie von 1918: »Im allgemeinen atmen seine jugendlichen Gedichte triviale Romantik, durch die selten ein echter Ton klingt.«[9] Auch Marx' Vater war nicht begeistert und schrieb in einem Brief: »Ich sage es Dir unverhohlen, mich freuen innig Deine Anlagen, und ich verspreche mir viel davon, doch würde es mich jammern, Dich als gemeines Poetlein auftreten zu sehen.«

Trotz dieser dichterischen Ergüsse hegte Heinrich Marx nie Zweifel, dass sein Sohn fleißig war. In seinen Briefen riet er immer wieder, bloß nicht zu viel zu studieren und die Gesundheit nicht zu riskieren. Am 18. November 1835 schrieb er: »9 Kollegien scheint mir etwas viel, und ich wünsche nicht, daß Du mehr tust, als Körper und Geist vertragen können.« Anfang 1836 empfahl er »wiederholt, Deine Gesundheit zu schonen und zu erhalten. Es gibt kein beklagenswerteres Wesen als ein siecher Gelehrter.« Am 9. November 1836 mahnte er erneut: »Das Einzige worum ich Dich bitte, übertreibe auch das Studiren nicht.«[10]

Weniger zufrieden war Heinrich Marx, wie sein Sohn mit Geld umging. Nach fünf Monaten hatte Marx bereits 160 Taler verbraucht, ohne dass klar gewesen wäre, wohin das Geld verschwunden war: »Deine Rechnung, lieber Karl, ist à la Carl, ohne Zusammenhang, ohne Resultat. Kürzer und bündiger und nur die Ziffern regelmäßig in Kolonnen gesetzt, wäre die Operation sehr einfach gewesen, und man fordert auch von einem Gelehrten Ordnung, besonders aber von einem praktischen Juristen.«

Die Briefe des Vaters zeigen deutlich, dass sich Heinrich Marx dem Sohn hilflos ausgeliefert fühlte. Er wollte unbedingt, dass sein begabtes Kind studierte, und war bereit, dafür große materielle Opfer zu bringen. Aber er hätte sich gewünscht, dass sein Sohn genau angibt, wie viel Geld er wann benötigt – und wofür. »Lieber Karl, ich wiederhole Dir, dass ich alles recht gern thue, daß ich aber als Vater von vielen Kindern – und Du weist recht gut, ich bin nicht reich – nicht mehr thun will, als zu Deinem Wohl und Fortkommen nothwendig ist.« Neun Monate später mahnte der Vater erneut: »So mußt Du mir ungefähr sagen, was ich Dir monatlich bestimmen soll. Jetzt mußt Du wohl eins ins Andere dies anzugeben wissen.« Doch die gewünschten Kalkulationen lieferte Marx nie. Sobald er Geld von zu Hause erhielt, gab er es unbekümmert aus und forderte neue Zahlungen.

Unkonventionelle Ehe: Jenny ist älter

In den Semesterferien 1836 kehrte Marx erstmals nach Trier zurück – und verlobte sich heimlich mit Jenny von Westphalen, die er seit seiner Kindheit gekannt hatte. Ihr Bruder Edgar war sein Klassenkamerad gewesen, und Jenny selbst war die beste Freundin von Marx' älterer Schwester Sophie. Auch die Väter kannten sich gut, weil sie beide der winzigen evangelischen Gemeinde in Trier angehörten und in der exklusiven »Casino-Gesellschaft« verkehrten.

Für Marx war Ludwig von Westphalen wie ein zweiter Vater, denn der gebildete und liberale Beamte kümmerte sich intensiv um seine Kinder, die häufig auch Karl nach Hause mitbrachten. Westphalen unternahm mit den Kindern lange Wanderungen, auf denen er die sozialistischen Ideen Henri de Saint-Simons oder die Französische Revolution erklärte. Da er zur Hälfte schottischer Herkunft war,[11] sprach Jennys Vater fließend Englisch, konnte aber auch spanische, italienische oder französische Texte im Original lesen.

Auf den ersten Blick könnte es so wirken, als wäre Marx sozial aufgestiegen, indem er sich als Bürgerlicher mit einer Adligen verband. Doch im fein ziselierten Standesdenken der damaligen Zeit waren die beiden durchaus ebenbürtig, denn Jenny gehörte nicht dem angestammten »Uradel«, sondern nur dem sogenannten Beamtenadel an. Ihre Vorfahren waren ebenfalls bürgerlich gewesen, bis ihrem Großvater 1764 der allerunterste Adelstitel des »Edlen« verliehen wurde, um ihn für seine militärischen Verdienste im Siebenjährigen Krieg auszuzeichnen.[12]

Zudem war in Trier allgemein bekannt, dass Jenny keine nennenswerte Mitgift haben würde. Ihr Vater hatte sein bescheidenes Vermögen verspekuliert und musste nun allein von seinem Einkommen als Dezernent der preußischen Bezirksregierung leben. Er wurde zwar mit 1 800 Talern im Jahr sehr gut entlohnt, aber nach seiner Pensionierung 1834 erhielt er nur noch 1 125 Taler. Sein Einkommen reichte, um zwei Dienstmädchen zu beschäftigen, doch seine Schulden konnte er oft nicht rechtzeitig bedienen.[13]

An der Verlobung war also nicht ungewöhnlich, dass sich eine Adelige mit einem Bürgerlichen verband. Stattdessen widersprach es allen gesellschaftlichen Konventionen, dass Jenny vier Jahre älter war als Marx, der zudem erst achtzehn Jahre zählte und keinerlei Einkünfte hatte. Im Normalfall war es andersherum: Akademiker heirateten erst, wenn sie das Studium abgeschlossen und die erste Position angetreten hatten. Erst wenn sie eine Familie ernähren konnten, suchten sie sich eine Frau, die meist deutlich jünger war.

Obwohl sich Karl und Jenny seit der Kindheit kannten, verliebten sie sich erst 1836, dann aber stürmisch und sofort. Über diese Zeit schrieb Jenny drei Jahre später an ihren Verlobten: »Karl, und wenn Du mich so küßtest und an Dich preßtest und so festhieltest und ich vor Angst und Schauer keine Luft mehr bekam und Du mich dann so ansiehst, so eigen, so sanft … Ach, Herzchen, wie Du mich das erste Mal so ansahst und dann rasch wegkucktest, an, dann wieder hin, und ich geradeso, bis man sich zuletzt ganz lang und tief ansah und nicht mehr wegsehen konnte.« Erst Jennys Tod 45 Jahre später würde die beiden trennen.

Es sollte allerdings noch sieben Jahre dauern, bis sie heiraten konnten. Denn zunächst musste Marx sein Studium beenden und eine Stelle finden. Der Vater übernahm erneut die Karriereplanung und verfügte, dass der Sohn Bonn verlassen und an der Berliner Universität weiter studieren sollte, die als strenge »Arbeitsuniversität« galt.[14]

Marx wohnte bis 1841 in Berlin, und in diesen fünf Jahren wuchs die Stadt in einem rasanten Tempo von 275 202 auf 331 994 Einwohner. Nach Wien war sie die zweitgrößte deutsche Stadt, obwohl es noch kaum Industriebetriebe gab. 1830 waren ganze 300 Arbeiter im Maschinenbau tätig, 1840 waren es immerhin schon 3 000.[15]

Armut und Unterernährung waren allgegenwärtig. Selbst wer Arbeit hatte, konnte davon kaum leben: Ein erwachsener männlicher Tagelöhner verdiente 1830 zwischen 102 und 107 Taler im Jahr – aber eine fünfköpfige Familie benötigte etwa 255 bis 265 Taler, um wenigstens das Existenzminimum abzudecken. Zudem hatten viele Berliner gar kein geregeltes Einkommen und litten bitterste Not, wie eine zeitgenössische Aufzählung zeigt. 1846 gab es in Berlin »10 000 prostituierende Frauenzimmer, 12 000 Verbrecher, 12 000 latitierende Personen, 18 000 Dienstmädchen, 20 000 Weber (die bei ihrer Arbeit sämtlich ihr Auskommen nicht finden), 6 000 Almosenempfänger, 6 000 arme Kinder, 3 bis 4 000 Bettler, 2 000 Bewohner der Zuchthäuser und Strafanstalten, 1 000 Bewohner des Arbeitshauses, 700 Bewohner der Stadtvogtei, 2 000 uneheliche Kinder, 2 000 Pflegekinder, 1 500 Waisenkinder«.[16] Etwa ein Viertel der Berliner verdiente zu wenig zum Leben oder war gänzlich unversorgt.

Marx muss dieser grassierenden Armut täglich begegnet sein, doch als Student interessierte er sich noch nicht für soziale oder wirtschaftliche Fragen, sondern fraß sich geradezu enzyklopädisch durch juristische, philosophische und literarische Texte. Im November 1837 schrieb er einen Brief an seinen Vater, in dem er das erste Berliner Studienjahr zusammenfasste: Unter anderem hatte er Heineccius, Thibaut und Fichte rezipiert sowie die beiden ersten Pandektenbücher ins Deutsche gebracht. Auch Tacitus' *Germania* und Ovids *Tristium* Libri hatte er übersetzt. Er hatte Lessings *Laokoon*, Solgers *Erwin*, Winckelmanns *Kunstgeschichte* und Ludens *Geschichte des Teutschen Volkes* exzerpiert. Er hatte alle literarischen Neuerscheinungen sowie Ernst Ferdinand Kleins Kriminalrecht und Annalen gelesen. Teile dieser Lektüre sollten in eine rechtsphilosophische Abhandlung fließen, doch diese »Arbeit von beinahe 300 Bogen« verwarf Marx wieder, weil er mit sich selbst unzufrieden war.[17]

Der Brief ist noch in einem romantisch schwülstigen Ton gehalten, der an Marx' Gedichte erinnert. Manche Sätze waren nur Wortgeklingel, das möglichst geistreich erscheinen sollte. So begann der Brief mit den Sätzen: »Teurer Vater! Es gibt Lebensmomente, die wie Grenzmarken vor eine abgelaufene Zeit sich stellen, aber zugleich auf eine neue Richtung mit Bestimmtheit hinweisen. In solch einem Übergangsmomente fühlen wir uns gedrungen, mit dem Adlerauge des Gedankens das Vergangene und Gegenwärtige zu betrachten, um so zum Bewußtsein unserer wirklichen Stellung zu gelangen. Ja, die Weltgeschichte selbst liebt solches Rückschaun und besieht sich, was ihr dann oft den Schein des Rückgehns und Stillstands aufdrückt, während sie doch nur in den Lehnstuhl sich wirft, sich zu begreifen, ihre eigene, des Geistes Tat geistig zu durchdringen.«

Nur zehn Jahre später würde Marx das *Kommunistische Manifest* schreiben, das in die Weltliteratur eingegangen ist, weil es ohne jede Floskel auskommt, sondern eine knappe und konkrete Wucht entfaltet. Von diesem Marx ist der junge Student noch weit entfernt, und dennoch sind einige Charakterzüge schon zu erkennen: Er las alles, einfach alles. Kein Text war zu schwierig, keiner zu abseitig. Marx war grenzenlos neugierig, und nichts wurde nur abgeschrieben, sondern alles durchdacht. Allerdings zeigte sich schon damals, dass es ihm schwerfiel, Arbeiten abzuschließen, weil er sich ständig in neue Lektüren stürzte – und immer gleich in ganz großen Dimensionen dachte. Bereits der junge Student wollte »ein neues metaphysisches Grundsystem« entwerfen, wurde dann aber »meiner ganzen früheren Bestrebungen Verkehrtheit einzusehn gezwungen«, wie er dem Vater schrieb.

Das Erbe von Hegel: Die Dialektik des Prozesses

In dieser geistigen Krise machte Marx eine Entdeckung, die ihn lebenslang prägen sollte: Er las »Hegel von Anfang bis Ende«.[18] Bis dahin hatte er mit dem Philosophen nichts anfangen können und nur Fragmente gekannt, »deren groteske Felsenmelodie mir nicht behagte«. Jetzt wurde er zum Jünger. Marx hat Hegel selbst nicht mehr erlebt, denn der Philosoph war 1831 an der Cholera gestorben.[19] Aber seine Schüler lehrten noch in Berlin, wobei Hegel gleich zwei Denkschulen hinterlassen hatte.

Die konservativen Hegelianer begeisterten sich für seine Staatsidee: Die konstitutionelle Monarchie war für Hegel die höchste Form der Freiheit gewesen, in der der »Weltgeist« zu sich selbst fand. Hegel ließ sich als Apologet des preußischen Königtums lesen, wenn er etwa dekretierte, dass »was vernünftig ist, das ist wirklich, und was wirklich ist, das ist vernünftig«. Schöner hätte es kein Vertreter der bestehenden Ordnung ausdrücken können.

Die radikalen »Junghegelianer« hingegen übernahmen vor allem Hegels »dialektische Methode«, die aus dem Dreischritt von »These, Antithese und Synthese« bestand. Oft wurden diese griechischen Begriffe auch durch die lateinische Version von »Affirmation, Negation und Negation der Negation« ersetzt. Diesen Junghegelianern schloss sich Marx an und wurde Mitglied in ihrem »Doktorenclub«, der durch die Kneipen Berlins zog. Die gestandenen Philosophen waren offenbar zutiefst beeindruckt von dem jungen Studenten, sonst hätten sie es niemals zugelassen, dass sich Marx in ihre Runde mischte – und Hegel diskutierte.

Hegels Texte sind stilistisch so kompliziert, dass selbst gutwillige Leser wie Otto von Bismarck oder der Komponist Richard Wagner bald entnervt aufgaben und sich fragten, was diese Satzkaskaden wohl zu bedeuten hätten.[20] Doch das Prinzip der Dialektik ist eigentlich recht einfach zu verstehen – zumal Hegel sie am anschaulichen Beispiel der Liebe entwickelt hat.

Damit Liebe entstehen kann, muss es zunächst, ganz banal, einen Liebenden geben. Es muss ein Ich existieren, das sich selbst setzt. Dies ist, formal ausgedrückt, die »These« in diesem erotischen Geschehen. Aber zur Liebe gehört auch, dass der Liebende aus sich hinausgeht, sich dem Geliebten hingibt, sich selbst vergisst und von sich selbst entfremdet. Das ist die »Antithese«, die bei Hegel immer eine »Selbstentfremdung« ist. Entscheidend ist jedoch, dass der Liebende, indem er sich im Geliebten vergisst, eben dadurch zu sich selbst findet. Diese »Synthese« hebt die Widersprüche auf und bedeutet ein Bewusstsein auf höherer Ebene.[21] Die Dialektik von These, Antithese und Synthese sah Hegel überall am Werk: in der Natur genauso wie in der Weltgeschichte. Napoleon nannte er begeistert die »Weltseele zu Pferde«.

So albern es heute wirken mag, in Napoleon die Verkörperung des Weltgeistes zu sehen: Hegel hatte die seltene Gabe, in Prozessen zu denken. Er betonte das Werden, nicht das Sein. Damit hob er sich von den anderen Philosophen seiner Zeit ab, die dazu neigten, in statischen Begriffen zu verharren. Jahrzehnte später würde Friedrich Engels schreiben, das große Verdienst des »Hegelschen Systems« sei es gewesen, »die ganze natürliche, geschichtliche und geistige Welt als ... in steter Bewegung, Veränderung, Umbildung und Entwicklung begriffen zu haben.«[22]

Hegel war Idealist: In der Wirklichkeit glaubte er das Walten eines absoluten Geistes zu erkennen. Diese Theorie würden Marx und Engels später »vom Kopf auf die Füße« stellen. Für sie war nicht der geistige Überbau entscheidend – sondern die materielle Basis. Oder wie es Marx formulieren würde: »Es ist nicht das Bewusstsein der Menschen, das ihr Sein, sondern umgekehrt ihr gesellschaftliches Sein, das ihr Bewusstsein bestimmt.«[23] Doch trotz dieser Kritik würden Marx und Engels immer Hegelianer bleiben. Bis zu ihrem Lebensende waren sie Dialektiker, die in Widersprüchen und in Prozessen dachten.

Im »Doktorenclub« lernte Marx den Philosophen Bruno Bauer kennen, der Hegels Dialektik auf das Christentum anwandte und daher zu dem Schluss kam, dass Jesus gar nicht existiert hätte, sondern nur eine literarische Erfindung sei. Bauer nutzte dabei Hegels Konzept der Selbstentfremdung: Das religiöse Selbstbewusstsein des Menschen hätte sich ein Gegenüber geschaffen und in Christus personifiziert.[24] Der Philosoph Ludwig Feuerbach ging wenig später noch weiter – und negierte sogar die Existenz Gottes. Nicht Gott habe den Menschen geschaffen, sondern der Mensch Gott.

Vater Marx war entsetzt, dass sich sein Sohn auf die Spuren von Hegel begab und kritisierte »Ordnungslosigkeit, dumpfes Herumschweben in allen Teilen des Wissens, dumpfes Brüten bei der düsteren Öllampe; Verwildrung im gelehrten Schlafrock und ungekämmte Haare«. Vor allem aber erregte den Vater, dass Karl schon wieder sinnlos Geld verprasste: »Als wären wir Goldmännchen, verfügt der Herr Sohn in einem Jahr für beinahe 700 Taler gegen alle Abrede, gegen alle Gebräuche, während die reichsten (Studenten) keine 500 ausgeben.«

Heinrich Marx verdiente im Jahr etwa 1 500 Taler, und von diesem Geld musste er nicht nur Sohn Karl unterhalten, sondern auch die anderen Kinder versorgen. Fünf Töchter benötigten eine Mitgift, und dem eher einfältigen Hermann musste eine Ausbildung finanziert werden. Es ist anzunehmen, dass Marx diese finanziellen Umstände genau kannte, denn sein Vater weihte ihn ganz selbstverständlich in größere Ausgaben ein: »Hermann ist Heute nach Bruxelles, wo er in ein gutes Haus kommt, indessen 1 000 fr für die Entrée sogleich bezahlen mußte.« Anders als heutzutage bekamen Lehrlinge damals kein Geld, sondern mussten dafür zahlen, dass sie eine Ausbildung erhielten.

Doch obwohl Marx wusste, dass das Geld zu Hause knapp war, änderte sich an seinem Lebensstil nichts. Der Vater wurde stets verzweifelter und schrieb im Februar 1838: »So sind wir jetzt im 4ten Monat des Justizjahrs, und schon hast Du 280 Taler gezogen. Soviel habe ich diesen Winter noch nicht verdient.«

Die Einnahmen des Vaters sanken, weil Heinrich Marx kaum noch fähig war, seinem Beruf nachzugehen. Er wurde von einem hartnäckigen Husten gequält, der lange nicht richtig diagnostiziert wurde. Im Mai 1838 starb er an der Tuberkulose, im Alter von 61 Jahren. Auch vier Geschwister von Marx wurden von der Lungenkrankheit dahingerafft: Der jüngste Bruder Eduard wurde elf Jahre alt, Caroline 23 Jahre, Hermann und Henriette jeweils 24 Jahre.

Der Tod des Vaters hat Karl Marx tief getroffen, und lebenslang hat er eine Daguerreotypie von Heinrich bei sich getragen. Zur Mutter hatte er kein so gutes Verhältnis. Henriette hat ihren ältesten Sohn zwar sehr geliebt, wie aus den Briefen deutlich wird, aber sie musste auch an die anderen Kinder denken. Sie war nicht bereit, Marx' Geldverschwendung noch länger zu tolerieren. Für das Studienjahr 1838/39 gab sie ihm nur 160 Taler, was prompt dazu führte, dass Marx überall Schulden aufhäufte.[25] Also rückte sie noch einmal 950 Taler heraus – die aber auf das künftige Erbe angerechnet wurden. Damit hatte sich ein Beziehungsmuster etabliert, das sich bis zu ihrem Tod 1863 nicht mehr ändern sollte: Marx sann darauf, wie er vorzeitig sein Erbe kassieren könnte, was ihm die Mutter ebenso resolut verweigerte.

Marx hat sich später oft abfällig über seine Mutter geäußert, und dieses negative Bild ist auch von vielen Biographen übernommen worden. Erst in jüngerer Zeit änderte sich diese Sicht: Als Niederländerin schrieb Henriette zwar schlechtes Deutsch, und sie hatte auch keine geistigen Interessen – aber sie war eine tüchtige Geschäftsfrau, die ihr Geld mehrte, indem sie Kredite vergab.[26]

Schon als Jugendlicher muss Marx seiner Mutter zu verstehen gegeben haben, dass er sie geistig nicht für ebenbürtig hielt, denn ihre Briefe durchzieht ein unterwürfiger und entschuldigender Ton: »Nun kanst du mirs gahr nicht als eine schwäche unsers geschlechts ansehn wan ich neugierig bin wie du deine kleine haushaltung eingerichtet, ob die Oekonomie auch die Hauptrolle schpielt das bey grosse wie bey kleine Haushaltungen eine unerläßliche nohtwendigkeit ist ... deine Liebenswürdige Muse wird doch nicht durch die Prosa deiner Mutter beleydigt fühlen, sage Ihr durch das niedere wird das höhere und bessere erziehlt.«

1841 gab Marx seine Dissertation ab, die sich mit der *Differenz der demokritischen und epikureischen Naturphilosophie* befasste. Die beiden antiken Philosophen Demokrit und Epikur hatten bereits vor mehr als 2 000 Jahren die These vertreten, dass die Welt aus Atomen besteht. Marx' Promotion war unbedeutend. Weder wurde sie in den Altertumswissenschaften rezipiert, noch hat Marx sie je wieder erwähnt.

Die Dissertation sollte vor allem dazu dienen, eine Habilitation zu ermöglichen. Entsprechend ökonomisch ging Marx vor. Um Kosten und Zeit zu sparen, entschied er sich für eine »Fernpromotion« an der Universität Jena, die Titel »in absentia« anbot: Man musste die Arbeit nur an die zuständige Fakultät einsenden, die Gebühr von 12 Friedrichsdor bezahlen, und schon erhielt man ohne mündliche Prüfung das Doktordiplom zugesandt. Von diesen Fernpromotionen lebten die Professoren, denn Jena war zwar eine altehrwürdige Universität, an der einst Schiller, Fichte und Hegel gelehrt hatten – aber arm war man trotzdem.

Es ist sehr zweifelhaft, ob Marx' Dissertation in Jena gelesen wurde. Denn er schickte sie am 6. April 1841 in Berlin ab – und schon am 15. April wurde die Doktorurkunde gedruckt, die ihm die ausgezeichnete Note »vorzüglich würdig« verlieh.[27] Daher wird in Kurzbiographien gern kolportiert, es habe sich um eine »bestellte Promotion« gehandelt.[28] Doch diese Vermutung ist unfair. Marx hatte zwei Jahre lang an seiner Dissertation gearbeitet; sie füllt 68 Druckseiten und führt 46 Literaturhinweise auf.[29]

Marx' Freunde erwarteten Großes von ihm. Der damals 29-jährige Schriftsteller Moses Hess schrieb an seinen Freund Berthold Auerbach: »Du wirst Dich freuen, hier einen Mann kennenzulernen, der jetzt auch zu unseren Freunden gehört … Du kannst Dich darauf gefasst machen, den größten, vielleicht den einzigen jetzt lebenden eigentlichen Philosophen kennenzulernen, der nächstens die Augen Deutschlands auf sich ziehen wird. Dr. Marx, so heißt mein Abgott, ist noch ein ganz junger Mann (etwa höchstens 24 Jahre alt), der der mittelalterlichen Religion und Politik den letzten Stoß versetzen wird; er verbindet mit dem tiefsten philosophischen Ernst den schneidensten Witz; denke Dir Rousseau, Voltaire, Holbach, Lessing, Heine und Hegel in einer Person vereinigt; ich sage vereinigt, nicht zusammengeschmissen – so hast Du Dr. Marx.«

Zur geplanten Habilitation kam es jedoch nicht mehr.[30] Im erzreaktionären Preußen hätte Marx sowieso keine Aussicht auf eine Professur gehabt, und gleichzeitig bot sich eine Chance, die seinen Talenten genauso gut entsprach. Im Frühjahr 1842 wurde er Mitarbeiter und ab Oktober 1842 faktischer Chefredakteur der *Rheinischen Zeitung* in Köln. Dieses liberale Blatt war von Fabrikanten, Ärzten, Bankiers und Anwälten gegründet worden – also genau von jener »Bourgeoisie«, die Marx später bekämpfen und verachten sollte. Doch noch war Marx kein Kommunist. Im Gegenteil. Kaum wurde er Chefredakteur, durften allzu linke Publizisten nicht mehr bei ihm schreiben.

Marx war damals Liberaler, aber es hatte auch taktische Gründe, dass er die Kommunisten aus dem Blatt drängte: Er wollte die preußischen Zensoren nicht verärgern. Denn für die Zeitung lief es gerade bestens. Unter Marx' Regie legte die Auflage von 1027 auf 3300 Abonnenten zu, so dass sogar Gewinne anfielen.

Doch zum 1. April 1843 wurde das Blatt von der preußischen Regierung verboten – auch weil Marx das strikte Presserecht so kunstvoll unterlaufen hatte. Die Zensoren waren meist einfache Beamte, die Marx' elaborierte Sprache nicht verstanden und daher harmlose Passagen strichen, während sie gleichzeitig die provokanten Absätze übersahen. Diese permanenten Demütigungen wollte sich die preußische Regierung künftig ersparen, indem sie die Zeitung gleich ganz vom Markt nahm.

Obwohl Marx die *Rheinische Zeitung* nur kurz geführt hatte, waren diese Monate für ihn zentral. Erstmals tauchte die »soziale Frage« in seinem Orbit auf, und er schrieb unter anderem über die Nöte der Moselbauern oder den Holzdiebstahl der Armen. Bis dahin hatte sich Marx weder für Wirtschaft noch für Armut interessiert. Vor allem aber veränderte sich sein Stil: Aus einem verschmockten Philosophen wurde ein politischer Journalist. Hatte Marx vorher schwülstige Pseudoromantik verfasst oder Hegels selbstreferentielle Prosagirlanden kopiert – so schlug er nun jenen sarkastischen und analytisch scharfen Ton an, der zu seinem Markenzeichen wurde.

Plötzlich war Marx bekannt. Gleich drei verschiedene Leserkreise hatte er beeindruckt: Die radikalen Intellektuellen in ganz Europa nahmen ihn jetzt ernst. Zugleich waren auch die liberalen Bürger in Köln so angetan, dass sie ihn in den nächsten Jahren immer wieder finanziell unterstützten. Und schließlich wussten die preußischen Behörden, dass sie ihn zu fürchten hatten.

Marx erfindet das Proletariat

Marx sah in Preußen keine Zukunft mehr. Er heiratete Jenny und wanderte im Oktober 1843 halb freiwillig nach Paris aus, wo er zusammen mit dem Philosophen Arnold Ruge *Französisch-Deutsche Jahrbücher* herausgeben wollte. Dieses Projekt scheiterte zwar bald, aber im Januar 1844 erschien immerhin eine Doppelnummer – und in dieser einzigen Ausgabe fand sich auch ein kurzer Artikel von

Marx, der den etwas sperrigen Titel *Zur Kritik der Hegelschen Rechtsphilosophie. Einleitung* trug.[31]

Dieser kleine Artikel gehört zu den stilistisch schönsten Texten, die Marx je geschrieben hat, und dokumentiert eine rasante Wandlung: In den wenigen Monaten zwischen Köln und Paris war Marx vom Liberalen zum Kommunisten mutiert. Jetzt war er überzeugt, dass der Klassenkampf unausweichlich sei, und als revolutionäre Agenten hatte Marx die Proletarier ausgemacht, die in Deutschland die Monarchie und die bürgerliche Gesellschaft hinwegfegen sollten.

Auf die revolutionäre Rolle des Proletariats war Marx jedoch nicht etwa gekommen, weil er den Kapitalismus empirisch beobachtet hätte. Die reale Lage der Arbeiter interessierte Marx damals noch nicht.[32] Stattdessen wählte er die philosophische Deduktion, um den zwingenden Nachweis zu erbringen, dass eine proletarische Revolution bevorstehe. In rasanter, furioser Dialektik begann Marx bei der Religionskritik und endete mit der klassenlosen Gesellschaft, die durch eine bemerkenswerte Allianz hervorgebracht werden sollte: »Der Kopf dieser Emanzipation ist die Philosophie, ihr Herz das Proletariat.«[33]

Es lohnt sich, die wichtigsten Schritte der Argumentation nachzuvollziehen, denn diesen frühen Überzeugungen blieb auch der ältere Marx treu. Er begann mit Feuerbach: »Der Mensch macht die Religion, die Religion macht nicht den Menschen.« Aber warum erfindet der Mensch überhaupt einen Gott? Weil die Realität so schrecklich ist, antwortete Marx und formulierte jenen Satz, der zu einem geflügelten Wort geworden ist: »Die Religion ist der Seufzer der bedrängten Kreatur … Sie ist das Opium des Volkes.«[34]

Eine Revolution war also zwingend: »Die Kritik der Religion endet mit der Lehre, dass der Mensch das höchste Wesen für den Menschen sei, also mit dem kategorischen Imperativ, alle Verhältnisse umzuwerfen, in denen der Mensch ein erniedrigtes, ein geknechtetes, ein verlassenes, ein verächtliches Wesen ist.«

Blieb nur ein faktisches Problem: Das deutsche Bürgertum neigte leider nicht zum Aufstand, wie Marx verbittert feststellen musste. Die Franzosen hatten schon die beiden Revolutionen von 1789 und 1830 hinter sich, und auch die Engländer hatten eine konstitutionelle Monarchie durchgesetzt. Aber in Preußen regierte der König noch immer absolut und unbeschränkt.

Wie Marx erkennen musste, konnte man einen Aufstand nicht einfach herbeiphilosophieren: »Es genügt nicht, dass der Gedanke zur Verwirklichung drängt, die Wirklichkeit muss sich selbst zum Gedanken drängen.« Gebraucht wurde also eine radikale Klasse, die eine ebenso radikale Revolution durchsetzte, doch das deutsche Bürgertum pflegte nur seinen »bescheidenen Egoismus« und die eigene »philisterhafte Mittelmäßigkeit«.

Gesucht wurde daher eine Klasse, der es so schlecht ging, dass sie nichts zu verlieren hatte. Eine Klasse, die keine faulen Kompromisse mit den Herrschenden einging, um ihr kleines privates Glück zu retten – einfach weil es für sie nichts zu retten gab. Diese radikale Klasse war das Proletariat, das sich nur emanzipieren konnte, indem es zugleich die gesamte Gesellschaft emanzipierte. Da es das Opfer des Privateigentums war, musste es alle Menschen vom Privateigentum befreien. »In Deutschland kann keine Art der Knechtschaft gebrochen werden, ohne jede Art der Knechtschaft zu brechen.«

Das Proletariat war bei Marx eine dialektische Erfindung, eine idealistische Kopfgeburt. Was bei Hegel der »Weltgeist« war, das war bei Marx die Arbeiterklasse – eine philosophische Konstruktion, die als Treiber der Geschichte betrachtet wurde. Heute mag dieses deduktive Vorgehen etwas seltsam wirken, aber so viel ist sicher: Durch reine Beobachtung der Wirklichkeit hätte Marx 1843 niemals auf das Proletariat stoßen können, denn »echte« Fabrikarbeiter gab es in Deutschland damals kaum. Armut war zwar weit verbreitet, aber die meisten Menschen darbten noch immer als Tagelöhner, Landarbeiter oder Handwerksgesellen.

Doch es war nicht allein Marx' Text, der die erste und einzige Ausgabe der *Französisch-Deutschen Jahrbücher* bemerkenswert machte – parallel erschien dort auch ein Aufsatz von Friedrich Engels, der Marx' Denken neu orientieren sollte. Engels' Text trug den programmatischen Titel *Umrisse zu einer Kritik der Nationalökonomie*, und es ist kein Zufall, dass Marx' Hauptwerk *Das Kapital* später einen Untertitel haben sollte, der sehr ähnlich klang: *Kritik der politischen Ökonomie*.

Mehr als nur »ein Talent«: Friedrich Engels

Engels wird gern als willenloser Zuarbeiter von Marx betrachtet, doch dies wird seiner Begabung nicht gerecht: Es war Engels, nicht Marx, der als Erster die deutsche Philosophie mit der liberalen Wirtschaftstheorie von Adam Smith und David Ricardo verband. Erst nachdem Marx den Aufsatz von Engels gelesen hatte, entwickelte er eine Ahnung davon, wie sich Hegels Dialektik mit den ökonomischen Realitäten des Kapitalismus verknüpfen ließ. Marx selbst hat immer anerkannt, wie viel er Engels zu verdanken hatte. Noch Jahre später nannte er diesen kurzen Artikel eine »geniale Skizze zur Kritik der ökonomischen Kategorien«.[35]

Auch Engels selbst war überaus stolz auf den eigenen Text, und damit niemand die Kernbotschaften verpasste, wurde extensiv mit Großbuchstaben nachgeholfen. Ihm ging es darum, die »BERECHTIGUNG DES PRIVATEIGENTUMS« zu negieren, und dabei ging auch er klassisch dialektisch vor. Sein Ausgangspunkt, die These, war: Engels würdigte die Leistung von Adam Smith, erstmals eine geschlossene ökonomische Theorie entwickelt zu haben. »Es war notwendig, dass die Theorie des Privateigentums … einen wissenschaftlichen Charakter annahm.«[36] Engels war sogar so begeistert von Smith, dass er ihn den »ÖKONOMISCHEN LUTHER« nannte, natürlich wieder in Großbuchstaben. Als Kern von Smith' Theorie machte er die Konkurrenz aus, den Kampf gegen Monopole.

Von dort kam Engels sofort zur Antithese: Wer Monopole abschaffen will, kann auch Eigentum nicht dulden, denn es bedeutet ja, dass allein der Besitzer über einen Gegenstand verfügen darf – während alle anderen ausgeschlossen sind. Engels warf den liberalen Ökonomen vor: »Ihr habt die kleinen Monopole vernichtet, um das EINE große Grundmonopol, das Eigentum, desto freier und schrankenloser wirken zu lassen.« Bei Engels folgte daraus als Synthese, sowohl Konkurrenz wie Monopole zu überwinden – indem das Privateigentum gänzlich abgeschafft wird.

Auch Engels war also überzeugter Kommunist, aber noch vertrat er einen primär philosophischen Sozialismus, wie er sich zuerst in Frankreich entwickelt hatte – und dann von immer mehr deutschen

Junghegelianern übernommen worden war. Anders als bei Marx war von Klassenkämpfen oder dem Proletariat noch nicht die Rede, stattdessen wurde an die Moral und die Vernunft appelliert, dass das Privateigentum nicht zu rechtfertigen sei.[37]

Der 23-jährige Engels hantierte nicht nur gekonnt mit Adam Smith und David Ricardo – er war auch einer der ersten Ökonomen, die Konjunkturschwankungen beschrieben und eine zumindest rudimentäre Krisentheorie entwickelten.[38] Unerschrocken machte er sich über den französischen Ökonomen Jean-Baptiste Say lustig, der behauptet hatte, dass das Angebot stets seine eigene Nachfrage schaffe und es daher nie zur generellen Überproduktion kommen könne. Spöttisch schrieb Engels: »Der Ökonom kommt mit seiner schönen Theorie … beweist euch, dass ›nie zuviel produziert werden kann‹, und die Praxis antwortet mit den Handelskrisen, die so regelmäßig wiederkehren wie die Kometen und deren wir jetzt durchschnittlich alle fünf bis sieben Jahre eine haben.« Mit dieser Kritik nahm Engels bereits John Maynard Keynes vorweg, der sich knapp hundert Jahre später ebenfalls über Say mokieren sollte.

Es war kein Zufall, dass die Ökonomen erst ab etwa 1840 über Konjunkturkrisen nachdachten. Denn es war ein völlig neues Phänomen, dass es zu Absatzschwierigkeiten kam und Waren liegen blieben. Bis dahin hatte oft tödliche Knappheit geherrscht, und es waren immer wieder Hungersnöte ausgebrochen. Jedes zusätzliche Gut – ob Getreide oder Kleidung – hätte sofort einen Konsumenten gefunden. Moderne Wirtschaftskrisen können erst entstehen, wenn zumindest Teile der Gesellschaft reich genug sind, um auf einen Kauf verzichten zu können. Nur wenn Überfluss herrscht, kann die Konjunktur einbrechen, weil der Absatz stockt. Zwar gab es im 19. Jahrhundert weiterhin große Armut, aber trotzdem hatten immer mehr Menschen die relativ freie Wahl, ob sie zu konsumieren gedachten.[39]

Für den Hegelianer Engels waren diese neuen Wirtschaftskrisen angewandte Dialektik, denn sie kulminierten in einem erstaunlichen Paradox: Ausgerechnet der Reichtum produzierte große Not, so »dass die Leute vor lauter Überfluss verhungern … in dieser lebendigen Absurdität befindet sich England seit geraumer Zeit«.

Mit begeisterter Liebe fürs Detail beschrieb Engels die Widersprüche, die sich in einer Wirtschaftskrise auftun: »Ein Teil des Kapitals zirkuliert mit ungeheurer Schnelligkeit, ein anderer liegt tot im Kasten. Ein Teil der Arbeiter arbeitet vierzehn, sechzehn Stunden des Tages, während ein anderer faul und untätig dasteht und verhungert.« Nicht weniger paradox erschien es, wie schnell die Krisen hereinbrachen: »Heute geht der Handel gut, die Nachfrage ist sehr bedeutend, da arbeitet alles, das Kapital wird mit wunderbarer Schnelligkeit umgeschlagen, der Ackerbau blüht, die Arbeiter arbeiten sich krank – morgen tritt eine Stockung ein, der Ackerbau lohnt nicht der Mühe, ganze Strecken Landes bleiben unbebaut, das Kapital erstarrt mitten im Fluss, die Arbeiter haben keine Beschäftigung, und das ganze Land laboriert an überflüssigem Reichtum und überflüssiger Bevölkerung.«

Noch hatte Engels allerdings keine ausgefeilte Theorie, wie es zu diesen Krisen kommen konnte. Aber er sprach bereits die Börsenspekulation an, und er sah auch, dass die einzelnen Fabrikanten und Arbeiter keinen Überblick über das Gesamtgeschehen hatten, sondern sich »als zersplitterte Atome« von ihren Erwartungen leiten ließen. Keynes hat die prinzipielle Unsicherheit später zu einem zentralen Baustein seiner Theorie gemacht.

Man wird nie wissen, ob Marx allein ebenfalls derartige Ideen entwickelt hätte. Wahrscheinlich ist dies nicht. Denn Engels brachte Erfahrungen mit, die für einen deutschen Philosophen höchst untypisch waren. Er stammte nicht aus dem Bildungsbürgertum, hatte nicht studiert und noch nicht einmal Abitur. Stattdessen war er Fabrikantensohn, hatte eine Handelslehre absolviert und 21 Monate in Manchester verbracht, das damals das Zentrum des industriellen Kapitalismus war.

Engels war zwei Jahre jünger als Marx und wurde 1820 in Barmen im Wuppertal geboren. Er war das älteste von neun Kindern und wurde mit dem gleichen Vornamen bedacht wie sein Vater: Friedrich. Damit hatten die Eltern ihre Hoffnungen präzise zum Ausdruck gebracht. Sie wünschten sich eine Kopie ihrer selbst. Der erstgeborene Sohn sollte später die Textilfabriken der Familie übernehmen und als gottesfürchtiger Pietist in Barmen leben. Es kam bekanntlich anders.[40]

Barmen und das benachbarte Elberfeld waren damals eine Besonderheit: Sie gehörten zu den allerersten Industriestädten in Deutschland, während ansonsten noch die Landwirtschaft und das Handwerk dominierten. Über 70 000 Menschen drängten sich 1840 an der Wupper, und das Tal war so eng, dass die Fabrikbesitzer nicht getrennt von ihren Tagelöhnern leben konnten. Villen standen direkt neben Arbeiterquartieren. Und überall stank es. Nach Farbe, Bleichmitteln, Kloake. Anders als Marx, der im beschaulichen Trier aufwuchs, wusste Engels, wie der Frühkapitalismus aussah – und roch.

Wie viele Fabrikanten an der Wupper war auch die Familie Engels sehr gläubig. Selbst Banalitäten wurden mit dem Walten Gottes assoziiert. So schrieb Vater Engels an seine Frau, als diese im belgischen Seebad Ostende weilte: »Mit Deinen Kartoffeln, liebe Elise, sieht es traurig aus; sie standen so herrlich und sind nun auch von der herrschenden Krankheit angesteckt … Es ist fast, als wenn Gott in dieser gottvergeßnen Zeit den Menschen zeigen wollte, wie abhängig von Ihm und wie sehr in seiner Hand sie sind.«[41] Engels würde seine Heimatstadt später das »Zion der Obskuranten« nennen.[42]

Schon früh war Vater Engels besorgt, dass der älteste Sohn auf Abwege geraten könnte. Selbst harmlose Unterhaltungsromane erschienen ihm gefährlich. Über den Vierzehnjährigen schrieb er alarmiert an seine Frau: »So hatte ich heute wieder den Kummer, ein schmieriges Buch aus einer Leihbibliothek, eine Rittergeschichte aus dem 13. Jahrhundert, in seinem Sekretär zu finden. Merkwürdig ist seine Sorglosigkeit, mit welcher er solche Bücher in seinem Schranke lässt. Gott wolle sein Gemüt bewahren, oft wird mir bange um den übrigens trefflichen Jungen.«

Der Vater wollte unbedingt erzwingen, dass der begabte Sohn in die Familienfirma einstieg, und um ganz sicherzugehen, dass Engels nicht studieren konnte, verhinderte er schon das Abitur: Trotz exzellenter Noten wurde Engels vorzeitig aus dem Gymnasium entfernt und musste stattdessen 1838 eine Lehrstelle bei einem Großhändler in Bremen antreten.

Von seinem Bürostuhl aus nahm Engels an der Globalisierung teil, die kein neues Phänomen ist, sondern bereits das 19. Jahrhundert prägte. Er war extrem sprachbegabt und wickelte die internationale Korrespondenz seines Chefs ab, der Geschäftsbeziehungen von England bis Haiti unterhielt. Engels lernte Arbitragegeschäfte mit verschiedenen Währungen kennen genauso wie die Tücken der Importzölle.

Zugleich führte er eine heimliche Zweitexistenz: Unter dem Pseudonym Friedrich Oswald verfasste er Gedichte, Essays und kritische Zeitungsartikel. Ohne jedes journalistische Training stieg der Neunzehnjährige zu einem bekannten Journalisten auf. Besonders bemerkenswert waren seine *Briefe aus dem Wuppertal*, in denen er das Leiden der Werktätigen bereits eindringlich schilderte. »Das Arbeiten in den niedrigen Räumen, wo die Leute mehr Kohlendampf und Staub einatmen als Sauerstoff, und das meistens schon von ihrem sechsten Jahre an, ist grade dazu gemacht, ihnen alle Kraft und Lebenslust zu rauben … Unter den eingebornen Gerbern sieht man auch kräftige Leute, aber drei Jahre ihres Lebens reichen hin, sie körperlich und geistig zu vernichten; von fünf Menschen sterben drei an der Schwindsucht.«[43]

Doch trotz dieser Sozialkritik war der Neunzehnjährige noch weit davon entfernt, den Klassenkampf zu propagieren oder die Ökonomie detailliert zu analysieren. Er empörte sich zwar über die Ausbeutung, machte sich aber vor allem über den religiösen Eifer in seiner Heimat lustig: »Die ganze Gegend liegt von einem Meer von Pietismus und Philisterei überschwemmt.«[44] Gegen diesen »Mystizismus« wollte er anschreiben, erwähnte am Rande aber auch die Bigotterie, dass die Pietisten zwar »alle Sonntage zweimal in die Kirche gehen«, doch gleichzeitig ihre Beschäftigten auspressten. »Es ist ausgemacht, dass unter den Fabrikanten die Pietisten am schlechtesten mit ihren Arbeitern umgehen.«

In Bremen verlor Engels endgültig den Gottesglauben, den ihm seine Eltern anerzogen hatten. Doch hätte er sich vom Christentum wohl niemals lossagen können, hätte er nicht einen neuen Gott gefunden: Auch Engels bekehrte sich zu Hegel. Daher wollte er dringend nach Berlin, um die Junghegelianer kennenzulernen und sich der Philosophie zu widmen. Damit sein Vater nicht misstrauisch wurde, meldete sich Engels nach der Lehre freiwillig zum einjährigen Militärdienst bei der preußischen Artillerie.

Im Herbst 1841 begann für Engels eine wundervolle Zeit: Da ihn seine Eltern großzügig unterstützten, musste er nicht in der Kaserne wohnen, sondern konnte Privatzimmer nehmen – und fern des Vaters endlich machen, was er wollte. Obwohl er kein Abitur hatte, schmuggelte er sich in die Berliner Universität und lernte in einer Schelling-Vorlesung Kommilitonen kennen, die später ebenfalls weltberühmt werden sollten: den dänischen Philosophen Sören Kierkegaard, den russischen Anarchisten Michail Bakunin und den Schweizer Kunst- und Kulturhistoriker Jacob Burckhardt.

Da Engels weiterhin journalistisch tätig war, wusste der Vater im fernen Wuppertal recht bald, dass der Sohn schon wieder auf philosophischen Abwegen wandelte. Kaum war der Militärdienst vorbei, wurde Engels daher nach Manchester expediert, wo der Vater eine Tochterfirma besaß, die Baumwollgarn herstellte und rund 400 Arbeiter beschäftigte. Dieser Abstecher in die reale Welt des Industriekapitalismus sollte den Sohn für immer prägen – und weiter radikalisieren. Hier entstanden jene *Umrisse zu einer Kritik der Nationalökonomie*, die Marx so beeindruckten sollten.

In Manchester lernte Engels auch Mary Burns kennen, eine irische Arbeiterin, der er zwar nicht immer treu war, mit der er aber bis zu ihrem Tod 1863 zusammenlebte – ohne sie je zu heiraten. Während Marx zwar die Bourgeoisie bekämpfte, aber wie ein Bourgeois lebte, war Engels deutlich radikaler und lehnte bürgerliche Konventionen ab.

Nach 21 Monaten kehrte Engels aus Manchester nach Barmen zurück und legte dabei einen kleinen Umweg ein. Im August 1844 fuhr er zunächst nach Paris – um Marx zu treffen. Es sollte nur eine kurze Stippvisite sein, doch die beiden ergänzten sich perfekt, wie sie sofort bemerkten. Marx lieferte den philosophischen Überbau und den revolutionären Schwung, während Engels über die Empirie verfügte. Er war nicht nur Sohn eines Fabrikanten und ausgebildeter Geschäftsmann, in Manchester hatte er die kommende Industrialisierung bereits erlebt. Zudem hatte Engels die wichtigsten Bücher der englischen Nationalökonomie gelesen, während Marx erst jetzt zu verstehen begann, wie bedeutend Adam Smith und David Ricardo waren.

Zehn Tage lang zogen Marx und Engels durch die Pariser Kneipen, und in diesen zehn Tagen entstand eine Freundschaft und Arbeitsgemeinschaft, die ein Leben lang halten sollten. Die Bedingung war von Anfang an klar: Engels musste bereit sein, sich unterzuordnen, denn Marx konnte zwar charmant sein, aber an der eigenen Bedeutung zweifelte er nie.

Da fügte es sich gut, dass Engels ebenfalls überzeugt war, dass Marx das Genie in ihrer Beziehung war. Nach Marx' Tod schrieb Engels 1886 über die gemeinsame Arbeit: »Der größte Teil der leitenden Grundgedanken … gehört Marx. Was ich beigetragen, das konnte … Marx auch wohl ohne mich fertigbringen. Was Marx geleistet, hätte ich nicht fertiggebracht. Marx stand höher, sah weiter, überblickte mehr und rascher als wir andern alle. Marx war ein Genie, wir andern höchstens Talente.«[45]

Tatsächlich war Engels kein großer Theoretiker, und auch sein Stil konnte sich nicht mit Marx' fulminanter Prosa messen. Aber er besaß weit mehr als nur »Talent«. Er war nicht nur ein guter Geschäftsmann, sondern auch ein sehr guter Journalist. Seine Texte sind gründlich recherchiert, lesen sich flüssig, sind oft witzig – und immer verständlich. Genau daran haperte es bei Marx. Vor allem sein späteres Hauptwerk *Das Kapital* war für Laien so unverdaulich, dass sich Engels gezwungen sah, populäre Zusammenfassungen zu erstellen, damit das Publikum überhaupt nachvollziehen konnte, was Freund Marx hatte sagen wollen. Zudem war Engels schnell. Er lieferte seine Texte stets zur Deadline ab, während sich Marx in seinen Exzerpten verlor.

Die Lage der arbeitenden Klassen in England

Wie schnell Engels sein konnte, zeigte sich im nächsten halben Jahr. Kaum war er aus Manchester (und Paris) nach Barmen zurückgekehrt, schrieb er in nur sechs Monaten ein Buch, das noch heute als eine der besten soziologischen Studien des 19. Jahrhunderts gilt: *Die Lage der arbeitenden Klasse in England*.

Auch andere Autoren machten die »soziale Frage« damals zum Thema. Die Not der unteren Schichten war so offensichtlich, dass permanent Schriften über den »Pauperismus« entstanden. Allein in

Deutschland erschienen von 1822 bis 1850 etwa 600 Texte, die die grassierende Armut anklagten.[46]

Doch Engels' Buch stach heraus, weil er erstmals die industrielle Revolution ins Zentrum rückte und versuchte, die Lage aller Arbeiter zu erfassen, statt nur einzelne Branchen zu beschreiben. Zudem hatte er vor Ort recherchiert und einschlägige Dokumente konsultiert, statt sich seine Meinung nur am Schreibtisch zu bilden. Einen Seitenhieb auf seine Philosophenkollegen konnte sich Engels daher auch nicht verkneifen: »Der deutsche Sozialismus und Kommunismus ist mehr als jeder andere von theoretischen Voraussetzungen ausgegangen; wir deutschen Theoretiker kannten von der wirklichen Welt noch viel zu wenig.«[47]

Anders als die allermeisten Sozialisten machte Engels die Arbeiter nicht zum passiven Objekt seiner Schriften – sondern redete mit ihnen und lernte von ihnen. Engels wusste selbst, wie selten diese Art der Neugier war, und schrieb in seinem englischen Vorwort: »Ich verzichtete auf die Gesellschaft und die Bankette, den Portwein und den Champagner der Mittelklasse und widmete meine Freistunden fast ausschließlich dem Verkehr mit einfachen Arbeitern.«[48]

Diese Gespräche ergänzte Engels durch amtliche Statistiken sowie andere gedruckte Quellen und wandte dabei erstmals einen Trick an, den Marx später in seinem *Kapital* übernehmen sollte: Engels zitierte vor allem den ideologischen Gegner, also die Liberalen. Wenn selbst die Bourgeoisie zugeben musste, dass die Arbeiter in entwürdigenden Umständen lebten, dann war dies wirkungsvoller als jede Anklage aus der Feder eines Sozialisten. »Wo mir offizielle Dokumente abgingen, (habe ich) in der Schilderung der Industriearbeiter immer einen *liberalen* Beleg vorgezogen, um die liberale Bourgeoisie aus ihrem eignen Munde zu schlagen.«[49]

Die Pariser Gespräche mit Marx hatten deutliche Spuren hinterlassen. Hatte Engels zuvor vor allem das Privateigentum attackiert, so dachte er jetzt in Klassengegensätzen, die in einer proletarischen Revolution münden würden. Sein Buch sollte den Beweis erbringen, dass dieser Aufstand nicht mehr fern sein konnte.

Engels begann mit den Wundern, die die neue Technik hervorgebracht hatte. Seitenlang zählte er die wichtigsten Erfindungen seiner

Zeit auf: mechanisierte Webstühle, Spinnmaschinen, Dampfkraft, Gusseisen, Stahl, chemischer Dünger, Eisenbahnen, Telegraphie. Engels war kein Romantiker, der sich in eine heile Welt der unberührten Landschaft zurückträumte. Er war fasziniert von diesem »riesenhaften Aufschwung, den die englische Industrie seit 1760« genommen hatte, von dieser »Geschichte, die ihresgleichen nicht hat in den Annalen der Menschheit«.

Doch trotz seiner Begeisterung für die Technik stand für den Revolutionär Engels fest: »Die wichtigste Frucht dieser industriellen Umwälzung ist aber das englische Proletariat.« Die Armen hatten noch nie eine Rolle in der Geschichte gespielt, doch jetzt wurden sie zu einer revolutionären Masse, die ein eigenes Klassenbewusstsein entwickelte. So sah es zumindest Engels.

Detailliert schilderte er den »sozialen Mord«, den die Bourgeoise an den Arbeitern beging, indem das Proletariat in feuchten Zimmern zusammengepfercht wurde und nicht genug zu essen hatte. Engels reihte Zitat an Zitat, die er den Protokollen offizieller Regierungskommissionen entnahm. So berichtete ein Augenzeuge über die überfüllten Kellerwohnungen in Edinburg: »An einem Tag sei er in sieben Häusern gewesen, in denen kein Bett – in einigen sogar kein Stroh gewesen sei. … Und obendrein habe der Keller, der so dunkel gewesen sei, dass man bei Tage keinen Menschen darin habe erkennen können, noch einen Esel beherbergt.«

Die Verelendung schlug sich auch in den amtlichen Gesundheitsstatistiken nieder: »In Liverpool war 1840 die durchschnittliche Lebensdauer der höheren Klassen (gentry, professional men etc.) 35, der Geschäftsleute und bessergestellten Handwerker 22 Jahre, der Arbeiter, Tagelöhner und der dienenden Klasse überhaupt nur 15 Jahre.« Engels wollte damals skandalisieren, dass die Oberschicht doppelt so lange lebte wie das Proletariat. Für heutige Leser ist aber genauso interessant, dass selbst viele Reiche nicht alt wurden.

Diese geringe Lebenserwartung spiegelte vor allem die hohe Sterblichkeit der Säuglinge wider, wie Engels festhielt: Über Manchester berichtete er, dass »über 57 Prozent der Arbeiterkinder vor dem fünften Lebensjahr, während von den Kindern der höheren Klassen nur 20 Prozent« starben. »Pocken, Masern, Stickhusten und

Scharlachfieber« rafften die Kleinkinder dahin.[50]

Engels war weder so naiv noch so polemisch, alle Fabrikanten als unmoralische Monster zu zeichnen, die mit Hingabe ihre Arbeiter ausplünderten. Er sah durchaus, dass sich viele Unternehmer mühten, das Los ihrer Beschäftigten zu verbessern. Doch für die Klasse der Kapitalisten insgesamt galt, dass die Konkurrenz stärker war als das Individuum: Kapitalisten mussten Gewinn machen, wenn sie nicht untergehen wollten, und Profite waren nur möglich, wenn sie sich an der Ausbeutung des Proletariats beteiligten.

Engels beobachtete bereits, dass der Kapitalismus zur Konzentration neigte und dass die größeren Fabriken die kleineren Betriebe schluckten. Aus seiner Sicht war es jedoch von Vorteil, dass sich das Proletariat in immer größeren Unternehmen ballte: Erst durch diese »Zentralisierung der Bevölkerung« würden die Arbeiter anfangen, »sich als Klasse in ihrer Gesamtheit zu fühlen, sie werden gewahr, dass sie, obwohl einzeln schwach, doch zusammen eine Macht sind ... Die großen Städte sind der Herd der Arbeiterbewegung.«

Anders als in Deutschland, wo Marx das Proletariat hatte erfinden müssen, gab es in England nicht nur Arbeiter, sondern auch schon Gewerkschaften. Erfreut stellte Engels fest, »es vergeht keine Woche, ja fast kein Tag, wo nicht hier oder dort ein Strike vorkommt«. Dennoch hielt er es für ausgeschlossen, dass sich die Lage der Arbeiter friedlich verbessern ließe. Statt Reformen sah er den »sozialen Krieg« voraus.

Denn die Gewerkschaften hatten eine Schwäche, wie Engels konstatierte: Sie waren völlig machtlos, sobald es zu Wirtschaftskrisen kam und die verzweifelten Arbeiter um die knappen Stellen konkurrierten, indem sie auch Niedrigstlöhne akzeptierten. Engels benutzte den Begriff »Reservearmee« zwar noch nicht, aber von ihm stammte die Idee des überschüssigen Proletariats, die für Marx so wichtig werden sollte.

Zum Klassenkampf gab es also keine Alternative, befand Engels, der seit seiner Soldatenzeit ein Faible für militärisches Vokabular besaß: »Diese Strikes sind erst Vorpostenscharmützel ... sie entscheiden nichts, aber ... sie sind die Kriegsschule der Arbeiter, in der sie sich auf den großen Kampf vorbereiten, der nicht mehr zu vermeiden ist.«

Eine exakte Jahresangabe für den Endkampf hatte Engels auch schon: Er datierte ihn auf »allerspätestens bis 1847«, denn bis dahin sei die nächste Krise zu erwarten, »die alle früheren an Heftigkeit und Wut weit übertreffen wird«. Düster-erregt prophezeite er: »Der Krieg der Armen gegen die Reichen wird der blutigste sein, der je geführt worden ist. Die Revolution muss kommen, es ist jetzt schon zu spät, um eine friedliche Lösung der Sache herbeizuführen.« Zumindest auf der Zeitachse lag Engels genau richtig: 1848 brachen in ganz Europa Revolutionen aus.

Doch musste sich Engels zunächst persönlich befreien – und seiner Familie entkommen. Ein halbes Jahr hatte er zu Hause in Barmen gelebt und an seinem Buch gearbeitet. Es war ein schwieriges halbes Jahr gewesen. An Marx schrieb er entnervt: »Ich kann nicht essen, trinken, schlafen, keinen Furz lassen oder dasselbe vermaledeite Kindergottesgesicht steht mir vor der Nase ... Heute trollt sich die ganze Sippschaft zum Abendmahl ... die Jammergesichter von heut Morgen übertrafen alles.«

Zudem wurde Engels von der preußischen Polizei verfolgt, weil er in Elberfeld eine kommunistische Rede gehalten hatte. Das ganze Wuppertal klatschte bereits über die Familie Engels, und daher erschien es auch dem Vater am besten, dass sein Sohn so schnell wie möglich aus Preußen verschwand. Erstmals war er bereit, Friedrich ein Leben jenseits des Familienunternehmens zu finanzieren. Engels musste also im Ausland nicht darben, sondern konnte dank der elterlichen Apanage endlich zum standesgemäß finanzierten Vollzeitaktivisten werden. Die Revolution konnte kommen.

Im Frühjahr 1845 zog Engels nach Brüssel um, denn auch Marx war inzwischen in Belgien[51] gelandet, nachdem ihn die französische Regierung ausgewiesen hatte. Den Franzosen selbst wäre es gleichgültig gewesen, was Marx auf Deutsch in einem Exilantenblättchen namens *Vorwärts!* schrieb – aber die Preußen hatten mit aller diplomatischen Macht darauf gedrängt, dass er Paris verlassen musste. Für Marx war es zwar lästig, europaweit von der preußischen Regierung verfolgt zu werden, doch es war auch eine Genugtuung. Die emsige Arbeit der Spitzel zeigte ihm, dass er zu einem gefürchteten Revolutionär aufgestiegen war.

Die Revolution war schneller: *Das Kommunistische Manifest*

Die preußische Regierung war nervös, weil es in ganz Europa gärte. Nicht nur Marx und Engels sagten eine Revolution voraus, auch die Monarchen fürchteten ihr Volk. Denn ab 1845 wurde die weit verbreitete Armut noch durch mehrere Missernten verschärft. In Preußen stiegen die Preise für Roggen um 88 Prozent, für Weizen um 75 Prozent und für Kartoffeln um 135 Prozent.[52] Der Hunger kehrte ein letztes Mal zurück.

Die Not der Unterschichten hätten die europäischen Herrscher vielleicht noch schadlos überstanden, aber gleichzeitig brodelte es im Bildungsbürgertum, weil der klassische Karriereweg verstopft war. Die Söhne waren bestens ausgebildet, fanden aber keine Stelle beim Staat. Es gab einfach zu viele Akademiker. Oft mussten angehende Pastoren oder Justizassessoren zwölf Jahre lang warten, bevor sie ihren ersten bezahlten Posten antreten – und heiraten konnten. Da blieb viel Zeit, um diese Frustration in revolutionäre Pläne umzulenken.[53]

Marx war also durchaus typisch für seine Generation. Auch er war ein studierter Sohn aus dem Bildungsbürgertum, der keine angemessene Stelle gefunden hatte. Untypisch war allerdings sein weiterer Lebensweg: Während er lebenslang Revolutionär blieb, arrangierten sich die meisten anderen Akademiker wieder mit ihren Herrschern, als es in den 1850er und 1860er Jahren ökonomisch aufwärtsging. Aus Exrevolutionären wurden später Banker, Geschäftsleute, Journalisten und auch erfolgreiche Politiker.[54]

Doch zurück ins Jahr 1847: Marx und Engels schlossen sich dem »Bund der Gerechten« an, der unter ihrem Einfluss wenig später in den »Bund der Kommunisten« umbenannt wurde. Fehlte nur noch ein Programm für diesen revolutionären Geheimbund, womit Marx beauftragt wurde. Wie immer hatte er Schwierigkeiten, den Text rechtzeitig abzugeben, so dass er am Ende sieben Tage und Nächte durchschreiben musste. Dem *Kommunistischen Manifest* ist dieser Stress gut bekommen: Es ist prägnant, elegant, sarkastisch und witzig. Die kurzen, apodiktischen Sätze sind von geradezu biblischer Sprachgewalt, und noch heute wirkt der Text prophetisch, weil er düster-dramatisch eine kapitalistische Zukunft skizziert, die auch im 21. Jahrhundert nicht fremd wirkt.[55]

Viele Sätze sind zu Aphorismen geworden, die fast jeder kennt. Weltberühmt ist der Einstieg: »Ein Gespenst geht um in Europa – das Gespenst des Kommunismus.« Genauso bekannt ist das Ende: »Die Proletarier haben nichts zu verlieren als ihre Ketten. Sie haben eine Welt zu gewinnen.«[56]

Marx kam sofort zum Punkt: »Die Geschichte aller bisherigen Gesellschaft ist die Geschichte von Klassenkämpfen.« Diese Diagnose war nicht so revolutionär, wie sie heute klingen mag, denn damals erwartete eigentlich jeder einen Umsturz, der die Privilegien des Adels beenden sollte. Handwerker und Bürger mussten nicht erst das *Kommunistische Manifest* lesen, um zu wissen, dass sie andere Interessen hatten als Junker, Prinzen und Fürsten.

Marx hat auch nie behauptet, das Prinzip des Klassenkampfs entdeckt zu haben. 1852 schrieb er seinem Freund Joseph Weydemeyer, der in die USA emigriert war: »Bürgerliche Geschichtsschreiber hatten längst vor mir die historische Entwicklung dieses Kampfes der Klassen, und bürgerliche Ökonomen die ökonomische Anatomie derselben dargestellt. Was ich neu tat, war 1. nachzuweisen, dass die *Existenz der Klassen* bloß an *bestimmte historische Entwicklungsphasen der Produktion* gebunden ist; 2. daß der Klassenkampf notwendig zur *Diktatur des Proletariats* führt.«[57]

Doch bevor Marx in seinem *Manifest* zum Proletariat kam, feierte er zunächst den Kapitalismus – und die Bourgeoisie, die »eine höchst revolutionäre Rolle gespielt« habe. Das Proletariat gab es nur, weil die Kapitalisten es ermöglicht hatten.

Zynisch und doch bewundernd fasste Marx zusammen, wie die Unternehmer die Gesellschaft umgestaltet hatten: »Die Bourgeoisie, wo sie zur Herrschaft gekommen, hat alle feudalen, patriarchalischen, idyllischen Verhältnisse zerstört. Sie hat … kein anderes Band zwischen Mensch und Mensch übrig gelassen als das nackte Interesse, als die gefühllose ›bare Zahlung‹. Sie hat die heiligen Schauer der frommen Schwärmerei, der ritterlichen Begeisterung, der spießbürgerlichen Wehmut in dem eiskalten Wasser egoistischer Berechnung ertränkt. … Sie hat, mit einem Wort, an die Stelle der mit religiösen und politischen Illusionen verhüllten Ausbeutung die offene, unverschämte, direkte, dürre Ausbeutung gesetzt.«

Genauso wortgewaltig konnte sich Marx für die technischen Errungenschaften seiner Zeit begeistern: Erst die Bourgeoisie habe »bewiesen, was die Tätigkeit des Menschen zustande bringen kann. Sie hat ganz andere Wunderwerke vollbracht als ägyptische Pyramiden, römische Wasserleitungen und gotische Kathedralen.« Und er zählt auf: »Unterjochung der Naturkräfte, Maschinerie, Anwendung der Chemie auf Industrie und Ackerbau, Dampfschifffahrt, Eisenbahnen, elektrische Telegraphen, Urbarmachung ganzer Weltteile, Schiffbarmachung der Flüsse, ganze aus dem Boden hervorgestampfte Bevölkerungen.«

Marx verstand vor allen anderen, dass der Kapitalismus dynamisch ist und sich mit statischen Kategorien nicht fassen lässt: »Die fortwährende Umwälzung der Produktion, die ununterbrochene Erschütterung aller gesellschaftlichen Zustände, die ewige Unsicherheit und Bewegung zeichnet die Bourgeoisieepoche vor allen anderen aus. … Alles Ständische und Stehende verdampft, alles Heilige wird entweiht.«

Früh erkannte er, dass der Kapitalismus global ist und nicht an den deutschen Grenzen endet: »Das Bedürfnis nach einem stets ausgedehnteren Absatz für ihre Produkte jagt die Bourgeoisie über die ganze Erdkugel. Überall muss sie sich einnisten, überall anbauen, überall Verbindungen herstellen. … Die Bourgeoisie hat durch ihre Exploitation des Weltmarktes die Produktion und Konsumption aller Länder kosmopolitisch gestaltet. Sie hat zum großen Bedauern der Reaktionäre den nationalen Boden der Industrie unter den Füßen weggezogen. … An die Stelle der alten lokalen und nationalen Selbstgenügsamkeit und Abgeschlossenheit tritt ein allseitiger Verkehr, eine allseitige Abhängigkeit der Nationen voneinander.«

Auch das *Kommunistische Manifest* folgte streng der Hegelschen Dialektik von These, Antithese und Synthese. Der grandiose Aufstieg der Bourgeoisie war die These, die zum Abschluss noch einmal kurz zusammengefasst wurde: »Mit einem Wort, sie (die Bourgeoisie) schafft sich eine Welt nach ihrem eigenen Bilde. … Sie hat die

Bevölkerung agglomeriert, die Produktionsmittel zentralisiert und das Eigentum in wenigen Händen konzentriert.«

Doch dann folgte die Antithese, wurde der Untergang der Bourgeoisie prognostiziert. Denn im Kapitalismus zeigte sich ein irritierendes Paradox, das auch Engels schon beschrieben hatte: Der Überfluss wurde zum Problem. Es kam zu Handelskrisen, »welche in ihrer periodischen Wiederkehr immer drohender die Existenz der ganzen bürgerlichen Gesellschaft in Frage stellen. … In den Krisen bricht eine gesellschaftliche Epidemie aus, welche allen früheren Epochen als Widersinn erschienen wäre – eine Epidemie der Überproduktion. Die Gesellschaft findet sich plötzlich in einen Zustand momentaner Barbarei zurückversetzt … die Industrie, der Handel scheinen vernichtet, und warum? Weil sie zuviel Zivilisation, zuviel Lebensmittel, zuviel Industrie, zuviel Handel besitzt.«

Da Reichtum auch Armut schuf, würde die Bourgeoisie nicht überleben, so lautete zumindest die Prognose von Marx: »Die Bourgeoisie hat nicht nur die Waffen geschmiedet, die ihr den Tod bringen; sie hat auch die Männer gezeugt, die diese Waffen führen werden – die modernen Arbeiter, die *Proletarier*. … Sie produziert vor allem ihren eigenen Totengräber.«

Die kommunistische Gesellschaft war dann die dialektische Synthese. Sie sollte zehn Forderungen erfüllen, die uns heute zum Teil nicht mehr revolutionär, sondern völlig selbstverständlich erscheinen: Dazu gehörte eine progressive Einkommenssteuer, die Verstaatlichung der Eisenbahn, eine Zentralbank sowie eine allgemeine Schulpflicht für Kinder.

Aber natürlich sollte auch das Privateigentum abgeschafft werden, das sich in den Händen einer kleinen Oberschicht konzentrierte. Bissig-ironisch attackierte Marx seine bürgerlichen Leser: »Ihr entsetzt euch darüber, dass wir das Privateigentum aufheben wollen. Aber in eurer bestehenden Gesellschaft ist das Privateigentum für neun Zehntel ihrer Mitglieder aufgehoben, es existiert gerade dadurch, dass es für neun Zehntel nicht existiert. … Ihr werft uns mit einem Worte vor, dass wir euer Eigentum aufheben wollen. Allerdings, das wollen wir.«

Das Manifest endete mit fünf markigen Worten, die weltbekannt sind: »Proletarier aller Länder, vereinigt Euch!« Diese Parole stammte übrigens nicht von Marx, sondern war der Schlachtruf, auf den sich der Bund der Kommunisten bereits zuvor geeinigt hatte.[58]

Kaum war das *Manifest* niedergeschrieben, wurde es von den Ereignissen überholt. Der Text war noch im Druck, als im Februar 1848 wieder eine Revolution in Paris ausbrach – und diesmal viele Länder in Europa erfasste. Österreicher, Ungarn und Norditaliener erhoben sich; im März kam es zu Straßenschlachten in Berlin. Im Mai konstituierte sich die Nationalversammlung in Frankfurt, die eine demokratische Verfassung für ein geeintes Deutschland ausarbeiten wollte.

Marx und Engels eilten nach Köln zurück, um erneut eine Zeitung herauszugeben, die diesmal die *Neue Rheinische Zeitung* hieß. Publizistisch war das Projekt ein Erfolg, denn die Zeitung erreichte eine Auflage von etwa 5 000 Stück. Doch anders als von Kommunisten vielleicht erwartbar gewesen wäre, richtete sich das Blatt nicht etwa an Arbeiter: Für sie war Marx' akademischer Duktus viel zu schwierig, zudem kamen die Arbeiterbewegungen als Thema kaum vor. Stattdessen wollten Marx und Engels das Bürgertum ansprechen, denn sie hielten Deutschland noch nicht reif für die proletarische Revolution – nicht zuletzt weil echte Proletarier fehlten. Große Fabriken gab es noch nicht, in denen sich Arbeiter hätten sammeln und solidarisieren können.

Zudem bestand Deutschland damals aus 39 Kleinstaaten, was die Schlagkraft einer revolutionären Bewegung erheblich reduzierte. Daher hatten Marx und Engels bereits im *Kommunistischen Manifest* kühl analysiert, dass Deutschland zunächst eine »bürgerliche Revolution« benötigte, bevor eine proletarische Revolution überhaupt eine Chance hatte: »In Deutschland kämpft die Kommunistische Partei … gemeinsam mit der Bourgeoisie gegen die absolute Monarchie, das feudale Grundeigentum und die Kleinbürgerei.«

Doch die bürgerliche Revolution scheiterte in Deutschland – wie in ganz Europa. Nirgendwo kam es zu einer echten parlamentarischen Demokratie, sondern spätestens ab Juli 1849 saßen die Monarchen überall wieder fest auf ihrem Thron. Marx war besonders enttäuscht, dass es selbst im revolutionserprobten Frankreich nicht zu Reformen gekommen war. Stattdessen führten die Wirren nur dazu, dass ein Neffe Napoleons, Louis Bonaparte, an die Macht kam.

Bonaparte errichtete eine Militärdiktatur, die Marx wenig später in seinem berühmten Buch *Der achtzehnte Brumaire des Louis Bonaparte* analysierte, das bis heute einer der wichtigsten Texte zur Theorie und Geschichte moderner Revolutionen ist. Denn Marx arbeitete weitsichtig heraus, dass diese Militärdiktatur radikal neu war. Erstmals wurde bis dahin Unvereinbares miteinander verschmolzen: Freiheit und Unterdrückung. Politisch hatte das französische Bürgertum zwar nichts zu melden, dafür durfte es sich ökonomisch und kulturell ungestört entfalten. In die Unternehmen und Banken mischte sich der Staat nicht mehr ein, der zudem Religionsfreiheit garantierte, die Forschung förderte und eine allgemeine Schulbildung finanzierte.[59]

Diese neue Kombination von politischer Alleinherrschaft und ökonomischer Freiheit bildete sich auch in Deutschland heraus. Die Revolution von 1848 war zwar gescheitert, aber selbst in Preußen blieb nichts gleich, obwohl noch immer der gleiche König herrschte. Friedrich Wilhelm IV. war extrem religiös und fühlte sich direkt von Gottes Gnaden berufen, doch sogar er erkannte, dass die Zeit der mittelalterlichen Ständeordnung endgültig vorbei war. Er ließ sich daher 1850 herab, ein Parlament zu akzeptieren – für das allerdings ein Dreiklassenwahlrecht galt. Fast alle Männer waren wahlberechtigt, aber sie wurden nach ihrem versteuerten Einkommen sortiert, so dass die reichsten 5 Prozent das erste Drittel der Abgeordneten stellten, weitere 11 bis 15 Prozent entschieden über das zweite Drittel, und die restlichen 80 bis 85 Prozent durften dann das letzte Drittel bestimmen.

Dieses Arrangement kam dem liberalen Großbürgertum sehr entgegen: Gemeinsam mit dem Adel stellte es garantiert die Mehrheit im Parlament und musste keine Sorge haben, dass Handwerker, Landarbeiter und Proletarier allzu großen Einfluss gewännen. Die Bourgeoisie ging ein Bündnis mit dem König ein, um sich vor den ärmeren Massen zu schützen.

Die bürgerliche Revolution war also gescheitert, wie Marx einsehen musste, und auf eine proletarische Revolte konnte er ebenfalls nicht hoffen. Viele Arbeiter waren nämlich keine Klassenkämpfer, sondern loyale Untertanen, wie Marx selbst erlebt hatte: Als Friedrich Wilhelm IV. im August 1848 das Rheinland besuchte, konnte eine Ausgabe der *Neuen Rheinischen Zeitung* nicht erscheinen, weil die Drucker lieber am Straßenrand standen, um den preußischen König hochleben zu lassen.[60]

Im Mai 1849 war die Revolution für Marx zu Ende: Er wurde aus Preußen ausgewiesen[61] und zog schließlich nach London um, denn England war das einzige Land in Europa, das ausländische Sozialisten unbehelligt ließ. Allein aus Deutschland waren etwa 20000 Exrevolutionäre nach London geflüchtet, das damals mit 2,5 Millionen Einwohnern die größte Stadt der Welt war.

Die britische Duldung der Exilanten dokumentierte, wie sehr sich Marx und Engels geirrt hatten. Sie hatten geglaubt, dass England reif für den Klassenkampf sei, weil sich die Arbeiter dort in Städten und Fabriken ballten. Stattdessen war eine proletarische Revolution so unwahrscheinlich, dass die britische Regierung die Umtriebe der auswärtigen Sozialisten gelassen tolerieren konnte.

Marx hat sich nach 1848 keinen politischen Illusionen mehr hingegeben. Er wusste, dass mit weiteren Revolutionen oder gar einem Klassenkampf nicht zu rechnen war. Da er jedoch vom dialektischen Materialismus nicht lassen wollte, musste es einen Akteur geben, der den Sozialismus selbst dann hervorbrachte, wenn das Proletariat als revolutionäres Subjekt ausfiel. Dieser subversive Agent konnte nur noch der Kapitalismus selbst sein. Es galt also, die Widersprüche in diesem komplexen System zu entdecken. Marx hatte schon vorher Adam Smith und andere bürgerliche Theoretiker gelesen, aber erst jetzt wurde er zum Ökonomen. Der Sozialismus war für ihn keine Utopie mehr – sondern wurde zur Wissenschaft.

Das Elend des Exils: London

Im Londoner Exil war Marx erstmals wirklich arm. Bisher hatte er von Spenden, Buchvorschüssen und kleinen Erbschaften nicht schlecht gelebt, aber nun versiegten fast alle Geldquellen. Er musste ins Armenviertel Soho ziehen, und die Mittel reichten gerade für eine Zweizimmerwohnung, die noch nicht einmal fließendes Wasser oder Toilette hatte.

Für die wachsende Familie war diese Behausung viel zu klein: In den ersten vierzehn Jahren ihrer Ehe wurde Jenny Marx siebenmal schwanger. Die älteste Tochter Jenny wurde 1844 geboren, 1845 folgte Laura, 1847 Edgar, 1849 Heinrich Guido, 1851 Franziska und 1855 Eleanor. 1857 kam ein Kind zur Welt, das sofort verstarb und keinen Namen erhielt.

Marx war ein typischer Mann des 19. Jahrhunderts: Er war stolz auf die eigene Potenz und hätte gern mehr Söhne gehabt, denn Töchter galten damals als finanzielle Bürde. In den gehobenen Schichten war es nicht schicklich, dass Frauen arbeiteten – und zugleich mussten sie mit einer Mitgift ausgestattet werden. Als Franziska zur Welt kam, schrieb Marx an Engels: »Meine Frau ist leider von einem Mädchen und nicht von einem garçon entbunden.«

Wie karg das Leben der Familie Marx war, ist anschaulich überliefert – dank eines preußischen Polizeispitzels namens Wilhelm Stieber, der eine literarische Ader besaß und etwas dramatisiert haben dürfte. Er berichtete nach Berlin: »Marx wohnt in einem der schlechtesten, folglich auch billigsten Quartiere in London. Er bewohnt zwei Zimmer, das eine mit der Aussicht auf die Straße ist der Salon, rückwärts das Schlafzimmer, in der ganzen Wohnung ist nicht ein reines und gutes Stück Möbel zu finden, alles ist zerbrochen, zerfetzt, zerlumpt; überall klebt fingerdicker Staub, überall die größte Unordnung; in der Mitte des Salons steht ein altväterlicher großer Tisch, mit Wachsleinewand behangen, auf diesem liegen seine Manuskripte, Bücher, Zeitungen, dann die Spielereien der Kinder, das Fetzwerk des Nähzeugs der Frau; daneben einige Teetassen mit abgebrochenen Rändern, schmutzige Löffel, Messer, Gabeln, Leuchter, Tintenfaß, Trinkgläser, holländische Tonpfeifen, Tabakasche, mit einem Wort alles Graffelwerk drunter und drüber gehäuft, und alles auf dem einzigen Tisch; eine Trödlerbude müßte bei diesem merkwürdigen Ensemble beschämt zurückweichen. Wenn man bei Marx eintritt, werden die Augen von dem Steinkohlen- und Tabakqualm derart umflort, daß man im ersten Augenblick wie in einer Höhle umhertappt, bis sich der Blick mit diesen Dünsten allmählich befreundet und man wie im Nebel einige Gegenstände wahrnimmt ... Alles dies bringt Marx und seine Gattin durchaus in keine Verlegenheit, man empfängt auf das freundlichste, man trägt Pfeife, Tabak und was da ist mit Herzlichkeit an; eine geistreiche Konversation ersetzt endlich teilweise die häuslichen Mängel, macht das Ungemach erst erträglich; dann söhnt man sich mit der Gesellschaft sogar aus, findet diesen Zirkel interessant, sogar originell. Das ist das getreue Bild von dem Familienleben des Kommunisten-Chefs Marx.«[62]

»Kommunisten-Chef« klingt bedeutsam, aber tatsächlich hatte Marx nur etwa zwölf Anhänger in London, die sich jeden Mittwochabend in einer Bar namens »Rose & Crown« in Soho trafen. Dieser kleine Kreis allein kann nicht der Grund gewesen sein, warum Preußen seinen besten Spion[63] schickte, um Marx auszukundschaften. Es handelte sich denn auch um persönliche Neugier: Der preußische Innenminister hieß damals Ferdinand von Westphalen – und war Jennys Halbbruder. Ihn interessierte brennend, wie Schwager Karl in London so lebte.

Vielleicht lag es wirklich an der dumpfen Enge in der kleinen Wohnung, wie viele Biographen vermuten, dass drei Marx-Kinder nicht überlebten. Heinrich Guido starb ganz plötzlich an einem Krampfanfall, Franziska hatte Keuchhusten oder Bronchitis. Beide wurden jeweils nur ein Jahr alt. Im April 1855 starb Edgar mit acht Jahren. Wahrscheinlich war es eine Blinddarmentzündung, aber vielleicht hatte er auch eine Darmtuberkulose. Übrig blieben nur die Töchter Jenny, Laura und Eleanor, die das Erwachsenenalter erreichten.

Marx' Armut hat seine Biographen anhaltend beschäftigt, denn ganz mittellos war er nicht. Wie man errechnet hat, kam er selbst in schlimmsten Zeiten auf etwa 200 Pfund im Jahr – was sogar im teuren London für eine kleinbürgerliche Existenz gereicht hätte. Doch Karl und Jenny konnten nicht mit Geld umgehen. Was vorhanden war, wurde auch ausgegeben. Für sie war es selbstverständlich, dass sie Personal benötigten. Obwohl sie sich kaum eine Wohnung leisten konnten, beschäftigten sie in Soho nicht nur die Haushälterin

Helene Demuth, sondern die Kinder hatten auch noch eine Gouvernante, und Marx ließ sich von einem Sekretär assistieren.

Marx war sich der Ironie bewusst, dass er übers Kapital schrieb, obwohl er keines hatte. In einem Brief an Engels stöhnte er in dem typischen Sprachenmix, den sich die beiden im Exil angewöhnt hatten: »Ich glaube nicht, daß unter solchem Geldmangel je über ›das Geld‹ geschrieben worden ist. Die meisten autores über dies subject waren in tiefem Frieden mit the subject of their researches.«[64]

Wie dieses Zitat zudem verdeutlicht, hielt Marx es für eine Art Schicksal, dass er kein Geld hatte. Ihm wäre niemals in den Sinn gekommen, ernsthaft nach einer Anstellung zu suchen. Zu seinem Glück hatte er es auch nicht nötig, berufstätig zu werden, denn Engels war lebenslang bereit, ihn zu finanzieren.

Die erste Zeit in London war jedoch auch für Engels schwierig, denn seine Eltern schickten ihm kein Geld mehr. Selbst die gütige und geduldige Mutter war entsetzt, dass Sohn Friedrich als Dauer-Revolutionär leben wollte, und schrieb ihm: »Da Du Deinen Weg gehst, den wir, gelinde gesagt, nicht billigen können, so kannst Du auch nicht erwarten, daß wir Dich darin unterstützen, besonders da Du in einem Alter bist und die Fähigkeiten dazu hast, selbst für Dein Brod zu sorgen.«

Engels war also bankrott und musste gleichzeitig miterleben, wie die Familie Marx im Elend versank. Widerwillig sah er ein, dass er in die Familienfirma zurückkehren musste. Sein Vater war auch gern bereit, ihn wieder in Manchester einzusetzen, denn er brauchte dringend einen Spitzel vor Ort: Friedrich Senior hatte den berechtigten Verdacht, dass er von seinen Kompagnons, den Gebrüdern Ermen, betrogen wurde. Sohn Friedrich sollte die Bücher durchforsten und die Konten kontrollieren. Anfangs war Engels nur ein normaler Angestellter, doch zur Überraschung seines Vaters entpuppte er sich als ein derart fähiger Manager, dass er bald am Gewinn beteiligt wurde.

Fortan führte Engels eine Doppelexistenz: Nach außen war er der seriöse Repräsentant einer seriösen deutschen Firma, wohnte in einem angesehenen Vorort, war Mitglied aller wichtigen Clubs von Manchester – und ritt sogar zur Jagd, was sich nur der Hochadel und die gesellschaftliche Elite leisten konnten. Doch nebenher hatte er noch eine zweite Wohnung, in der er seine irische Geliebte Mary Burns und ihre Schwester Lizzy unterbrachte.

Von 1851 bis 1869 verdiente Engels mindestens 23 289 Pfund in der Firma seines Vaters – wovon wahrscheinlich 3 121 Pfund an Marx gingen. Allerdings war das Geld in den ersten Jahren knapp. So kam Engels im Jahr 1853 nur auf 100 Pfund, von denen er 60 Pfund nach London schickte.[65] Doch egal, wieviel Geld Engels an Marx überwies: Es war nie genug.

Eine Einkommensquelle hatte Marx immerhin selbst aufgetan: 1848 hatte er in Köln den amerikanischen Journalisten Charles A. Dana kennengelernt, der später der Herausgeber der *New York Daily Tribune* wurde. Das Blatt verkaufte 200 000 Exemplare und war damals die größte Zeitung der USA. Dana war von Marx so beeindruckt, dass er ihn ab 1852 zu seinem Europa-Korrespondenten machte.

Unter Marx' Namen erschienen 487 Artikel in der *Tribune*, die zu je einem Pfund vergütet wurden. Da Marx jedoch öfters unpässlich oder lustlos war, musste Engels als Ghostwriter einspringen – und verfasste etwa ein Viertel dieser Texte. 1861 war jedoch Schluss, weil der Amerikanische Bürgerkrieg ausbrach und sich in New York niemand mehr für Europa interessierte. Trotzdem machen diese Zeitungsartikel den größten Teil von Marx' Texten aus, die zu seinen Lebzeiten erschienen sind.

Seit der Revolution 1848 hatte Marx gehofft, dass es bald zu einer großen Wirtschaftskrise käme, die den Kapitalismus in den Abgrund reißen würde. Doch nichts passierte. Stattdessen machten sich seine wenigen Londoner Getreuen darüber lustig, dass er ständig Krisen prognostizierte, die dann nicht eintraten. Aber 1857 schien Marx endlich recht zu behalten: Es kam zu einem Aktiencrash, der Amerika, Europa und Indien erfasste. Das war neu. Bisher waren Krisen regionale Phänomene gewesen, doch diesmal schwappte die Konkurswelle von Land zu Land. Wie man im Rückblick weiß, handelte es sich um die erste echte Weltwirtschaftskrise, und allein in den USA gingen mehr als 5 000 Unternehmen und Kreditinstitute pleite.[66]

Marx war euphorisch. Endlich schien der ideale Zeitpunkt gekommen, um das Hauptwerk abzuschließen, an dem er seit Jahren laborierte: seine *Kritik der politischen Ökonomie*. Rastlos schrieb Marx die Nächte durch; doch noch während er die Seiten füllte, war die Krise schon wieder vorbei. Ab 1858 wuchs die Weltwirtschaft erneut.

Wie immer hatte Marx sein Projekt zu groß angelegt, so dass 1859 ein Werk erschien, das zwar *Zur Kritik der Politischen Ökonomie* hieß, aber nur Vorarbeiten enthielt. Die Resonanz war dürftig. Viele Leser verstanden nicht, was Marx wollte. Zu ihnen gehörte Wilhelm Liebknecht, der spätere Gründer der SPD. Der treue Marxist gestand offen, dass er noch nie von einem Buch so enttäuscht gewesen war. Heute wird nur noch das fünfseitige Vorwort gelesen, das eine knappe und klare Zusammenfassung des historischen Materialismus liefert. Dort findet sich nicht nur das Gegensatzpaar von »realer Basis« und »juristischem und politischem Überbau«, sondern auch jener Satz, der zu den berühmtesten Marx-Zitaten gehört: »Es ist nicht das Bewusstsein der Menschen, das ihr Sein, sondern umgekehrt ihr gesellschaftliches Sein, das ihr Bewusstsein bestimmt.«

Es sollte noch weitere acht Jahre dauern, bis schließlich 1867 Marx' Hauptwerk *Das Kapital* erschien. Die Arbeiten kamen auch deswegen nur so langsam voran, weil Marx spätestens ab 1863 schwer krank war. Faustgroße Eiterbeulen, sogenannte Karbunkel, begannen seinen Körper zu übersäen. Besonders betroffen waren die Achselhöhlen, der Rücken, das Gesäß, der Schambereich und die Schenkel. Oft konnte Marx weder sitzen noch liegen. Die Haut vernarbte nicht nur, sondern löste sich auf. Bis heute fragen sich Mediziner, worunter Marx genau litt, und die neueste Diagnose lautet auf »Hidradenitis suppurativa«, eine genetisch bedingte Autoimmunkrankheit. Sie ähnelt der Akne, ist aber weitaus schlimmer. Noch immer gibt es keine wirksamen Medikamente dagegen; das Leiden kann nur gelindert, nicht geheilt werden.

Allerdings reicht die genetische Veranlagung meist nicht, um die Krankheit zum Ausbruch zu bringen: 80 bis 90 Prozent aller Patienten sind starke Raucher[67] – und Marx' Tabakkonsum war extrem. Er weigerte sich jedoch, seine Zigarren aufzugeben, und applizierte lieber Arsen, das damals als eine Art Wundermittel galt. Genutzt hat es nichts und ihn nur langsam vergiftet.

Wirkungslos, aber ebenfalls beliebt war ein weiteres »Medikament«: der Alkohol. Damals gab es noch keine allgemein verfügbaren Schmerzmittel wie Aspirin oder Ibuprofen, so dass die Ärzte gern eine wilde Mischung von alkoholischen Getränken verschrieben, damit ihre Patienten die Leiden ertragen konnten. Keineswegs ungewöhnlich war eine Rezeptur, die Engels 1864 erhielt: Er sollte täglich eine halbe Flasche Bordeaux trinken, dazu mehrere Glas Sherry oder Portwein. Alternativ waren auch alle zwei Stunden ein Bierglas Champagner und Brandy in Kraftbrühe angeraten.[68] Marx klagte früh und anhaltend über Leberprobleme – sie dürften eine direkte Folge seines Alkoholkonsums gewesen sein.

Auch finanzielle Sorgen machten Marx erneut zu schaffen. Wieder mussten Bettelbriefe an Engels und Verwandte geschrieben werden, wieder war man Stammgast beim Pfandleiher. Zwar hatten Karl und Jenny substantielle Beträge geerbt,[69] doch gleichzeitig waren auch ihre Ausgaben gestiegen. Seit 1856 bewohnte die Familie ein hübsches Reihenhaus im Norden Londons, und noch repräsentativer wurde es ab 1864, als sie eine »Villa« in der gleichen Gegend bezogen. Es ging nicht nur um den Komfort, sondern es galt auch, Eindruck zu schinden: Die Eltern Marx wollten ihre drei Töchter gut verheiraten, und Bälle konnte man nur geben, wenn das Wohnzimmer groß genug war.[70]

So sehr Marx die Bourgeoisie verachtete, so unbedingt war ihm daran gelegen, dass seine Töchter eine bürgerliche Erziehung genossen. Sie erhielten Stunden in Französisch und Italienisch, lernten Zeichnen, Singen und Klavierspielen. Zudem wurden sie auf eine weiterführende Schule geschickt, was damals sehr ungewöhnlich war. In ganz London gab es nur zwölf Oberschulen für Mädchen, die zusammen gerade einmal tausend Schülerinnen hatten. Die meisten Töchter wurden, wenn überhaupt, zu Hause unterrichtet und lernten nicht viel mehr als Lesen und Schreiben.

Nach all diesen Mühen und Ausgaben für die Töchter war Marx entsetzt, als Laura ausgerechnet Paul Lafargue heiraten wollte, der zwar Sozialist war, aber kein geregeltes Einkommen hatte. Marx hoffte auf eine kommunistische Revolution, doch bis dahin sollten seine Kinder gut leben. Er wollte auf keinen Fall, dass sie sein Schicksal teilten, wie er Lafargue drastisch mitteilte: »Vor der endgültigen Regelung Ihrer Beziehungen zu Laura muss ich völlige

Klarheit über Ihre ökonomischen Verhältnisse haben ... Sie wissen, daß ich mein ganzes Vermögen dem revolutionären Kampf geopfert habe. Ich bedauere es nicht. Im Gegenteil. Wenn ich mein Leben noch einmal beginnen müßte, ich tät dasselbe. Nur würde ich nicht heiraten. Soweit es in meiner Macht steht, will ich meine Tochter vor den Klippen bewahren, an denen das Leben ihrer Mutter zerschellt ist.« Laura heiratete Lafargue trotzdem.

Im September 1867 erschien endlich das Buch, an dem Marx etwa zwanzig Jahre gearbeitet hatte: *Das Kapital – Zur Kritik der politischen Ökonomie*. Der Begriff »Kritik« ist etwas irreführend: Marx hat die bürgerliche Ökonomie nicht überwunden, wie er selbst glaubte, sondern er hat sie brillant fortgesetzt. Erst mit Marx endete der Theoriestrang der sogenannten »Klassik«, der mit Adam Smith begonnen hatte (mehr dazu im nächsten Kapitel).

Das Buch war zwar kein Bestseller, verkaufte sich aber deutlich besser als alle anderen Werke, die Marx bis dahin geschrieben hatte: Die Auflage von 1 000 Stück war nach vier Jahren vergriffen, so dass es 1873 schon zu einer zweiten Auflage kam. Allerdings hatten viele Leser Mühe, das sperrige Werk zu verstehen, und scheiterten oft schon an den ersten Kapiteln. Jenny Marx riet daher dem Sozialisten Johann Philipp Becker beherzt, »die dialektischen Spitzfindigkeiten der ersten Abschnitte« zu überspringen und lieber die beiden letzten Kapitel über die »ursprüngliche Akkumulation des Kapitals und moderne Kolonisationstheorie zuerst zu lesen. Ich bin überzeugt, dass Sie diesen Teil, wie ich selbst, mit größter Befriedigung aufnehmen werden.«[71]

Wie dieser Ratschlag zeigt, hatte zumindest Jenny nicht verstanden, dass gerade die »dialektischen Spitzfindigkeiten« in den ersten Kapiteln den Kern der Marx'schen Theorie ausmachten. Aber mit ihrer Ratlosigkeit war sie nicht allein: Die allermeisten Sozialisten haben Marx erst verstanden, nachdem Engels ihn in eine verständlichere Sprache übersetzt hatte. Später wurde es üblich, nicht *Das Kapital* zu lesen, sondern Engels' populäre Kurzzusammenfassung, die 1880 unter dem Titel *Die Entwicklung des Sozialismus von der Utopie zur Wissenschaft* erschien.

Ursprünglich sollte *Das Kapital* vier Bücher in drei Bänden umfassen, wie Marx in seinem Vorwort von 1867 ankündigte: »Der zweite Band dieser Schrift wird den Zirkulationsprozess des Kapitals (Buch II) und die Gestaltungen des Gesamtprozesses (Buch III), der abschließende dritte (Buch IV) die Geschichte der Theorie behandeln.« Doch zu diesen Texten kam es nicht; Marx war zu erschöpft. In den letzten Lebensjahren schrieb er nichts Substantielles mehr, und sein Mammutwerk blieb ein Torso.

Von Marx zum Marxismus

Marx' Lebensabend verlief recht beschaulich, denn ab 1869 hatte er ausgesorgt: Engels setzte ihm eine Leibrente von jährlich 350 Pfund aus. Da Engels die Extravaganzen seines Freundes kannte, wurde die Summe nicht auf einmal ausgezahlt, sondern vierteljährlich gestückelt. Sonderkosten wie Arztrechnungen waren noch nicht eingerechnet und wurden von Engels zusätzlich übernommen.

Engels konnte es sich leisten, so großzügig zu sein, weil er sich endlich aus seinem gehassten Dasein als Textilunternehmer befreit hatte: Er hatte seinen Firmenanteil an die Ermen-Brüder verkauft und dafür 12500 Pfund erhalten, was heute etwa 1,2 Millionen Pfund entsprechen würde. Beschwingt zog Engels nach London, nur zehn Gehminuten von Marx entfernt, und stürzte sich in seine neue Existenz als dessen Sprachrohr.

1873 kam es erneut zu einer Weltwirtschaftskrise, die zu den schwersten Crashs in der Geschichte gehört. Allein in Deutschland wurde die Hälfte des Aktienvermögens vernichtet, die Löhne halbierten sich, und die Preise sanken um 38 Prozent.[72] Doch während überall die Panik um sich griff, blieb Marx ruhig: Er hatte den Glauben aufgegeben, dass der Kapitalismus durch seine Krisen zugrunde gehen würde.

Stattdessen hoffte er jetzt eher, dass sich der Kapitalismus von selbst auflösen würde, indem sich die Kapitalisten überflüssig machen. Aber geschrieben hat Marx darüber nicht mehr, denn sein Leben ging fühlbar zu Ende. Die Bronchitis wurde chronisch, vielleicht war es auch Tuberkulose. Im Dezember 1881 starb seine Frau Jenny an Leberkrebs, im Januar 1883 Tochter Jenny an Blasenkrebs. Am 14. März 1883 saß Marx tot im Lehnstuhl, als Engels zum täglichen Nachmittagsbesuch kam.

Marx' Grab auf dem Highgate Cementary ist längst zu einer beliebten Sehenswürdigkeit geworden,[73] doch bei seiner Beerdigung waren nur elf Personen anwesend. Engels hielt eine Grabrede, die gar nicht erst so tat, als würde sie sich an diese kleine Trauerschar richten, sondern Engels arbeitete bereits am Nachruhm des Freundes. Der Marxismus begann, kaum dass Marx tot war.

Engels verlor kein Wort über Marx' privates Leben oder seine Familie, sondern konzentrierte sich sofort auf das intellektuelle Erbe: »Wie Darwin das Gesetz der Entwicklung der organischen Natur, so entdeckte Marx das Entwicklungsgesetz der menschlichen Geschichte.«[74] Damit war der historische Materialismus gemeint, dass also »die jedesmalige ökonomische Entwicklungsstufe eines Volkes … die Grundlage bildet, aus der sich die Staatseinrichtungen, die Rechtsanschauungen, die Kunst und selbst die religiösen Vorstellungen der betreffenden Menschen entwickelt haben.«

Als zweite große Erkenntnis feierte Engels die Mehrwerttheorie, die Marx im *Kapital* entwickelt hatte: »Marx entdeckte auch das spezielle Bewegungsgesetz der heutigen kapitalistischen Produktionsweise. … Mit der Entdeckung des Mehrwerts war hier plötzlich Licht geschaffen … Zwei solche Entdeckungen sollen für ein Leben genügen. Glücklich schon der, dem es vergönnt ist, nur eine solche zu machen.«

Engels starb erst 1895, so dass er noch miterlebte, wie in Europa tatsächlich eine Arbeiterbewegung entstand, die Millionen von Anhängern mobilisierte. Jahrzehntelang hatte sich niemand für das *Kommunistische Manifest* interessiert, aber jetzt wurde es in rund dreißig Sprachen übersetzt und erlebte Hunderte von Auflagen. Bis zur russischen Revolution 1917 gab es unter anderem drei japanische Auflagen, eine chinesische, siebzig russische, elf polnische, sieben jiddische, sechs finnische, fünf ukrainische, vier georgische, zwei armenische, 55 deutsche, neun ungarische, acht tschechische, 34 englische, 26 französische, elf italienische, sechs spanische, eine portugiesische, sieben bulgarische, vier serbische, vier rumänische, eine ladinische, sechs dänische, fünf schwedische und zwei norwegische.[75]

Diese neuen Arbeiterbewegungen versuchte Engels mit einer verständlichen – und vollständigen – Version der Marx'schen Theorie zu versehen. Er tauchte daher ein in die Exzerpte, die sein Freund hinterlassen hatte, um aus diesen Papierbergen zumindest die fehlenden Bände des *Kapitals* herauszufiltern. Doch Marx' Hinterlassenschaft erwies sich als so chaotisch, dass Engels verzweifelte. An den SPD-Gründer August Bebel schrieb er: »Hätte ich das gewusst, ich hätte ihm bei Tag und Nacht keine Ruh gelassen, bis es ganz fertig und gedruckt war ... Wäre nicht das massenhafte amerikanische und russische Material (an russischer Statistik allein 2 Kubikmeter Bücher) gewesen, der 2. Band wäre längst gedruckt. Diese Detailstudien haben ihn jahrelang aufgehalten.«[76]

Band II des *Kapital* ließ sich noch relativ leicht zusammenstellen und erschien 1885. Doch die Notizen für den dritten Band waren so unvollständig, dass Engels bis 1894 benötigte und zudem recht freigiebig ergänzte und collagierte. Bis heute müht sich die Forschung herauszufinden, was an Band III »echt« Marx ist und was von Engels stammt.

Auf jeden Fall aber ist festzuhalten, dass Marx' Vorarbeiten für Band II und III im Wesentlichen aus den Jahren 1864 und 1865 stammen – also älter sind als der erste Band vom *Kapital,* den Marx 1867 fertigstellte und für die zweite Auflage 1873 noch einmal selbst überarbeitete. Wer wissen möchte, was Marx für gültig hielt, darf sich also nicht von den Ordnungsnummern verwirren lassen: Band I gibt am besten wieder, was Marx zuletzt gedacht hat.

Mit 74 Jahren starb Engels an einem Krebs in der Speiseröhre und im Kehlkopf. Sein beträchtliches Vermögen hinterließ er vor allem den Marx-Töchtern und ihren Familien. Allein seine Aktien waren etwa 22 600 Pfund wert, denn Engels hatte immer sorgsam den bürgerlichen *Economist* studiert, um seine Anlageentscheidungen zu treffen. Ein schlechtes Gewissen hatte er nicht, dass er sich als Spekulant betätigte, denn wie er August Bebel brieflich erläuterte: »Die Börse ändert nur die *Verteilung* des den Arbeitern *bereits gestohlenen* Mehrwerts.«

5 Der Sozialismus wird wissenschaftlich: *Das Kapital* (1867)

Das Kapital hat Millionen von gutwilligen Lesern zur Verzweiflung gebracht, denn schon der allererste Absatz ist eine Zumutung: »Der Reichtum der Gesellschaften, in welchen kapitalistische Produktionsweise herrscht, erscheint als eine ›ungeheure Warensammlung‹, die einzelne Ware als seine Elementarform. Unsere Untersuchung beginnt daher mit der Analyse der Ware.«

Noch schlimmer geht es stilistisch nicht. Marx formuliert so abstrakt und umständlich, dass es sich nicht um den gleichen Autor zu handeln scheint, der einst das *Kommunistische Manifest* mit dem Fanal begann »ein Gespenst geht um in Europa«.

Auch Marx wusste, dass sein erstes Kapitel unmöglich war. Im Vorwort zur ersten Auflage schrieb er entschuldigend: »Aller Anfang ist schwer, gilt in jeder Wissenschaft. Das Verständnis des ersten Kapitels, namentlich des Abschnitts, der die Analyse der Ware enthält, wird daher die meiste Schwierigkeit machen.«

Bis heute fragen sich die Exegeten, warum Marx überhaupt mit dem Thema »Ware« angefangen hat. Denn didaktisch und auch analytisch hätte es nähergelegen, erst einmal die Ausbeutung der Arbeiter und die Geschichte der Klassenkämpfe zu schildern.[1] Dann hätte jeder Leser sofort ins Thema gefunden. Engels würde später genau diesen umgekehrten Aufbau wählen, um die Marx'sche Theorie zu erklären.

Zudem haben die ersten drei Kapitel des *Kapital* mit dem Rest des Buchs fast nichts zu tun. Der Begriff »Mehrwert«, der den Kern der Theorie ausmacht, kommt dort nicht vor. Der marxistische Theoretiker Louis Althusser hat daher empfohlen, den Anfang bei der ersten Lektüre zu überspringen und gleich mit Kapitel 4 über »Die Verwandlung von Geld in Kapital« einzusteigen.[2]

Ausbeutung ist fair: Die Logik des »Mehrwerts«

Ab dem vierten Kapitel kehrt Marx zu einem Problem zurück, an dem schon Adam Smith und David Ricardo verzweifelt waren: Woher kommt der Gewinn? Durch simplen Handel kann er nicht entstehen, weil dort stets Äquivalente getauscht werden. Zwar kann es passieren, dass einzelne Kapitalisten ihr Gegenüber übervorteilen, indem sie minderwertige Ware zu überhöhten Preisen verkaufen. Aber dies können nur Einzelfälle sein, wie Marx festhält. Wenn alle betrügen, gleicht es sich am Ende wieder aus – und niemand hat einen Gewinn gemacht. »Die Gesamtheit der Kapitalistenklasse eines Landes kann sich nicht selbst übervorteilen.«

Wie Smith und Ricardo vertrat auch Marx die sogenannte Arbeitswertlehre: Der Wert eines Guts wird durch die Arbeitszeit bestimmt, die zu seiner Erzeugung notwendig ist. Aber Marx gelang es erstmals, sich aus den logischen Widersprüchen zu befreien, in denen sich Smith und Ricardo verheddert hatten.

Zur Erinnerung: Smith hatte sich nie wirklich entscheiden können, wie Gewinne entstehen. Am Ende vertrat er zwei Konzepte gleichzeitig, die sich nicht deckten. Der erste Ansatz war deduktiv: Der Tauschwert eines Guts ist durch die Menge der nötigen Arbeit bestimmt, und von diesem Gesamtwert wird dann der Profit des Unternehmers abgezogen. Der Arbeiter erhält nur einen Rest, der groß genug sein muss, damit er sich und seine Familie ernähren kann.

Neben diesem deduktiven Ansatz favorisierte Smith aber vor allem eine additive Sicht: Der Tauschwert einer Ware setze sich aus Lohn, Pacht und Profit zusammen. Plötzlich ging es um das Einkommen, über das Arbeiter, Landbesitzer und Unternehmer verfügten.

Ricardo versuchte, dieses begriffliche Chaos zu bändigen, indem er sich für den deduktiven Ansatz entschied: *Allein* die Arbeitszeit würde den Wert einer Ware bestimmen. So weit, so deutlich. Doch Ricardo übersah, wie brisant diese Aussage war: Wenn nur die Arbeiter den gesellschaftlichen Reichtum schufen – wo kamen dann die Gewinne her? Die Unternehmer schienen völlig überflüssig zu sein und nur Profite zu machen, weil sie ihre Arbeiter ausbeuteten.

Diese Lesart war bei vielen Frühsozialisten beliebt, aber sie konnten nicht erklären, wie die Ausbeutung genau funktionierte – bis Marx kam. Er hatte den brillanten und dabei so naheliegenden Einfall, dass auch die Arbeitskraft wie alle anderen Güter einen Gebrauchs- und einen Tauschwert hat.

Der Kapitalist kauft die Arbeitskraft zu ihrem Tauschwert. Als Lohn muss er genug zahlen, damit der Arbeiter samt Familie überleben kann. Anders gesagt: Der Lohn muss der Arbeitszeit entsprechen, die nötig ist, um Lebensmittel, Kleidung und eine bescheidene Wohnung herzustellen. In seinen fiktiven Rechenbeispielen nimmt Marx meist eine notwendige Arbeitszeit von sechs Stunden an, um die Basisversorgung einer Arbeiterfamilie abzusichern.

Doch fast alle Arbeiter können länger arbeiten als nur diese sechs Stunden, die zur eigenen Reproduktion nötig sind. Der Gebrauchswert einer Arbeitskraft ist also höher als ihr Tauschwert – und in dieser zusätzlichen Arbeitszeit wird der Mehrwert erzeugt.

Die Kapitalisten waren daher moralisch nicht zu verdammen. Sie beuteten ihre Arbeiter zwar aus, aber Diebstahl war es nicht. Die Arbeiter erhielten ja den korrekten Tauschwert ihrer Arbeitskraft ausgezahlt – und hatten ganz freiwillig einen Vertrag mit ihren Arbeitgebern abgeschlossen. Das Motto des englischen Utilitaristen Jeremy Bentham schien erfüllt: Der Kapitalismus sorgte für das größte Glück der größten Zahl.

Ironisch schrieb Marx: »Was allein hier herrscht, ist Freiheit, Gleichheit, Eigentum und Bentham. Freiheit! Denn Käufer und Verkäufer einer Ware, z. B. der Arbeitskraft, sind nur durch ihren freien Willen bestimmt. Sie kontrahieren als freie, rechtlich ebenbürtige Personen. … Gleichheit! Denn sie beziehen sich nur als Warenbesitzer aufeinander und tauschen Äquivalent für Äquivalent. Eigentum! Denn jeder verfügt nur über das Seine. Bentham! Denn jedem von beiden ist es nur um sich zu tun. Die einzige Macht, die sie zusammen und in ein Verhältnis bringt, ist die ihres Eigennutzes, ihres Sondervorteils, ihrer Privatinteressen.«

Marx lehnte es strikt ab, in moralischen Kategorien zu denken, denn Begriffe wie »Schuld« oder »Diebstahl« setzen voraus, dass einzelne Personen verantwortlich gemacht werden. Doch für Marx waren Arbeiter und Kapitalisten letztlich nur »Charaktermasken«; sie waren »Träger« einer Rolle, die ihnen das System zuwies. Noch radikaler: Sie existierten nur im Verhältnis zueinander. Arbeiter gab es, weil es Kapitalisten gab, und umgekehrt.

Sie waren die Verkörperung einer bestimmten Gesellschaftsformation namens Kapitalismus, die der Ausbeutung ein neues Gesicht gab. Ausbeutung selbst hatte es immer gegeben. Mehrarbeit war nichts Neues. Die römischen Sklaven mussten für ihre Besitzer schuften und auch die Leibeigenen für ihre Grundherren im Mittelalter. Aber diese frühere Ausbeutung trat roh und offen zutage, war rechtlich niedergelegt und in Gesetze gegossen. Weder der Sklave noch der hörige Bauer waren frei, sondern an ihre Herren gekettet. Im Kapitalismus hingegen wurde die reale Ausbeutung verschleiert, indem der Arbeiter als juristisch genauso selbstbestimmt definiert wurde wie der Kapitalist. Beide schienen sich als ebenbürtige Handelspartner zu begegnen, wenn sie einen Arbeitsvertrag abschlossen. Erst im Kapitalismus wurde die Mehrarbeit zum Mehrwert, indem die Arbeitskraft zur tauschbaren Ware wurde.

Kleine Fußnote: Bei Marx gab es zwar »Kapitalisten«, aber noch keinen »Kapitalismus«. Stattdessen sprach er stets von der »kapitalistischen Produktionsweise«. Bei Engels kam der Begriff »Kapitalismus« immerhin vereinzelt in Briefen vor, doch durchgesetzt hat sich diese knappe Bezeichnung erst im frühen 20. Jahrhundert.[3]

Wenn nun der Kapitalismus moralisch gar nicht verwerflich war, dann war es obsolet, ihn reformieren zu wollen. Das System als Ganzes musste überwunden werden. Aber wie? Diese Frage durchzog das gesamte *Kapital*.

An einen revolutionären Umbruch glaubte Marx jedenfalls nicht mehr, weswegen der Klassenkampf nur noch am Rande auftauchte. Im Kapital blieb allein der eher bescheidene Hinweis übrig, dass sich Gewerkschaften und Unternehmer hartnäckig um die tägliche Arbeitszeit stritten.

Bis heute ist fraglos richtig, dass Firmeninhaber stets ein Interesse haben, ihre Beschäftigten möglichst lange für den vereinbarten Lohn arbeiten zu lassen. Doch schon zu Marx' Lebzeiten war es extrem übertrieben, diese Auseinandersetzung zu einem »Bürgerkrieg zwischen der Kapitalistenklasse und der Arbeiterklasse« zu stilisieren. Zwar gab es im 19. Jahrhundert diverse Streiks und Massenproteste, aber insgesamt blieb es relativ friedlich.

Die Arbeitszeit sank trotzdem. Hatten die deutschen Arbeiter 1850 noch 14 bis 16 Stunden pro Tag geschuftet, so waren es 1870 »nur« noch 12 bis 14 Stunden. 1914 dauerte der Arbeitstag im Durchschnitt zehn Stunden, und 1919 konnte der Achtstundentag durchgesetzt werden. Reform war also möglich, obwohl Marx – zumindest offiziell – diese Möglichkeit negierte.

Kapital ist kein Besitz, sondern ein Prozess

Marx hat als Erster auf eine Definition gebracht, was den Kapitalismus im Kern ausmacht: Geld (G) wird investiert, um Waren (W) herzustellen. Bei ihrem Verkauf soll dann mehr Geld (G′) herausspringen, also ein Gewinn erzielt werden. »In der Tat ist also G – W – G′ die allgemeine Formel des Kapitals.«

Ziel ist nicht die Befriedigung von Bedürfnissen, sondern die Akkumulation an sich. Der Kapitalist darf niemals ruhen, kann sich nicht am Erreichten freuen, sondern muss die Gewinne stets erneut investieren, wenn er im Rennen bleiben will. »Die Zirkulation des Geldes als Kapital ist … Selbstzweck, denn die Verwertung des Wertes existiert nur innerhalb dieser stets erneuerten Bewegung. Die Bewegung des Kapitals ist daher maßlos.«

Der einzelne Unternehmer ist keine autonome Person, sondern nur ein Rädchen im Getriebe. Er selbst mag zwar glauben, dass er wichtige Entscheidungen trifft, aber tatsächlich ist er nur ein Vollstrecker der permanenten Verwertung: »Als bewusster Träger dieser Bewegung wird der Geldbesitzer Kapitalist. Seine Person, oder vielmehr seine Tasche, ist der Ausgangspunkt und der Rückkehrpunkt des Geldes. … Der Kapitalist (funktioniert) als personifiziertes, mit Willen und Bewusstsein begabtes Kapital.« In diesem ewigen Hamsterrad geht es nicht um den einzelnen Gewinn, »sondern nur um die rastlose Bewegung des Gewinnens«.

Geld wird nur zu Kapital und damit zu Profit, wenn es investiert wird. Bleibt es im Tresor liegen, ist es zwar weiterhin Geld – aber faktisch wertlos. Über Dagobert Duck hätte Marx herzlich gelacht. Der geizige Enterich glaubt zwar, vermögend zu sein, wenn er in seinen Goldtalern badet. Doch tatsächlich besitzt er nur Gold, sonst nichts. Oder wie Marx es ausdrückte: »Die rastlose Vermehrung des Wertes, die der Schatzbildner anstrebt, indem er das Geld vor der Zirkulation zu retten sucht, erreicht der klügere Kapitalist, indem er es stets von neuem der Zirkulation preisgibt.«

Indem Marx den systemischen Prozess betonte, die ewige Spirale der Verwertung, verlieh er dem Begriff »Kapital« eine neue Bedeutung. Bis dahin hatten die Ökonomen das Kapital als etwas Statisches betrachtet. Geld und Maschinen galten als Vermögenswerte »an sich«, die man mühelos bilanzieren konnte. Bei Marx gab es keine Werte, die irgendwie vorhanden waren. Kapital bildete sich erst, wenn produziert wurde, wenn Güter entstanden, die sich mit Gewinn verkaufen ließen.[4]

Marx war vom technischen Fortschritt fasziniert; selbst scheinbar kleinste Erfindungen begeisterten ihn: »Eine auf der Londoner Industrieausstellung von 1862 ausgestellte amerikanische Maschine zur Bereitung von Papiertuten schneidet das Papier, kleistert, faltet und vollendet 300 Stück per Minute.«

Die Effizienz stieg aber nicht nur in der industriellen Produktion, auch die Landwirtschaft wurde technisiert. Wie Marx berichtete, »verrichtet der Dampfpflug in einer Stunde für 1/4 Shilling so viel Werk wie 66 Menschen zu 15 Shilling die Stunde«. Umgerechnet bedeutete dies also, dass die Produktivität um das 3960-Fache gestiegen war. Das war atemberaubend.

Aber was trieb die rastlose Dynamik des Kapitalismus an? Warum konnten die Kapitalisten nicht gemütlich zu Hause sitzen und den Mehrwert genießen, den sie ihren Arbeitern abgepresst hatten? Im Feudalismus wären die Adligen niemals auf die Idee gekommen, ständig in die Produktion zu investieren. Stattdessen hatten sie Schlösser gebaut, Feste gefeiert und sich als Kunstmäzene betätigt. Doch die Kapitalisten waren unersättlich. Selbst wenn sie reich waren, wollten sie noch reicher werden und erweiterten ihre Fabriken.

Die Akkumulation schien zum Selbstzweck zu verkommen, oder wie Marx es in einem seiner berühmtesten Zitate formulierte: »Akkumuliert, Akkumuliert! Das ist Moses und die Propheten!«

Die Dialektik des Kapitals: Konkurrenz endet im Monopol

Heute erscheint es uns selbstverständlich, dass Kapitalisten ständig investieren. Aber dieser permanente Verwertungsprozess war erklärungsbedürftig, und Marx erkannte als Erster, dass die Technik dabei eine zentrale Rolle spielt. Sobald sie systematisch eingesetzt wird, entfaltet sie ihre eigene Logik und Dynamik.

Für jeden einzelnen Unternehmer ist es attraktiv, neue Maschinen anzuschaffen, die produktiver sind als die Anlagen der Konkurrenz. Denn sobald ein Fabrikant seine Waren billiger herstellt, kann er sie auch billiger verkaufen – und einen Extraprofit erwirtschaften, den Marx »Extramehrwert« nannte. Die Wettbewerber müssen jedoch sofort nachziehen, wenn sie nicht vom Markt verdrängt werden wollen. Also investieren auch sie in neue Maschinen, und der Extramehrwert verschwindet wieder.

Jeder Kapitalist unterliegt damit dem »Zwangsgesetz der Konkurrenz«, wird von seinen Wettbewerbern getrieben und weitet seine Produktion aus, um nicht unterzugehen. Doch die meisten Märkte sind irgendwann gesättigt und können die zusätzlichen Waren nicht mehr aufnehmen. Den Verdrängungswettbewerb überleben nur jene Firmen, die am billigsten produzieren können. Dies sind meist die Großkonzerne, denn sie profitieren von einem Phänomen, das die Ökonomen heute »steigende Skalenerträge« nennen: Je größer die Stückzahlen sind, desto billiger wird die eingesetzte Technik pro Stück.

Marx ging bereits implizit von diesen steigenden Skalenerträgen aus und war daher der erste Ökonom, der klar beschrieb, dass der Kapitalismus zum Oligopol neigt: Die kleinen Firmen werden verdrängt, bis nur noch wenige Großkonzerne eine ganze Branche beherrschen. Oder wie Marx es ausdrückte: Es kommt zur »Expropriation von Kapitalist durch Kapitalist« und zur »Verwandlung vieler kleineren in weniger größere Kapitale«.

Die Technik verändert die Konkurrenzbedingungen, da »mit der Entwicklung der kapitalistischen Produktionsweise der Minimalumfang des individuellen Kapitals wächst, das erheischt ist, um ein Geschäft unter seinen normalen Bedingungen zu betreiben«. Viele Firmen müssen schon deswegen aus dem Wettbewerb ausscheiden, weil sie sich die teuren Maschinen schlicht nicht leisten können. Wie Marx präzise beschrieb, bleibt den kapitalschwachen Betrieben nur die Nische: »Die kleineren Kapitale drängen sich daher in Produktionssphären, deren sich die große Industrie nur noch sporadisch oder unvollkommen bemächtigt hat.«

Marx' Analyse gilt bis heute, wie aktuelle Zahlen des Statistischen Bundesamtes zeigen: Großkonzerne machen zwar nur ein Prozent der deutschen Firmen aus, aber im Jahr 2015 generierten sie 67 Prozent des gesamten Umsatzes. Gleichzeitig sind 82 Prozent aller Firmen Kleinstbetriebe – aber gemeinsam kamen sie 2015 nur auf 7 Prozent des Umsatzes.[5] Die deutsche Wirtschaft ist also extrem konzentriert; wenige Großkonzerne kontrollieren die gesamte Wertschöpfungskette, von den Rohstoffen bis zum Absatz.

Erneut hat Marx die beiden liberalen Ökonomen Smith und Ricardo konsequent zu Ende gedacht. Beide hatten stets den ungestörten Wettbewerb gefordert, doch Marx zeigte nun, dass durch diesen Wettbewerb am Ende nur wenige Großkonzerne überleben. Der Kapitalismus ist zutiefst dialektisch: Die Konkurrenz treibt die Unternehmer an, bis von der Konkurrenz nichts mehr übrig ist.

Marx' Beobachtungen bestätigen sich auch, wenn zufällig völlig neue Märkte entstehen. Beispiel Internet: Es wurde in staatlichen Laboren entwickelt, doch kaum war es für die private Nutzung freigegeben, dauerte es nur kurze Zeit, bis sich auch in den virtuellen Welten einige wenige Giganten durchgesetzt hatten, ob sie nun Amazon, Facebook oder Google heißen. Wieder regiert das Oligopol, und für kleine Internetfirmen ist nur noch die Nische frei, wo sie kaum Umsatz machen.

Marx sah diese Konzentrationsprozesse mit Freude. Er hoffte, dass der Kapitalismus von selbst untergehen würde – indem sich die Kapitalisten gegenseitig enteigneten, bis nur noch wenige Unternehmer übrig wären. »Je ein Kapitalist schlägt viele tot«, was die

Revolution vereinfachte: Am Ende müsste die »Volksmasse« nur noch »wenige Usurpatoren« entfernen. »Die Expropriateurs werden expropriiert.« Bekanntlich kam es anders. Der Kapitalismus hat sich als deutlich langlebiger erwiesen, als Marx es je für möglich gehalten hätte. Das Oligopol der Großkonzerne war bemerkenswert stabil. Wo also lagen die Fehler seiner Analyse?

Irrtum I: Die Arbeiter sind nicht verelendet

Das wuchtige Ende des *Kommunistischen Manifests* hat sich als Irrtum erwiesen: Die Proletarier haben jetzt weit mehr zu verlieren als ihre Ketten. Manche Marxisten behaupten heute, dass Marx nie eine »absolute« Verelendung prognostiziert hätte. Er habe nur sagen wollen, dass die Verteilung des Reichtums ungleich bleiben würde. Der Begriff »Verelendung« sei also relativ zu deuten: Die Beschäftigten würden dem Elend zwar entkommen, aber sie würden niemals den Lebensstandard der Kapitalisten erreichen.[6]

Zweifellos ist richtig, dass es noch immer sehr ungerecht zugeht. Neueste Statistiken zeigen, dass in Deutschland die untere Hälfte der Bevölkerung fast kein Vermögen und höchstens Schulden hat, während das oberste eine Prozent, also das reichste Hundertstel, auf 32 Prozent des Volksvermögens kommt. Allein das reichste Tausendstel, also das oberste 0,1 Prozent, kontrolliert bereits 16 Prozent des deutschen Vermögens.[7] Diese Ungleichheit kann man ruhig Ausbeutung nennen,[8] aber trotzdem gilt: Marx hatte eine absolute Verelendung im Sinn und nicht die relative Ungerechtigkeit, die wir heute erleben. Bei ihm war nicht vorgesehen, dass sich der Lebensstandard der Arbeiter wesentlich verbessern würde. So heißt es im *Kapital* gen Schluss: Es »wächst die Masse des Elends, des Drucks, der Knechtschaft, der Entartung, der Ausbeutung«.

Auch seine Zeitgenossen haben Marx so verstanden, dass er die absolute Verelendung meinte. Sonst hätten es nicht so viele Sozialisten als Verrat am großen Meister empfunden, dass der SPD-Theoretiker Eduard Bernstein 1899 kühl feststellte, dass die Lage der Arbeiter keineswegs hoffnungslos sei. Stattdessen würden viele

Proletarier sogar aufsteigen, wie den Daten der Finanzämter zu entnehmen sei: »Dass die Zahl der Besitzenden zu- und nicht abnimmt, ist nicht eine Erfindung bürgerlicher Harmonie-Ökonomen, sondern eine von den Steuerbehörden oft sehr zum Verdruß der Betreffenden ausgekundschaftete Tatsache.«[9] Bernsteins »Revision« der Marx'schen Lehre hatte Gewicht unter den Genossen, denn er hatte mehrere Jahre in London gelebt und war nicht nur ein enger Freund von Engels gewesen, sondern sogar dessen Nachlassverwalter.

Für Kritiker ist es bis heute ein Spaß, dass Marx die totale Verelendung prognostizierte. So höhnte der Nobelpreisträger Paul Samuelson: »Man sehe sich die Arbeiter mit ihren Autos und Mikrowellen doch an – besonders verelendet sehen sie nicht aus.«[10] Dieser Spott ist jedoch ein bisschen billig. Es ist immer einfach, hinterher schlauer zu sein. Als das *Kapital* 1867 erschien, waren viele Arbeiter noch bitterarm. Marx hatte daher keine Mühe, Zeitungsartikel oder Parlamentsberichte zu finden, die die Lebensumstände des Proletariats anprangerten. Im *Kapital* konnte er die gleiche Strategie anwenden, die Engels schon 1845 in seinem Buch *Die Lage der arbeitenden Klasse in England* genutzt hatte: Marx zitierte einfach offizielle und liberale Quellen, um das Elend zu illustrieren.

Die Verarmung der unteren Schichten ließ sich sogar eindeutig messen – an der Körperlänge. Durch die Mangelernährung sank die durchschnittliche Größe der englischen Soldaten zwischen 1830 und 1860 um zwei Zentimeter.[11] Auch auf dem europäischen Kontinent machte sich das Militär Sorgen, dass es nicht genug wehrtaugliche Soldaten finden könnte. Genüsslich zitierte Marx die amtlichen Statistiken: »Das Militärmaß war in Sachsen 1780: 178 Zentimeter, jetzt 155. In Preußen ist es 157. Nach Angabe der ›Bayerischen Zeitung‹ vom 9. Mai 1862 von Dr. Meyer stellt sich nach einem 9jährigen Durchschnitt heraus, dass in Preußen von 1 000 Konskribierten 716 untauglich zum Militärdienst: 317 wegen Mindermaß und 399 wegen Gebrechen.«

In den Fabriken waren die Arbeitsbedingungen oft entsetzlich, wie selbst die konservative Presse in England monierte. Einen schauerlichen Fall konnte Marx zum Beispiel dem *Daily Telegraph* vom 17. Januar 1860 entnehmen: »Herr Broughton, ein County Magistrate, erklärte ..., dass in dem mit der Spitzenfabrikation beschäftigten Teile der städtischen Bevölkerung ein der übrigen zivilisierten Welt unbekannter Grad von Leid und Entbehrung vorherrscht ... Um zwei, drei, vier Uhr des Morgens werden Kinder von neun bis zehn Jahren ihren schmutzigen Betten entrissen und gezwungen, für die nackte Subsistenz bis zehn, elf, zwölf Uhr nachts zu arbeiten, während ihre Glieder verschwinden, ihre Gestalt zusammenschrumpft, ihre Gesichtszüge abstumpfen und ihr menschliches Wesen ganz und gar in einem steinähnlichen Torpor erstarrt, dessen bloßer Anblick schauderhaft ist.«

Die Lebenserwartung war kurz. Viele Kinder erreichten noch nicht einmal das Erwachsenenalter, was auch liberale Politiker als Skandal empfanden. Marx zitierte eine Rede von Joseph Chamberlain, der damals Bürgermeister von Birmingham war und später zu einem der bedeutendsten britischen Politiker aufsteigen sollte: »Dr. Lee, der Gesundheitsbeamte von Manchester, hat festgestellt, dass in jeder Stadt die mittlere Lebensdauer der wohlhabenden Klasse 38, die der Arbeiterklasse nur 17 Jahre ist. In Liverpool beträgt sie 35 Jahre für die erstere, 15 für die zweite. Es folgt also, dass die privilegierte Klasse eine Anweisung aufs Leben hat (have a lease of life) mehr als doppelt so groß als die ihrer weniger begünstigten Mitbürger.«

Der Durchbruch zur modernen Wohlstandsgesellschaft begann erst ab etwa 1880, als auch die Reallöhne anfingen, deutlich zu steigen. Dies war vor allem den Gewerkschaften zu verdanken, die 1871 in England gesetzlich zugelassen wurden. Es entwickelte sich eine neue Massenkaufkraft, die den Kapitalismus nochmals veränderte. Es entstand die Konsumgesellschaft.

Ohne den Massenkonsum wäre der heutige Kapitalismus nicht denkbar, denn inzwischen machen Konsumerzeugnisse etwa 75 Prozent der Wirtschaftsleistung aus.[12] Wären die Reallöhne nicht gestiegen, hätte sich der Kapitalismus schon im 19. Jahrhundert erledigt und wäre wahrscheinlich nicht über die Eisenbahn hinausgekommen.[13] Erst die enorme Nachfrage seitens der Arbeitnehmer hat neue Produkte und neue Wachstumsschübe ermöglicht, die durch den Lebensstil der Wohlhabenden allein niemals ausgelöst worden wären. Wie der Historiker Eric Hobsbawm es zusammenfasst: »Es war nicht der Rolls-Royce, sondern das T-Modell von Ford, das die Automobilindustrie revolutioniert hat.«[14]

Doch das war die Zukunft. Marx konnte noch nicht wissen, dass sich eine riesige Mittelschicht entwickeln würde.

Irrtum II: Ausbeutung gibt es – aber nicht den Mehrwert

Marx wusste, dass seine Mehrwerttheorie eine Schwäche hatte – was vielleicht der Grund ist, warum er Band II und III des *Kapitals* nie beendet hat. Er kämpfte nämlich mit dem »Transformationsproblem«, wie es heute heißt: Marx konnte nicht erklären, wie sich der Wert einer Ware in ihren Preis übersetzt. Zwischen der Tiefenstruktur der Werte und der Oberfläche der Preise schien es keine zwingende Verbindung zu geben.

Dieses »Transformationsproblem« entstand, weil im modernen Kapitalismus nicht nur Arbeitskräfte, sondern auch Maschinen eingesetzt werden. Doch Marx' Mehrwerttheorie ging davon aus, dass nur die menschliche Arbeit Werte schafft. Maschinen hingegen konnten keinen neuen Wert erzeugen – sondern in ihnen war nur Wert gespeichert. Wie alle Waren waren auch die Maschinen genau so viel wert, wie es Arbeitsstunden gekostet hatte, sie herzustellen. Abhängig vom Verschleiß übertrug sich dieser Wert dann anteilig auf die Güter, die mit den Maschinen produziert wurden.

Dieses Modell hätte jedoch zur Konsequenz, dass in unterschiedlichen Branchen unterschiedlich viel Mehrwert entsteht, weil nicht überall gleich viel Arbeitskraft und Technik eingesetzt wird. So ist das Baugewerbe deutlich arbeitsintensiver als die Automobilindustrie, deren Fertigungsstraßen fast ohne Menschen auskommen. Da bei Marx aber nur menschliche Arbeit Mehrwert schaffen kann, müssten also die Profite in der Bauindustrie besonders hoch sein – und in der Automobilindustrie besonders niedrig.

Doch so funktioniert die Wirtschaft nicht, wie auch Marx wusste. Die Profitrate der Baufirmen muss ähnlich hoch sein wie die Rendite der Autokonzerne – sonst würden nur noch Häuser gebaut und keine Autos mehr hergestellt werden. Marx hatte zwar keine Mühe, diese einheitliche Profitrate plausibel zu erklären, nur leider kam dabei der Mehrwert nicht mehr vor: Kapitalisten tendieren dazu, in Branchen zu investieren, die besonders hohe Gewinne abwerfen. Wenn aber das Angebot an Waren steigt, sinkt deren Preis – und die Erträge fallen wieder. Die permanente Zirkulation des Geldes sorgt dafür, dass sich die Profitraten in allen Branchen angleichen.

Kapitalisten kalkulieren letztlich simpel, wie auch Marx feststellte: Sie berechnen ihre Produktionskosten – und schlagen einen Gewinn obendrauf. So ergibt sich dann der Preis, den sie auf dem Markt erzielen wollen. Aber wo bleibt da der Mehrwert? Darauf hatte Marx keine Antwort.[15]

Vielleicht erklärt das ungelöste Transformationsproblem auch, warum Engels die Mehrwerttheorie schon zu Marx' Lebzeiten in den Hintergrund drängte und in seinen populären *Kapital*-Zusammenfassungen kaum noch erwähnte. So hatte Engels' Bestseller *Die Entwicklung des Sozialismus von der Utopie zur Wissenschaft* immerhin rund vierzig Seiten, doch die Mehrwerttheorie füllte dort nur noch genau einen Absatz. Da Marx für die französische Ausgabe sogar das Vorwort geschrieben hatte, geschah es bestimmt nicht gegen seinen Willen, dass der Mehrwert ins Abseits verschwand.

Wieder war es Eduard Bernstein, der die theoretischen Konsequenzen zog: Er schlug vor, auf die »rein gedankliche Konstruktion« namens Mehrwert ganz zu verzichten.[16] Denn wie Bernstein richtig erkannte, benötigte man den Mehrwert gar nicht, um die Ausbeutung anzuprangern: Die amtlichen Zahlen, etwa die »Statistik der Einkommen«, reichten völlig aus, um die extreme Ungleichheit zu skandalisieren. Die Ausbeutung sei »eine *empirische*, aus der *Erfahrung* nachweisbare Tatsache, die keines deduktiven Beweises bedarf«.[17]

Eher nebenbei skizzierte Bernstein damit ein Forschungsprogramm, das erst hundert Jahre später aufgegriffen wurde: Ab 1998 begann ein Forscherteam um den französischen Ökonomen Thomas Piketty die Steuerdaten in zwanzig Ländern zu sichten, um das Einkommen und Vermögen der Eliten zu erfassen. Die gebündelten

Ergebnisse publizierte Piketty dann 2014 in seinem Weltbestseller *Das Kapital im 21. Jahrhundert.* Der Titel spielt nicht zufällig auf Marx an.

Pikettys Steuerdaten reichen – je nach Land – bis ins 18. Jahrhundert zurück und zeigen,[18] wie stabil die Ungleichheit in den vergangenen drei Jahrhunderten war: In allen westlichen Ländern konzentriert sich der Reichtum bei wenigen Familien. Nur die beiden Weltkriege und die Wirtschaftskrise ab 1929 haben diesen Trend für kurze Zeit umgekehrt. Doch seit 1980 ist erneut zu beobachten, dass sich das Volksvermögen bei einer kleinen privilegierten Schicht sammelt. Die Reichen werden reicher, während die unteren Schichten kaum profitieren. Zwar geht es Arbeitern und Angestellten deutlich besser als zu Zeiten von Marx, aber die Verteilung ist nicht viel gerechter geworden. Das Kapital ist hochkonzentriert.[19]

Irrtum III: Geld ist keine Ware

Marx war der erste Ökonom, der die Rolle des Geldes in einer kapitalistischen Wirtschaft richtig beschrieben hat: Geld wird in die Produktion von Waren investiert, damit man hinterher mehr Geld kassiert, also einen Gewinn macht. Seine Formel G – W – G′ bringt auf den Punkt, was den Kapitalismus ausmacht.

Trotzdem hat Marx letztlich nicht verstanden, wie Geld funktioniert. Er blieb in einem Sumpf von Widersprüchen stecken, weil er irrtümlich glaubte, dass auch das Geld eine Art Ware sei. Daraus folgte für ihn dann umstandslos, dass die Arbeitswertlehre auch fürs Geld gelten müsse: »Sein Wert ist bestimmt durch die zu seiner Produktion erheischte Arbeitszeit.«

Diese Idee konnte plausibel erscheinen, solange Geld vor allem aus Gold oder Silber bestand. Denn natürlich kostete es Arbeitszeit, die Edelmetalle zu fördern, zu transportieren und zu prägen. Doch schon zu Marx' Lebzeiten kamen Banknoten auf, die ebenfalls Wert hatten, obwohl ihre Produktion fast gar nichts kostete. Für Marx ließ sich dieses Paradox nur lösen, indem er als »Gesetz« formulierte, »dass die Ausgabe des Papiergeldes auf die Quantität zu beschränken ist, worin das von ihm symbolisch dargestellte Gold (resp. Silber) wirklich zirkulieren müsste«. Er forderte also die komplette Golddeckung. Diese Idee war schon zu Marx' Zeiten falsch und ist seither nicht richtiger geworden.[20]

Allerdings irrte nicht nur Marx. Auch Smith war davon ausgegangen, dass die nötige Arbeitszeit den Wert des Geldes bestimmt. Dieser Irrtum lag nahe, weil Gold und Silber sogenanntes »Warengeld« sind. Sie sind nicht nur Geld, sondern auch normale Güter. Aus Gold lässt sich beispielsweise Schmuck oder Zahngold herstellen. Also drängte sich ein Fehlschluss geradezu auf: Wenn Waren Geld sind – dann muss Geld eine Ware sein. Von dort war es nicht mehr weit bis zum Irrtum, dass die vermeintliche Ware Geld ebenfalls der Arbeitswertlehre unterliegt.

Geld ist jedoch keine Ware, sondern eine soziale Konvention. Geld ist, was als Geld akzeptiert wird. Es hat keinen »intrinsischen« Wert an sich, sondern der Wert des Geldes entsteht, weil man damit Güter kaufen und Zahlungsverpflichtungen begleichen kann. Da nur die Funktion zählt, kann alles zu Geld werden: Gold, Silber, Tabak oder Muscheln, aber auch Wechsel, Banknoten oder Girokonten. Eine Gesellschaft muss sich nur darauf einigen, was sie als Geld betrachtet – und schon ist es Geld. Diese Erkenntnis ist keineswegs neu, sondern wurde bereits vom antiken Philosophen Aristoteles formuliert: »Es trägt den Namen ›Geld‹ (nomisma), weil es sein Dasein nicht der Natur verdankt, sondern weil man es als ›geltend‹ gesetzt (nomos) hat und es bei uns steht, ob wir es ändern oder außer Kurs setzen wollen.«[21]

Da Marx glaubte, dass Geld gleich Gold sei, konnte er nie schlüssig erklären, wie die Kreditvergabe funktioniert. Er kam über Fragmente nicht hinaus, die erst nach seinem Tod in Band III des *Kapital* veröffentlicht wurden. Selbst überzeugte Marxisten verzweifeln: »Offen gestanden sind diese Kapitel ein Durcheinander, obwohl voller anregender Einsichten.«[22]

Marx war in einem Dilemma gefangen: Da er glaubte, dass Geld eine Ware sei, war die Geldmenge bei ihm begrenzt. Schließlich konnte man Gold nicht beliebig vermehren. Gleichzeitig wusste Marx jedoch genau, dass die Wirtschaft nur wachsen kann, wenn die Geldmenge steigt – und ständig mehr Kredite vergeben werden. Aber wo kam dieses zusätzliche Geld her, und warum behielt es seinen Wert? Für Marx blieb das ein Rätsel.

Marx ging davon aus, dass erst gespart werden müsse, bevor eine Investition möglich ist. Doch wie er selbst ahnte, hätte es dann keine Eisenbahnen gegeben. Denn die reine »Akkumulation«, also das Sparvermögen, hätte niemals ausgereicht, um die nötigen Summen aufzubringen: Der Kapitalstock der deutschen Eisenbahnen betrug 1840 rund 58,8 Millionen Mark; 1850 waren es schon 891,4 Millionen.[23] Doch selbst diese enormen Beträge spiegelten nicht die gesamten Kosten wider. Es mussten ja nicht nur Schienen gelegt und Loks konstruiert werden – die Erfindung der Eisenbahn wälzte die gesamte Wirtschaft um. Vor allem die deutsche Eisenindustrie musste komplett modernisiert und mit neuen Hochöfen ausgerüstet werden.

Die Eisenbahn war eine technische Revolution, die im wahrsten Sinne des Wortes »aus dem Nichts« entstand. Wo früher nur Felder waren, lagen plötzlich Gleise. Erst John Maynard Keynes würde eine korrekte Beschreibung liefern, wie auch Kredite »aus dem Nichts« geschöpft werden und genau deshalb Wachstum finanzieren können.

Marx hingegen war ratlos. Etwas hilflos schrieb er: »Die Welt wäre noch ohne Eisenbahnen, hätte sie solange warten müssen, bis die Akkumulation einige Einzelkapitale dahin gebracht hätte, dem Bau einer Eisenbahn gewachsen zu sein. Die Zentralisation hat dies, vermittelst der Aktiengesellschaften, im Handumdrehen fertig gebracht.« An dieser Beschreibung ist richtig, dass Aktiengesellschaften entstanden, um die Eisenbahnen zu finanzieren. Doch das Geldrätsel war damit nicht gelöst. Auch die Aktiengesellschaften operierten vor allem mit Fremdkapital, nahmen also Kredite auf. Wieder stand jene Frage im Raum, die Marx nicht beantworten konnte: Wo kam dieses ganze Geld her?

Da Marx keine Kredittheorie hatte, konnte er auch Finanzkrisen nicht erklären, obwohl Engels und er bereits richtig beobachtet hatten, dass Finanzkrisen stets entstehen, wenn zu viel Kredit vergeben wird. Während der weltweiten Finanzkrise 1857 schrieb Engels fast täglich an Marx und berichtete freudig-fasziniert vom Wahnsinn, der sich auf den Kreditmärkten abspielte, obwohl seine eigene Fabrik in Manchester auch betroffen war. Es macht noch immer Spaß, diesen Briefverkehr zu lesen.

Am 7. Dezember 1857 schrieb Engels: »In Hamburg sieht es großartig aus. Ullberg und Cramer, ... die mit Schulden von Banko Mk. 12 000 000 falliert sind ... *hatten ein Kapital von nicht mehr als 300 000 Mark*!!... So komplett und klassisch ist noch nie eine Panik gewesen wie jetzt in Hamburg. *Alles ist wertlos*, absolut wertlos, außer Silber und Gold.«[24]

9. Dezember: »Die Liverpooler und Londoner Producehäuser werden bald purzeln. In Liverpool sieht es greulich aus, die Kerle sind ganz blank und haben kaum noch die Energie zum Fallieren. Die Gesichter dort an der Börse, sagte mir jemand, der Montag da war, sind noch dreimal länger als hier.«

11. Dezember: »Bei dieser Krise ist die Überproduktion so allgemein gewesen wie noch nie ... Die Form, in der die Überproduktion sich versteckt, ist immer mehr oder weniger die Ausdehnung des Kredits, diesmal aber ganz speziell die *Wechselreiterei*.«

17. Dezember: »Manchester kommt immer tiefer hinein. Der stetige Druck auf den Markt wirkt ganz enorm. Kein Mensch kann verkaufen. Jeden Tag hört man von niedrigeren Geboten, wer noch etwas Anstand hat, bietet seine Waren gar nicht mehr an. Unter den Spinnern und Fabrikanten sieht es greulich aus. Kein Garnagent verkauft den Fabriken mehr Garn zum Verweben außer gegen cash oder Sicherheit. Einzelne Kleine sind schon gepurzelt, das ist aber noch gar nichts.«

Doch so dramatisch die Lage anfangs schien: Die Finanzkrise war 1859 wieder vorbei, und die Wirtschaft erholte sich. Kredite flossen erneut reichlich, obwohl das Geld eben noch knapp gewesen war. Wieso die Geldmenge erst schockartig kontrahiert und dann wieder expandiert, konnten Marx und Engels nicht erklären. Allerdings hatte selbst Ricardo nie eine Geldtheorie entwickelt – obwohl er einer der erfolgreichsten Spekulanten aller Zeiten gewesen war.[25]

Auch ein Genie darf irren: Die Bedeutung von Marx

Marx hat sich zwar in manchem geirrt, aber seine zentralen Fehler hat er alle geerbt: Auch Ricardo und Smith vertraten die Arbeitswertlehre; auch Ricardo ging davon aus, dass die Massen verelenden würden – und eine vernünftige Geldtheorie hatten weder Smith noch Ricardo. Nobelpreisträger Paul Samuelson hat daher gespottet, Marx wäre nur »Ricardo plus Klassenkampf«.

Dieses Fazit ist unfair. Marx war einer der innovativsten Theoretiker aller Zeiten, was schon seine immense Resonanz bezeugt. Der US-amerikanische Ökonom John Kenneth Galbraith schrieb ironisch: »Hätte sich Marx vor allem geirrt, wäre sein Einfluss schnell verflogen. Die vielen Tausend, die sich hingebungsvoll dem Nachweis seiner Fehler gewidmet haben, hätten sich andere Beschäftigungen gesucht.«[26]

Marx' bleibendes Verdienst ist, dass er die Dynamik des Kapitalismus erstmals richtig beschrieben hat. Die moderne Wirtschaft ist ein permanenter Prozess – und kein Zustand. Besitz existiert nicht per se, sondern ihn gibt es nur, wenn er sich ständig verwertet. Einkommen ist niemals garantiert, sondern entsteht nur, wenn unablässig investiert wird.

Der moderne Kapitalismus hatte sich noch nicht vollständig entfaltet, als Marx lebte. Trotzdem erkannte er bereits, dass der Kapitalismus zur Konzentration neigt und dass immer größere Konglomerate die kleinen Firmen verdrängen – bis die Konkurrenz weitgehend ausgeschaltet ist. Der Kapitalismus ist also gerade keine Marktwirtschaft, in der viele Firmen miteinander im Wettbewerb stehen. Stattdessen dominiert das Oligopol, und die wichtigen Branchen werden von wenigen Konzernen beherrscht.

Zudem hat Marx als Erster verstanden, wie entscheidend die Technik ist. Maschinen sind nicht nur Hilfsmittel der Produktion – technische Innovationen definieren den Kapitalismus. Jeder Unternehmer muss unablässig in neue Verfahren und Produkte investieren, wenn er überleben und seinen Profit erhöhen will.

Marx' Erkenntnisse waren so epochal, dass sie sogar noch einen weiteren Ökonomen berühmt gemacht haben – Joseph Schumpeter

(1883–1950). Dem konservativen Theoretiker wird bis heute attestiert, »eine der einflussreichsten Interpretationen des Kapitalismus« geliefert zu haben.[27] Doch tatsächlich hat Schumpeter die Theorien von Marx nur detaillierter ausgeschmückt, mit einprägsamen Metaphern versehen, den Mehrwert weggelassen – und einen neuen Helden eingeführt: den Unternehmer.[28]

Hatte Marx nur summarisch festgehalten, dass die Kapitalisten ihre Produkte oder Produktionsverfahren verbessern, unterschied Schumpeter nun fünf Varianten, was als Innovation gelten kann: neue Waren, neue Technik, Öffnung neuer Märkte, neue Rohstoffe oder eine neue Organisationsstruktur.[29] Dank dieser Innovationen können Unternehmer zusätzliche Gewinne erwirtschaften, die bei Schumpeter »Extraprofite« hießen und nicht mehr »Extramehrwert« wie noch bei Marx. Ganz wie bei Marx kann sich der Unternehmer nicht lange an seinen Monopolgewinnen freuen, denn prompt folgt der »Schwarm« der Nachahmer, die diese Erfindung übernehmen, so dass der Extraprofit verschwindet. So weit, so bekannt.[30]

Abweichungen gab es jedoch beim Personal. Bei Marx war der Kapitalist letztlich nur eine »Charaktermaske«, der die systemimmanenten Kräfte personifiziert. Schumpeter hingegen adelte die Unternehmer zur schöpferischen »Elite«. Sein »Entrepreneur« ist ein Erfinder, ein kreativer Geist, ein energischer Führer, der »ein privates Reich« gründen will. Er ist eine Kämpfernatur, will seine Überlegenheit beweisen, hat »Siegerwillen« und »Freude am Gestalten«.[31] Als Außenseiter löst er jenen »Sturm der kreativen Zerstörung« aus, der den Kapitalismus immer wieder durcheinanderwirbelt und vorantreibt.

Diese hemmungslose Überhöhung der kreativen Elite ist nicht nur befremdlich, sie war noch nicht einmal originell. Sie war nur die Antithese zu Marx und wäre ohne dessen Theorie gar nicht denkbar gewesen. Schumpeter hat versucht, »Marx von den Füßen auf den Kopf zu stellen«, wie es ein Biograph formulierte.[32]

Allerdings ist Schumpeter zumindest eine wichtige Ergänzung zu verdanken: Er hat die Rolle des Kredits richtig beschrieben und herausgearbeitet, dass es Wirtschaftswachstum nur geben kann, wenn

Geld »aus dem Nichts« entsteht. Trotzdem ist es auch ihm nicht gelungen, eine umfassende Kredittheorie zu entwickeln, obwohl er jahrelang an einem Buch über Geld gearbeitet hat. Erschienen ist es nie. Das Thema war zu kompliziert.[33]

Schumpeter hat nie geleugnet, dass er seine zentralen Ideen von Marx übernommen hat, sondern lobte den Vorgänger ausgiebig: »Als ökonomischer Theoretiker war Marx vor allem ein sehr gebildeter Mann … Er war ein unersättlicher Leser und ein unermüdlicher Arbeiter. Er übersah sehr wenige Beiträge von Bedeutung … und stieß immer auf den Grund der Materie vor. … Marx beschrieb den Prozess des industriellen Wandels deutlicher und erkannte dessen zentrale Bedeutung weitaus klarer als jeder andere Ökonom seiner Zeit.«[34]

Auch Schumpeter wird nicht mehr an den Universitäten gelehrt. Er teilt das Schicksal von Smith, Marx und Keynes, prominent ignoriert zu werden. Stattdessen hat sich eine naive Sicht auf die Ökonomie durchgesetzt, die den »Markt« absolut setzt. Es geht nur noch um Preise und um Tauschgeschäfte, als würde der Kapitalismus nicht existieren. Es werden statische Gleichgewichte konstruiert, als ob es keine Technik, kein Wachstum, keine Gewinne und kein Geld gäbe. Diese künstliche Welt der »Neoklassik« dominiert jedes Lehrbuch und heißt oft auch »neoliberal«.

Liberale tun gern so, als hätten sie eine besonders moderne Theorie – jedenfalls viel moderner als Marx oder Keynes. Das ist Unsinn. Was die Liberalen heute postulieren, stammt zu großen Teilen aus dem 19. Jahrhundert. Ein Exkurs in die Neoklassik ist also nötig.

6 Der Kapitalismus interessiert nicht: die Neoklassiker

Adam Smith sollte seine Nachfolger noch lange prägen, doch spätestens 1876 war es damit vorbei. Als *Wohlstand der Nationen* hundert Jahre alt wurde, schrieb der britische Finanzjournalist Walter Bagehot respektlos: »Es ist ein sehr lustiges Buch über die alten Zeiten. Durch den Wandel der Umstände verliert es zwar seinen unmittelbaren Nutzen, … aber es gibt wenige Bücher, in denen so viele erstaunliche Details über die alte Welt versammelt sind. Als fast willkürliche Stichprobe sei zitiert, dass ›ein breiträdiger Wagen, begleitet von zwei Männern und gezogen von acht Pferden‹, damals ›in etwa sechs Wochen den Handel zwischen London und Edinburg abwickelte‹.«[1] Für Bagehot und seine Zeitgenossen war diese arbeitsintensive Langsamkeit unvorstellbar: 1876 benötigte die Eisenbahn für die gleiche Strecke nur noch 10,5 Stunden.

David Ricardo kam nicht besser weg. Über ihn schrieb der Ökonom William Stanley Jevons etwa zur gleichen Zeit: »Dieser fähige, aber querköpfige Mann« habe die »Wirtschaftswissenschaften auf das falsche Gleis gesetzt«. Voller Verachtung urteilte Jevons: »Unsere englischen Ökonomen lebten in einem Narrenparadies.«[2]

Das neue Selbstbewusstsein der englischen Ökonomen verdankte sich einer theoretischen Wende: In den Wirtschaftswissenschaften war es zu einer »marginalistischen Revolution« gekommen, wie sie später genannt wurde. Man verabschiedete sich von der Arbeitswertlehre, die die klassische Ökonomie geprägt hatte – und rückte stattdessen den Konsumenten ins Zentrum. Die Kalkulationen des rationalen *Homo oeconomicus* sollten jetzt erklären, wie Preise entstehen.

Nur der subjektive Nutzen zählt

Auch dieser neue Ansatz setzte beim »klassischen Wertparadox« an, das schon Adam Smith gequält hatte: Warum ist lebenswichtiges Wasser so viel billiger als ein unnützer Diamant? Die Antwort der »Marginalisten« lautete: Entscheidend ist der subjektive Nutzen. Wenn jemand Durst hat, ist der erste Schluck Wasser sehr viel wert. Doch je mehr Wasser man trinkt, desto geringer wird der Durst – und am Ende würde man keinen weiteren Penny ausgeben, um noch mehr Wasser zu erwerben.

Der Nutzen dieser letzten Einheit, der sogenannte Grenznutzen, bestimmt den Preis eines Guts: Ist Wasser im Überfluss vorhanden, so dass jeder seinen Durst stillen kann – dann kostet Wasser nichts. Wird in der Wüste hingegen jeder Tropfen zum Überleben benötigt, ist Wasser extrem teuer, weil der Grenznutzen auch des letzten verfügbaren Tropfens noch immens hoch ist.

Neu an dieser Idee war nicht, dass der Nutzen eines Guts wichtig ist. Schon der mittelalterliche Theologe Thomas von Aquin (1225–1274) wusste, dass sich Preise durch den Nutzen erklären und nichts mit dem »intrinsischen« Wert eines Guts zu tun haben. Auf diese Tatsache war er durch eine Art religiöses Paradox gestoßen: In der göttlichen Rangfolge sind Sklaven wertvoller als Pferde, weil Menschen dem Schöpfer ähnlicher sind als Tiere. Trotzdem waren Pferde gelegentlich teurer als Sklaven. Der Markt hielt sich also nicht an die religiöse Werteordnung, was Thomas von Aquin zu der Feststellung animierte: »Der Preis verkäuflicher Dinge hängt nicht von ihrem Rang in der Natur ab, da manchmal ein Pferd für mehr verkauft wird als ein Sklave, sondern hängt von ihrer Nützlichkeit ab. Daher muss ein Verkäufer oder Käufer die versteckten Eigenschaften einer verkauften Sache nicht kennen, sondern nur jene Eigenschaften, die es für den menschlichen Gebrauch geeignet machen.«[3]

Auch Adam Smith und David Ricardo war bewusst, dass Nützlichkeit und Knappheit eine Rolle spielen. Im *Wohlstand der Nationen* kommt der Begriff »Nachfrage« 269-mal vor, während das Wort »Angebot« nur 144-mal erwähnt wird.[4] Aber die klassischen Ökonomen nahmen noch an, dass es einen objektiven, unveränderlichen Gebrauchswert gäbe: Birnen waren nützlich – und hatten deswegen einen Tauschwert.

Die Neoklassik verabschiedete sich von der tradierten Idee, dass ein Gut einen objektiven Nutzen haben könnte. Stattdessen wurde der Nutzen nun als subjektiv definiert – und als abnehmend. Wer schon zwei Orangen gegessen hat, ist auf eine dritte nicht mehr erpicht. Nur der Grenznutzen zählt, auf Englisch »margin«, weswegen die Neoklassiker auch »Marginalisten« heißen. Dieser Ansatz wurde von verschiedenen Ökonomen[5] parallel entwickelt und setzte sich ab 1871 durch.

Aus diesem Ansatz folgte logisch schlüssig, wie ein Individuum mit seinem Geld umgehen sollte, damit es den eigenen Nutzen maximiert. Mathematisch ausgedrückt: Das Verhältnis von Grenznutzen zu Preis muss bei allen Gütern gleich sein.

Jeder kennt dieses Kalkül aus dem eigenen Alltag: Wer schon 5 Kilo Mehl zu Hause im Regal stehen hat, wird vorerst kein sechstes Kilo anschaffen. Es wäre überflüssig und der Grenznutzen gleich null. Stattdessen wäre es besser, jene Eier zu kaufen, die für den geplanten Kuchen noch fehlen, denn der subjektive Grenznutzen wäre extrem hoch: ohne Eier keinen Kuchen.

Ziel war also die optimale Ausnutzung des eigenen Budgets. Gerechtigkeit spielte dabei keine Rolle. Für die Marginalisten war es zunächst unerheblich, ob einige Haushalte arm und andere reich sind. Die Neoklassik nahm einfach an, dass die »Grundausstattung« eines jeden Einzelnen bereits vorhanden sei. Die Frage war nur noch, wie das Individuum seinen Nutzen maximiert – mit den Mitteln, die es hat. Oder um es technisch auszudrücken: Es ging um die optimale Allokation knapper Ressourcen. Solange jeder Einzelne das Maximum herausholte, war es egal, »dass der wohlhabende Haushalt seine Katzen nach Belieben mit Milch füttert, während die Kinder des armen Haushalts noch nicht einmal sauberes Wasser zu trinken haben«.[6]

Dieser neue Ansatz hatte immerhin den Vorteil, dass sich die doppelten Begriffe erübrigten, die seit Adam Smith so gestört hatten. Es gab jetzt keinen getrennten Gebrauchs- und Tauschwert mehr, sondern der subjektive Grenznutzen bestimmte gleichzeitig den Tauschwert.

Trotzdem wurde es auch für die Neoklassiker dornig. Bis heute haben sie viele Widersprüche nicht lösen können, in denen sich ihre Theorie verhedderte. Denn es reicht ja nicht, dass jedes Individuum subjektive Präferenzen besitzt – um seinen Nutzen zu optimieren, muss es mit den anderen Haushalten so lange in einen Austausch treten, bis es die gewünschten Güter auch erhalten hat. Wenn alle Bedürfnisse optimal befriedigt werden sollen, muss es auf den Märkten zu einem Gleichgewicht kommen: Jeder Verkäufer muss auch einen Käufer finden und umgekehrt.

Ein Rätsel, das ein Rätsel bleibt: Wo kommen die Preise her?

Aber kann tatsächlich ein allgemeines Gleichgewicht entstehen, wenn sich jeder Haushalt nur für den eigenen Nutzen interessiert? Diese Frage trieb den französischen Ökonomen Léon Walras um, der 1874 tatsächlich mathematisch nachweisen konnte, dass ein allgemeines Gleichgewicht möglich ist. Die Betonung liegt auf »möglich«. Denn es war keineswegs garantiert, dass die mathematische Lösung ökonomisch sinnvoll ist. Beispielsweise könnten negative Preise oder auch negative Mengen herauskommen; zudem war nicht ausgeschlossen, dass es mehr als eine Lösung für das Gleichungssystem gibt.

Noch schlimmer: Es war völlig unklar, wie der Marktprozess aussehen sollte, der zum Gleichgewicht führt. Die Neoklassiker stellten sich vor, dass alle Individuen miteinander in vollkommener Konkurrenz stehen. Insofern hätte jeder Einzelne nicht die Macht, die Preise selbst zu setzen oder auch nur zu beeinflussen. Wenn aber jeder Marktteilnehmer die Preise bereits vorfindet – wo kommen sie dann her? Es ergab sich eine Art Henne-Ei-Problem: Es werden Preise benötigt, damit man seinen Nutzen sinnvoll optimieren kann. Aber genau dieser Optimierungsprozess sollte überhaupt erst zu Preisen führen. Walras drehte sich im Kreis. Bis heute hat die Neoklassik dieses fundamentale Problem nicht lösen können, was liberale Ökonomen aber nicht davon abhält, allgemeine Gleichgewichtstheorien vorauszusetzen (siehe Kapitel 9).

Der Begriff »Neoklassik« ist eigentlich irreführend, denn die Vorsilbe »Neo-« suggeriert, dass sie die »Klassik« von Adam Smith oder auch Karl Marx nur ergänzt und fortgesetzt hätte. Doch tatsächlich bedeutete die Neoklassik einen kompletten Paradigmenwechsel – oder sogar eine Zeitreise zurück in ein fiktives Mittelalter.

Die Neoklassiker blendeten den real existierenden Kapitalismus aus und beschrieben stattdessen eine reine Tauschwirtschaft. Sie ignorierten den Produktionsprozess und taten so, als ob die Waren bereits vorhanden wären oder vom Himmel fielen. Die zentrale Figur war jetzt der Konsument, nicht mehr der Kapitalist. Investitionen, Technik, Arbeit, Wachstum – nichts davon war wesentlich. Statt die stürmische Dynamik des Kapitalismus zu erfassen, ging es um ein statisches »Gleichgewicht«. Auch die sozialen Spannungen wurden ausgeblendet, die Smith, Ricardo und Marx beschäftigt hatten. Der Verteilungskampf zwischen Arbeitern und Unternehmern kam nicht mehr vor, sondern es interessierte nur noch die optimale Allokation und die individuelle Nutzenmaximierung.

Wie seltsam diese neoklassische Welt war, hat die englische Ökonomin Joan Robinson anschaulich illustriert. Sie stellte fest, dass es nur ein einziges reales Beispiel gibt, das der Vorstellung von Walras entspricht: nämlich das Kriegsgefangenenlager. Dort leben die Insassen »mehr oder weniger von amtlichen Rationen und erhalten jeden Monat ein Paket vom Roten Kreuz. Der Inhalt dieser Pakete ist nicht nach dem Geschmack des einzelnen Empfängers zugeschnitten, so dass jeder gewinnen kann, indem er das, was er weniger wünscht, für das, was er mehr wünscht, tauscht. Es wird so lange gekauft und verkauft, bis für jede Ware Angebot und Nachfrage in Deckung gebracht sind … und keiner der Beteiligten das Bedürfnis hat, zu den herrschenden Preisen etwas zu tauschen.«[7]

Obwohl die Neoklassik die reale Welt nicht abbilden konnte, stieg sie zur herrschenden Lehre auf, denn sie hatte einen unschlagbaren Vorteil: Ihre Modelle ließen sich in eleganten mathematischen Formeln ausdrücken, die die Differential- und Integralrechnung nutzten. Zudem lag ein methodischer Fehlschluss nahe, dem Ökonomen bis heute allzu gern verfallen: In der Wirtschaft geht es stets um Mengen und um Preise, also um Zahlen. Da die Mathematik ebenfalls Zahlen nutzt, erscheint es »wissenschaftlich« zwingend, dass die Ökonomie mathematische Formeln verwendet.[8]

Die Beweislast wurde damit umgedreht: Die erstaunlichen Defizite von Walras' Modell fielen zwar auf – aber Kritik wurde nur ernst genommen, wenn sie sich ebenfalls in mathematische Formeln kleiden konnte. Doch die soziale Realität des Kapitalismus ist viel zu dynamisch und komplex, um sie in Gleichungen oder Funktionen zu beschreiben. Also kam der Kapitalismus in der Theorie nicht mehr vor. Am Ende siegten die mathematischen Modelle, nicht die Wirklichkeit.

Die Realität wird ignoriert: Großkonzerne sind angeblich unwirtschaftlich

Wie realitätsfern die Neoklassik sein kann, zeigte sich auch beim Thema Wettbewerb und Unternehmensgrößen. Dabei war der Ausgangspunkt noch unproblematisch und wurde auch von Smith und Marx geteilt: Unternehmer wollen ihre Profite maximieren. Auch der zweite Schritt wirkte noch plausibel: Für die Firmen sind die Grenzkosten entscheidend – also der Aufwand für die letzte produzierte Einheit. Diese Grenzkosten durften nicht höher sein als der Grenzerlös, also die Einnahmen für die letzte produzierte Einheit. Denn für Firmen wäre es wenig sinnvoll, Güter herzustellen, die sie nur mit Verlust verkaufen könnten.

Beim nächsten Schritt wurde es allerdings skurril: Die Neoklassik ging davon aus, dass die Grenzkosten der Firmen steigen! Je mehr Kapital eingesetzt wurde – sei es Arbeit oder Maschinen –, desto teurer sollte die letzte produzierte Einheit werden. Die Marginalisten behaupteten ernsthaft, dass sich große Fabriken nicht lohnen würden. Diese Idee ist so abwegig, dass sie sich nur mit Extrembeispielen illustrieren lässt. Man nehme etwa ein Weizenfeld: Damit die Ernte schnell vorangeht, stellt der Bauer immer mehr Feldarbeiter ein. Jeder einzelne Erntehelfer erhöht zwar den Gesamtertrag – aber irgendwann stehen sich die Arbeiter gegenseitig »auf den Füßen herum«, so dass die Grenzkosten steigen und der Grenzertrag gen null tendiert. Der Bauer verzichtet darauf, noch weitere Erntehelfer anzuheuern.[9]

Dieses Weizenfeld ist aber nicht der Normalfall. Schon Adam Smith wusste, dass sich Technik lohnt. Sein berühmtes Beispiel von der Stecknadelfabrik sollte ja illustrieren, dass große Betriebe eine Produktivität erreichen können, die kleine Unternehmen niemals haben. In der Sprache der Ökonomen: Die Skalenerträge steigen und die Grenzkosten sinken, je größer eine Firma ist.

Von dieser bitteren Logik werden sogar Alternativbetriebe erfasst, die den Kapitalismus eigentlich aushebeln wollten. Beispiel Bioläden: Einst wurde die Szene von kleinen Geschäften dominiert, doch diese idealistischen Krauter gibt es kaum noch. Stattdessen dominieren Bioketten, deren riesige Supermärkte inzwischen oft zweistöckig sind und manchmal sogar Rolltreppen haben. Gegen die Logik steigender Skalenerträge kommt niemand an. Es ist eben billiger, wenn ein Lastwagen 100 Kilo Obst transportiert und nicht nur eine Kiste Äpfel. Es ist billiger, wenn eine Kassiererin permanent zu tun hat und nicht zwei Stunden warten muss, bis der nächste Biokunde erscheint.

Der Kapitalismus neigt zum Großunternehmen. Diese Tatsache ist nicht nur offensichtlich, sondern altbekannt: Ab 1870 setzten sich Trusts, Konzerne und Kartelle in der Wirtschaft durch. Damals entstanden in Deutschland Großkonzerne, die bis heute dominieren, etwa BASF, Bayer, Siemens, Thyssen, Krupp. Doch die Neoklassik erweckt noch immer unbeirrt den Eindruck, als würden sich Großbetriebe nicht lohnen. Warum?

Die neoklassische Theorie – samt ihren mathematischen Modellen – funktioniert nur, solange es einen (fast) perfekten Wettbewerb gibt. Sobald jedoch Großkonzerne die Wirtschaft beherrschen, wird die Konkurrenz ausgehebelt, und es entsteht ein sogenanntes Oligopol: Wichtige Branchen werden von wenigen Firmen kontrolliert, die den »Markt« untereinander aufteilen und die Preise direkt oder indirekt miteinander ausmachen.[10]

Damit nicht genug: Selbst wenn es echten Wettbewerb gäbe, würde die neoklassische Theorie nicht funktionieren. Es ist geradezu ein Glück, dass die unbeschränkte Konkurrenz allein in der Phantasie ihrer Erfinder existiert. Der konservative Ökonom Schumpeter formulierte es etwas höflicher: »Wenn der perfekte Wettbewerb die Regel wäre, gäbe es weit weniger Grund zur Freude, als man meinen könnte.«[11]

Unter anderem würde sich wieder jenes Henne-Ei-Problem ergeben, das sich schon auf der Seite der Kunden zeigte: Wenn alle Firmen im perfekten Wettbewerb stehen, kann keine Firma die Preise beeinflussen. Aber wie entstehen dann die Preise? Jeder einzelne Betrieb kann seine »Grenzkosten« nur berechnen, wenn er bereits die Preise der Rohstoffe und Vorleistungen kennt, die er für die Produktion benötigt. Genau diese Preise sollen sich aber erst im Marktgeschehen bilden. Die Neoklassik steckt in einem amüsanten Dilemma: Zwar kann sie erklären, warum Schuhe billiger sind als Häuser – aber sie kann nicht herleiten, wie Schuhe und Häuser überhaupt zu einem Preis kommen.[12]

Schumpeter spottet über die Neoklassik: nur »Jammergestalten«

In der Neoklassik war jedoch nicht nur unklar, wie Preise entstehen. Sie konnte auch nicht erklären, warum es Profite gibt. Obwohl die Marginalisten postulierten, dass jeder Betrieb seine Gewinne maximieren will, blieb das Konzept »Gewinn« nebulös.

Denn die Neoklassik stellte sich vor, dass der Gewinn eine Art Belohnung sei, weil Unternehmer Risiken eingehen müssen. Doch in einer statischen Tauschwirtschaft kann es gar kein Wagnis geben. Die Kleinstbetriebe sitzen in ihrer Nische und passen sich an die Preise an, die sie bereits vorfinden. Firmenbesitzer wären also »langweilige Gleichgewichtsmenschen«, wie Schumpeter höhnte. »Welche Jammergestalt ist doch unser das Gleichgewicht ängstlich suchende Wirtschaftssubjekt, ohne Ehrgeiz, ohne Unternehmungsgeist, kurz ohne Kraft und Leben!«[13]

Diese Firmenbesitzer wären nur »statische Betriebsleiter«, denn in einer Welt ohne Risiko und ohne technische Innovationen gäbe es für die Unternehmer wenig zu tun; sie müssten ihren Betrieb nur am Laufen halten. Für ihre Waren würden die Firmenbesitzer zwar einen Kaufpreis kassieren, der höher als ihre Kosten ist – dies wäre aber kein Gewinn. Es wäre ein normales Arbeitseinkommen, das sie dafür erhielten, dass sie die Produktion koordinieren. Wahrscheinlich wäre dieses Einkommen deutlich höher als die Löhne der Arbeiter, aber es wäre trotzdem nur ein Lohn.

Gewinne können nur entstehen, wenn es Wachstum gibt, wie Schumpeter schon vor hundert Jahren erkannte. Aber Wachstum war in der Neoklassik nicht vorgesehen, da permanente Expansion das erwünschte Gleichgewicht stören würde. Noch schlimmer: Wachstum beruht stets auf Innovationen, doch das Grenzkosten-Modell ist nicht in der Lage, mit technischen Neuerungen umzugehen. Denn viele Innovationen begnügen sich nicht damit, nur den Kostenrahmen für bestimmte Produkte zu verändern – stattdessen werden ganze Produktklassen vernichtet.

So sind beispielsweise Schreibmaschinen unverkäuflich, seitdem es Computer gibt. Die Schreibmaschinenfirma *Olympia* ist nicht etwa untergegangen, weil sie ihre Grenzkosten falsch berechnet hätte, sondern weil niemand mehr ihre Produkte haben wollte. Um erneut Schumpeter zu zitieren: »Der Wettbewerb … schlägt nicht beim Absatz und beim Grenzertrag der bestehenden Firmen zu, sondern erschüttert ihr Fundament und ihre Existenz.« Schumpeter kritisierte den entscheidenden Irrtum sehr luzide: Die Neoklassik würde glauben, man müsse nur beschreiben, »wie der Kapitalismus die vorhandenen Strukturen verwaltet, stattdessen ist das relevante Problem, wie er diese erzeugt und vernichtet«[14].

Die Neoklassik kennt kein Wachstum, keine Technik, keine Großkonzerne, keine Gewinne. Trotzdem dominiert diese flache Theorie bis heute, obwohl Schumpeter schon 1914 verächtlich schrieb, dass ihr Anwendungsgebiet so »beschränkt« sei, dass man sich fragen müsse, ob es sich für Nationalökonomen noch lohnen würde, ihren »besonderen Apparat« zu erlernen.[15]

Die Neoklassiker hat es nie gestört, dass Schumpeter so vernichtend über ihre Theorie urteilte. Stattdessen wurde er als Wunderkind der Ökonomie gefeiert und 1932 nach Harvard berufen. Denn trotz aller Kritik war Schumpeter nicht gefährlich. Zwar übernahm er wesentliche Ideen von Marx – blieb aber überzeugter Mikroökonom. Wie die Neoklassiker stellte auch Schumpeter den einzelnen Unternehmer ins Zentrum und prägte dafür einen Begriff, der bis heute vom ökonomischen Mainstream gern benutzt wird: »methodologischer Individualismus«. Diese Sicht betrachtet die Wirtschaft als die Summe ihrer Einzelteile. Was für den Unternehmer gut ist, ist für alle gut.

Krisen? Welche Krisen?

Es kam zu einem gemütlichen, wenn auch widersprüchlichen Arrangement: Schumpeter durfte die Konzentrationsprozesse im Kapitalismus beschreiben, während die anderen Neoklassiker unbeirrt vom perfekten Wettbewerb träumten. Nur die Realität störte. Immer wieder ereigneten sich schwere Wirtschaftskrisen, doch Krisen waren in der Neoklassik ebenfalls nicht vorgesehen.

Da die Neoklassik eine statische Tauschwirtschaft beschrieb, ging sie davon aus, dass alle Fabriken ständig ausgelastet sind. Das sogenannte Say'sche Gesetz sollte gelten, das nach dem französischen Ökonomen Jean-Baptiste Say (1767–1832) benannt ist und das postulierte, dass jedes Angebot seine eigene Nachfrage schafft – und es daher keine Absatzkrisen geben kann.

Ganz falsch ist die Idee nicht, dass ein Angebot immer auch Nachfrage erzeugt. Denn sobald Waren produziert werden, entsteht Einkommen: Die Arbeiter erhalten ihren Lohn, und auch die Manager werden vergütet. Es wäre also genug Geld da, um alle Güter zu kaufen. Daher nahmen die Neoklassiker optimistisch an, dass jedes Produkt automatisch einen Käufer findet.

Absatzschwierigkeiten wurden zwar nicht gänzlich ausgeschlossen, sollten aber nur einzelne Waren betreffen. So könnte es beispielsweise geschehen, dass es zu viele blaue Jeans gibt, die Kunden aber schwarze Stoffhosen präferieren. Wie auf dem Wochenmarkt sollten die Preise dann für einen Ausgleich sorgen: Die schwarzen Stoffhosen würden teurer, weil sie knapp sind, während sich die blauen Jeans so lange verbilligen, bis einige Kunden von den schwarzen Stoffhosen zu den blauen Jeans wechseln. Angebot und Nachfrage wären wieder im Gleichgewicht.

Dieses Modell hatte jedoch eine zentrale Schwäche: Es konnte nur funktionieren, wenn die Kunden ihr Geld ausgaben – und nicht zu viel sparten. Denn jeder Cent, der aufs Konto wandert, fehlt für den Konsum, so dass Absatzkrisen drohen. Die Neoklassiker mussten daher annehmen, dass stets nur genau so viel gespart wird, wie auch investiert wird. Es durfte nicht zu einem Überhang an Geld kommen.

Die Neoklassiker selbst glaubten, dass sie eine Lösung für dieses Problem gefunden hätten. Sie stellten sich vor, dass der Zins dafür sorgt, dass Ersparnisse und Investitionen stets übereinstimmen. Die Hydraulik war simpel: Wird zu viel gespart, entsteht ein Überangebot an Geld, und der Zins sinkt. Die Firmen investieren wieder, weil die Kredite billig sind; und die Sparer konsumieren erneut, weil es sich nicht mehr lohnt, ihr Geld auf der Bank zu parken. Prompt herrscht wieder schönstes Gleichgewicht.

Preise und Zinsen sollten also dafür sorgen, dass es nie zu schweren Absatzkrisen kam. Doch obwohl die Theorie plausibel klang, konnte sie nicht stimmen. Krisen waren derart häufig, dass Marx und Engels ja bereits 1848 in ihrem *Kommunistischen Manifest* geschrieben hatten: »In den Krisen bricht eine gesellschaftliche Epidemie aus, welchen allen früheren Epochen als Widersinn erschienen wäre – eine Epidemie der Überproduktion. Die Gesellschaft findet sich plötzlich in einen Zustand momentaner Barbarei zurückversetzt ... die Industrie, der Handel scheinen vernichtet, und warum? Weil sie zuviel Zivilisation, zuviel Lebensmittel, zuviel Industrie, zuviel Handel besitzt.«

Wie Marx und Engels richtig beobachtet hatten, entstehen Absatzkrisen durch Überfluss. Doch diese simple Tatsache konnten die Neoklassiker nicht in ihr Modell integrieren, weil sie stets die optimale Allokation von *knappen* Gütern berechneten. Überschuss war definitorisch ausgeschlossen.

Die Neoklassik hatte jedoch nicht nur Mühe, Krisen zu erklären. Genauso unerklärlich war, wieso Menschen ihre Stelle verloren und arbeitslos wurden, sobald die Konjunktur einbrach. Denn die Neoklassiker stellten sich vor, dass der Arbeitsmarkt wie ein Kartoffelmarkt funktioniert: Gibt es zu viele Kartoffeln, sinken die Preise so lange, bis alle Kartoffeln einen Käufer finden. Analog sollten die Löhne fallen, bis jeder Arbeitslose wieder eine Stelle hatte.

Auch diese Theorie konnte nicht richtig sein, wie sich bald herausstellte. In der Weltwirtschaftskrise von 1873 fielen die Löhne um bis zu 50 Prozent – trotzdem blieben in Europa so viele Menschen arbeitslos, dass Millionen in die USA auswanderten. Um ihre Theorie zu retten, warteten die Neoklassiker mit einer erstaunlichen These auf: Die Arbeitslosen wären freiwillig arbeitslos! Statt für niedrigste Löhne zu schuften, würden sie lieber auf eine Stelle verzichten.

Diese Idee war nicht nur zynisch, sondern offensichtlich falsch. Schon Adam Smith wusste, dass die Arbeiter grenzenlos erpressbar waren, weil sie kaum Rücklagen bilden konnten. Im *Wohlstand der Nationen* hatte er geschrieben: »Viele Arbeiter könnten nicht eine Woche existieren … ohne Anstellung.« Sie würden daher auch den niedrigsten Lohn akzeptieren, um nicht zu verhungern.

Trotz dieser offensichtlichen Widersprüche konnten sich die Neoklassiker mit ihrer windschiefen Theorie lange behaupten – bis 1929 die Weltwirtschaftskrise ausbrach. Allein in den USA schrumpfte die Wirtschaftsleistung um ein Drittel, die Preise fielen um 25 Prozent, und 85 000 amerikanische Firmen gingen in den Konkurs. Mehr als ein Fünftel aller US-Banken mussten schließen, so dass 8 Millionen Sparer ihr Geld verloren. Jeder vierte Amerikaner wurde arbeitslos.

In Deutschland fiel die Bilanz sogar noch schlimmer aus: Offiziell waren 6 Millionen Menschen arbeitslos, doch tatsächlich dürften es sogar weit mehr als 8 Millionen gewesen sein – also jeder Dritte. Die Gewerkschaften führten damals eine eigene Statistik, die noch detaillierter war: Von ihren Mitgliedern waren 46 Prozent arbeitslos, 21 Prozent als Kurzarbeiter tätig und nur noch 33 Prozent vollbeschäftigt. In Österreich hatten 1933 etwa 27 Prozent keine Stelle.[16]

Angesichts einer solchen Katastrophe wirkte die neoklassische Idee absurd, dass Arbeitslose freiwillig arbeitslos sein könnten –

oder dass Firmen nur in die Pleite gerutscht waren, weil sie die falschen Produkte im Angebot hatten. Selbst Schumpeter, sonst so klarsichtig, war völlig überfordert. Seinen erstaunten Studenten in Harvard erklärte er in seinem Wienerisch eingefärbten Englisch: »Chentlemen, Sie machen sich Sorgen wegen der Depression. Das sollten Sie nicht tun. Für den Kapitalismus ist eine Depression wie eine gute kalte Douche.«[17]

In der Weltwirtschaftskrise wurde offensichtlich, dass die Neoklassik an einem fundamentalen Denkfehler leiden musste, der weit darüber hinausging, dass diese Theorie kein Wachstum, keine Gewinne, keine technischen Innovationen und keine Großkonzerne kannte. Aber wo lag das Problem? Die Antwort lieferte John Maynard Keynes: Die Neoklassik hatte die Rolle des Geldes nicht verstanden, da sie glaubte, es würde nur »wie ein Schleier« über der Wirtschaft liegen.

7 Wo bleibt das Geld?! John Maynard Keynes

Heute ist jeder Keynesianer. Selbst konservative Ökonomen, die Keynes' Theorien offiziell ablehnen, sind von ihnen geprägt. Denn niemand würde mehr bezweifeln, dass Geld im Kapitalismus zentral ist.

Es ist kein Zufall, dass ausgerechnet Keynes als Erster erkannte, wie wichtig das Geld ist: Es war sein Beruf, seine wissenschaftliche Leidenschaft, sein Hobby. Keynes war nicht nur Geldtheoretiker, sondern auch Finanzpolitiker – und Börsenspekulant. Er setzte auf Währungen, Rohstoffe und Aktien, nutzte Derivate und Kredite. Er hinterließ ein Vermögen von umgerechnet 22 Millionen Euro und hat nebenher auch das King's College in Cambridge reich gemacht, dessen »Schatztruhe« er verwaltete.

Keynes gilt heute oft als »links« oder gar als radikal. Das ist ein Missverständnis. Keynes war ein Konservativer. Er wollte die Welt retten, in die er hineingeboren worden war. Er war kein Rebell, sondern gehörte der britischen Elite an. Sein Vater war ein angesehener Ökonom, sein Bruder Geoffrey heiratete eine Enkelin von Charles Darwin und seine Schwester Margaret den Physiologen Archibald Vivian Hill, der 1922 den Nobelpreis für Medizin erhielt. Keynes selbst besuchte die elitäre Privatschule Eton, studierte in Cambridge, war dort Dozent am King's College, beriet Premierminister, spielte mit Gräfinnen Bridge – und war Mitglied der »Bloomsbury«-Künstlergruppe. Wie sein Biograph Robert Skidelsky schreibt, »gab es kaum eine Zeit in seinem Leben, in der Keynes nicht auf den Rest Englands … von einer enormen Höhe herabgeblickt hätte«.[1]

Keynes war extrem intelligent und vielseitig begabt. Trotzdem hätte seine neue Theorie wohl nie so schnell so großen Einfluss erzielt, wenn Keynes nicht Teil des britischen Establishments gewesen wäre. Keynes wurde gehört, nicht weil er »links« war – sondern den richtigen Kreisen angehörte. Keynes war ein Liberaler und sogar Mitglied der Liberalen Partei. Aber anders als die heutigen Neoliberalen hat er verstanden, dass man liberales Denken neu definieren muss.

Da selbst Konservative einräumen müssen, dass Keynes ein wichtiger Theoretiker war, stufen sie ihn heute gern zum »Krisenökonomen« herab.[2] Es wird der Eindruck erweckt, als hätte Keynes zwar die Weltwirtschaftskrise ab 1929 sehr gut erklärt, sonst aber nichts Wesentliches beigetragen. Auch das ist falsch. Keynes hat die gesamte Ökonomie fundamental verändert. Kein Thema blieb von seinen neuen Theorien unberührt – ob es nun Löhne, Inflation, Zinsen, Spekulation, Investition, Währungen oder der Welthandel sind. Keynes hat eine neue ökonomische Weltsicht entworfen – wie vor ihm nur Adam Smith und Karl Marx.

Die Eltern sind stolz: Keynes schafft es nach Eton

Keynes wurde just in jenem Jahr geboren, in dem Marx starb: 1883. Er war von Anfang an auffällig begabt und noch keine zwei Jahre alt, als sich seine Mutter bereits Sorgen machte, dass »er sein Gehirn überanstrengen« könnte. Doch obwohl die Eltern ständig um seine Gesundheit fürchteten, trainierten sie ihn wie ein Rennpferd: Er sollte sämtliche akademischen Hürden nehmen und alle wichtigen Stipendien gewinnen. Jedes andere Kind wäre unter diesem Druck zerbrochen – doch Keynes war sogar noch erfolgreicher, als es sich seine ehrgeizigen Eltern jemals hätten träumen lassen.

Der rigide Drill war den Eltern anerzogen worden. Vor allem Keynes' Vater Neville hatte eine traumatische Kindheit hinter sich, in der er permanent zu akademischen Höchstleistungen angespornt worden war. Diese Erfahrung gab er nun an seinen ältesten Sohn weiter.

Die Geschichte der Familie Keynes ist eine typische Aufsteigergeschichte: Keynes' Großvater John stammte aus Salisbury und hatte bereits mit elf Jahren eine Lehre bei seinem Vater angetreten, der eine kleine Pinselfabrik betrieb. John entwickelte daraus ein florierendes Geschäft, sattelte aber noch einmal um: Als leidenschaftlicher Gärtner machte er sein Hobby zum Beruf. 1841 veranstaltete er eine Dahlienschau in Stonehenge, die Tausende von Besuchern anlockte, und wenig später erweiterte er sein Repertoire auch um Verbenen, Rosen, Nelken und Weinreben. 1876 wurde er zum Bürgermeister von Salisbury gewählt, und als er 1878 starb, hinterließ er mehr als 40 000 Pfund – was heute etwa 4 Millionen Pfund entspräche.

Der Aufstieg des John Keynes zeigt die helle Seite des viktorianischen Englands: Während Marx und Engels das Elend des Proletariats beschrieben, wuchs gleichzeitig eine neue Mittelschicht heran, die bereits genug Geld und Muße hatte, um sich mit der Frage zu befassen, was in ihren Vorgärten blühen sollte.

Neville Keynes war der einzige Sohn dieses erfolgreichen Gärtners, und sobald sich zeigte, dass er begabt war, wurde er für eine akademische Karriere getrimmt. Neville erfüllte zunächst alle Erwartungen. Er eroberte sich einen Platz in Cambridge, studierte Mathematik sowie Ökonomie und begeisterte seine beiden berühmten Lehrer, Henry Sidgwick und Alfred Marshall. Eine große Karriere schien sich anzukündigen, zumal Neville zwei überaus erfolgreiche Lehrbücher schrieb: Seine Einführung in die Logik, *Studies and Exercises in Formal Logic* (1884), war sogar so originell, dass sie später die weltbekannten Philosophen G. E. Moore und Bertrand Russell zu weiteren Arbeiten anregte. Seine Gesamtdarstellung der damaligen Wirtschaftstheorie, *The Scope and Method of Political Economy* (1891), wird noch heute zitiert, wenn es gilt, die Neoklassik zu beschreiben.[3]

Neville hätte also mühelos Professor werden können, zumal er von den Ökonomen William Stanley Jevons und Alfred Marshall überall empfohlen wurde. Doch Neville schlug sämtliche Angebote aus. Er wollte nicht nach London, Oxford oder Chicago. Er hatte Angst. Obwohl er erfolgreich war, fürchtete er das Scheitern. Jedes neue Buch barg das Risiko, dass es kritisiert werden könnte. Diesen Stress wollte er vermeiden – und wechselte in die Verwaltung der Universität Cambridge, wo er zunächst für die Abwicklung von Prüfungen zuständig war. Später wurde er immerhin noch »Registrary«, also der oberste Verwaltungschef der Universität.

Auch Keynes' Mutter war Akademikerin, was damals eine Seltenheit war. Sie hatte das neue Newnham College absolviert, das 1871 eigens gegründet worden war, um Frauen ein Studium in Cambridge zu ermöglichen. Florence entstammte einer Gelehrtenfamilie: Ihr Vater war Baptistenprediger und schrieb in seiner Freizeit Bücher über die Pilgrim Fathers, den Puritanismus sowie den religiösen Schriftsteller John Bunyan, was ihm 1887 einen Ehrendoktor aus Yale eintrug. Ihr Bruder Walter Langdon-Brown wurde 1932 als Medizinprofessor nach Cambridge berufen und drei Jahre später für seine Verdienste geadelt.

Eine ähnliche Karriere erwartete Florence auch von Neville. Als sie ihn heiratete, dachte sie noch, er würde zu einem Star der Ökonomie aufsteigen. Zum Teil machte sie die gewünschte Karriere selbst: Sie wurde eine sehr erfolgreiche Kommunalpolitikerin und 1932 zur ersten Bürgermeisterin von Cambridge gewählt. Den Rest ihrer Energie konzentrierte sie auf ihre drei Kinder und vor allem auf Maynard.

Da der Vater regelmäßig Tagebuch führte, sind Keynes' Fortschritte seit seiner Geburt bestens dokumentiert. Mit viereinhalb hatte er sich schon eigenständig zurechtgelegt, welchen ökonomischen Sinn der Zins erfüllt; mit sechs dachte er darüber nach, wie sein Gehirn funktioniert; mit neun hatte er Buch I von Euklid durchgearbeitet und befasste sich nun mit quadratischen Gleichungen, der lateinischen Dichtung von Ovid und John Miltons Trauerspiel *Samson Agonistes* aus dem 17. Jahrhundert.

Als Keynes acht Jahre alt war und sein Bruder vier, wurden die beiden beschnitten. Die Biographen vermuten, dass die Eltern damit der Masturbation vorbeugen wollten. Genauso denkbar ist jedoch, dass den Eltern nicht die Sittenstrenge wichtig war, sondern dass sie sich zur Oberschicht zählten und daher am Königshaus orientierten: Auch die Prinzen waren damals beschnitten.

Wie alle Söhne der Oberschicht sollte Keynes eine angesehene Privatschule besuchen – und angesichts der Intelligenz seines Sohns schien es dem Vater nicht vermessen, das Internat Eton anzustreben, das das höchste Prestige genoss. Eigentlich existierten zwei Etons: Die Aristokraten und die Söhne der Finanzoligarchie waren sogenannte »Oppidans«, weil sie verstreut in der Stadt (lateinisch oppidum) von Eton wohnten und das hohe Schulgeld selbst bezahlen mussten. Neben diesen knapp 1 000 Oppidans gab es 70 »King's Scholars«, die ein Stipendium erhielten, direkt auf dem Schulgelände lebten und in einem harten Auswahlverfahren ausgesucht wurden. Keynes sollte ein King's Scholar werden, wenn es nach dem Vater ging.

Wie immer überließ Neville nichts dem Zufall, um die Karriere seines Sohns zu befördern: Es wurden eigens Tutoren angestellt, die den inzwischen vierzehnjährigen Maynard einen Monat lang für das Examen trainierten. Selbst die frühen Prüfungszeiten wurden imitiert, wie der Vater in seinem Tagebuch notierte: »Maynard und ich stehen jetzt jeden Morgen um sieben Uhr auf und erledigen einige Aufgaben vor dem Frühstück, um ihn daran zu gewöhnen, was er beim Examen für das Eton-Stipendium leisten muss.« Es dauerte nicht lange, bis Neville klagte, dass er »sehr müde« sei.

Keynes war in Eton glücklich, auch wenn es anstrengend gewesen sein muss, ständig von Adeligen umgeben zu sein. Jedenfalls erforschte er seinen eigenen Stammbaum – und es gelang ihm tatsächlich nachzuweisen, dass seine Familie von einem normannischen Ritter namens Guillaume de Cahagnes abstammte, der 1066 gemeinsam mit Wilhelm dem Eroberer nach England gekommen war. Nun konnte sich auch Keynes nobilitiert fühlen.

Die Ausbildung in Eton war zwar elitär und anspruchsvoll – aber extrem einseitig. Gelehrt wurden nur Griechisch, Latein, Französisch und Mathematik. Keynes' Schulfreund Bernard Swithinbank beschrieb später, was sie alles nicht gelernt hatten: »Von den Kreuzzügen hörten wir nur vage, weil einige englische Fürsten teilgenommen hatten; und wir kannten die Namen von zwei oder drei Päpsten, weil sie England lästig gefallen waren; das war alles, was wir über die europäische Geschichte von 100 bis 1453 n. Chr. wussten.« Biologie, Physik oder Geologie kamen gar nicht vor.

Für Keynes verliefen die fünf Jahre in Eton so erfolgreich,[4] dass Neville sofort das nächste Ziel für seinen Sohn ins Auge fasste: King's College in Cambridge. Wieder heuerte Neville eigens Tutoren an, und wieder bestand Keynes glänzend.

Ein fähiger Mathematiker, aber kein Genie

Von 1902 bis 1905 studierte Keynes Mathematik und klassische Philologie. Die Schüler-Lehrer-Quote war optimal: King's College zählte damals knapp 150 Studenten, dreißig Doktoranden sowie dreißig Dozenten (Fellows). Trotzdem entdeckte Keynes sofort Schwachstellen. Bereits im ersten Jahr eröffnete er einem staunenden Kommilitonen, dass Cambridge »ziemlich ineffizient« verwaltet würde. Dieser Kommentar war typisch für Keynes: Auch später würde er überall stets Verbesserungsmöglichkeiten entdecken – und seine Umwelt darüber informieren.

Bald wurde Keynes von zwei Studenten aus dem benachbarten Trinity College angesprochen – von Leonard Woolf und Lytton Strachey. Auch sie wurden später berühmt: Leonard vor allem als Ehemann von Virginia Woolf und Strachey als Autor der sarkastischen Porträtsammlung *Eminent Victorians.* Sie wollten Keynes für eine Geheimgesellschaft gewinnen, die sich offiziell »Cambridge Conversazione Society« nannte und inoffiziell »Die Apostel« hieß. Dieser elitäre Club war 1820 gegründet worden und hatte inzwischen einen legendären Ruf, weil viele seiner Mitglieder es zu Weltruhm gebracht hatten. Zu Keynes' Zeiten gehörten unter anderem die Philosophen G. E. Moore, Bertrand Russell und Alfred N. Whitehead zu dem kleinen Kreis. Keynes trat als Apostel 243 bei und blieb diesem Freundeskreis lebenslang verbunden.[5]

Das eigentliche Studium aber langweilte ihn. Keynes hatte zwar immer herausragende Noten in Mathematik gehabt, doch fand er das Fach zu uninteressant, um damit täglich sechs Stunden zu verbringen. Sein Biograph Roy Harrod urteilte später: »Maynards logische Begabung, seine Genauigkeit und seine blitzschnelle Auffassungsgabe machten ihn zu einem sehr fähigen Mathematiker. Aber er war kein mathematisches Genie ... Er suchte nicht jene abstrusen Regionen auf, die die Herzensfreude von leidenschaftlichen Mathematikern sind. Von Anfang an hatte er in Cambridge viele andere Interessen, und nur durch konsequenten Fleiß erreichte er das verlangte mathematische Niveau.«

Mit einem Minimum an Aufwand kam Keynes trotzdem erstaunlich weit: Bei den Abschlussprüfungen erreichte er Platz zwölf. Das war anständig, genügte aber nicht, um Mathematikdozent in Cambridge zu werden. Vater Neville war enttäuscht, doch Keynes hatte inzwischen ein neues Interesse entdeckt: die Ökonomie. Innerhalb weniger Monate las er fast alle Klassiker, von David Ricardo bis William Stanley Jevons, und auch *The Principles of Economics* von Alfred Marshall.

Marshall war ein Freund der Familie und der damals führende Ökonom. Er hatte die neoklassische Theorie um einige wesentliche Details[6] ergänzt und mit seinen *Principles* ein Lehrbuch verfasst, das bis zum Zweiten Weltkrieg alle anglo-amerikanischen Ökonomen prägen sollte. Im Herbst 1905 schrieb sich Keynes für Marshalls Vorlesung ein.

Marshall war von seinem neuen Zögling sofort begeistert. Auch Marshalls Mitarbeiter Arthur Cecil Pigou, später ebenfalls ein bedeutender Neoklassiker,[7] war so angetan, dass er einmal in der Woche mit Keynes frühstückte, um diese Nachwuchshoffnung zu coachen. Schon nach einem Monat konnte Keynes an Lytton Strachey melden: »Marshall bedrängt mich ständig, dass ich Ökonom werden soll … Ich könnte hier wahrscheinlich sogar eine Anstellung bekommen, wenn ich es wollte.« Aber Keynes wurde es in seiner Heimatstadt zu eng: Cambridge »wäre der Tod. Die einzige Frage ist nur, ob ein Regierungsposten in London nicht auch der Tod wäre.« Strachey lebte bereits in der Hauptstadt und schrieb begeistert zurück: »Lass uns zusammenziehen. Die Parties, die wir feiern könnten …«

Nichts zu tun im India Office: Keynes schreibt seine Dissertation

Die britischen Ministerien waren damals noch sehr klein, so dass es schwierig war, eine Anstellung bei der Regierung zu ergattern. London war zwar das Zentrum eines riesigen Kolonialreichs, das sich von Indien bis Südafrika erstreckte, aber selbst das Finanzministerium (»Schatzamt«) hatte nur etwa 150 Angestellte, wovon ein Drittel Beamte waren. Die begehrten Regierungsstellen wurden daher durch ein Examen vergeben, das drei Wochen dauerte und alle denkbaren Fächer abfragte. Sogar zum Thema »Drama, Melodram, Oper« musste Keynes einen Aufsatz schreiben.

Er belegte Platz zwei, womit das Finanzministerium für ihn verschlossen war. Denn der Auswahlsieger entschied sich ebenfalls fürs Schatzamt – aber mehr als einen neuen Beamten benötigte man dort nicht. Keynes wählte daher das *India Office*, das für die Kolonialverwaltung in Indien zuständig war. Dieser Posten hatte zumindest einen Vorteil: In keinem anderen Ministerium war der offizielle Arbeitstag so kurz. Montags bis freitags dauerte er nur von elf bis fünf Uhr, eine Stunde Mittagspause eingerechnet. Samstags musste Keynes von elf bis ein Uhr mittags im Büro erscheinen. Außerdem gab es zwei Monate Urlaub.

Doch selbst in dieser überaus begrenzten Arbeitszeit war nichts zu tun. Genervt schrieb Keynes an seine Mutter: »Gestern hatte ich noch nicht einmal Arbeit für eine Minute.« Ein anderes Mal hatte er ausgerechnet: »Diese Woche bin ich noch nicht einmal auf eine Stunde Arbeit pro Tag gekommen.« Also nutzte Keynes seine Freizeit im Büro, um mit der Doktorarbeit zu beginnen.

Seine *Treatise on Probability* (Abhandlung über die Wahrscheinlichkeit) war zwar im Bereich der Mathematik angesiedelt, aber eher philosophisch angelegt. Keynes befasste sich nämlich nicht mit der statistischen Wahrscheinlichkeit, die die Häufigkeit von Ereignissen berechnet. Ihm ging es vielmehr um die Frage, wie sich die Wahrheit von Aussagen ermitteln lässt – wenn doch das Wissen meist unvollkommen, unsicher und begrenzt ist. Er wollte den Bereich der Logik auf psychologische Zustände wie das Meinen und Vermuten ausweiten. Auch den Begriff »Wahrscheinlichkeit« beschrieb er nicht mathematisch, sondern psychologisch: Für ihn handelte es sich um eine »logische Intuition«, eine grundsätzliche Geisteshaltung, die sich nicht von anderen Begriffen ableiten ließ. Mit dieser Unbestimmtheit konnte zumindest Keynes gut leben: »In den allermeisten Fällen wird der Ausdruck ›wahrscheinlich‹ von verschiedenen Personen in genau der gleichen Weise benutzt.«

Im Dezember 1907 reichte er seine Doktorarbeit in Cambridge ein. Bertrand Russell schrieb später in einer Besprechung, dass man das Buch »unmöglich hoch genug loben« könne – doch die Kernthesen teilte er nicht. Russell hielt daran fest, dass man versuchen sollte, Wahrscheinlichkeiten klar zu definieren und zu messen.[8] Seine Doktorarbeit war zwar Keynes' letzter Ausflug in die Logik, aber sie würde auch sein weiteres Werk prägen: Für seine *Allgemeine Theorie* spielt es eine zentrale Rolle, dass unser Wissen prinzipiell unsicher ist – und wir uns daher von Erwartungen leiten lassen.

Vor allem Finanzinvestoren, so schien es Keynes schon 1908, verhielten sich instinktiv, als ob sie seine Doktorarbeit kennen würden. An seinen Vater schrieb er über die tägliche Zeitungslektüre: »Ich liege morgens stundenlang im Bett und lese Abhandlungen über die Wahrscheinlichkeit von Mitgliedern der Börse.« Wie wenig er von der durchschnittlichen Intelligenz der Investoren hielt, machte der nächste Satz klar: »Die bisher vernünftigsten Aussagen stammen vom Besitzer einer Eimerfabrik.«

Schon bald hatte Keynes genug vom India Office und wollte unbedingt nach Cambridge zurück. Doch für die zwei Fellowships am King's College gab es vier aussichtsreiche Kandidaten – und Keynes wurde nicht genommen. Es war die größte akademische Niederlage seines Lebens.

Das Problem war die lange Warteschlange: Statt Keynes wurde der Historiker A. E. Dobbs ausgewählt, der schon seit 1901 darauf harrte, endlich Fellow zu werden, und der sich nicht noch einmal hätte bewerben können. Man versicherte Keynes allerdings, dass er 1909 bestimmt beste Chancen hätte. Doch so lange wollten Alfred Marshall und Arthur Cecil Pigou auf ihren Lieblingsschüler nicht verzichten – und spendierten 100 Pfund aus eigener Tasche, damit Keynes sofort als Dozent beginnen konnte. Sein Vater steuerte weitere 100 Pfund bei, damit der Sohn auf das gleiche Gehalt wie im India Office kam.

Genau an seinem 25. Geburtstag kündigte Keynes bei der Regierung und kehrte nach Cambridge zurück. In London hatte er nur 21 Monate verbracht, und auf den ersten Blick könnte dieser kurze Ausflug etwas überflüssig erscheinen. Doch tatsächlich war das India Office entscheidend für sein weiteres Leben: Keynes kannte nun die Verwaltung. Er wusste, wie der politische Apparat funktioniert – und wurde auch deswegen in zwei Weltkriegen zum wichtigsten Wirtschaftsberater seiner Regierung.

Schon seine erste Vorlesungsreihe in Cambridge widmete Keynes dem Thema, das ihn fortan beschäftigen sollte: dem Geld. Dies war zunächst reiner Zufall. Pigou hatte niemand anderen, der das Thema hätte unterrichten können. Vor etwa fünfzehn Studenten sprach Keynes also über »Geld, Kredit und Preise«, und so abstrakt der Titel klingt, bei Keynes wurde es konkret. Die Profittheorie illustrierte er mit Statistiken aus der Textilherstellung, und beim Thema Geldmenge wurden die Zuhörer mit Statistiken zur Goldproduktion überhäuft. Keynes verband die Theorie immer mit der Empirie. Für ihn war die Ökonomie kein entrücktes mathematisches Refugium, sondern sie sollte die Welt erklären.

Im März 1909 wurde Keynes endlich Fellow am King's College und 1912 zum Herausgeber des illustren *Economic Journal* berufen. Er führte das Blatt bis zum April 1945 und wählte alle Texte selbst aus, so dass er ständig mit den weltweit wichtigen Ökonomen in Kontakt stand. Er war umfassend informiert, was sich in der Wirtschaftswissenschaft tat – auch auf Gebieten, die nicht zu seinen eigenen Forschungsthemen gehörten.

1913 veröffentlichte er ein Buch, in dem er seine Erfahrungen aus dem India Office verwertete: *Indian Currency and Finance*. Es galt sofort als kleines Meisterwerk[9] und trug Keynes einen Sitz in einer Königlichen Kommission ein, die sich unter anderem mit der Frage befasste, wie die Golddeckung in Indien zu organisieren sei und ob die Kolonie eine eigene Zentralbank benötigte. Schlagartig änderte sich Keynes' Status: Bis dahin war er außerhalb von Cambridge unbekannt gewesen, doch nun traf er in der Indien-Kommission auf die höchsten Beamten des Finanzministeriums – und zwar auf Augenhöhe. Er war nicht mehr der kleine Verwaltungsbeamte im India Office, sondern der gefragte Gesprächspartner von Staatssekretären. Ein Jahr später brach der Erste Weltkrieg aus, und im Finanzministerium erinnerte man sich sofort an den pfiffigen Währungsexperten aus Cambridge.

Reparationen sind unbezahlbar: Keynes verfasst einen Bestseller

Keynes sah den Ersten Weltkrieg nicht kommen. Noch am 30. Juli 1914 interessierte er sich vor allem für seine frisch renovierten Zimmer im King's College und schrieb dem Vater: »Ich kann mich immer noch nicht entscheiden, welchen Teppich ich für den großen Raum nehme.« Am 1. August marschierte Deutschland in das neutrale Belgien ein – und am 4. August erklärte Großbritannien den Krieg.

Keynes war typisch für seine Zunft: Bis zum Schluss konnten sich Ökonomen und Unternehmer nicht vorstellen, dass es tatsächlich zu einem Krieg kommen würde. Denn die europäische Wirtschaft war extrem vernetzt, und alle Länder waren durch Importe und Exporte eng verbunden. Es würde Milliarden kosten und den Wohlstand Europas vernichten, wenn diese Liefer- und Kreditketten unterbrochen würden. Die Firmenchefs vertrauten ihrer monetären Logik: Da ein Krieg so teuer wäre, hielten sie ihn für unmöglich.[10]

Die Investoren kümmerte es zunächst wenig, dass am 28. Juni der österreichische Thronfolger in Sarajevo erschossen worden war. Auch die sogenannte Julikrise ging an den Unternehmern spurlos vorüber. Während die Diplomaten ihre Drohdepeschen austauschten, blieb es an den Börsen ruhig und der Aktienhandel lief normal weiter. Noch eine Woche vor Kriegsausbruch konnten viele Investoren nicht glauben, dass es zu einer militärischen Konfrontation kommen würde. Erst am 27. Juli wurden die Anleger so nervös, dass die Wiener Börse schließen musste. Bis zum 30. Juli folgten die restlichen Börsen in Kontinentaleuropa, und am 31. Juli machten auch London und New York dicht. Einen Tag später bracht der Weltkrieg aus, den die Anleger nicht hatten kommen sehen.

Noch bevor Großbritannien am 4. August den Krieg erklärte, erhielt Keynes einen Brief aus dem Finanzministerium und wurde nach London beordert: »zum Wohle des Vaterlandes«. Man wünschte seinen Rat, denn Großbritannien drohte in einer schweren Finanzkrise zu versinken.

Die Engländer waren bis 1914 »die Gläubiger der Welt« und lebten vor allem von der globalen Kreditvergabe. Doch als der Krieg begann, wurde ein großer Teil dieser Darlehen nicht mehr bedient. Besonders die Wechsel waren ein Problem: Zu Kriegsbeginn standen etwa 350 Millionen Pfund aus, und es war abzusehen, dass mindestens 120 Millionen nicht zurückgezahlt würden – weil die Schuldner in Deutschland, Österreich und Russland saßen. Alle englischen Banken standen vor der Pleite.

Hinzu kam ein zweites Problem: Als der Krieg ausbrach, begannen auch die normalen Sparer um ihr Vermögen zu fürchten. Also stürmten sie zu ihren Banken und dann zur Bank of England, um ihre Geldscheine in Gold umzutauschen. In nur zwei Tagen verlor die Bank of England etwa die Hälfte ihrer Goldreserven. Es drohte ein unkontrollierbarer »bank run«: Jedes Finanzsystem muss kollabieren, wenn die Masse der Sparer panisch ihre Konten räumt.[11]

Anfangs hoffte die britische Regierung noch, dass die Bankiers selbst mit einer Idee aufwarten würden, wie diese Finanzkrise zu lösen sei. Doch von den vermeintlichen Experten kam nichts. Der damalige Premierminister Herbert Henry Asquith spöttelte in einem Brief an seine Frau: Die Banker seien »die größten Trottel! Allesamt haben sie riesige Angst, wie alte Frauen, die sich in einer Kleinstadt beim Teekränzchen treffen.« Sein Finanzminister David Lloyd George machte ähnliche Erfahrungen: »Panische Finanziers sind kein heroischer Anblick.« Und Keynes schrieb seinem Vater am 6. August: »Die Bankiers haben komplett den Kopf verloren und sind wie benommen … Ich bezweifle, dass es noch eine Bank gibt, die nicht konkursreif ist.«

Da die Bankiers keine Lösungen zu bieten hatten, musste die Politik kreativ werden. Zur zentralen Figur stieg David Lloyd George auf, Finanzminister seit 1908. Bis zum Kriegsausbruch hatte er zwar schon sechsmal einen Staatshaushalt präsentiert – aber weiter reichten seine Kenntnisse anfangs nicht. Besorgt fragte man sich im Finanzministerium, ob Lloyd George als Krisenmanager geeignet sei: »Er hat noch nie einen Wechsel gesehen, und er weiß wenig oder gar nichts über den heiklen und komplizierten Mechanismus, der den internationalen Handel steuert.«

Also wurde Keynes von den leitenden Finanzbeamten beauftragt, ein Memorandum zu schreiben, das Lloyd George verstehen konnte.

Der Erfolg übertraf alle Erwartungen: In seinem Text hatte Keynes dringend davor gewarnt, die Golddeckung des Pfunds offiziell aufzugeben – und genau diesem Rat folgte Lloyd George. »Er hat offenkundig das meiste von Keynes' Memorandum aufgesaugt«, hielt ein Finanzbeamter begeistert in seinem Tagebuch fest. »Wir sind alle in Hochstimmung.«[12]

Die ersten Kriegsmonate verbrachte Keynes noch in Cambridge, aber im Januar 1915 wurde er offiziell im Finanzministerium angestellt, wo er die Beschaffung von Kriegsmaterial koordinierte und die anderen Alliierten mit Krediten versorgte. Zu den Anekdoten jener Zeit gehört, dass eines Tages dringend spanische Peseten gebraucht wurden – und es Keynes tatsächlich gelang, eine kleine Summe aufzutreiben. Erleichtert merkte der Finanzminister an, dass man jetzt wenigstens für eine kurze Zeit genug Peseten haben würde. »Oh, nein«, antworte Keynes seinem entsetzten Chef. »Ich habe alle Peseten sofort wieder verkauft. Ich werde den Markt ruinieren.« Keynes verhielt sich also wie ein typischer Währungsspekulant, und sein Plan ging auf: Indem er seine Peseten plötzlich auf den Markt warf, trieb er den Preis der spanischen Währung nach unten – und kaufte dann spottbillig die benötigte Menge an Peseten wieder auf.

Bald war Keynes unersetzlich und gehörte daher der britischen Delegation an, die ab Januar 1919 an der Versailler Friedenskonferenz teilnahm. Fast ein halbes Jahr wurde um die Frage gerungen, wie hoch die deutschen Reparationen sein sollten. Schnell war Keynes angewidert, weil vor allem die Franzosen maßlose Summen verlangten. An seine Mutter schrieb er aus Paris: »Ich bin vollkommen erschöpft. Zum Teil durch Arbeit, zum Teil weil … der Frieden skandalös und unmöglich ist und nichts als Unglück bringen kann.«

Im Juni 1919 kündigte er aus Protest, reiste zurück nach England – und schrieb wutentbrannt eine Streitschrift, die ihn berühmt machte: *Die wirtschaftlichen Folgen des Vertrags von Versailles* (*The Economic Consequences of the Peace*). Der schmale Band ist in die Weltliteratur eingegangen, weil Keynes brillante Rhetorik, bitterböse Ironie und knallharte Analyse miteinander verband. Die Leser erhielten einen Insider-Bericht, der keinen Spitzenpolitiker schonte.

Über den damaligen US-Präsidenten Woodrow Wilson schrieb Keynes: »Wie Odysseus sah der Präsident intelligenter aus, wenn er saß.« Der Amerikaner wurde als Moralapostel geschildert, immer dem salbungsvollen Wort zugeneigt, aber leider »ohne Plan, ohne Strategie, ohne konstruktive Idee«. Der englische Premier Lloyd George erschien als Taktierer und Opportunist, dem es vor allem darauf ankam, dem britischen Wahlvolk zu gefallen. Nur dem französischen Ministerpräsidenten Georges Clemenceau wurde strategische Raffinesse attestiert – und ein klares Ziel. Er habe Deutschland zerstören wollen, damit es Frankreich nie wieder würde angreifen können. Clemenceau sei überzeugt gewesen, dass »der Deutsche nichts außer Einschüchterung versteht und verstehen kann … dass er weder Ehre, Anstand noch Erbarmen kennt«. Kompromisslos habe der Franzose darauf bestanden, dass »man niemals mit einem Deutschen verhandeln darf, sondern ihn unterwerfen muss«.

Doch wie Keynes in seinem Buch zeigte, konnte ein Diktatfrieden nicht funktionieren, der astronomische Reparationen verlangte. Es klang zwar gut, dass Deutschland 31,4 Milliarden Dollar oder umgerechnet 132 Milliarden Goldmark zahlen musste.[13] Aber woher sollte das Geld kommen? Deutschland hätte diese Reparationen nur überweisen können, wenn es ebenso hohe Exportüberschüsse gehabt hätte. Doch obwohl Deutschland die zweitgrößte Industrienation der Welt war, reichten die deutschen Ausfuhren bei weitem nicht, um die Reparationen abzudecken. Theoretisch wäre zwar denkbar gewesen, dass Deutschland seine Exporte weiter steigerte – aber dann hätten Frankreich und England Marktanteile verloren und wären in eine Krise gestürzt. Heimische Arbeitsplätze wären verloren gegangen, nur weil man deutsche Reparationen kassieren wollte.

Die Alliierten verstrickten sich in ein Paradox: Die Deutschen sollten Milliarden bezahlen, hatten aber gar nicht die Möglichkeit, diese Milliarden auf dem Weltmarkt zu verdienen. Also blieb den Deutschen nur, Kredite bei den Alliierten aufzunehmen, um anschließend genau dieses Geld wieder an die Alliierten zurückzuüberweisen.

Bis heute ist umstritten, wie viel Deutschland am Ende gezahlt hat. Die Schätzungen schwanken zwischen 20,8 und 67,7 Milliarden

Goldmark, je nachdem ob es sich um eine alliierte oder eine deutsche Quelle handelt.[14] Doch was immer das Deutsche Reich überwiesen hat: Faktisch besaß es dieses Geld nicht und lieh sich die nötigen Summen in Amerika. Letztlich finanzierten also die USA die deutschen Reparationen, wie sie in den 1930er Jahren verspätet selbst bemerkten.[15]

Keynes' Buch war ein enormer Erfolg. Es wurde von den Siegern genauso gelesen wie von den Verlierern des Kriegs. Niemand konnte sich Keynes' Argumenten entziehen; in allen großen Zeitungen wurde er breit besprochen. Allein in Großbritannien und in den USA wurden in den ersten sechs Monaten über 100 000 Exemplare verkauft. Schnell erschien es auch auf Deutsch, Französisch, Niederländisch, Dänisch, Schwedisch, Italienisch, Spanisch, Rumänisch, Russisch, Japanisch und Chinesisch.[16]

Das Buch wirkte noch Jahrzehnte später: Nach dem Zweiten Weltkrieg forderte im Westen niemand mehr, dass Deutschland oder Japan hohe finanzielle Reparationen zahlen sollten. Die Politiker wussten jetzt, dass sich Geld nicht einfach transferieren lässt.

Als Dozent verdient er zu wenig: Keynes wird Spekulant

Nach dem Weltkrieg wollte Keynes gern Fellow in Cambridge bleiben – aber nur noch eingeschränkt lehren. Seine Zeit war ihm zu kostbar, um jede Woche mehrere Vorlesungen zu halten, Studenten als Tutor zu betreuen und Prüfungen abzunehmen. Doch wovon sollte er leben? Seit seinem Bestseller war Keynes zwar ein gefragter Journalist, aber die Einnahmen reichten nicht, um den luxuriösen Lebensstil zu finanzieren, den er sich in den Londoner Regierungsjahren angewöhnt hatte. Für dieses Dilemma fand Keynes eine Lösung: Er wurde professioneller Spekulant.

Anfangs lief es bestens. Im August 1919 stieg Keynes ins Devisengeschäft ein, denn durch den Krieg war der internationale Goldstandard zusammengebrochen, der für feste Wechselkurse gesorgt hatte. Die einzelnen Währungen flotierten nun wild, und diese Kurssprünge wollte Keynes ausnutzen. Um seine Gewinne zu erhöhen, schloss er mit Hilfe von Derivaten sogenannte »Termingeschäfte« ab. Er kaufte nicht die Währungen selbst, sondern wettete auf den Kursverlauf. Keynes wollte vom »Hebeleffekt« profitieren, den Derivate bieten: Mit minimalem Kapitaleinsatz lassen sich maximale Gewinne einfahren – aber leider auch maximale Verluste, wenn die Wette schiefgeht.

Doch zunächst machte Keynes Gewinn mit seinen Derivaten. Er kaufte Dollar, norwegische und dänische Kronen sowie indische Rupien, denn er nahm an, dass die Kurse dieser Währungen steigen würden. Gleichzeitig verkaufte er französische Francs, niederländische Gulden, italienische Lire und deutsche Mark. Am 2. Januar 1920 hatte Keynes bereits Profite von 6 154 Pfund eingefahren – was umgerechnet rund 150 000 Euro entspricht.

Keynes' Erfolg überzeugte Verwandte, Kollegen und Freunde, dass sie es ebenfalls mit der Spekulation versuchen sollten. Ende Januar 1920 gründeten sie ein »Syndikat«, das 30 000 Pfund mobilisierte. Ende April hatten sie schon einen Gewinn von fast 9 000 Pfund gemacht.

Doch im Mai wendete sich das Blatt. Entgegen aller Erwartungen erholte sich die Mark, während der Dollar nachgab. Das »Syndikat« musste geschlossen werden – und hatte den gigantischen Verlust von 22 573 Pfund aufgehäuft. Langfristig behielt Keynes zwar recht, und die Mark fiel bis 1923 ins Bodenlose. Aber kurzfristig war er trotzdem ruiniert. Keynes musste erkennen, was bis heute stimmt: »Der Markt kann sich länger irrational verhalten, als man selbst zahlungsfähig bleibt.«

Keynes spekulierte jedoch unverdrossen weiter und investierte diesmal nicht nur in Währungen, sondern auch in Rohstoffe wie Baumwolle, Blei, Zinn, Zink, Kupfer, Gummi, Weizen, Zucker, Jute und Leinöl. Nach nur zwei Jahren waren alle Schulden zurückgezahlt, die Verwandten entschädigt – und das eigene Vermögen auf mehr als 21 000 Pfund angeschwollen.

Keynes glaubte damals noch, dass er den Konjunkturverlauf vorhersehen könnte – und investierte daher kurzfristig. Doch diese Ad-hoc-Strategie war nicht erfolgreich. Er machte zwar Gewinne, so dass er 1927 rund 44 000 Pfund besaß, aber sein Aktiendepot schnitt trotzdem schlechter ab als der repräsentative Börsenindex.

Zudem leerte sich sein Depot bald wieder. Keynes hatte die Weltwirtschaftskrise nicht kommen sehen, so dass er ab 1929 erneut ruiniert war. Nachdem er in nur sieben Jahren zweimal sein Vermögen verloren hatte, änderte Keynes seine Anlagestrategie: Fortan investierte er nicht mehr kurzfristig, sondern langfristig, und er verteilte sein Geld auch nicht mehr auf die verschiedensten Spekulationsvehikel, sondern konzentrierte sich auf einige wenige Aktien.

Er beteiligte sich nur noch an Firmen, denen er vertraute. Er hielt nichts mehr davon, das Risiko zu streuen: »Seine Eier auf eine große Zahl von Körben zu verteilen«, schrieb er, ein altes englisches Sprichwort aufgreifend, »ist der sicherste Weg zu wachsenden Risiken und Verlusten, sofern man nicht die Zeit oder Gelegenheit hat herauszufinden, welche Körbe Löcher im Boden haben.«

Die Weltwirtschaftskrise erwies sich sogar als Chance, gezielt nach einigen wenigen Aktien zu suchen: Die Kurse waren so stark gefallen, dass viele Firmen unterbewertet waren und Keynes zu Billigstpreisen einsteigen konnte. Er kaufte jetzt vor allem Autoaktien wie Austin oder Leyland, investierte aber auch in Goldminen, in amerikanische Versorger und in Flugzeugbauer. Erstmals ging eine Strategie auf: Bis 1945 stieg sein Aktienvermögen um das 23-Fache, obwohl die Kurse an der Wall Street nur um das Dreifache zulegten und die Londoner Börse sogar stagnierte.

Keynes war jedoch nicht nur privater Spekulant, sondern auch professioneller Finanzverwalter: Bei zwei Versicherungen saß er im Aufsichtsrat. Dieses intime Börsenwissen floss später in seine *Allgemeine Theorie* ein, die ein brillantes und überdies sehr witziges Kapitel über die Finanzmärkte enthält.

Der private Keynes: Bloomsbury und Lydia Lopokova

Keynes war von der Ökonomie fasziniert, und dennoch suchte er Distanz zur Welt der Wirtschaft. Seine engsten Freunde waren stets Künstler, die über Wirtschaft rein gar nichts wussten. Vielleicht lag es an diesem anderen, privaten Leben, dass Keynes die Ökonomie so gelassen und unvoreingenommen betrachten konnte. Selbst seine eigenen Theorien waren für ihn nie sakrosankt, sondern wurden verworfen, sobald sie ihn nicht mehr überzeugten. Sein Leben lang hat Keynes dazugelernt, was viele seiner Zeitgenossen irritierte. Berühmt ist seine Antwort auf einen Kritiker: »Wenn sich die Fakten ändern, ändere ich meine Ansicht. Was tun Sie, Sir?«

Über Keynes' Privatleben ist die Nachwelt bestens informiert, schon weil er gern Listen führte. Diese Leidenschaft hatte er von seinem Vater geerbt, und so ist auch eine Liste seiner männlichen Liebhaber überliefert. Sie verzeichnet für die Jahre von 1903 bis 1905 »null« Sexualkontakte, für 1911 dann acht und für 1913 sogar neun. Manche seiner Liebhaber lernte Keynes auf der Straße oder im Zug kennen, aber zwei Männer waren für ihn lebenslang wichtig: Lytton Strachey und vor allem der Maler Duncan Grant.

Schon als Sechsjähriger war Keynes überzeugt, dass er hässlich sei. Als 23-Jähriger schrieb er an Strachey, als sie bereits ein Paar waren: »Mein Lieber, ich habe immer und, wie ich annehme, werde immer an der absolut unerschütterlichen Zwangsvorstellung leiden, dass ich physisch so abstoßend bin, dass es mir nicht zukommt, meinen Körper einem anderen aufzudrängen. Diese Vorstellung ist so fix und beständig, dass ich nicht glaube, dass irgendetwas ... sie jemals erschüttern könnte.«

Vor allem seine wulstigen Lippen fielen auf. Virginia Woolf würde Keynes später mit einem »vollgefressenen Seehund« oder mit einem »aufgeblähten Aal« vergleichen. Trotzdem hatte Keynes ein Charisma, dem sich fast niemand entziehen konnte. Sein Gesicht mochte zwar etwas ungewöhnlich sein, aber er war witzig, intelligent – und voller Leben. Keynes hat jede Minute intensiv genossen und diese Energie auch auf andere übertragen. Er hatte die seltene Begabung, glücklich zu sein.

Keynes hat sich seiner Homosexualität nie geschämt, musste sie aber trotzdem geheim halten, um dem drakonischen Strafrecht zu entgehen. »Unzucht« zwischen zwei Männern, ob privat oder öffentlich, wurde mit bis zu zwei Jahren Zuchthaus bestraft. Wer direkt beim Geschlechtsakt erwischt wurde, konnte auch lebenslang hinter Gitter kommen. Jeder kannte das Schicksal von Oscar Wilde: Der gefeierte Autor hatte zwei Jahre Zwangsarbeit leisten müssen und war 1900 gesundheitlich ruiniert und verarmt in Paris gestorben.

Durch Lytton Strachey und Duncan Grant lernte Keynes auch die »Bloomsbury«-Künstler kennen, die für ihn ab 1909 wie eine zweite Familie sein sollten. Die Gruppe rotierte um die beiden Schwestern Virginia Woolf und Vanessa Bell und erhielt ihren Namen, weil die meisten Mitglieder im Londoner Stadtteil Bloomsbury lebten. Alle kamen aus der Oberschicht, fast alle Männer hatten in Cambridge studiert, und jeder fand es selbstverständlich, dass Dienstboten ein Muss sind. Die »Bloomsberries« modernisierten zwar den Kunstgeschmack in England, indem sie Picasso oder Matisse auf der Insel bekannt machten – aber sie selbst waren nicht modern, sondern sahen sich als aristokratische Elite.

Die Künstlergruppe ist bis heute legendär, obwohl sie letztlich nicht die Meisterwerke hervorgebracht hat, die allseits erwartet wurden. Nur die Schriftstellerin Virginia Woolf wurde wirklich berühmt, bekannt ist auch der Autor E. M. Forster. Allen gemeinsam war jedoch ein Hang zur Originalität, auch wenn sich diese manchmal als Pose offenbarte. Wichtig war, geistreich zu sein – und nie zu langweilen. Jeder Satz endete in einer Pointe.

Diese Gesprächskultur wurde massiv gestört, als sich Keynes 1921 zum ersten Mal in eine Frau verliebte – in die russische Ballerina Lydia Lopokova. Denn »Loppy« war keine Intellektuelle, wie der Kunstkritiker Clive Bell in einem Brief klagte: »Lydia hat jede Konversation so ziemlich zerstört. … Wenn es intelligent wird, kann sie nicht folgen; wenn es *intim* ist, weiß sie natürlich nicht, worüber wir reden. … Ihr einziges Thema sind das russische Ballett … und offensichtliche Allgemeinplätze. Du kannst Dir nicht vorstellen, wie sehr es mich langweilt.«

Lydia wurde 1891 in Sankt Petersburg geboren, als Tochter eines Platzanweisers. Durch seine Theaterkontakte gelang es dem Vater, vier seiner fünf Kinder auf der kaiserlichen Ballettschule unterzubringen. Vor allem Lydia machte Karriere: Ab 1910 gehörte sie den *Ballets Russes* an, die der Impresario Sergei Djagilew zum innovativsten Tanzensemble der Welt gemacht hatte und die ganz Europa begeisterten.

Lydia war ein Star, obwohl sie nicht dem klassischen Bild einer Primaballerina entsprach: Sie war klein, kompakt und nicht besonders schön. Virginia Woolf würde ihren Kopf später mit dem »Ei eines Regenpfeifers« vergleichen. Aber Lydia hatte Charakter und Charme, konnte komisch und rührend sein. Das Publikum liebte sie.

Es war daher ein weltweites Medienereignis, als Maynard und Lydia im August 1925 heirateten. Die Ehe wurde überaus glücklich, denn Keynes sorgte gern für Menschen – und Lydia war sehr unselbstständig. Aber sie war auch originell und intelligent und konnte Keynes überraschen. Da sie nie eine formale Schulbildung genossen hatte, sagte sie garantiert niemals, was ein Eton-Zögling erwartet hätte. Sie hat Keynes amüsiert, obwohl die Bloomsberries sie so langweilig fanden.

Ihre Hochzeitsreise führte nach Russland, um Lydias Geschwister in Leningrad zu besuchen. Keynes war vom Stalinismus abgestoßen, der ein Klima der Angst verbreitete. »Wie könnte ich eine Politik bewundern, die ihren typischen Ausdruck darin findet, Millionen zu investieren, um in jeder Familie und in jeder häuslichen Gruppe einen Spitzel zu gewinnen?«, schrieb Keynes wenig später in einem Artikel.[17] Zudem hatte er soziale Vorbehalte, die dem Dünkel eines Cambridge-Absolventen entsprangen: Ihn störte, dass der Kommunismus »das stumpfe Proletariat verherrlicht und dem Bürgertum sowie der Intelligenz vorzieht«, denn gerade diese Eliten würde doch »die Samen allen menschlichen Fortschritts in sich bergen«.

Auch zu Marx äußerte sich Keynes ein erstes Mal: Er nannte *Das Kapital* »ein überholtes Lehrbuch, von dem ich weiß, dass es nicht nur wissenschaftlich falsch, sondern auch ohne Belang oder Anwendbarkeit für die moderne Welt ist«. Keynes sollte sich noch häufiger abwertend über Marx äußern – obwohl er dessen Werke nie gelesen hat.

Selbst Keynes, meist so kritisch, ließ sich manchmal von Vorurteilen leiten. Dazu gehörte auch ein oberflächlicher und unreflektierter Antisemitismus, der in seinen Kreisen selbstverständlich war. So schrieb er beiläufig in einem Halbsatz, dass der russische Kommunismus »die Juden nicht weniger gierig« machen würde. Allerdings kamen nicht nur die Juden schlecht weg. Es war damals üblich, fast jedes Volk mit negativen Stereotypen zu belegen. Über die russische »Natur« schrieb Keynes, dass sie zu einer »gewissen Bestialität« neigen würde – obwohl er selbst mit einer Russin verheiratet war. Klischees galten damals noch als harmlos, was sich erst änderte, als der Rassenwahn der Nationalsozialisten Millionen Tote forderte.

Keynes' langer Abschied von der Neoklassik

Keynes war knapp vierzig Jahre alt, als er erstmals an der Neoklassik zweifelte. Bis dahin hatte er zwar Einzelkritik geübt, aber die zentralen Thesen fraglos übernommen, die er seit seiner Kindheit erst von seinem Vater Neville und später von seinem Lehrer Alfred Marshall gehört hatte. Doch nach dem Ersten Weltkrieg zeigte sich ein neues, rätselhaftes Phänomen: Die Arbeitslosigkeit sank nicht, sondern lag in Großbritannien jahrelang bei etwa 10 Prozent. Die Neoklassiker waren ratlos, da ihre Modelle von einem Gleichgewicht ausgingen. Arbeitslosigkeit sollte es höchstens vorübergehend geben, doch nun fanden etwa eine Million Menschen keine Stelle. Was war falsch an der Theorie?

Eine erste Antwort hatte Keynes sofort parat: England durfte nicht zum Goldstandard zurückkehren, der im Ersten Weltkrieg zusammengebrochen war. Vor dem Krieg war 1 Pfund 4,86 Dollar wert gewesen, und genau diesen Kurs wollte die britische Regierung wieder einführen, obwohl die Preise in Großbritannien stärker gestiegen waren als in den USA. Eine Rückkehr zum alten Goldstandard würde daher bedeuten, dass die britischen Exportprodukte um 10 Prozent zu teuer wären – und auf den Weltmärkten keine Chance mehr hätten. Um wieder wettbewerbsfähig zu werden, müssten also die britischen Löhne um genau diese 10 Prozent sinken. Düster prophezeite Keynes, dass derartige Kürzungen »sozial und politisch unmöglich« seien.

Um seine Landsleute zu überzeugen, verfasste Keynes erst Zeitungsartikel und 1923 dann das kleine Buch *Ein Traktat über Wäh-*

rungsreform (*Tract on Monetary Reform*). Dort findet sich auch jener Satz, der zweifellos zum berühmtesten Keynes-Zitat geworden ist: »Auf lange Sicht sind wir alle tot.« Neoklassiker haben es später immer wieder kolportiert, um zu insinuieren, dass Keynes letztlich nur substanzlose Ad-hoc-Theorien entwickelt hätte. Doch das kann nur behaupten, wer das Zitat aus seinem Zusammenhang reißt. Vollständig lautet die Passage nämlich: »Auf lange Sicht sind wir alle tot. Die Ökonomen machen es sich zu leicht, wenn sie uns in stürmischen Zeiten nur sagen können, dass das Meer wieder ruhig sein wird, wenn der Sturm lange vorüber ist.« Keynes mokierte sich also über die Neigung der Neoklassiker, große Opfer von den Beschäftigten zu verlangen – mit dem vagen Versprechen, dass in einer fernen Zukunft alles besser würde.[18]

Es hat Keynes immer wieder empört, wie selbstgefällig viele Ökonomen waren: Sie hatten es sich gemütlich auf wohldotierten Lehrstühlen eingerichtet – predigten aber gern, dass andere verzichten sollten. Der Goldstandard passte bestens in dieses Bild: Die Löhne der Arbeiter in der Exportindustrie würden sinken, aber nicht die Gehälter der Professoren.

Keynes verlor die Schlacht um den Goldstandard, denn die City of London mobilisierte ihre gesamte Lobbymacht. Die Finanzoligarchie stilisierte es zu einer Frage der »nationalen Ehre«, dass das Pfund seinen alten Außenwert zurückerhielt. Die Banken hofften, dass das Pfund wieder zur internationalen Leitwährung würde – und verkannten, dass sich die Geschichte nicht zurückdrehen ließ. Seit dem Ersten Weltkrieg waren die USA die ökonomische Supermacht, und die internationalen Finanzströme wurden nun von der Wall Street gesteuert.

Der britische Finanzminister hieß damals Winston Churchill, der später als Premier Großbritannien durch den Zweiten Weltkrieg führen sollte und als der bedeutendste englische Politiker des 20. Jahrhunderts gilt. Churchill kannte Keynes' Argumente, verstand sie sogar,[19] und traf dennoch eine fatale Fehlentscheidung: Im April 1925 führte er den alten Goldstandard wieder ein. Wie bei den Versailler Friedensverhandlungen publizierte Keynes sofort ein wütendes Pamphlet, das einen nur leicht variierten Titel erhielt: *Die öko-*

nomischen Folgen des Herrn Churchill (*The Economic Consequences of Mr. Churchill*).

Für Laien verständlich erklärte Keynes, wer gewinnt und wer verliert, wenn die Löhne und damit die Preise um 10 Prozent fallen. Die Profiteure waren nämlich die Vermögenden, die Geldbesitzer, die für jedes Pfund plötzlich mehr kaufen konnten. Die Verlierer waren nicht nur die Arbeiter – sondern auch alle Unternehmer, die Kredite aufgenommen hatten, um in ihre Produktion zu investieren. Fallende Preise bedeuteten fallende Umsätze, so dass es immer schwieriger wurde, Darlehen zu bedienen.

Eine Deflation war also höchst unsozial: Die Rentiers wurden reicher; Beschäftigte und Unternehmer ärmer. Leistungsloses Einkommen wurde belohnt – und Leistung bestraft. Geld war nicht neutral, wie die Neoklassiker behauptet hatten, sondern konnte einzelne Gruppen begünstigen und andere benachteiligen.

Vor allem der industrielle Norden Englands litt, kaum dass der alte Goldstandard wieder eingeführt wurde. Kohle war damals ein wichtiges Exportgut – und nun prompt zu teuer. Also sollten die Bergleute auf Teile ihres Lohns verzichten. Erbittert schrieb Keynes: »Den Grubenarbeitern wird die Wahl zwischen Hungertod und Unterwerfung angeboten, wovon dann andere Klassen profitieren.«[20]

Wie Keynes hervorhob, kann Geld ein Mittel des Klassenkampfs sein: »Die Wahrheit ist, dass wir auf halbem Wege zwischen zwei ökonomischen Gesellschaftstheorien stehen. Die eine Theorie hält daran fest, dass Löhne so festgesetzt werden sollten, dass es ›fair‹ und ›angemessen‹ zwischen den Klassen zugeht. Die andere Theorie – die Theorie der ökonomischen Übermacht – sagt, dass Löhne durch wirtschaftlichen Druck bestimmt werden sollten, durch die sogenannten ›harten Fakten‹, und dass unsere mächtige Maschine alles niedermalmen sollte, im Dienste eines allgemeinen Gleichgewichts und ohne Rücksicht auf die zufälligen Folgen für einzelne Gruppen. Mit seinem Vertrauen auf reine Zufälligkeiten, mit seinem Glauben an ›automatische Anpassungen‹ und mit seinem allgemeinen Desinteresse an sozialen Phänomenen ist der Goldstandard ein zentrales Symbol und Idol jener, die die obersten Ränge in unserem System einnehmen.«[21]

Keynes' bitterer Angriff auf die Neoklassik zeigt, wie unzufrieden er inzwischen mit dem Theoriegebäude war, das er von seinem Vater und Alfred Marshall geerbt hatte. Aber noch hatte er keine eigene Alternative. Sein Schüler Austin Robinson schrieb später über diese Phase: »Wäre Maynard Keynes 1925 gestorben, wäre es schwierig geworden für jene, die die Kraft und die Originalität seines Geistes kannten, die anderen zu überzeugen, die ihn nicht gekannt hatten.«

Der alte Goldstandard war für Großbritannien genauso katastrophal, wie Keynes es prognostiziert hatte: Mehr als eine Million Menschen blieben arbeitslos, und viele Unternehmen machten kaum Profite. Gleichzeitig konnte die Bank of England die Zinsen nicht senken, weil dann Geld ins Ausland abgeflossen wäre – was wiederum den fixierten Wechselkurs von 4,86 Dollar bedroht hätte.

Europaweit war Großbritannien ein Sonderfall, denn die anderen Länder hatten den Goldstandard erst eingeführt, nachdem sie ihre Währung abgewertet hatten. Vor allem Frankreich boomte, weil seine Güter auf dem Weltmarkt etwa 30 Prozent billiger waren als die englischen. Aber auch die deutsche Wirtschaft wuchs ab 1924 wieder kräftig. Nur Großbritannien stagnierte, weil es sich an ein überteuertes Pfund gekettet hatte.

In dieser ausweglosen Situation präsentierte Keynes einen Plan, der heute zum gängigen Repertoire in jeder schweren Krise gehört: Er schlug ein »deficit spending« vor, wie es später genannt würde. Die Regierung sollte Kredite aufnehmen und Investitionsprojekte starten, um die Wirtschaft anzukurbeln und die Arbeitslosen zu beschäftigen. Denkbare Projekte gab es genug, wie Keynes aufzählte: Man könnte Häuser errichten, Telefonleitungen legen, die Eisenbahn ausbauen, Sümpfe trockenlegen, die Londoner U-Bahn erweitern, neue Straßen, Docks und Hafenbecken anlegen.

Keynes gelang es sogar, die Liberalen von diesem Plan zu überzeugen, die sich in der Opposition befanden und ein Wahlprogramm benötigten. Im März 1929 präsentierte der liberale Expremier Lloyd George daher ein Beschäftigungsprogramm, das jährlich 100 Millionen Pfund kosten sollte. Die konservative Regierung lehnte jedoch einen »unsoliden« Haushalt ab und konterte mit dem

Spruch »Sicherheit zuerst«. Wie immer stürzte sich Keynes mit Verve ins politische Gefecht und produzierte eine weitere Broschüre, die diesmal den Titel trug: *Can Lloyd George Do It?*

Keynes rechnete vor, dass 100 Millionen Pfund zwar teuer wirkten – aber faktisch umsonst zu haben wären. Das Pamphlet war schwungvoll geschrieben und arbeitete mit anschaulichen Vergleichen. Als Erstes erfuhren die Leser, wie kostspielig die Unterbeschäftigung war. Seit 1921 hatte England über 500 Millionen Pfund für die Unterstützung der Arbeitslosen ausgegeben, was umgerechnet bedeutete: »Dies hätte jede dritte Familie im Land mit einem Auto versorgt.«

Noch schlimmer war aber der Gesamtschaden, den die Arbeitslosigkeit verursachte. Im Durchschnitt produzierte damals jeder Erwerbstätige einen Gegenwert von etwa 220 Pfund im Jahr. Bei Vollbeschäftigung hätte man seit 1921 also ungefähr 2 Milliarden Pfund mehr erwirtschaftet. »Dies liegt über der Gesamtsumme, die die Alliierten von Deutschland als Reparationen verlangt haben.«

Keynes wollte seinen Landsleuten begreiflich machen, dass ein ausgeglichener Staatshaushalt keinen Wert an sich darstellt: »Es mag sehr weise wirken, sich zurückzulehnen und bedächtig den Kopf zu schütteln. Aber während wir warten, sammelt sich die ungenutzte Arbeit der Arbeitslosen nicht zu unseren Gunsten auf einem Bankkonto, … sondern ist unwiederbringlich verloren.«

Erstmals tauchte auch ein Gedanke auf, der noch eine immense Rolle in der keynesianischen Theorie spielen sollte: Jedes Pfund, das der Staat investiert, wird wieder ausgegeben und schafft damit weitere Nachfrage. Es kommt zu einem »Multiplikatoreffekt«, wie es später heißen würde. Doch diesen »Faktor der indirekten Beschäftigung« konnte Keynes damals noch nicht quantifizieren, so dass er etwas hilflos anmerkte: »Es ist nicht möglich, diese Effekte mit irgendeiner Form der Präzision anzugeben.«

Das »deficit spending« war zwar ein revolutionärer Vorschlag, aber zunächst rein praktisch gemeint. Keynes wollte nur die Folgen lindern, die das überteuerte Pfund verursachte. Er verband damit noch keine weitreichenden theoretischen Einsichten. Keynes hatte sich zwar partiell von der Neoklassik gelöst, aber er glaubte weiterhin, dass die

Wirtschaft eigentlich zum Gleichgewicht neigte – wenn man nicht, wie Großbritannien, an einen falschen Wechselkurs gekettet war.

Keynes war längst weltberühmt, hatte aber noch kein theoretisches Werk geschrieben. Seine Kollegen hatten daher gespannt auf sein Buch *Vom Gelde* (*A Treatise on Money*) gewartet, das 1930 schließlich erschien. Fünf Jahre hatte Keynes daran gearbeitet, doch mit dem Ergebnis war er nicht zufrieden. Seiner Mutter teilte er mit: »Künstlerisch ist es ein Fehlschlag – ich habe meine Meinung im Laufe der Zeit zu oft geändert, als dass es eine echte Einheit wäre.« Auch seine potentiellen Leser informierte er bereits im Vorwort, dass »ich besser und viel kürzer sein könnte, wenn ich noch einmal neu starten würde. Ich fühle mich wie jemand, der sich einen Weg durch einen wirren Dschungel gebahnt hat. Nachdem ich ihn verlassen habe, erkenne ich, dass ich eine direktere Route hätte nehmen können.«

Zudem änderten sich die ökonomischen Realitäten. Anfangs dachte man noch, dass die Weltwirtschaftskrise bald vorbei sein würde, doch ab 1931 mündete sie in eine schwere Bankenkrise. Der Goldstandard brach zusammen, und die Reparationen wurden ausgesetzt. Keynes hatte also recht behalten, aber das nutzte ihm nichts. Denn die Weltwirtschaftskrise offenbarte auch, dass die zentrale Prämisse seines Werks nicht zutraf: Mit dem Zins allein lässt sich eine Volkswirtschaft nicht steuern.

Vom Gelde ging noch davon aus, dass die Zentralbank jede Flaute bekämpfen könnte. Wenn die Wirtschaft überhitzte, sollte die Bank of England den Zinssatz hochsetzen, damit Kredite teurer wurden und der Boom wieder abkühlte. Wurde zu wenig investiert, sollte die Zentralbank die Zinsen senken, damit sich die Darlehen verbilligten und es sich für die Unternehmer lohnte, ihre Produktion auszuweiten.

Doch nun war offensichtlich, dass die Zentralbanken machtlos waren. Ihre Zinsen lagen zwar niedrig, aber es gab niemanden mehr, der Kredite vergeben oder aufnehmen wollte. Viele Banken hatten Konkurs angemeldet und waren vom Markt verschwunden; aber auch die verbliebenen Institute bewilligten keine Darlehen mehr, weil das Risiko zu hoch erschien. Zugleich fanden sich kaum noch Unternehmer, die Kredite beantragen wollten. Die Firmen litten an

Überkapazitäten, so dass es unsinnig erschien, zu investieren und die Produktion auszuweiten. Jahrelang hatte sich Keynes mit der Geldpolitik der Zentralbank beschäftigt, doch jetzt war sie nutzlos.

Keynes war fast fünfzig Jahre alt und stand vor den Trümmern einer Theorie, die sein Lebenswerk hatte darstellen sollen. Doch er war nicht etwa deprimiert – sondern begann sofort ein neues Buch. Schon bald war er sich sicher, dass er an einer theoretischen Revolution arbeitete. Am 1. Januar 1935 ließ er den Schriftsteller George Bernard Shaw wissen: »Ich glaube, dass ich gerade ein Buch über die ökonomische Theorie schreibe, das die Art, wie die Welt über wirtschaftliche Probleme denkt, revolutionieren wird – nicht sofort, nehme ich an, aber im Laufe der nächsten zehn Jahre.«

Diese »Revolution« ereignete sich noch schneller als erhofft. 1936 veröffentlichte Keynes seine *Allgemeine Theorie der Beschäftigung, des Zinses und des Geldes.* »Der Rest ist Geschichte«, wie sein Biograph Donald Moggridge lakonisch zusammenfasste. Das Buch löste sofort eine weltweite Debatte aus und hat die Wirtschaftswissenschaften bleibend verändert (siehe nächstes Kapitel).

Unheilbar krank

Keynes selbst hat sich anschließend kaum noch um seine *Allgemeine Theorie* gekümmert. Er hat zwar noch einige Aufsätze veröffentlicht, um seine zentralen Thesen klarer zu fassen, aber ab 1937 war er sterbenskrank.

Er erlitt einen Herzinfarkt, von dem er sich nie wieder vollständig erholte. Wie schließlich herausgefunden wurde, waren seine Mandeln chronisch von Streptokokken infiziert, die sich auch in den Herzklappen festgesetzt hatten. Eine effiziente Behandlung war damals nicht möglich, denn Antibiotika gab es noch nicht.

Zwei Jahre lang lebte Keynes zurückgezogen in seinem Landhaus Tilton und war danach so weit wiederhergestellt, dass er im Zweiten Weltkrieg erneut im Finanzministerium aushelfen konnte. Seine Stellung war einzigartig: Er kam als Privatmann, wurde nicht bezahlt und brachte sogar seine eigene Sekretärin mit.

Anders als zu Beginn des Ersten Weltkriegs glaubte diesmal niemand, dass der Waffengang schnell vorbei sein würde. Den Briten war bewusst, dass sie ihre gesamte Volkswirtschaft mobilisieren mussten, wenn sie Hitler besiegen wollten. Diese Erkenntnis warf aber sofort die Frage auf, wie groß die Leistungsfähigkeit der britischen Wirtschaft eigentlich war. Die Antwort kannte niemand, denn damals gab es noch keine volkswirtschaftlichen Gesamtrechnungen.

Diese Statistik musste nun schleunigst entwickelt werden, damit sich abschätzen ließ, wie viele Waffen, Flugzeuge und Panzer produziert werden konnten, ohne dass die Bevölkerung hungern musste. Es gab bereits Vorarbeiten anderer Ökonomen,[22] aber Keynes veränderte deren Modelle entscheidend: Er berechnete nicht mehr das Volkseinkommen, sondern verschob den Fokus auf die Produktion. Das moderne Bruttoinlandsprodukt (BIP) war geboren.

Die Wucht dieser konsequenten Planung war erstaunlich, wie der amerikanische Ökonom John Kenneth Galbraith später notierte: Obwohl die Wirtschaftsleistung Großbritanniens 30 Prozent niedriger lag als im Deutschen Reich, produzierten die Briten bereits 1941 mehr Rüstungsmaterial als Deutschland.[23] Das System der volkswirtschaftlichen Gesamtrechnung setzte sich nach dem Zweiten Weltkrieg weltweit durch, und für manche Historiker ist dies der »vielleicht größte und nachhaltigste Erfolg von Keynes«.[24]

Nun stellte sich auch die politische Anerkennung ein: 1942 wurde er als Baron Keynes of Tilton in den Adelsstand erhoben und damit zum Mitglied des House of Lords. »Jetzt hast Du«, schrieb ihm die stolze Mutter, »der Familiengeschichte die Krone aufgesetzt!«

Vielleicht hätte Keynes noch länger leben können, aber ab 1943 entschied er sich, keine Rücksicht mehr auf sein schwaches Herz zu nehmen. Er fuhr immer wieder monatelang in die USA, um über Kriegskredite sowie ein neues Weltwährungssystem zu verhandeln, das nach Kriegsende gelten sollte.

Von seiner letzten US-Reise kam Keynes bleich und erschöpft zurück. Wenige Wochen später, am 21. April 1946, starb er an Herzversagen.

8 Sicher ist nur die Unsicherheit: *Die allgemeine Theorie* (1936)

John Maynard Keynes war ein brillanter Autor, aber ausgerechnet seine *Allgemeine Theorie* ist anstrengend zu lesen. Bis heute klagen Ökonomen, wie mühsam dieser Text sei. Ein paar Stimmen: »Vor allem Teil II ist ein Alptraum.«[1] »Es herrscht allgemeine Übereinstimmung, dass das Buch sowohl grundlegend als auch fast undurchdringlich war.«[2] »Ein komplexes, schlecht strukturiertes und manchmal unklares Werk.«[3] Auch Keynes selbst wusste, dass sein Text nicht perfekt war. Im Vorwort warnte er seine Leser, dass »das Schreiben dieses Buches für den Autor einen langwierigen Kampf (darstellte), aus alten Denkmustern auszubrechen«.[4]

Der Titel hingegen war genial. Die beiden Wörter *Allgemeine Theorie* klingen zwar nicht besonders aufregend, aber sie sind frech und doppeldeutig und umreißen Keynes' Anliegen präzise. Die erste Lesart ist offensichtlich: Keynes beanspruchte, dass er allein die ökonomischen Prozesse richtig erklärte. Seine Theorie sollte »allgemein« gelten – in Zeiten der Hochkonjunktur genauso wie in Phasen der Krise. Die Neoklassik wurde zu einem »Spezialfall« degradiert, deren Theorie nur zutrifft, wenn zufällig Vollbeschäftigung herrscht.

Aber der Titel *Allgemeine Theorie* hatte noch eine zweite Bedeutung, die vielen Lesern zunächst entging. Keynes erläuterte daher 1939 im Vorwort zur französischen Ausgabe genauer, was er mit dem Adjektiv »allgemein« sagen wollte: »Ich befasse mich vor allem mit dem Verhalten des ökonomischen Systems als Ganzes.« Anders als die Neoklassik setzte Keynes also nicht beim einzelnen Kunden oder der einzelnen Firma an – sondern betrachtete die gesamte Nachfrage und die gesamten Investitionen. Dies war eine Revolution. Im Alleingang begründete Keynes eine neue Disziplin: die sogenannte »Makroökonomie«, die sich mit den »allgemeinen« Gesetzmäßigkeiten der gesamten Wirtschaft befasst.

Auch der Rest des Titels brachte Keynes' Anliegen präzise auf den Punkt. Vollständig lautete er: *Die allgemeine Theorie der Beschäftigung, des Zinses und des Geldes*. Diese Kombination von Themen stellte erneut einen frontalen Angriff auf die Neoklassik dar, denn diese hatte stets behauptet, dass das Geld »neutral« sei. Es sollte wie ein »Schleier« über der Wirtschaft liegen und keinerlei Einfluss darauf haben, wie hoch die Arbeitslosigkeit oder die Auslastung der Fabriken ist. Indem Keynes die Begriffe »Beschäftigung«, »Zins« und »Geld« aneinander fügte, stellte er klar: Geld ist nicht neutral, sondern hat immense Bedeutung im Kapitalismus.

Die Neoklassik versteht ihre eigene Theorie nicht

Als Keynes seine *Allgemeine Theorie* schrieb, waren Millionen Menschen arbeitslos. Die Neoklassik konnte dieses Massenelend nicht erklären, denn sie stellte sich den Arbeitsmarkt wie einen Gemüsemarkt vor: Wenn es zu viele Kartoffeln gibt, dann sinkt der Preis, bis alle Kartoffeln einen Käufer finden. Genauso sollte der Lohn fallen, bis jeder Arbeitslose wieder einen Job hatte.

Doch diese schöne Theorie funktionierte noch nicht einmal in den USA, wo die Neoklassik gelebte Praxis war: In Amerika gab es kaum Schutzrechte für die Beschäftigten, so dass die Löhne stark fielen, als 1929 die Wirtschaftskrise begann. Trotzdem kam es nicht etwa zur Vollbeschäftigung, wie die Neoklassik prognostizierte – sondern die Arbeitslosigkeit erreichte auch in den USA desaströse 25 Prozent.

Offenbar funktionierte der Arbeitsmarkt doch nicht wie ein Kartoffelmarkt. Aber warum? Keynes' Erklärung ist verheerend für die Neoklassik, denn er musste gar keine neue Theorie entwerfen, um den Denkfehler zu entlarven. Stattdessen konnte er zeigen, dass die Neoklassik ihren eigenen Ansatz nicht konsequent zu Ende gedacht hatte.

Wenn die Löhne sinken, fallen auch die Kosten der Unternehmer – und damit die Preise. So weit, so neoklassisch. Doch die Neoklassiker hatten nicht bedacht, was dies bedeutet: Wenn die Preise fallen, sinken auch die Umsätze der Firmen. Am Ende zahlen die Unternehmer zwar *nominal* weniger Gehalt, aber sie nehmen auch weniger Geld ein, so dass sich *real* überhaupt nichts ändert: Das Verhältnis von Lohnkosten und Erträgen ist weiterhin das gleiche.[5] Die Firmenchefs profitieren also gar nicht.

Auch für die Arbeitnehmer bleibt alles wie gehabt: Ihre Gehälter sind zwar gefallen, aber da auch die Preise gesunken sind, ist die *reale* Kaufkraft der Beschäftigten unverändert. Die Arbeitnehmer haben zwar weniger Lohn, da aber die Waren jetzt billiger sind, können sich die Angestellten genauso viele Güter leisten wie zuvor.

Die theoretische Konsequenz ist absolut zentral: Es bringt überhaupt nichts, am Lohn zu drehen. Arbeitslosigkeit entsteht nicht auf dem »Arbeitsmarkt«, und Vollbeschäftigung lässt sich nicht erreichen, indem man die Gehälter senkt.[6]

Die Neoklassiker hatten einen Fehlschluss begangen, wie er für ihre Theorie typisch ist: Sie dachten nicht makroökonomisch, sondern blieben in der Mikroökonomie stecken und glaubten naiv, dass die gesamte Volkswirtschaft genauso funktioniert wie ein einzelnes Unternehmen.

Für eine einzelne Firma gilt tatsächlich, dass sie expandiert, wenn sie ihre Lohnkosten und damit ihre Preise senken kann. Dann hat sie einen Wettbewerbsvorteil und kann mehr Beschäftigte einstellen. Doch die Neoklassiker hatten übersehen, dass sich dieses Vorgehen eines Einzelunternehmens nicht auf die gesamte Volkswirtschaft übertragen lässt. Wenn in allen Firmen die Löhne fallen, entstehen keine Wettbewerbsvorteile für den einzelnen Betrieb. Es wird genauso viel produziert wie vorher – nur zu niedrigeren Preisen. Die Zahl der Beschäftigten und die Arbeitslosigkeit bleiben gleich.

Auch Keynes staunte, dass dieser neoklassische Denkfehler nicht weitaus früher aufgefallen war. Er vermutete, dass sich die konservative Theorie nur deshalb so hartnäckig hatte halten können, weil sie den Interessen der Eliten diente. Über die Neoklassik schrieb er: »Dass sie zu ganz anderen Schlüssen gelangte, als Laien erwarten würden, steigerte ihr intellektuelles Prestige sogar noch. Dass ihre

Lehren, sobald man sie in die Praxis umsetzte, asketisch und unpopulär waren, ließ sie umso tugendhafter erscheinen. Dass sie einen riesigen, in sich logischen Überbau zu tragen vermochte, verlieh ihr Schönheit. Dass sie soziale Ungerechtigkeit und offensichtliche Härten als unvermeidliche Begleiterscheinungen des Fortschritts erklären konnte, ... machte sie bei staatlichen Stellen beliebt. Dass sie die ungehinderten Geschäfte des einzelnen Kapitalisten mit einer gewissen Rechtfertigung versah, sicherte ihr die Unterstützung der herrschenden Kreise, die hinter der Regierung standen.«[7]

Keynes' neoklassische Kollegen waren nicht entzückt, dass sie umstandslos zu Handlagern der herrschenden Klasse abgestempelt wurden. In einer Rezension beschwerte sich Pigou, dass Keynes alle anderen Ökonomen durch »boshaft zugespitzte Sätze« als eine »Bande unfähiger Stümper« hinstellen würde.

Keynes wusste genau, was er tat. Bevor die *Allgemeine Theorie* in Druck ging, hatte er sie von befreundeten Kollegen und Studenten mehrfach Korrektur lesen lassen. Vor allem der Ökonom Roy Harrod hatte versucht, Keynes davon abzuhalten, seine neoklassischen Kollegen frontal zu attackieren. Doch Harrods Einwände bestärkten Keynes nur darin, keine Milde walten zu lassen. Er schrieb zurück: »Deine Reaktion ... zeigt mir, dass ich meinen Angriff auf die klassische[8] Schule sogar noch intensivieren sollte, statt ihn abzuschwächen. Mein Motiv ist natürlich nicht, überhaupt gelesen zu werden. Aber es könnte nötig sein, um verstanden zu werden. Mich besorgt die Tendenz, die ich auch bei Dir erkenne, dass man so tut, als würde man meine Ansätze akzeptieren, um dann einen Kompromiss zu finden, der die zutiefst geliebten Ansichten rettet, was aber nur möglich wäre, wenn man meine theoretischen Beiträge zumindest teilweise missdeutet ... Ich will sozusagen Staub aufwirbeln; weil nur durch die Kontroverse, die dann entsteht, verstanden wird, was ich sagen will.«[9]

Keynes' Sorge sollte sich als prophetisch erweisen: Die Neoklassiker versuchten sofort, Keynes zu neutralisieren, indem sie ihn erst verfälschten und dann verkürzt in ihre eigenen Theorien einbauten.

Sparen ist keine Tugend – sondern gefährlich

Keynes hatte zwar die Neoklassik demoliert, aber die Frage blieb: Wie ließ sich die Arbeitslosigkeit erklären? Keynes' Antwort war, dass die gesamtgesellschaftliche Nachfrage entscheidet, wie viele Menschen beschäftigt sind. Er fasste damit in eine Theorie, was Laien schon immer gewusst hatten. Berühmt ist der Ausspruch eines anonymen Fließbandarbeiters: »Wenn keiner Autos kauft, ist es sinnlos, welche herzustellen.«[10]

Die Nachfrage wiederum schwankt, weil es Geld gibt – und Menschen sparen können. Sie geben ihr Einkommen nicht vollständig aus, sondern legen Teile beiseite, um für eine unsichere Zukunft vorzusorgen. Sobald aber Geld aufs Girokonto wandert, wird es gefährlich: Es fehlt die Nachfrage, um alle produzierten Güter zu verkaufen. Eine Absatzkrise droht.

Die Neoklassiker wussten natürlich auch, dass Menschen sparen. Aber sie sahen darin keine Gefahr, sondern adelten die Genügsamkeit zur Tugend. Es galt als vorbildlich, möglichst viel Geld auf den Bankkonten zu sammeln. Völlig absurd war diese Position nicht, denn Investitionen sind nur möglich, wenn nicht das gesamte Geld in den Konsum fließt.

Es darf jedoch nicht zu einem Überhang an Geld kommen. Die Neoklassiker mussten daher annehmen, dass stets nur genau so viel gespart wird, wie gleichzeitig investiert wird. Für diesen Ausgleich sollte der Zins sorgen. Die Vorstellung war: Wird zu viel gespart, sinkt der Zins. Die Firmen investieren wieder, weil Kredite jetzt billig sind. Gleichzeitig konsumieren die Sparer verstärkt, weil es sich nicht mehr lohnt, Geld auf der Bank zu parken. Prompt herrscht wieder schönstes Gleichgewicht.

Die Neoklassiker behandelten das Geld, als ob es eine Ware wie ein Auto wäre. Wenn es zu viele Autos gibt, dann fällt ihr Preis, und es hagelt Rabatte, bis jedes Auto einen Käufer findet. Genauso sollte der Zins sinken, wenn zu viel Geld vorhanden war.

Die Neoklassiker blieben also in ihrem Modell einer Tauschwirtschaft stecken, wie Keynes ihnen vorwarf. Sie behandelten das Geld, als ob es nur die Transaktionen auf einem Wochenmarkt erleichtern sollte. Damit aber verkannten die Neoklassiker, dass das Geld im Kapitalismus zwei zentrale Funktionen hat: Es ist nicht nur Tauschmittel – sondern auch Vermögensspeicher.

Die Menschen sparen nicht in erster Linie, um einen Zins zu kassieren – sondern Geld hat die einzigartige Fähigkeit, die Gegenwart mit der Zukunft zu verbinden. Wer spart, will heute für das Morgen vorsorgen. Damit aber ergibt sich ein Problem: Wir wissen nichts über die Zukunft. Sie ist völlig unbekannt. Wir sparen also ins Blaue hinein und lassen uns von unseren Gefühlen, Hoffnungen und Erwartungen leiten.

Anders als die Neoklassiker glaubten, ist der Zins also kein Preis, der sich aus der vorhandenen Geldmenge ergibt. Stattdessen misst der Zins, wie verunsichert eine Gesellschaft ist. Wird die Zukunft als düster eingeschätzt, sind die Sparer und Finanzanleger nicht bereit, sich von ihrem Geld zu trennen. Sie stellen es nicht für Investitionen zur Verfügung, sondern horten es lieber, indem sie es beispielsweise auf ihren Girokonten bunkern. Obwohl genug Geld vorhanden wäre, steigt der Zins in exorbitante Höhen, was jede wirtschaftliche Tätigkeit abwürgt. Ist hingegen die Stimmung bestens, sinkt der Zins, und es wird munter investiert. Reine Psychologie kann also ausreichen, um Absatzkrisen auszulösen. Gefühle wie Panik, Zuversicht oder Unsicherheit wirken auf die Wirtschaft zurück.

Den Zins als psychologischen Indikator zu sehen und nicht als Mengenpreis für Geld war für die Neoklassiker so ungewohnt, dass sie die *Allgemeine Theorie* anfangs gründlich missverstanden. Keynes' Werk löste sofort eine weltweite Debatte aus und wurde umgehend von allen wichtigen Ökonomen besprochen. Doch als Keynes diese Rezensionen las, war er schockiert. Ihm wurde klar, dass er seine gesamte Theorie noch einmal von vorn erklären musste. 1937 verfasste er daher einen knappen Aufsatz von nur vierzehn Seiten, der den Titel *The General Theory of Employment* trug.[11]

Dieser kleine Artikel war so witzig und luzide geschrieben, wie man es von Keynes kannte. Auf ihren Kern reduziert wurde deutlich, was die *Allgemeine Theorie* so revolutionär machte: Keynes rückte die Finanzmärkte ins Zentrum. Er beschrieb den Kapitalismus als ein soziales System, das durch die Börsen, die unkontrollierte Geldschöpfung und die Spekulation getrieben wird. Keynes verstand als Erster, wie Geld und Produktion zusammenhängen.

So klar Keynes in diesem kurzen Aufsatz war: Er schrieb nicht für Laien. Er setzte unter anderem voraus, dass seine Leser bereits wussten, wie die moderne Geldschöpfung funktioniert. Daher ist ein kurzer Exkurs über das Geld nötig.

Kleiner Exkurs: Wo kommt das Geld her?

Geld ist ein Rätsel. Jeder benutzt es, aber fast niemand versteht es. Diese Irritation hat Kurt Tucholsky ironisch auf den Punkt gebracht: »Nationalökonomie ist, wenn die Leute sich wundern, warum sie kein Geld haben.«[12]

Geld ist seltsam, weil es Wert besitzt, obwohl es »aus dem Nichts« entsteht. Der Staat druckt Geldscheine, die zwar einen Nennwert von bis zu 500 Euro haben können, faktisch aber Papierfetzen sind, deren Herstellung wenige Cent kostet. Noch erstaunlicher erscheint das Geld, das auf Giro- oder Sparkonten lagert: Es sind nur Zahlen in Bankcomputern. Wieso ist dieses »Giralgeld« wertvoll?

Geld hat Wert, solange Menschen täglich die Erfahrung machen, dass sie damit Waren und Dienstleistungen kaufen können. Sonst bricht das Vertrauen sofort zusammen. Jeder muss erleben, dass er mit seinen Euros die Miete bezahlen oder eine Urlaubsreise buchen kann. Das Geld ist also durch die Wirtschaftsleistung gedeckt.

Aber warum? Wie hängen Geld- und Gütermenge zusammen? An dieser Stelle kommt es oft zu Missverständnissen. Viele Menschen stellen sich nämlich vor, dass die Sparer zunächst ihr Geld zur Bank tragen – und dass die Bank dieses Geld dann wieder an Unternehmer verleiht, die investieren und ihre Produktion ausweiten wollen.

Doch die Realität sieht anders aus: Die Banken benötigen überhaupt keine Sparer, um Kredite gewähren zu können. Wenn eine Bank ein Darlehen vergibt, bucht sie das Geld einfach auf das Konto ihres Kunden. Fertig. Die Ersparnisse entstehen erst hinterher.

Ein kleines Beispiel: Baufirma A benötigt einen neuen Transporter, der 100 000 Euro kostet – und beantragt einen Kredit bei ihrer Hausbank. Das Institut gewährt dieses Darlehen und bucht 100 000 Euro auf das Girokonto von A. Die Baufirma überweist dann diese 100 000 Euro auf das Konto des Autohändlers B und bekommt dafür den Transporter. B hat jetzt 100 000 Euro mehr auf seinem Konto und kann sich überlegen, ob er diese Einnahmen spart oder wieder ausgibt.

Durch eine einzige Kreditvergabe ist die Geldmenge um 100 000 Euro gestiegen. Baufirma A hat den Transporter mit Geldern gezahlt, die es vorher nicht gab. Umgekehrt gilt natürlich: Wenn ein Darlehen zurückgezahlt wird, schrumpft die Geldmenge wieder. In der Summe expandiert das Finanzvermögen nur so schnell, wie die Kredite insgesamt zunehmen.

Die steigende Geldmenge ist ungefährlich, solange die Darlehen genutzt werden, um in die Realwirtschaft zu investieren. Dann nimmt die Menge der produzierten Waren ebenfalls zu, so dass das neue Geld durch die gestiegene Wirtschaftsleistung gedeckt ist.

Das ungelöste Rätsel der Neoklassik: Wie funktioniert der Zins?

Die Geldschöpfung wirft jedoch zwei irritierende Fragen auf, wie einige Ökonomen bereits Ende des 19. Jahrhunderts bemerkten. Erstens: Wenn die Banken das Geld autonom produzieren können – wozu muss dann noch gespart werden? Zweitens: Wie soll die Wirtschaft in ein Gleichgewicht finden, wenn Investoren und Sparer nichts miteinander zu tun haben?

Die Antwort auf die erste Frage war noch leicht zu finden und ist bis heute gültig: Sparen ist nötig, damit Arbeitskräfte freigesetzt werden, die Investitionsgüter herstellen können. Wenn nämlich die Haushalte gar nicht sparen und ihr gesamtes Geld für Konsumgüter wie Autos oder Urlaubsreisen ausgeben würden, dann wären alle verfügbaren Arbeitskräfte damit beschäftigt, genau diese Konsumgüter herzustellen. Die Gesellschaft würde sich zwar bestens amüsieren, würde aber leben, als ob es keine Zukunft gäbe. Sie würde ihre gesamte Substanz verschleißen. Wenn jedoch gespart wird, wird zum Teil auf Konsum verzichtet. Also sind nicht alle Arbeitskräfte damit ausgelastet, Verbrauchsgüter zu produzieren – sondern es bleiben Beschäftigte übrig, die Investitionsgüter wie Maschinen oder Häuser herstellen können.

Die zweite Frage hingegen verursachte schwerstes Kopfzerbrechen. Die Menschen sparten, wie es ihnen gefiel – und völlig unabhängig davon schöpften die Banken Geld, wann immer sie glaubten, dass ein Darlehen lukrativ sein würde. Es war nicht klar, welche Bedeutung der Zins noch hatte, wenn die Banken ihre Kredite »aus dem Nichts« fabrizieren konnten.

Auch Keynes hatte sich mehrfach an diesem Rätsel versucht[13] – bis ihm in der *Allgemeinen Theorie* der Durchbruch gelang. Im Rückblick ist es erstaunlich, wie naheliegend Keynes' wichtigster Einfall war: Er sah sich einfach an, wie Haushalte, Finanzanleger und Unternehmer tatsächlich mit dem Geld umgehen. Dabei stellte sich heraus, dass der Zins eine völlig andere Rolle spielte, als die Neoklassiker angenommen hatten.

Keynes' erste Erkenntnis lautete: Die meisten Sparer interessieren sich überhaupt nicht für den Zins. Sie sparen, um für die Zukunft vorzusorgen. Sie wollen ein Polster besitzen, falls sie arbeitslos werden oder im Alter die Rente nicht reicht; sie wollen später die Ausbildung ihrer Kinder finanzieren oder schlicht ein Erbe hinterlassen.

Konsum und Sparquote waren also relativ stabil – und zwar unabhängig vom Zins. Stattdessen wurde die Sparquote vor allem durch das Einkommen bestimmt, das den Menschen zur Verfügung stand. Die Einsicht war schlicht: Je mehr jemand verdient, desto mehr kann er sparen.

Dieser Gedanke mag zunächst wenig revolutionär erscheinen, hatte aber revolutionäre Konsequenzen: Wenn die Haushalte relativ stur sparen – dann müssten die Ausgaben für Investitionsgüter ebenfalls sehr regelmäßig fließen, wenn es nicht zu Absatzkrisen kommen soll. Doch wie Keynes zeigen konnte, sind die Investitionen mitnichten stabil, sondern höchst volatil.

Anders als die Neoklassik glaubte, bestimmen nämlich nicht allein die Firmenbesitzer, also die »echten« Unternehmer, ob sich eine Investition für sie lohnt. Es ist viel komplizierter: Die zentralen »Investoren« sind die Anleger und Spekulanten, die sich auf den Finanzmärkten tummeln. An den Börsen entscheidet sich, ob sich eine Kapitalanlage rentiert. Der moderne Kapitalismus wird durch die Spekulation getrieben.

Viele Neoklassiker hatten extreme Mühe, dieses Konzept zu verstehen, weil sie noch nie eine Börse von innen gesehen hatten. Sie glaubten, dass der »Zins« ein fixer *nominaler* Prozentsatz sei, den man für einen Kredit bezahlen muss, weil es im Darlehensvertrag so festgelegt wird. Doch Keynes war professioneller Spekulant. Er wusste, dass für Finanzanleger nur die *reale* Rendite zählt, die sich auf den Finanzmärkten bildet und die vom nominalen Zins extrem abweichen kann. In seinem kleinen Aufsatz *The General Theory of Employment* versuchte er daher, seinen Kollegen noch einmal ganz von vorn zu erklären, wie die Kapitalmärkte funktionieren.

Es zählt nicht der Zins – sondern die Spekulation

Die Tücken der Finanzmärkte zeigen sich besonders deutlich, wenn eine Panik ausbricht: Wenn Investoren glauben, dass Unternehmen bald pleite sind, dann versuchen sie, noch schnell ihr Vermögen zu retten, indem sie Aktien und Firmenanleihen abstoßen, um dafür Geld zu erhalten. Da alle Anleger gleichzeitig verkaufen wollen, fallen die Preise der Wertpapiere, was umgekehrt die Rendite der Papiere in astronomische Höhen treibt.

Ein fiktives Rechenbeispiel aus der Gegenwart: Angenommen, eine Firma hat sich Geld für eine neue Fabrikhalle besorgt, indem sie eine Anleihe aufgelegt hat, die auf 100 000 Euro lautet, fünf Jahre läuft und Zinsen von 5 Prozent, also jährlich 5 000 Euro abwirft. Plötzlich, nach zwei Jahren, kommt es zu einer Panik auf den Finanzmärkten, und alle Anleger versuchen gleichzeitig, sich von ihren Wertpapieren zu trennen. Der Preis der Anleihe fällt um die Hälfte – sie ist jetzt für 50 000 Euro zu haben, obwohl sie eigentlich auf 100 000 Euro lautet.

Was bedeutet das für die Rendite? Solange die Anleihe noch läuft, beträgt die Rendite jetzt nicht mehr 5 Prozent, sondern ist auf 10 Prozent hochgeschnellt. Denn der neue Besitzer der Anleihe musste ja nur 50000 Euro aufbringen, hat aber weiterhin Anspruch auf Zinsen von jährlich 5000 Euro. Noch besser: Wenn die Anleihe ausläuft und die Firma das Geld zurückzahlt – dann erhält der neue Eigentümer des Wertpapiers 100000 Euro, obwohl er selbst nur 50000 Euro gezahlt hat. Macht noch einmal eine Rendite von 50 Prozent.

Natürlich hat diese schöne Rechnung einen Haken: Die Renditen können zwar extrem üppig ausfallen, aber die Unsicherheit ist ebenfalls beträchtlich. Es ist nicht auszuschließen, dass die Firma tatsächlich in die Pleite rutscht – und überhaupt nichts zahlt. Der Käufer der Anleihe hätte dann gar keinen Gewinn, sondern müsste einen Verlust von 50000 Euro verbuchen. Dieses Risiko wollen viele Anleger nicht eingehen und bunkern lieber ihr Geld.

Renditen sind also ein Maß für die »Liquiditätspräferenz«, wie Keynes es nannte. Sie sind Unsicherheitsprämien, die sich auf den Finanzmärkten bilden und die gleichzeitig bestimmen, wie hoch die Zinsen bei einem neuen Kredit wären. In Zeiten der Panik steigen die Renditen und damit die Zinskosten so dramatisch an, dass kein Firmenchef mehr investieren kann.

Ein ähnlicher Mechanismus zeigt sich auch bei Aktien: Wenn die Anleger ängstlich werden und die Kurse stark fallen, investiert niemand mehr in neue Maschinen – weil es nämlich billiger wäre, die Papiere eines bestehenden Unternehmens zu kaufen, statt neue Kapazitäten aufzubauen.

Angst ist zwar nur ein Gefühl, hat aber reale Konsequenzen: Investitionen lohnen sich nicht mehr. Dies löst wiederum eine Kettenreaktion aus, die sich rasant durch die gesamte Volkswirtschaft frisst. Da Aufträge fehlen, werden als Erstes die Angestellten im Maschinenbau oder in der Bauwirtschaft entlassen. Diese Arbeitslosen können sich viele Konsumgüter nicht mehr leisten, weswegen in diesen Sektoren dann ebenfalls Stellen wegfallen. Die Nachfrage bricht weiter ein, so dass noch mehr Jobs gestrichen werden. Die Wirtschaft befindet sich im freien Fall.

Die Talfahrt endet spätestens, wenn die Gesellschaft so arm ist, dass niemand mehr sparen kann. Dieses neue Gleichgewicht geht aber nicht mit Vollbeschäftigung einher, wie die Neoklassiker so optimistisch dachten – sondern die Massenarbeitslosigkeit verfestigt sich.

Keynes war der erste Ökonom, der jenes Rätsel lösen konnte, das Marx und Engels bereits in ihrem *Kommunistischen Manifest* beschrieben hatten: Er konnte erklären, warum es inmitten von Reichtum zu Armut kommt und warum Fabriken leer stehen, obwohl Arbeitslose arbeiten wollen.

Der Schlüssel ist das Geld: Es kann jederzeit zurückgehalten werden, wenn die Zukunft zu unsicher erscheint. Daher regieren die Erwartungen, der Zufall – und der menschliche Herdentrieb.

Das neoklassische Modell war also obsolet, das den Menschen zu einem Homo oeconomicus erklärte, der Kosten und Nutzen mathematisch genau ermittelt – und seinen Besitz strategisch mehrt. Keynes fand dieses Konzept absurd: »Vermögen ist ein besonders ungeeignetes Sujet für die Methoden der klassischen Ökonomie.«

Keynes ging es nicht um das korrekte Menschenbild. Er wollte gar nicht beurteilen, ob Anleger rationale Wesen sind oder nicht. Sein Punkt war vielmehr: Selbst ein perfekter Homo oeconomicus könnte nicht wissen, wie er sein Vermögen maximieren soll – ganz einfach weil die Daten fehlen, um das Optimum zu berechnen. Sicher ist nur die Unsicherheit.[14]

Diesen Gedanken haben viele Neoklassiker bis heute nicht verstanden. Sie halten noch immer daran fest, dass rationale Entscheidungen möglich seien und dass man nur das »Risiko« kalkulieren müsse, damit Sparer und Investoren ihre Vermögen richtig anlegen und mehren (siehe nächstes Kapitel).

Es ist nicht Keynes' Schuld, dass viele Neoklassiker ihn missverstehen. Denn er hat sich sonnenklar ausgedrückt. Beim Thema »Risiko« hat er nichts dem Zufall überlassen: Seine Texte sind absolut präzise, wenn es um die Fiktion der Kalkulierbarkeit geht. Selbst die *Allgemeine Theorie* ist nicht mehr dröge, sondern extrem witzig, sobald sich Keynes den realen Leiden der Anleger widmet.[15]

Der Homo oeconomicus hat keine Chance – weil es das Risiko nicht gibt

Wenn Sparer heutzutage zu ihrer Bank gehen und Geld anlegen wollen, dann müssen sie ein Formular ausfüllen, in dem sie ihre »Risikoneigung« angeben. Sind sie »sicherheitsorientiert«, »konservativ«, »gewinnorientiert« oder »risikobewusst«? Diese Selbsteinschätzung entscheidet, ob dem Sparer nur ein harmloser Sparbrief oder aber ein gewagter Immobilienfonds angeboten wird.

Auf den ersten Blick wirkt das Vorgehen der Bank nachvollziehbar und kundenorientiert. Es hat nur einen Haken: Das Risiko von Geldanlagen lässt sich nicht seriös berechnen. Die Klassifizierung der Kunden und ihrer Finanzprodukte täuscht eine Sicherheit vor, die es gar nicht gibt. Denn das Konzept »Risiko« setzt voraus, dass sich Wahrscheinlichkeiten angeben lassen. Es wird so getan, als wäre die Zukunft vergleichbar mit einem Würfelspiel, bei dem die Wahrscheinlichkeit genau ein Sechstel beträgt, dass beim nächsten Wurf eine Eins fällt.

Doch die Zukunft ist nicht riskant, sondern prinzipiell unbekannt, wie Keynes mit Beispielen verdeutlichte: »Die Aussicht eines Kriegs in Europa ist unsicher, oder der Kupferpreis und der Zinssatz in zwanzig Jahren, oder das Veralten einer neuen Erfindung, oder die Rolle des Privatvermögens in der Gesellschaftsordnung von 1970. Bei diesen Themen gibt es keine wissenschaftliche Basis, die es erlauben würde, irgendeine berechenbare Wahrscheinlichkeit anzugeben. Wir wissen es schlicht nicht.«

Der Mensch steckt in dem Dilemma, dass er handeln muss – obwohl er den Erfolg seiner Handlungen nicht abschätzen kann. Diese Realität ist emotional so unerträglich, dass sie verdrängt und die objektive Unsicherheit in subjektive Sicherheit umgewandelt wird. Keynes hebt vor allem drei Tricks hervor, wie wir »unser Gesicht als rationales ökonomisches Wesen wahren«.

Erstens wird einfach so getan, als ob die Zukunft genauso wie die Gegenwart sei. Der Status quo wird ins Unendliche verlängert. Zwar weiß jeder, dass sich permanent Neues ereignet, aber diese irritierende Tatsache wird ausgeblendet. Daher wird – zweitens – angenommen, dass die Börsenkurse, die heute gelten, den künftigen Wert der Unternehmen richtig abbilden. Da der Einzelne trotzdem ahnt, dass er falschliegen dürfte, folgt er – drittens – am liebsten der Masse. Jeder verlässt sich darauf, dass sich die Mehrheit seiner Mitbürger bestimmt nicht irrt. Es kommt zum berühmten Herdentrieb: Alle Finanzanleger treffen die gleichen Entscheidungen.

Dieses Verhalten ist nicht irrational, denn eine bessere Marschroute besitzt der Mensch nicht. Wir haben nur unsere Erwartungen, um uns zu orientieren, was wiederum eine Rationalität ganz eigener Art hervorbringt: Es zählt nicht mehr die Zukunft, die sowieso unsicher und unbekannt ist – sondern Richtschnur sind die Erwartungen der anderen. Spekulanten sind besonders erfolgreich, wenn sie die Gefühle und Hoffnungen der restlichen Anleger erraten.

Keynes hat das Börsengeschehen mit einem Schönheitswettbewerb in der Lokalzeitung verglichen: Professionelle Kapitalanlagen würden jenen Wettbewerben ähneln, »bei denen die Teilnehmer die sechs hübschesten Gesichter aus hundert Fotos aussuchen sollen, wobei der Preis jenem Teilnehmer zugeteilt wird, dessen Auswahl am ehesten den durchschnittlichen Präferenzen aller Teilnehmer entspricht«. Das ist noch komplizierter, als es sowieso schon klingt: »Es geht also nicht darum, jene Gesichter auszusuchen, die nach eigener Einschätzung tatsächlich die hübschesten sind, oder jene, die nach durchschnittlicher Meinung am hübschesten sind. Wir haben einen dritten Grad erreicht, wo wir unsere Intelligenz darauf verwenden, vorherzusehen, was im Durchschnitt erwartet wird, wie die Meinung im Durchschnitt sein wird.«

Keynes wusste aus bitterer Erfahrung, wie teuer es werden kann, den Lauf der Herde falsch einzuschätzen. Als er 1919 anfing, mit Devisen zu spekulieren, hatte er noch geglaubt, dass sein Fachwissen als Währungsexperte ausreichen würde. Wie schon geschildert, wettete er darauf, dass der Kurs der Mark fallen würde. Doch entgegen seiner Erwartung erholte sich die deutsche Mark zwischendurch, während der Dollar nachgab, so dass ein gigantischer Verlust von 22 573 Pfund auflief. Langfristig behielt Keynes zwar recht, und bis 1923 fiel die Mark sogar ins Bodenlose. Aber kurzfristig war er trotzdem ruiniert.

Die Kunst war also, wie Keynes nun wusste, die Erwartungen der anderen Anleger vorauszuahnen – und auszusteigen, bevor es brenzlig wird. Keynes verglich die Börse mit der »Reise nach Jerusalem«. Auch dort gewinnt nur, wer sich rechtzeitig, aber nicht zu früh in Sicherheit bringt.

Diese Strategien funktionieren relativ gut, solange die falsche Grundannahme halbwegs zuzutreffen scheint, dass es nicht zu unvorhergesehenen Ereignissen kommt. Doch sind unerfreuliche Überraschungen weder zu vermeiden noch besonders selten. Süffisant schrieb Keynes, dass »all diese schönen, höflichen Techniken, passend zum gediegen getäfelten Konferenzsaal eines Vorstands, … wieder kollabieren«. Ein Trost allerdings blieb den Anlegern, wenn sie Verluste gemacht hatten, obwohl sie der Herde brav gefolgt waren: Ihnen würde niemand einen Vorwurf machen. »Die Lebenserfahrung lehrt, dass es für den eigenen Ruf besser ist, auf gewöhnliche Weise zu scheitern, als auf ungewöhnliche Weise erfolgreich zu sein.«

Keynes war also zum Thema seiner Doktorarbeit zurückgekehrt. Damals hatte er sich mit der Frage beschäftigt, wie sich die Wahrheit von Aussagen ermitteln lässt – wenn doch das Wissen meist unvollkommen, unsicher und begrenzt ist. Jetzt wandte er dieses Problem auf die Börsen an und untersuchte, wie sich Erwartungen bilden, obwohl die Zukunft unbekannt ist.[16] Indem sich Keynes der Psyche der Finanzanleger widmete, nahm er einen Forschungszweig vorweg, der erst Jahrzehnte später aufblühen sollte: die Verhaltensökonomie.

Die Übermacht der Finanzmärkte

Da Keynes selbst professioneller Spekulant war, warnte er vor der Gefahr, dass die Börsenwetten zum Selbstzweck werden – und dass nicht mehr die erwartete Profitabilität von Firmen zählte, sondern allein das Herdenverhalten der Finanzanleger. Er schrieb: »Spekulanten mögen so lange keinen Schaden anrichten, wie sie Blasen auf dem steten Strom des Unternehmertums gleichen. Die Lage wird jedoch heikel, wenn das Unternehmertum nur noch eine Blase im Strudel der Spekulation ist. Wenn die Kapitalbildung eines Lands zum Nebenprodukt eines Spielkasinos wird, droht die Aufgabe zu misslingen.« Keynes hatte damit eine Metapher geprägt, die bleiben würde: Es ist zu einer stehenden Redewendung geworden, vom »Kasinokapitalismus« zu sprechen, wenn die Finanzmärkte gemeint sind.

Um die Spekulation mit Aktien und Derivaten einzudämmen, schlug Keynes vor, eine Umsatzsteuer auf alle Finanzgeschäfte zu erheben: »Es herrscht gewöhnlich Einigkeit, dass es im öffentlichen Interesse liegt, dass Kasinos schwer zugänglich und teuer sein sollten.« Diese Idee ist nicht nur bei Globalisierungskritikern wie Attac beliebt, sondern wird neuerdings sogar von den EU-Finanzministern diskutiert.[17]

Keynes entwarf also ein völlig anderes Szenario als die Neoklassik. Seine Vorgänger hatten sich den Akt des Investierens ganz simpel vorgestellt: Unternehmer beantragen ein Darlehen bei der Bank, die den Kredit gern gewährt, wenn er nicht zu riskant ist. Doch Keynes zeigte, dass die Existenz der Finanzmärkte das Investieren zu einem hochkomplexen Vorgang gemacht hatte. »Investieren« wird bei ihm zu einem doppeldeutigen Begriff: Zwar gibt es weiterhin die »normalen« Firmen, die ihre Kapazitäten ausbauen, um zusätzliche Gewinne zu erwirtschaften. Aber das nötige Geld erhalten sie meist nicht als Bankkredit – stattdessen werden Aktien oder Unternehmensanleihen emittiert und an Finanzanleger verkauft, die dann in diese Wertpapiere »investieren«. Bei Keynes kamen die Banken nicht mehr explizit vor, sondern wurden zu den Finanzinvestoren gezählt, weil die Banken die größten Händler von Anleihen und Aktien sind. Es gab also zwei Klassen von Investoren, die zudem unterschiedliche Erwartungen hatten: Die Unternehmen wollen ihren Absatz steigern und berechnen ihre langfristigen Erlöse, während sich die Finanzanleger vor allem für die kurzfristigen Kursgewinne an der Börse interessieren.[18]

Keynes schreckte nie vor radikalen Einfällen zurück und erörterte daher in der *Allgemeinen Theorie*, ob man die Börsen nicht einfach abschaffen sollte, um die grassierende Spekulation zu beenden. Aktien und Anleihen könnten doch »wie Ehen« sein: Die Finanzanleger müssten sich dauerhaft an diese Papiere binden und dürften sie nicht mehr abstoßen. »Die Investoren wären gezwungen, sich auf die langfristigen Perspektiven zu konzentrieren.«

Doch obwohl Keynes diese Idee verlockend fand, sah er doch ein »Dilemma«, falls das Börsenkasino komplett schließen würde: Die Finanzanleger würden allesamt die Flucht ergreifen und gar nicht mehr investieren, wenn sie ihre Wertpapiere nicht jederzeit verkaufen könnten. »Nur weil sich jeder einzelne Anleger einbilden kann, dass sein Engagement ›liquide‹ sei (…), beruhigt dies seine Nerven und macht ihn viel bereitwilliger, ein Risiko einzugehen. Wären Wertpapiere illiquide, könnte dies neue Investitionen deutlich erschweren.«

Keynes war der erste Ökonom, der die Finanzmärkte ins Zentrum seiner Analyse rückte – denn dort wird bestimmt, wie hoch die Investitionen einer Gesellschaft ausfallen. Doch leider gibt es keinerlei Garantie, dass diese Investitionen ausreichen, um die Wirtschaft zu stabilisieren. Es ist jederzeit denkbar, dass die Haushalte weitaus mehr Geld sparen, als die Unternehmen in ihre Anlagen stecken, so dass eine Nachfragelücke entsteht.

Wenn es zu einer Absatzkrise kommt, sind jedoch nicht nur Arbeitsplätze in Gefahr – auch Teile des angesparten Vermögens werden vernichtet. Keynes formulierte ein »Sparparadox«: Je mehr man sparen will, desto weniger hat man am Ende gespart. Dieser Gedanke mag zunächst erstaunlich klingen, ist jedoch im Alltag mühelos zu beobachten: Wenn die Wirtschaft schrumpft, gehen Firmen pleite, Aktien verlieren ihren Wert, Kredite werden nicht bedient, Bürogebäude stehen leer. Das Vermögen, das gestern noch vorhanden war, ist heute wertlos.

Die meisten Neoklassiker hatten sich vorgestellt, dass ordentlich gespart werden muss, damit hinterher investiert werden kann. Keynes drehte diesen Gedanken um: Die Investitionen entscheiden, wie hoch die Ersparnisse sind. Wird nicht investiert, verliert das angesparte Vermögen seinen Wert – und ist wieder verschwunden.

Dieser Gedanke ist für viele Neoklassiker noch heute unfassbar. Sie neigen weiterhin dazu, das Vermögen wie eine Schatztruhe zu betrachten, die stets vorhanden ist und die man nur aufklappen muss, um sich am eigenen Reichtum zu erfreuen. Doch so funktioniert der Kapitalismus nicht. Genau wie Adam Smith und Karl Marx betonte auch Keynes, dass das Vermögen, also das Kapital, im Prozess entsteht. Es lässt sich zwar zum Jahresende bilanzieren, ist aber keine fixe Größe. Beim nächsten Stichtag kann es verschwunden sein.

Keynes hat also nicht bloß eine Krisentheorie geliefert, wie gern kolportiert wird.[19] Seine Theorie war tatsächlich *allgemein* und nichts weniger als eine Revolution. Um die wesentlichen Unterschiede zur Neoklassik noch einmal zusammenzufassen: Keynes dachte in Prozessen und nicht statisch; Geld war für ihn nicht nur Tauschmittel, sondern auch ein Vermögensspeicher. Er definierte den Zins neu, und zwar als eine Kapitalrendite, die sich auf den Finanzmärkten bildet. Der Homo oeconomicus hatte für ihn ausgedient, weil die Zukunft unbekannt ist und sich das Risiko nicht berechnen lässt. Stattdessen wird die Wirtschaft durch die kollektiven Erwartungen gesteuert, die man – weniger vornehm – auch als Herdentrieb bezeichnen könnte. Die Finanzmärkte sind entscheidend, nicht der Arbeitsmarkt. Es ist sinnlos, ja sogar schädlich, in einer Krise die Löhne zu senken, denn es zählt die Gesamtnachfrage.[20] Keynes war zudem der erste echte Makroökonom: Er entdeckte, dass die Volkswirtschaft mehr ist als nur die Summe ihrer Teile. Einzelne Unternehmen oder Haushalte interessierten ihn daher nicht, sondern er konzentrierte sich auf »Gesamtaggregate« wie Investitionen oder Konsumausgaben.

Keynes konnte als Erster erklären, warum der Markt nicht zum Gleichgewicht tendiert und warum Arbeitslosigkeit so häufig vorkommt. Zudem bot er nicht nur eine Analyse, sondern auch eine politische Lösung: Wenn Unternehmer nicht ausreichend investieren, muss der Staat einspringen.

Versagt der Markt, muss der Staat eingreifen

Prinzipiell hat der Staat zwei Möglichkeiten, um die Wirtschaft zu lenken: Es gibt die »Geldpolitik« der Zentralbanken und die »Fiskalpolitik« der Regierungen. Im Normalfall werden nur die Zentralbanken tätig. Zu ihren Standardaufgaben gehört es, den kurzfristigen Zins festzulegen, was oft ausreicht, um die nervöse Herde der Finanzanleger zu dirigieren.[21]

Doch in schweren Finanzkrisen ist die Zentralbank machtlos, weil die Wirtschaft in einer »Liquiditätsfalle« festsitzt: Selbst wenn die Leitzinsen bei null liegen, nimmt niemand Kredite auf. Es rechnet sich einfach nicht zu investieren. Unternehmen leiden an Überkapazitäten; zudem sind viele Firmen überschuldet und bauen lieber alte Darlehen ab, statt neue aufzunehmen.

Die Zinspolitik ist also wirkungslos, wofür der hübsche Ausdruck geprägt wurde, dass die Zentralbank versuchen würde, »eine Schnur zu stemmen« (pushing on a string). In dieser Situation kann nur noch die Regierung handeln. Sie muss selbst Kredite aufnehmen und investieren, statt auf die Investitionen der Unternehmer zu hoffen. Heute nennt man diese Strategie »antizyklische Konjunkturpolitik«.

Allerdings wusste Keynes aus leidiger Erfahrung, dass viele Politiker es strikt ablehnten, Kredite aufzunehmen, und fest davon überzeugt waren, dass ein Staatshaushalt »solide« sein müsse. Sarkastisch schrieb Keynes in seiner *Allgemeinen Theorie*, dass nur so sinnlose Maßnahmen wie »Löcher in den Boden zu graben, als Goldgewinnung bekannt«, akzeptiert würden. Bitterböse schlug er daher vor, dass das Finanzministerium doch »alte Flaschen mit Geldscheinen füllen und tief genug in stillgelegten Kohlegruben vergraben« könnte, die »bis zum Rand mit Hausmüll gefüllt« würden. Ganz im Sinne des Laissez-faire könnte die Regierung anschließend die einzelnen Claims an Privatinvestoren versteigern, die dann mit Hilfe der Arbeitslosen die Banknoten wieder ausbuddeln würden. »Natürlich wäre es vernünftiger, Häuser oder ähnliches zu bauen, aber wenn dem politische und praktische Probleme im Wege stehen, wäre dieser Vorschlag besser als nichts.«[22]

Keynes konnte zeigen, dass die staatlichen Konjunkturpakete nicht einmal besonders umfangreich sein mussten, um die Wirtschaft anzukurbeln. Denn es greift der »Multiplikatoreffekt«: Jedes Pfund, das die Regierung investiert, wird wieder ausgegeben und schafft weitere Nachfrage.[23] Keynes hatte also eine frohe Botschaft zu verkünden: Der Kapitalismus würde nicht untergehen. Die Weltwirtschaftskrise war zwar furchtbar, aber leicht zu beheben.

Doch Keynes wollte nicht nur die Rezession bekämpfen: Ihm schien es nötig, den gesamten Kapitalismus umzubauen – und die Macht der Finanzmärkte einzuschränken. Keynes forderte daher, die öffentlichen Unternehmen zu stärken, weil sie die Wirtschaft stabilisierten. Neoklassiker sind bis heute entsetzt, wenn die »Staatsquote« steigt und öffentliche Monopole existieren. Keynes hingegen hielt es für einen Vorteil, dass Eisenbahnen oder Wasserwerke keine Rendite erwirtschaften mussten, sondern ihre Kosten und Einnahmen verlässlich kalkulieren konnten. Wenigstens gab es dann einige Branchen, die nicht vom Herdentrieb der Finanzanleger dominiert wurden.

Allerdings wollte Keynes die Finanzmärkte nicht komplett abschaffen, denn in der Sowjetunion hatte er ja erlebt, wie ineffizient und grausam eine staatliche Kommandowirtschaft sein konnte. Ihm erschien ein Mischsystem am besten, in dem sich Staat und Privatwirtschaft ergänzen. Ironisch schrieb er: »Gefährliche menschliche Neigungen lassen sich in relativ harmlose Kanäle umleiten, wenn die Möglichkeit besteht, Geld und Vermögen anzuhäufen … Es ist besser, dass jemand sein Bankkonto tyrannisiert als seine Mitbürger … Für die Befriedigung dieser Neigungen ist es jedoch nicht nötig, mit derartig hohen Einsätzen zu spielen wie gegenwärtig.«

Um die Finanzmärkte ein wenig auszutrocknen, wollte Keynes die großen Vermögen besteuern. Vor allem Erben sollten belastet werden, da sie nichts dazu beigetragen hatten, den hinterlassenen Reichtum zu erwirtschaften. Dieser Vorschlag mag revolutionär klingen, aber Keynes selbst hielt seinen Ansatz nicht für links, sondern für »moderat konservativ«. Er wollte den Kapitalismus reparieren, nicht abschaffen. Er war zwar für eine Besteuerung der Reichen, aber nicht aus hasserfüllter Rankün, sondern um die Vermögenden vor sich selbst zu schützen. Denn sie neigten dazu, zu viel zu sparen – und die Wirtschaft abzuwürgen, weil die Nachfrage fehlte. Am Ende schrumpfte das Gesamtvermögen, weil jeder Vermögen ansammeln wollte.

Aus diesem »Sparparadox« konnten sich die Vermögenden nicht allein befreien – dafür benötigten sie den Staat. Die Regierung musste einen Teil dieser unheilvollen Ersparnisse absaugen, indem die Reichen besteuert wurden. Der Staat hatte, so sah es Keynes, einen Vorteil, der viel zu selten gewürdigt wird: Er spart garantiert nicht. Was an Steuern einläuft, wird umgehend ausgegeben und stimuliert die Wirtschaft.

Für Keynes gab es also keinen Klassenkampf, keinen notwendigen Gegensatz von Arm und Reich. Natürlich wusste er nur zu gut, dass Ausbeutung weit verbreitet war. Aber dies war für ihn keine systemimmanente Eigenschaft des Kapitalismus. Im Gegenteil: Konzentrierter Reichtum war schädlich und verhinderte, dass sich der Kapitalismus in seiner ganzen Pracht entfalten konnte. Keynes hoffte daher auf den »Tod des Rentiers«.[24]

Kein Freihandel mit Geld

Die *Allgemeine Theorie* war zwar allgemein, aber keineswegs allumfassend. Keynes wollte dort erklären, wie es zur Massenarbeitslosigkeit kam, und ließ daher alle Aspekte weg, die nicht unmittelbar die Wirtschaftskrise berührten. Daher fehlten der Außenhandel und die internationalen Währungsbeziehungen – also ausgerechnet jene Themen, die Keynes lebenslang beschäftigt hatten.

Der Zweite Weltkrieg bot jedoch bald Gelegenheit, diese Lücke zu schließen. Wie die meisten Briten war Keynes von Anfang an überzeugt, dass man den Krieg gegen Hitler gewinnen würde – auch weil es für ihn nur eine Frage der Zeit war, bis die USA erneut in Europa eingreifen würden. Geschichte schien sich also zu wiederholen, doch gab es einen wesentlichen Unterschied: Im Ersten Weltkrieg hatten die Briten das Ziel verfolgt, den Zustand des 19. Jahrhunderts wiederherzustellen. Im Zweiten Weltkrieg wusste jeder, dass eine neue Weltordnung benötigt würde, wenn Europa bleibend befriedet werden sollte.

Keynes begann bereits 1941, ein Weltwährungssystem zu entwerfen, das als »Keynes-Plan« in die Geschichte eingegangen ist.[25] Denn Keynes glaubte nicht ans »Laissez-faire«, wenn es ums Geld ging. Es sollte keinen Freihandel mit Devisen geben. Er wollte die Währungsspekulation ausschalten, mit der er nach dem Ersten Weltkrieg so hohe Gewinne – und Verluste – gemacht hatte. Keynes wusste aus eigener Erfahrung, dass die Finanzanleger gigantische Schäden anrichten, wenn sie völlig willkürlich den Kurs von Währungen nach oben treiben. Die betroffenen Länder stürzen in einen Abgrund, weil die heimischen Exporte auf dem Weltmarkt plötzlich zu teuer sind.

Gleichzeitig wollte Keynes aber auch verhindern, dass die Welt zum Goldstandard zurückkehrte, der viel zu unflexibel war. Denn das alte System hatte letztlich verlangt, dass ein Land physisches Gold liefern sollte, wenn es mehr importierte als exportierte.[26] Über zwanzig Jahre hatte Keynes bereits gegen den Goldstandard gekämpft – aber diesmal war er hoffnungsfroh, dieses »barbarische Relikt« endlich loszuwerden. Denn die meisten Länder hatten gar kein Gold mehr, mit dem sie ihre Währung hätten decken können. Stattdessen war fast das gesamte Gold in den USA gebunkert. Die Amerikaner hatten in beiden Weltkriegen einen Großteil der Waffen geliefert – und als Kompensation das Gold ihrer Alliierten verlangt. Nun lag das Edelmetall geballt in Fort Knox, so dass für jeden sichtbar wurde, dass Gold ziemlich nutzlos ist.

Um den Goldstandard zu ersetzen, sah Keynes eine internationale Zentralbank vor, die »International Clearing Bank«. Jedes Land sollte dort ein Konto unterhalten, über das seine auswärtigen Zahlungsströme abgewickelt würden. Wenn ein Staat mehr exportierte als importierte, hatte er ein Guthaben bei dieser Clearing Bank. Umgekehrt machte ein Land Schulden, wenn es mehr importierte als exportierte.

Abgerechnet wurde in einer künstlichen Währung namens »Bancor«, der eine reine Recheneinheit war. Jedes Land hatte einen fixen Wechselkurs zum Bancor, der offiziell zwar noch ans Gold gekoppelt war – aber nicht mehr in Gold eingetauscht werden konnte.[27] Eigentlich war diese Rückbindung ans Gold völlig überflüssig, doch Keynes wollte die Goldfetischisten nicht allzu sehr verschrecken, die in vielen Ländern noch das Sagen hatten.

Natürlich musste verhindert werden, dass einzelne Länder munter Schulden aufhäuften, indem sie ständig mehr importierten als exportierten. Daher wurden Strafzinsen fällig, wenn die Defizite zu hoch ausfielen. Auch mussten chronische Defizitländer ihre Währungen abwerten, damit die heimischen Produkte auf den Weltmärkten billiger wurden und die Exportchancen wieder stiegen.

Doch bei Keynes wurden nicht nur die Defizitländer bestraft: Auch hohe Exportüberschüsse wurden geahndet, indem für diese Bancor-Guthaben ebenfalls Strafzinsen fällig wurden. Zudem wurden die »Exportweltmeister« gezwungen, die eigene Währung aufzuwerten, so dass ihre Waren international teurer wurden. Keynes wollte unbedingt vermeiden, dass sich die Exportländer auf ihren Überschüssen ausruhen durften – weil dies nämlich bedeutet hätte, dass man die eigene Arbeitslosigkeit in die Nachbarländer verschieben konnte.

Keynes' System war überaus charmant, weil es nicht erforderte, dass »echtes« Geld eingezahlt wurde. Stattdessen war es ein Buchungssystem, das aber realen Druck ausübte.[28] Länder mit Exportüberschüssen mussten langfristig ihre Importe erhöhen – und die Defizitländer ihre Ausfuhren. Der Bancor hätte nicht nur die Devisenspekulation unterbunden, sondern auch garantiert, dass kein Staat in die Pleite rutscht.

Dieses ganze Arrangement klingt vielleicht etwas technisch und kompliziert: Aber Keynes entwarf damit ein System, das – ein wenig angepasst – die Eurokrise verhindert hätte (siehe Kapitel 10).

Keynes opferte die letzten Jahre seines Lebens, um für sein Weltwährungssystem zu kämpfen. Doch durchsetzen konnten sich die Briten nicht. Die USA waren die ökonomische Supermacht und gedachten nicht, ihren Status an das Bancor-System abzutreten. Stattdessen präsentierten die USA einen eigenen Plan, der ihren Interessen diente und den Dollar als weltweite Leitwährung zementierte.[29]

Im Juli 1944 wurde im amerikanischen Bretton Woods ein neues Weltwährungssystem unterzeichnet, dessen Kernpunkte ganz im Sinne der USA ausfielen: Es gab keinen Bancor, sondern alle Währungen wurden an den Dollar gekoppelt. Dieser war wiederum ans Gold gebunden, und zwar zu einem Festkurs von 35 Dollar die Feinunze. Anders als beim Bancor handelte es sich dabei nicht um eine reine Rechenfunktion, stattdessen sollte der Dollar tatsächlich voll konvertierbar sein: Wer wollte, konnte sein US-Geld in Gold einwechseln.

Dies erwies sich als reine Fiktion. Nach mehreren »Goldkrisen« kündigte US-Präsident Richard Nixon 1971 einseitig an, dass sich sein Land nicht mehr an die internationale Vereinbarung halten würde, den Dollar jederzeit in Gold umzutauschen. Damit war die Währungsordnung von Bretton Woods obsolet.

Seither herrscht Chaos auf den Devisenmärkten, und aktuell kreisen täglich etwa vier Billionen Dollar um den Erdball, um mit Währungen zu spekulieren. Wie gesagt: täglich. Es ist exakt eingetreten, was Keynes theoretisch beschrieben hatte: Der Kapitalismus wird von den Finanzmärkten dominiert – und verwandelt sich in ein globales Kasino.

Trotzdem wird Keynes an den Universitäten kaum gelehrt. Stattdessen dominiert eine moderne Variante der Neoklassik, die das Thema Geld entweder ignoriert oder verstümmelt. Wie konnte das geschehen?

9 Der heutige Mainstream: Kein Kapitalismus ist auch keine Lösung

Keynes war ein ungemein begabter Ökonom, und dennoch gelang es der Neoklassik, ihn rasch beseite zu drängen. Ein erster Grund: Keynes' *Allgemeine Theorie* war ein Schnellschuss. Adam Smith und Karl Marx hatten Jahrzehnte an ihren Werken gesessen – und anschließend noch einmal viele Jahre darüber gewacht, dass ihre Bücher richtig interpretiert wurden. Keynes hingegen stellte seine *Allgemeine Theorie* in kürzester Zeit fertig und konnte sich ihr hinterher nicht mehr widmen. 1937 erlitt er einen schweren Herzinfarkt, und in den wenigen Lebensjahren, die ihm anschließend blieben, drängten andere Themen in den Vordergrund: erst der Zweite Weltkrieg und dann die neue Weltwährungsordnung.

Daher blieb es der Nachwelt überlassen, Keynes' Hauptwerk zu interpretieren – und bedauerlicherweise ist der Text an vielen Stellen verwirrend. Obwohl Keynes eine »theoretische Revolution« vollzog, gelang es ihm oft nicht, sich von der Sprache der Neoklassik zu lösen. Im Vorwort räumte er dies selbst ein: »Die Schwierigkeit besteht nicht in den neuen Ideen, sondern darin, den alten zu entkommen.«

Für die Neoklassiker war es also leicht, die *Allgemeine Theorie* zu kapern und im eigenen Sinne zu interpretieren. Diese Umdeutung war auch deswegen einfach, weil Keynes seinen Kollegen inhaltlich entgegengekommen war. Er hatte sie zwar mit gezielter Ironie provoziert, doch zugleich war Keynes lang genug Politikberater gewesen, um zu wissen, dass man nur mit Diplomatie überzeugt. In seiner *Allgemeinen Theorie* schlug er daher implizit eine Arbeitsteilung vor: Sein neues Modell sollte nur auf der makroökonomischen Ebene gelten, wenn es also um die gesamte Nachfrage und die gesamten Investitionen ging. In der Mikroökonomie hingegen, bei den einzelnen Kunden und Unternehmen, sollte weiterhin die Neoklassik maßgeblich sein.

Keynes hat unterschätzt, wie gefährlich dieses taktische Zugeständnis war. Denn die Neoklassiker drehten die Kausalkette sofort um: Ihre Mikroökonomie wurde zum »Fundament« erklärt – und Keynes' Makroökonomie so lange entkernt, bis sie nicht mehr vorhanden war.

Der Scheinsieg der Neoklassik ist aber nicht allein durch theoretische Manöver zu erklären – noch wichtiger war, dass sich die Realität verändert hatte. Nach dem Zweiten Weltkrieg kam es zu einem »Wirtschaftswunder«, das kaum noch Ähnlichkeiten mit den Depressionsjahren zu haben schien, in denen die *Allgemeine Theorie* entstanden war.

Die Ökonomie ist eine Sozialwissenschaft – und daher nicht immun gegen ihre Umwelt. Wirtschaftstheorien drücken keine naturwissenschaftliche »Wahrheit« aus, sondern spiegeln auch die Stimmungen und Präferenzen einer Gesellschaft. Um zu verstehen, warum Keynes ignoriert und verfälscht werden konnte, ist daher ein Abstecher in die Nachkriegsjahre nötig.

Mitten im »Wirtschaftswunder«: Die Neoliberalen planen ihren Siegeszug

Nach dem Zweiten Weltkrieg wuchs die Produktion so rasant, dass seither von einem »Wirtschaftswunder« gesprochen wird. Zwischen 1950 und 1973 nahm das Pro-Kopf-Einkommen in Westeuropa jährlich um 4,1 Prozent zu. In Westdeutschland waren es sogar 5 Prozent – und in Japan sensationelle 8,1 Prozent. Nur die US-Wirtschaft wuchs etwas langsamer und erreichte ein jährliches Plus von 2,5 Prozent pro Kopf. Aber auch diese Wachstumsrate war historisch einmalig.[1]

Ein Grund, warum es zu diesem Aufschwung kam, war ganz banal: Die enormen Kriegsschäden mussten beseitigt werden. Es war kein »Wirtschaftswunder«, dass ausgerechnet Japan und Westdeutschland besonders stark wuchsen, denn beide Länder waren in großen Teilen zerstört. Im Zweiten Weltkrieg wurden etwa ein Drittel aller Wohnungen in Deutschland zerbombt; das Schienen- und Verkehrsnetz, die Wasser-, Strom- und Telefonleitungen waren stark beschädigt. Zudem mussten Millionen von Flüchtlingen versorgt werden. Diese immense Nachfrage sorgte automatisch für einen Boom.

Nicht minder wichtig: Weltweit gab es einen Rückstau an Erfindungen, die endlich ihren Weg in die Praxis fanden. Seit 1914 waren viele neue Produkte entwickelt worden, die allerdings bisher nur in kleinen Stückzahlen oder gar nicht hergestellt wurden, weil zwei Weltkriege und eine Weltwirtschaftskrise gestört hatten. Doch jetzt wurde alles in Waren umgesetzt, was die Technik hergab. Dazu gehörten unter anderem: (Farb-)Fernsehen, Kleinbildkameras, Haartrockner, Toaster, Plastik aller Art, Nylon und Kühlschränke. Die vollautomatische Waschmaschine kam ab 1946 hinzu, die zum Sinnbild des neuen Komforts wurde. Frisch erfunden waren auch die Düsenjets, mit denen man zunehmend billiger in den Urlaub fliegen konnte. Autos gab es zwar schon seit der Jahrhundertwende, aber in Europa konnten sich die meisten Familien erst jetzt ein Privatgefährt leisten. Die westliche Welt stürzte sich in einen Konsumrausch, der zwei Jahrzehnte lang für Vollbeschäftigung sorgte.

Der Massenkonsum war nur möglich, weil die Reallöhne fast so schnell stiegen wie die Produktivität: Der technische Fortschritt und das Wachstum kamen diesmal auch bei den Beschäftigten an, nicht nur bei den Unternehmern. Da Vollbeschäftigung herrschte, mussten die Firmen hohe Gehälter bieten, um ihre Beschäftigten zu halten. Im Durchschnitt legten die deutschen Reallöhne zwischen 1950 und 1970 jährlich um 7 Prozent zu.[2] Steigende Personalkosten machten die Firmen jedoch nicht etwa ärmer – sondern so reich wie nie zuvor. Nur weil die Konsumnachfrage der Beschäftigten zunahm, konnte die Produktion ständig ausgeweitet werden. »Das Wirtschaftswunder war ein Lohnwunder«, wie es der Ökonom Heiner Flassbeck zusammenfasst.[3]

Die Betriebe konnten sich so ungestört entwickeln, weil die Finanzmärkte weitgehend brachlagen. Derivate waren fast gänzlich verboten, und auch mit Devisen ließ sich nicht mehr spekulieren, seitdem das Abkommen von Bretton Woods galt. Kapitalanleger mussten also in die Unternehmen investieren, wenn sie Renditen erzielen wollten. Für die Firmen war es daher billig, Kredite aufzunehmen. In der Nachkriegszeit herrschte der Realkapitalismus – nicht der Finanzkapitalismus.[4]

Selbst an der Wall Street war damals wenig los. Zwar konnten die Banken neue Aktien und Anleihen platzieren, wenn Unternehmen expandieren wollten, und man konnte mit diesen Papieren auch ein bisschen handeln. Aber das Geschäft war mau: »Im ganzen Jahr 1949 wurden nur 272 Millionen Aktien gehandelt, das würde heute noch nicht einmal für einen Vormittag reichen«, erinnert sich der Milliardär Henry Kaufman an seine frühe Zeit an der Wall Street.[5]

Den Unternehmen ging es also bestens, und trotzdem waren die Einkommen gleichmäßiger verteilt als je zuvor. In Nordamerika und in Westeuropa entstand eine breite, prosperierende Mittelschicht. Der Nobelpreisträger Paul Krugman, 1953 geboren, erinnert sich nostalgisch an seine Kindheit, als Amerika zumindest für die Weißen ein Land der Gleichberechtigten war: »Natürlich lebte so mancher reiche Geschäftsmann oder Erbe weit besser als der durchschnittliche Amerikaner. Aber … wer als wohlhabend galt, ließ sich einmal pro Woche eine Putzfrau kommen und verbrachte den Sommerurlaub in Europa. Aber auch diese Wohlhabenden schickten ihre Kinder in öffentliche Schulen und fuhren im eigenen Auto zur Arbeit wie jeder andere auch.«[6]

Diese Zeiten sind bekanntlich längst vorbei. In allen Industrieländern steigt die Ungleichheit wieder. Besonders ausgeprägt ist sie in Deutschland: Das reichste Hundertstel besitzt hier etwa 30 Prozent des Volksvermögens. In keinem anderen Staat in Europa – außer Österreich – ist das Vermögen so ungleich verteilt.[7]

Dennoch wäre es irreführend, die Nachkriegszeit als reine Idylle zu beschreiben. Obwohl es den meisten Menschen besser ging als je zuvor, waren sie der Politik nicht etwa dankbar – sondern viele Bürger misstrauten dem Staat. Wahrscheinlich hat niemand diese untergründigen Spannungen so früh erspürt wie der spätere US-Präsident Ronald Reagan, der ein überaus begabter Pragmatiker der Macht war.

Reagans Lebensweg dokumentiert geradezu perfekt, wie sich die Stimmungen veränderten: Er kam zwar als konservativer Republikaner an die Macht, begonnen hatte er aber als linker Demokrat. Als er noch ein kleiner Filmstar in Hollywood war, langweilte er auf Partys die anderen Gäste, indem er endlos über die Vorzüge des New Deal referierte.[8] Seine weiteren Lieblingsthemen waren: die Rechte der Gewerkschaften, die Bedeutung von Tarifverträgen sowie die Versorgung der Veteranen des Zweiten Weltkriegs.[9]

Die politische Wende kam langsam: Als Reagan zu alt für Heldenrollen war, heuerte er 1954 beim Konzern General Electrics an – und entdeckte sein Talent als Redner. Denn er sollte nicht nur Toaster oder Küchenherde im Fernsehen anpreisen, sondern einmal im Jahr auch alle 139 Fabriken des Unternehmens besuchen und dort Ansprachen halten. Der Konzern wollte seine Beschäftigten bei Laune halten, indem sie einen echten Filmstar erleben durften.

Bei seinen Fabrikbesuchen erzählte Reagan anfangs, was er auch schon auf den Hollywood-Partys zum Besten gegeben hatte: Er redete über die »Freude des Gebens« und die »Segnungen der Demokratie«. Doch bald stellte er fest, dass ein anderes Thema viel besser ankam: die Gefahren von »big government«. Wann immer er darüber sprach, dass die Regierung »zu groß, zu mächtig und zu fordernd« sei, wollten die Zuhörer hinterher ein Autogramm. Damals entwickelte er jene Haltung, die ihn 1980 schließlich ins Weiße Haus tragen würde: »Der Staat ist nicht die Lösung für unser Problem, der Staat ist das Problem.«[10]

Wie Reagan schon Mitte der 1950er Jahre bei seinen Fabrikbesuchen wahrnahm, glaubten selbst viele Arbeiter, dass der Staat nur störte und ein »freier Markt« sie reicher machen würde. Der Siegeszug der Neoliberalen begann also früh.

Der Begriff »neoliberal« wurde 1938 geprägt. Damals fanden sich marktradikale Ökonomen zu einer Konferenz in Paris zusammen, um zu debattieren, wie man den Liberalismus erneuern könnte. 1947 griff Friedrich August von Hayek dieses Projekt wieder auf und lud 36 Gleichgesinnte an den Genfer See ein, was großzügig von der erzkonservativen US-Stiftung »William Volker Fund« gesponsert wurde. Da das Treffen in der Nähe des Berges Mont Pèlerin stattfand, nannte sich die Gruppe fortan »Mont Pèlerin Society«. Ihr erklärtes Ziel war, künftige Generationen von den Segnungen der »freien Marktwirtschaft« zu überzeugen und den Keynesianismus zu bekämpfen.

Politisch unterschied man sich also nicht von der Neoklassik, doch das theoretische Fundament war zum Teil anders: Hayek ging explizit nicht von der Rationalität eines Homo oeconomicus aus, und der wohl berühmteste Neoliberale, Milton Friedman, hielt unter anderem die neoklassische Tendenz zur Mathematisierung für verfehlt. Da die politischen Ansichten von Neoklassikern und Neoliberalen jedoch sehr ähnlich sind, setzte sich in der Alltagssprache »neoliberal« für beide Richtungen durch.[11]

Während die Neoliberalen ihren weltweiten Siegeszug planten, gab es ein Land, das sie gar nicht erst erobern mussten. Denn von Anfang an waren sie dort an der Macht: Westdeutschland. Bis heute glauben viele Bundesbürger, sie würden in einer »sozialen Marktwirtschaft« leben. Doch die deutsche Geschichte ist komplizierter.

Ein Lobbyist der Industrie: Ludwig Erhard

In Deutschland hat das »Wirtschaftswunder« ein Gesicht: Ludwig Erhard. Er gilt als der Vater der Währungsreform und soll mit seinem Buch *Wohlstand für alle* angeblich ein theoretisches Meisterwerk hinterlassen haben. In diesem Heldennarrativ ist Erhard ein überragender Ökonom und Staatsmann, der Deutschland aus tiefster Not gerettet hat.[12]

Nichts davon stimmt. Erhard war weder ein interessanter Theoretiker noch ein besonders befähigter Praktiker, sondern vor allem ein geschickter Opportunist und Lobbyist. Seinen Berufsweg begann er 1928 beim »Institut für Wirtschaftsbeobachtung der deutschen Fertigware« in Nürnberg, wo er den Interessen der Industrie eine wissenschaftliche Verbrämung verlieh. Dort überstand er unbeschadet den Nationalsozialismus und befasste sich unter anderem mit der damals dringenden Frage, wie man die besetzten Gebiete Polen, Lothringen und Österreich ökonomisch ins Tausendjährige Reich integrieren könnte.

Erhards Karriere nahm jedoch erst wirklich Schwung auf, als nach dem Krieg ein Lückenbüßer gesucht wurde: Im Januar 1948 wurde der bisherige Wirtschaftsdirektor der Bizone, Johannes Semler, entlassen, weil er taktisch unklug die Nahrungsmittelhilfen der USA als »Hühnerfutter« bezeichnet hatte.

Der amerikanische Oberbefehlshaber Lucius D. Clay entschied sich danach für Ludwig Erhard, weil man ihm erzählt hatte, dass dieser »sehr gutmütig sei und gern Reden über das freie Unternehmertum halte«. Clay wollte nicht schon wieder einen Deutschen, der unberechenbar störte. So berichtet es jedenfalls der Harvard-Ökonom John Kenneth Galbraith, der damals für die US-Regierung in Deutschland unterwegs war.[13]

Als die Währungsreform am 20. Juni 1948 in Kraft trat, war Erhard erst fünf Monate im Amt. Selbst wenn er ein ausgewiesener Geldtheoretiker gewesen wäre, hätte er in dieser kurzen Zeit niemals eine neue D-Mark konzipieren und einführen können. Tatsächlich war Erhard auf diesem Gebiet Dilettant, und seine Dienste wurden auch nicht gebraucht, denn die Amerikaner hatten die Währungsreform längst bis ins Detail durchgeplant.[14] Trotzdem heimste Erhard später ungeniert das Lob ein.

Die Währungsreform gehört zu den großen Mythen in Deutschland, weil vorher die Läden leer waren – und am nächsten Tag voll. In den Schaufenstern tauchten Waren auf, die die Normalverbraucher seit Jahren nicht mehr gesehen hatten, etwa Kochtöpfe, Zahnbürsten oder Bücher. Sogar ein Volkswagen war zum Preis von 5 300 D-Mark binnen acht Tagen lieferbar. Der Wirtschaftshistoriker Werner Abelshauser schreibt ironisch: »Selbst Kühe reagierten offenbar positiv auf den Währungsschnitt, denn schon in der ersten DM-Woche wurde wesentlich mehr Butter angeliefert als in der Vorwoche.«[15]

Diese neue Fülle war nur möglich, weil die Wirtschaft längst wieder lief. Seit Anfang 1947 war der Güterausstoß rasant gestiegen – und hatte im Juni 1948 schon 57 Prozent der Vorkriegsproduktion erreicht.[16] Die Unternehmer hatten ihre Waren jedoch bewusst zurückgehalten, bis es die neue D-Mark gab, weil sie keine wertlose Reichsmark kassieren wollten.

Es handelte sich also nur um einen »Schaufenstereffekt«, aber die psychologische Wirkung war enorm: Viele Deutsche glaubten ernsthaft, dass es allein der Währungsreform zu verdanken wäre, dass die Industrie wieder funktionierte. Diesen Irrtum nutzte Erhard gern, um sich selbst als genialen Ingenieur des deutschen Wirtschaftswunders zu inszenieren.

Erhards Chuzpe ist nicht nur befremdlich, weil er absolut nichts mit der Währungsreform zu tun hatte: Er traf zudem die einzige Fehlentscheidung in diesen Sommertagen. Erhard beschloss nämlich, fast alle Preise freizugeben. Nur Lebensmittel, Mieten und einige Rohstoffe blieben gedeckelt. Prompt stieg die Inflation auf 14 Prozent – wovon allein die Unternehmer profitierten, die jetzt ihre Ware zu deutlich höheren Preisen verkaufen konnten. Ihre Gewinne fielen zudem besonders hoch aus, weil die Löhne nicht steigen durften, sondern noch monatelang staatlich fixiert blieben.[17] Erhard blieb sich also treu und agierte als Lobbyist der Industrie.

Im Rückblick ist es erstaunlich, dass es Erhard gelang, sich als Genie zu verkaufen. Aber ein Talent besaß er tatsächlich: Er konnte sich ohne jede Scham in Szene setzen. Dabei half ihm, dass er keine Selbstzweifel kannte. Galbraith schildert ironisch, wie er Erhard nach Jahrzehnten noch einmal wiedersah: »Die letzte meiner wenigen Begegnungen mit ihm fand in Mexico City statt, ein oder zwei Jahre vor seinem Tod. Wir hielten beide Vorträge; er fragte mich, warum ich es für nötig hielt, nach Mexiko zu kommen, um seine Wahrheit anzuzweifeln.«[18]

Diese kleine Anekdote trifft Erhard gut. Er selbst hielt sich für einen großen Denker, der im Besitz der »Wahrheit« war und den Deutschen ständig wichtige Einsichten mitzuteilen habe. Ein Dokument dieser Selbstüberschätzung ist sein Buch *Wohlstand für alle,* das 1957 erschien und das in Deutschland bis heute mit einer Ehrfurcht zitiert wird, als handele es sich um ein bedeutendes theoretisches Werk.[19]

Dabei hat Erhard dieses Buch noch nicht einmal selbst geschrieben. Stattdessen half ihm Wolfram Langer, der damals das Bonner Hauptstadtbüro des *Handelsblatt* leitete. Allzu viel Arbeit hatte allerdings auch Langer nicht mit dem Werk: Über weite Strecken wurden nur die Reden aneinandergeklebt, die Erhard so gern hielt.

Der Titel *Wohlstand für alle* klingt, als hätte Erhard eine Art sozialen Ausgleich gefordert. Doch dies wäre ein krasses Missverständnis. Erhard war ein »Ordoliberaler«, wie die deutsche Variante des Neoliberalismus hieß, und seine Botschaft lautete: Der Wohlstand stellt sich von selbst ein.[20] Der Staat muss nur den Wettbewerb schützen und ansonsten gar nichts tun, schon gar nicht umverteilen. Denn der Markt ist bereits sozial, weil er auf dem Prinzip der Konkurrenz beruht.[21] Erhard ließ fast keine Seite verstreichen, ohne die sozialen Segnungen des Wettbewerbs zu preisen. Um ein paar seiner Sentenzen zu zitieren: »Das erfolgversprechendste Mittel zur Erreichung und Sicherung jeden Wohlstands ist der Wettbewerb.«[22] »Auf dem Wege über den Wettbewerb wird – im besten Sinne des Wortes – *eine Sozialisierung des Fortschritts und des Gewinns bewirkt.*«[23] »*›Wohlstand für alle‹ und ›Wohlstand durch Wettbewerb‹ gehören untrennbar zusammen.*«[24] Die Kursivierungen in den Zitaten stammen übrigens von Erhard selbst, der seinen zahllosen Wiederholungen offenbar nicht traute und daher zur Typographie griff, um die frohe Botschaft vom Wettbewerb garantiert an die Leser zu bringen.[25]

Um diese erstrebte Konkurrenz zu sichern, gründete Erhard sogar eigens das Kartellamt, das sich aber schon damals als weitgehend wirkungslos erwies. Denn natürlich wurden Großkonzerne wie Bayer, BASF, VW, Krupp oder Thyssen nicht zerschlagen, weil dies Hunderttausende von Arbeitsplätzen gekostet hätte. Etwas umständlich klagte Erhard daher: »Die Entwicklung der modernen Technik förderte ihrerseits noch einmal gewisse Monopolisierungstendenzen, so dass ohne Zweifel die Gleichheit der Wettbewerbsbedingungen allenthalben störend beeinträchtigt wurde.«[26] Doch aus dieser Erkenntnis folgte nichts. Erhard war nicht bereit, sich zu fragen, was von seiner »Marktwirtschaft« wohl übrig bliebe, wenn die wichtigen Branchen allesamt die von ihm bedauerten »Monopolisierungstendenzen« aufwiesen.

Von 1949 bis 1963 war Erhard Wirtschaftsminister und anschließend bis 1966 Bundeskanzler. Daher ist es weit mehr als nur ein lustiges Aperçu, dass er als promovierter Volkswirt ernsthaft glaubte, dass sich das »Wirtschaftswunder« allein durch den Wettbewerb erklären ließ, der zudem nur höchst eingeschränkt existierte. Erhards Reden zeigen, dass die deutschen »Ordoliberalen« nicht verstanden haben, in welcher Welt sie lebten. Mit dem real existierenden Kapitalismus hatten sie sich nie befasst; stattdessen zogen sie sich in eine imaginierte Welt der Wochenmärkte zurück, wo kleine Händler miteinander in Konkurrenz stehen.

Auf der ganzen Welt wussten die neoliberalen Cheftheoretiker, was sie an Erhard hatten, wenn es galt, die Wohltaten des freien Markts zu preisen. Immer wieder wurde er zum »Vater des deutschen Wirtschaftswunders« ausgerufen. So schrieb auch Milton Friedman: »Der mutige Entschluss von Ludwig Erhard, die Preise sich selbst finden zu lassen und alle Interventionen auf den Märkten abzuschaffen, brachte den Deutschen ihr Wirtschaftswunder.«[27]

Tatsächlich war es andersherum: Nicht Erhard hat das deutsche Wirtschaftswunder erzeugt, sondern der Aufschwung war so stark, dass sogar ein ahnungsloser Wirtschaftsminister und Kanzler nicht störte.

Doch Ende der 1960er Jahre war es mit dem weltweiten Boom der Nachkriegszeit vorbei. Die Kriegsschäden waren weitgehend beseitigt, und auch die technischen Erfindungen der letzten Jahrzehnte waren nun alle in Waren umgemünzt. Man hätte also zu einem »normalen« Wachstum übergehen können, doch stattdessen brachen Krisenjahre an: Es zeigte sich immer deutlicher, dass das Währungssystem von Bretton Woods falsch konstruiert war.

Die Wende von 1973: Das Finanzkasino öffnet wieder

Nach dem Zweiten Weltkrieg hatten die USA als Super- und Siegermacht durchgesetzt, dass der Dollar zur Leitwährung wurde. Wie schon geschildert, waren alle westlichen Währungen an den Dollar gekoppelt, der wiederum einen Festkurs zum Gold hatte: Eine Feinunze war 35 Dollar wert.

Dieses rigide System musste scheitern. Denn die Golddeckung führte zu einem Dilemma, das der belgische Ökonom Robert Triffin erstmals 1958 beschrieb und das daher auch »Triffin-Dilemma«

heißt: Da die Weltwirtschaft rasant wuchs, wurden ständig mehr Dollar benötigt, um den internationalen Handel abzuwickeln. Die Goldreserven der USA nahmen aber nicht zu, so dass die Golddeckung immer mehr zur Fiktion wurde.

Insofern wäre die Golddeckung ohnehin irgendwann zusammengebrochen, doch ab 1965 engagierten sich die USA zudem massiv im Vietnam-Krieg. Um die Kosten zu decken, erhöhte die US-Regierung ihre Schulden – »druckte« also Dollar. Seit 1965 gab es daher mehrere »Goldkrisen«, weil offensichtlich wurde, dass Goldvorräte und Dollarmengen nicht mehr zusammenpassten. 1971 war es dann so weit: US-Präsident Richard Nixon kündigte einseitig an, dass die anderen Staaten ihre Dollar nicht mehr gegen Gold tauschen konnten.[28]

Nach diesem »Nixon-Schock« versuchten die Notenbanken zunächst, die Wechselkurse weiterhin zu stabilisieren. Verspätet erkannte man, was Keynes schon immer gewusst hatte: Gold ist in einem internationalen Währungssystem völlig überflüssig. Es reicht aus, wenn die Zentralbanken zusammenarbeiten.

Genau an dieser Kooperation fehlte es jedoch, weil sich die US-Notenbank Fed passiv verhielt und wenig tat, um die eigene Währung zu stützen. Eigentlich hätte die Fed die Zinsen erhöhen müssen, um zu verhindern, dass der Dollar abwertete. Doch hätte dies die eigene Wirtschaft belastet. Daher wurden die Kosten der Kurspflege einfach auf die europäischen Notenbanken abgewälzt.

Vor allem die Bundesbank musste ständig intervenieren und Dollar aufkaufen, weil die D-Mark zunehmend zur Fluchtwährung wurde. Investoren und Spekulanten war völlig klar, dass das Währungsregime von Bretton Woods irgendwann kollabieren und der Dollar dramatisch abwerten würde. Also wollten sie ihr Geld noch schnell in Sicherheit bringen – und tauschten ihre Dollar in D-Mark um. Die D-Mark wertete daher permanent auf, was wiederum die Bundesbank zwang, Dollar zu erwerben, um den Kurs der D-Mark nach unten zu drücken. Am 1. März 1973 geschah das Unvermeidliche: Die Bundesbank trat in den Streik und weigerte sich, noch weitere Dollar aufzukaufen. Dies war das Fanal. Der Dollar rauschte in die Tiefe und verlor bis 1979 die Hälfte seines Werts gegenüber der D-Mark.

Dieser Absturz wurde zunächst achselzuckend zur Kenntnis genommen. Fast niemand erkannte die Gefahren, die ein freier Währungsmarkt barg. Stattdessen waren die meisten europäischen Politiker froh, endlich der Zwangsjacke von Bretton Woods zu entkommen. Naiv erwartete man, dass sich die Devisenkurse auf einem stabilen Niveau einpendeln würden, sobald der Dollarkurs einmal korrigiert wäre. Neoliberale Vordenker wie Milton Friedman gingen sogar noch weiter und versprachen ein immenses Wachstum: »Eine freie Marktwirtschaft für Wechselkurse wird auch ein ›Wirtschaftswunder‹ hervorbringen.«[29]

Was für ein Irrtum: Kaum wurden die Devisenkurse freigegeben, stürzten die Industrieländer in eine tiefe Rezession, die der Wirtschaftshistoriker Werner Abelshauser eine »kleine Weltwirtschaftskrise« genannt hat.[30] Der Kollaps von Bretton Woods löste eine Kettenreaktion aus, deren Folgen wir bis heute spüren.

Die erste Konsequenz war die »Ölkrise« von 1973, da die Scheichs nicht bereit waren, tatenlos zuzusehen, wie sie durch den fallenden Dollar faktisch enteignet wurden. 1971 kostete das Barrel Öl – also 159 Liter – nur knapp zwei Dollar. Wenn der Dollar auch noch an Wert verlor, war das Öl fast umsonst. Also setzten die Ölstaaten ihre gesamte Kartellmacht ein, um den Barrelpreis nach oben zu treiben – bis er 1980 ein Rekordhoch von über 35 Dollar erreichte.[31]

Diese Preisexplosion traf die Industrieländer völlig unvorbereitet. Sie hatten sich blind auf das billige Öl verlassen, weil sie in kolonialer Attitüde davon ausgegangen waren, dass die Entwicklungsländer für immer machtlose Rohstofflieferanten bleiben würden. Das Wirtschaftswunder der Nachkriegszeit endete abrupt: In der Bundesrepublik waren 1975 plötzlich mehr als eine Million Menschen arbeitslos.

Trotzdem fiel die Krise in Westdeutschland sogar noch moderat aus, weil die D-Mark gegenüber dem Dollar aufwertete – was die Preisschübe beim Öl zum Teil kompensierte. Viel härter wurden die USA und Großbritannien getroffen, deren Währungen stark an Wert verloren, so dass sich nicht nur das Öl, sondern sämtliche Importe verteuerten. Es ist kein Zufall, dass der Neoliberalismus ausgerechnet dort seine größten Siege feierte und fast zeitgleich an die

Macht gelangte: 1979 wurde Margaret Thatcher zur britischen Premierministerin gewählt, 1980 Ronald Reagan zum US-Präsidenten. Denn beide Länder steckten in einer fatalen Lohn-Preis-Spirale fest, weil die Gewerkschaften eine falsche Politik verfolgten. Sie sahen nicht, dass es sich bei der Inflation um einen »Angebotsschock« handelte, gegen den sich nichts unternehmen ließ, weil die Ölstaaten ihren knappen Rohstoff verteuerten. Stattdessen schalteten die Gewerkschaften auf Klassenkampf und wollten den Preisauftrieb kompensieren, indem sie hohe Lohnabschlüsse durchsetzten. In Großbritannien stiegen die Lohnstückkosten zum Teil um mehr als 30 Prozent pro Jahr, in den USA immerhin noch um 10 Prozent.

Das Ergebnis waren extreme Inflationsraten, die mehrere Jahre anhielten. In den USA stiegen die Preise 1974 um rund 12,3 Prozent und nach dem zweiten Ölpreisschock 1979 noch einmal um 13,3 Prozent. In Großbritannien war es sogar noch schlimmer, wo die Inflationsrate 1975 sensationelle 25 Prozent erreichte.

Es ist tragisch, dass die Gewerkschaften auf hohen Löhnen beharrten, denn es kam zur »Stagflation« – also zu einer Inflation mitten in der Rezession. Damit gerieten die Beschäftigten in die Defensive, sowohl programmatisch wie ökonomisch. Um zunächst beim Wettstreit der Theorien zu bleiben: Die »Stagflation« schien zu zeigen, dass sich eine Wirtschaft makroökonomisch nicht steuern lässt und Keynes sich offenbar geirrt hatte. Für die Mehrheit der Wähler war es daher naheliegend, auf die neoliberale Alternative zu setzen – und mit Reagan und Thatcher auf den freien Markt zu hoffen. Dabei hatte die Krise mit den Lehren von Keynes überhaupt nichts zu tun. Er hatte immer davor gewarnt, dass eine Inflation droht, wenn die Gehälter stärker steigen als die Produktivität der Wirtschaft.

Zugleich fehlte den Gewerkschaften eine ökonomische Exitstrategie: Eine Inflation lässt sich nicht ignorieren, wenn sie zweistellige Prozentzahlen erreicht. Es war abzusehen, dass die Notenbanken die Zinsen energisch nach oben treiben würden. Die Folgen waren ebenso klar: Die Wirtschaft würde schrumpfen, die Arbeitslosigkeit stark steigen – und die Macht der Gewerkschaften schwinden. Die Gewerkschaften riskierten ihren eigenen Untergang, indem sie eine Geldpolitik provozierten, die ihnen nur schaden konnte.

In Washington war es am 6. Oktober 1979 so weit: Der neu ernannte Fed-Chef Paul Volcker beschränkte die Geldmenge, so dass die Leitzinsen auf fast 20 Prozent stiegen. Zwar ging die Inflation wie gewünscht zurück, doch die USA erlebten ihre schwerste Wirtschaftskrise nach dem Zweiten Weltkrieg. Es gehört zu den Treppenwitzen der Geschichte, dass Ronald Reagan recht ideologiefrei reagierte und eine Art »Keynesianismus für die Reichen« praktizierte: Er senkte die Steuern für die Spitzenverdiener, kurbelte die Militärausgaben an und produzierte ein riesiges Haushaltsdefizit. Neoliberal war an diesem Programm nur noch, dass einseitig die Vermögenden begünstigt wurden, aber ansonsten handelte es sich um klassische Konjunkturpolitik.

Doch obwohl Reagan die realökonomischen Folgen abfederte, stellte Volckers Intervention einen Wendepunkt in der weltweiten Finanzgeschichte dar: Seither ist es profitabler zu spekulieren, als in ein normales Unternehmen zu investieren. Seit 1980 pumpt sich eine globale »Superblase« auf, wie es der berühmte Hedgefonds-Manager George Soros einmal genannt hat.[32] Diese Superblase ist übrigens noch immer nicht geplatzt, sondern hat in der Finanzkrise ab 2008 nur ein klein wenig Luft abgelassen.

Ronald Reagan und Margaret Thatcher öffneten damals das Finanzkasino wieder, weil beide Anhänger von Milton Friedman waren, der 1976 den Nobelpreis für Ökonomie erhalten hatte. Blind glaubten sie, was der neoliberale Vordenker verkündete: Schwere Finanzkrisen seien unmöglich – wenn die Regierung sich raushält. Es reiche, wenn jede Zentralbank die Geldmenge ihres jeweiligen Landes steuert. An eine internationale Kooperation der Notenbanken wie bei Keynes war nicht gedacht. Der »Markt« sollte die weltweiten Kapitalflüsse steuern, was die Devisenspekulanten dann reich gemacht hat.

Friedman mangelte es nicht an Selbstbewusstsein. Er sah sich als Lehrer und die Regierungschefs als seine ahnungslosen Schüler. 1978 begegnete er erstmals Margaret Thatcher, die damals noch nicht Premierministerin war. In einem Brief schrieb er anschließend über sie: »Sie ist eine attraktive und interessante Dame. Ob sie wirklich die Fähigkeiten hat, die Großbritannien jetzt so dringend benötigt, scheint mir eine sehr offene Frage.«[33]

Milton Friedman: die »Konterrevolution« gegen Keynes

Milton Friedman hat sich lebenslang an Keynes' Theorien abgearbeitet. Anfangs war er sogar ein Anhänger, bevor er ab den 1950er Jahren zu einem leidenschaftlichen Gegner wurde. Hatte Keynes eine »Revolution« angestrebt und vollbracht, so ging es Friedman nun darum, die »Konterrevolution« zu starten.

Freund und Feind sind sich einig, dass Friedman die nötige Robustheit mitbrachte, um Debatten anzufachen. »Seine aggressive Leidenschaft … machte ihn ideal geeignet, um gegen die Keynesianer anzugehen«, schreibt etwa der neoliberale Ökonom Mark Skousen begeistert.[34] John Kenneth Galbraith, der als Keynesianer oft zu Streitgesprächen mit Friedman eingeladen wurde, schildert ihn als »gänzlich frei von Zweifeln«.[35]

Milton Friedman konnte auch deshalb zum internationalen Vordenker der Neoliberalen aufsteigen, weil er unter seinen Gleichgesinnten keinerlei Konkurrenz hatte: Die anderen Theoretiker des Marktradikalismus waren nicht massentauglich – oder hatten sich gänzlich aus der Ökonomie verabschiedet. Vor allem Friedrich von Hayek enttäuschte das eigene Lager, weil er in die politische Philosophie wechselte, anstatt eine fundierte Kritik an Keynes vorzulegen.[36]

Friedman kannte Keynes' Werke bestens, denn er hatte sie schon als Student gelesen. 1932 schrieb er sich an der Universität Chicago ein, und auf dem Lehrplan standen damals sowohl Keynes' *Ein Traktat über Währungsreform* (1923) wie auch *Vom Gelde* (1930). Fleißig fertigte Friedman Exzerpte an; allein seine Notizen über *Vom Gelde* umfassten 87 Seiten.[37]

Als Friedman später versuchte, Keynes zu widerlegen, wandte er den klassischen Trick an: Er tat so, als hätte Keynes nur eine Theorie geliefert, die die Weltwirtschaftskrise ab 1929 erklären sollte. Der nächste Schritt war dann, eine alternative Deutung für diese Depression zu bieten.[38] An dem Desaster sei allein die US-Notenbank Fed schuld gewesen, so Friedman, weil sie die Zinsen nicht schnell genug gesenkt und marode Banken nicht gerettet hätte. Die exorbitante Spekulation an den Börsen blendete Friedman aus; auch die Kreditberge fehlten, die die Finanzanleger vor dem Crash aufgehäuft hatten.[39]

Friedmans Botschaft war also: Nicht die freien (Finanz-)Märkte hatten versagt – sondern der Staat! Eine »unfähige« Regierung hätte eine »kleine Rezession« in die schlimmste Depression des Jahrhunderts verwandelt.[40] Diese erstaunliche Deutung wurde zwar von dem bedeutenden Wirtschaftshistoriker Charles P. Kindleberger umgehend widerlegt,[41] aber Gegenargumente ignorierte Friedman konsequent.

Schließlich hatte er seine eigene Agenda: Er wollte den »Monetarismus« durchsetzen, dessen Name sich von »moneta«, dem lateinischen Wort für Münze, ableitete. Wie der Begriff schon andeutet, behauptete diese Theorie, dass nur die Geldmenge wichtig sei, um Inflationen und Krisen zu vermeiden. Ansonsten sollte der »freie Markt« fast alles richten. Publikumswirksam erzählte Friedman immer wieder gern, dass auf seinem Grabstein der Spruch stehen solle: »Inflation is always and everywhere a monetary phenomenon.« (Inflation ist immer und überall ein Geldphänomen.)[42]

Diese monokausale Sicht teilten nicht alle Kollegen. So spottete der Nobelpreisträger Robert Solow: »Alles erinnert Milton an das Geldangebot. Nun, mich erinnert alles an Sex, aber das schreibe ich nicht in meine Aufsätze.«[43]

Friedman vertrat wieder das uralte Konzept, dass der Geldmarkt angeblich wie ein Kartoffelmarkt funktioniert: Gibt es viele Kartoffeln, ist die einzige Knolle fast wertlos und ihr Preis sinkt. Genauso sollte auch die einzelne Geldeinheit ihren Wert verlieren, es also zu einer Inflation kommen, wenn die Geldmenge zu groß war.[44]

Diese Beschreibung mochte auf den ersten Blick zwar einleuchtend erscheinen – hatte aber mit der Realität nichts zu tun. In den 1970er Jahren stiegen die Preise nicht, weil sich die Geldmenge verändert hätte, sondern weil die Ölpreise explodierten und die Gewerkschaften hohe Löhne durchgesetzt hatten. Die Inflation war also ein realwirtschaftliches Phänomen, das nicht von den Zentralbanken verursacht wurde.[45] Doch die Wirklichkeit durfte Friedmans Theorie nicht stören.

Passend zu seiner uralten Theorie kehrte Friedman auch politisch direkt ins 19. Jahrhundert zurück und propagierte ein extremes Laissez-faire: Er war zwar »kein Anarchist«, wie er selbst betonte. Aber er stellte sich den Staat letztlich wieder wie einen »Nachtwächterstaat« vor, der sich aus der Wirtschaft heraushält und nur »für Ruhe und Ordnung sorgt, die Eigentumsrechte definiert … die Einhaltung von Verträgen erzwingt, den Wettbewerb fördert … Geisteskranke und Kinder unterstützt«.[46] Für den realen Kapitalismus interessierte sich Friedman nicht. Der Begriff »Monopole« kam bei ihm zwar vor, hatte aber keinerlei Konsequenzen für seine Theorie des »freien Markts«.

Friedman »widerlegte« Keynes also, indem er einfach in die theoretische Welt vor Keynes zurückkehrte. Neu war nur die Idee, dass die Zentralbank nicht mehr den Zins manipulieren – sondern direkt die Geldmenge steuern sollte. Aber auch diese Tätigkeit stellte sich Friedman extrem mechanisch vor: Am liebsten hätte er bei der Fed einen Computer aufgestellt, der automatisch dafür sorgte, dass die Geldmenge, passend zum erwünschten Wachstum, jährlich um 3 bis 5 Prozent stieg.[47]

Doch obwohl dieses Konzept denkbar schlicht war, funktionierte es nicht, als der neue Fed-Chef Paul Volcker 1979 versuchte, an der Geldmenge zu drehen. Denn Friedman hatte übersehen, dass sich nicht klar bestimmen lässt, was Geld ist. Theoretisch ist die Definition zwar einfach: Gemeinhin gilt als Geld, womit Waren und Dienstleistungen gekauft werden. Aber was heißt das konkret? Zählen auch Sparverträge, Termingelder und Geldmarktfonds als Geld?

Da unklar ist, wie die »Geldmenge« exakt zu bestimmen ist, konnte auch die Steuerung dieser vagen Geldmenge nicht funktionieren. Anfangs war Fed-Chef Volcker noch ein überzeugter Monetarist. Doch nachdem er mehrfach die Geldmenge neu definiert hatte, sie aber weiterhin schwankte, gab er entnervt auf. Er kehrte zur klassischen Geldpolitik zurück – und legte einfach den Zins fest, um die Inflation einzudämmen. Für die konkrete Geldmenge interessierte er sich nicht mehr. Das gilt inzwischen für alle Notenbanken: Weltweit folgt niemand mehr dem Monetarismus.[48]

Doch obwohl der Monetarismus gescheitert ist, blieb er leider nicht folgenlos. Friedman war »der vielleicht einflussreichste Ökonom der zweiten Hälfte des 20. Jahrhunderts«,[49] denn vor allem seinem ideologischen Einfluss ist es zuzuschreiben, dass ab 1980 die liberalisierten Finanzmärkte wieder die Herrschaft übernehmen konnten.

Der Monetarismus versagt – aber die Finanzmärkte boomen

Milton Friedman hatte die westlichen Regierungen stets bedrängt, flexible Wechselkurse einzuführen, und im Gegenzug ein »Wirtschaftswunder« versprochen. Es wurde auch ein Wirtschaftswunder – für die Finanzindustrie. Die Derivate kehrten zurück, mit denen schon Keynes spekuliert hatte.

Diese Wettgeschäfte waren nicht mehr zu verhindern, sobald man zuließ, dass Devisenkurse, Zinsen und Ölpreise frei schwankten. Denn viele Firmen mussten sich jetzt absichern: Exportunternehmen in Deutschland wollten wissen, was der Dollar in drei Monaten wert sein würde, wenn ihr amerikanischer Kunde zahlte. Fluglinien benötigten eine Kalkulationsbasis für das Öl, das sie in Zukunft verbrauchen würden. Betriebe, die Zahlungsziele vereinbarten, wollten einen stabilen Zins.[50]

Derivate können diese gewünschte Sicherheit bieten: Die »Termingeschäfte« fixieren vorab, wie hoch Zinsen, Rohstoffpreise oder Währungskurse zu einem bestimmten Zeitpunkt sein sollen. Meist läuft der Kontrakt drei Monate und kostet nur eine kleine Gebühr. Das Derivat ist also eigentlich eine kluge Erfindung – nur leider eignet es sich bestens für die Spekulation, weil der »Hebeleffekt« gigantisch ist. Mit minimalen Einsätzen lassen sich maximale Gewinne einfahren. Allerdings sind die Verluste genauso enorm, wenn es schlecht läuft.

Der Finanzjournalist Michael Lewis verglich die Derivate daher mit »einem Superchip in einem Kasino, der 1000 Dollar wert ist, aber nur drei Dollar kostet. Allerdings gibt es in Kasinos keine Superchips; für (Derivate) existiert in der Welt des Glücksspiels nichts Entsprechendes, weil echte Kasinos das Risiko als viel zu hoch einschätzen würden.«[51]

Kaum fingen die Behörden an, Derivate zuzulassen, erlaubten sie schließlich alles: Seit 1982 durften auch Terminkontrakte auf Aktien abgeschlossen werden, obwohl dies keinen volkswirtschaftlichen Sinn hatte und allein der Spekulation diente. Aber dies störte nicht in einer Zeit, als man an die höhere Weisheit der Finanzmärkte glaubte.

Der Umsatz mit Derivaten explodierte, wobei selbst »explodiert« ein zu schwaches Wort ist, um das immense Wachstum dieses Markts zu beschreiben. Um kurz in die Gegenwart zu springen: Im ersten Quartal 2017 betrug der Nominalwert der außerbörslich gehandelten Derivate rund 500 Billionen Dollar.[52] Mit einer »Absicherung« von realen Geschäften realer Firmen haben diese Wetten nichts zu tun, denn die weltweite Wirtschaftsleistung betrug 2017 insgesamt nur rund 74 Billionen Dollar. Die Spekulation führt längst ein Eigenleben und hat sich von der Wirklichkeit entkoppelt.

Wie alle Wetten sind Derivate zunächst einmal Nullsummenspiele. Was der eine Partner gewinnt, verliert der andere. Trotzdem sind die Derivatgeschäfte leider nicht folgenlos, denn sie wirken auf die Realität zurück. Die Wetten verzerren die Kurse und lassen sie wild pendeln. Ob Rohstoffe, Währungen oder Zinsen – alle Preise sind permanent in Bewegung, obwohl sich in der echten Welt nichts geändert hat. Im Bankendeutsch: Die Derivate erhöhen die Volatilität der Kurse.

Diese Kursausschläge sind völlig irrational und für niemanden zu kalkulieren, weswegen die normalen Unternehmen umso mehr gezwungen sind, sich gegen die Schwankungen abzusichern und Derivate zu erwerben – wofür die Banken dann Provision kassieren. Die Investmentbanken betreiben also nicht nur Wettgeschäfte auf eigene Rechnung, sondern kassieren auch noch eine Art Sondersteuer von der Realwirtschaft, die sich genau gegen jene Finanzturbulenzen schützen muss, die die Banken künstlich erzeugen.

Allein mit dem Derivatehandel haben die US-Investmentbanken im Jahr 2017 rund 24 Milliarden Dollar verdient, wobei sich 90,2 Prozent dieses Geschäfts auf nur vier Großbanken konzentrierten.[53] Die Investmentbanken sind die einzige Branche auf dieser Welt, die ihren Markt so manipulieren kann, dass Gewinne garantiert sind. Schon dies zeigt, dass die »Finanzmärkte« keine echten Märkte sind.

Dieses parasitäre Geschäftsmodell ist generell ärgerlich und teuer – aber bei Nahrungsmitteln wird es lebensgefährlich. Millionen Menschen müssen hungern, weil Spekulanten die Preise für Weizen oder Mais periodisch nach oben treiben. Es ist nicht übertrieben zu behaupten, dass Derivate zu Mordinstrumenten werden können.[54]

Doch nicht nur der Derivatehandel explodierte, sondern es kam auch zu enormen »Wertsteigerungen« bei Aktien und Immobilien. Seit 1988 ist der deutsche Aktienindex DAX von damals 1000 auf knapp 12500 Punkte im Februar 2018 gestiegen, hat sich also mehr als verzwölffacht. Doch die deutsche Wirtschaftsleistung hat sich im gleichen Zeitraum nominal nur verdoppelt. Auch die Aktienkurse bewegen sich also in einer virtuellen Welt, die sich von der Realität längst entkoppelt hat.

Man stelle sich einmal vor, es würde sich nicht um Aktien handeln, sondern um ganz gewöhnliches Brot. Wenn ein Laib erst einen Euro kostet und später zwölf – dann würde jeder von einer »galoppierenden Inflation« sprechen. Doch bei Aktien oder Immobilien soll es sich angeblich um eine »Wertsteigerung« handeln, wenn sie plötzlich exorbitant teurer werden.

Tatsächlich pumpt sich jedoch eine gigantische Spekulationsblase auf, wie sich eindeutig messen lässt: 1980 entsprach das weltweite Finanzvermögen noch ungefähr der globalen Wirtschaftsleistung und lag bei einem Verhältnis von 1,2 zu eins. Im Jahr 2007 betrug das Verhältnis schon 4,4 zu eins.[55]

Der »Wert« des Vermögens kann nur steigen, wenn ständig neues Geld ins System gespült wird – durch neue Kredite. In den Industrieländern lag die Summe aller privaten Darlehen 1950 bei etwa 50 Prozent der Wirtschaftsleistung; 2006 waren es schon 170 Prozent.[56]

Aber immerhin waren dies noch »echte« Kredite. Ab etwa 1980 entstand jedoch eine neue Form des Darlehens. Die Banken fingen an, sich untereinander Kredit zu gewähren: Sie schufen also Geld, ohne dass sie sich dabei um »echte« Kunden kümmern mussten. Hemmungslos fabrizierten sie gegenseitig das Geld, das sie für ihre eigenen Spekulationsgeschäfte benötigten. Im Jahr 2008 bestanden die Bilanzen der großen Investmentbanken mindestens zur Hälfte aus Krediten, die sich Fonds und Banken untereinander zugeschustert hatten.[57]

Diese Explosion der Finanzwerte ist höchst ungesund, denn Vermögen hat nur dann wirklichen Wert, wenn es Dividenden, Mieten oder Zinsen einbringt. Diese Erträge müssen aber aus der laufenden Wirtschaftsleistung erbracht werden. Wenn jedoch nur das Finanzvermögen ständig steigt, ohne dass das jährliche Volkseinkommen entsprechend mitwächst, muss es irgendwann zum Crash kommen. Ab 2007 war es so weit: An der Wall Street, aber auch in Europa brachen fast alle Großbanken zusammen – und mussten vom Staat gerettet werden.[58]

Die Ökonomen haben diese Megakrise nicht kommen sehen. Im Gegenteil: Der Mainstream war überzeugt, dass die Zeit der Wirtschaftsflauten vorbei sei. Legendär ist der Ausspruch des Nobelpreisträgers Robert Lucas, der 2003 triumphierend verkündete: »Das zentrale Problem, Depressionen zu verhindern, wurde gelöst … und zwar für viele Dekaden.«[59]

Auch dem späteren Fed-Chef Ben Bernanke bereitete es 2005 keine Sorgen, dass die Hauspreise in den USA in den beiden zurückliegenden Jahren um sensationelle 25 Prozent gestiegen waren. Dieser Preisauftrieb würde »vor allem die starken wirtschaftlichen Fundamentaldaten widerspiegeln«, erklärte Bernanke dem US-Kongress.[60]

Tatsächlich waren es jedoch keine »Fundamentaldaten«, die die Hauspreise steigen ließen. Stattdessen war die Kreditvergabe explodiert und erreichte ein nie gekanntes Ausmaß. 2001 hatte das Volumen aller Hypotheken in den USA noch bei 5,3 Billionen Dollar gelegen; 2007 waren es 10,5 Billionen Dollar. Schon als nackte Zahlen sind diese Summen eindrucksvoll, aber im historischen Vergleich werden sie noch sensationeller: »In nur sechs Jahren stiegen die Hypothekenschulden der amerikanischen Haushalte fast so stark wie im Laufe der mehr als 200-jährigen Geschichte unseres Landes«, stellte das US-Repräsentantenhaus später schockiert fest, als es die Finanzkrise aufarbeitete.[61]

Diese Kreditberge sind Bernanke und den meisten anderen Ökonomen entgangen – weil Kredite in ihrer Theorie gar nicht vorkamen. Stattdessen hatte man sich zurechtgelegt, dass die Finanzmärkte stets »effizient« seien. Die Ökonomen tragen eine immense Mitschuld, dass die Finanzkrise überhaupt möglich wurde.

Eine falsche Theorie wird teuer: Die Finanzkrise kostet Billionen

An der jüngsten Finanzkrise erschreckt bis heute, wie groß die Naivität der Experten war.[62] Noch 2006 verkündete der Internationale Währungsfonds in einer Studie begeistert, dass die »Finanzinnovationen« die »Widerstandsfähigkeit des Finanzsystems erhöht« hätten.[63] Mit diesen »Finanzinnovationen« waren genau jene Derivate, Kreditausfallversicherungen und Verbriefungen gemeint, die sich ein Jahr später als toxische Schrottpapiere erweisen sollten.

Die Experten irrten so einhellig, weil sie allesamt der falschen Theorie anhingen. Sie waren überzeugt, dass die einzelnen Anleger stets »rational« und die Finanzmärkte immer »effizient« seien. Die Ökonomen vertraten eine radikalisierte Neoklassik, die ab etwa 1980 populär wurde, nachdem der Monetarismus gescheitert war.

Man ging wieder davon aus, dass die Gesamtwirtschaft stets zum Gleichgewicht tendiert. Der Name für diese Theorie lautete in voller Länge »Dynamic Stochastic General Equilibrium Models« (dynamische stochastische allgemeine Gleichgewichtsmodelle), gern auch zu DSGE abgekürzt. Diese DSGE-Modelle befassten sich mit der gleichen Frage, die schon Léon Walras umgetrieben hatte: Kann ein allgemeines Gleichgewicht entstehen, wenn sich jeder Haushalt nur für den eigenen Nutzen interessiert?

Nach dem Zweiten Weltkrieg war es den Ökonomen Kenneth Arrow und Gérard Debreu gelungen, eine mathematisch saubere Lösung zu formulieren – die allerdings nur unter Extrembedingungen galt. Beispielsweise mussten Konsumenten und Produzenten absolut rational handeln und durften sich für nichts anderes interessieren, als ihren wirtschaftlichen Vorteil zu maximieren. Übersetzt: Der normale Mensch war nicht gemeint.

Zudem musste es für jedes denkbare Produkt einen perfekten Markt geben, und alle künftigen Eventualitäten mussten schon jetzt mit einem Preis versehen und abgesichert werden. Übersetzt: Jeder einzelne Haushalt musste viele verschiedene Derivate kaufen, um für Krankheit, Arbeitslosigkeit, eine Scheidung oder ungeplante Kinder vorzusorgen. Solche Derivate gibt es bekanntlich nicht.

Außerdem musste absolute Transparenz herrschen. Jede Tatsache musste bekannt sein, und jeder Haushalt musste über diese Informationen auch verfügen. Übersetzt: Jeder einzelne Konsument musste noch mehr wissen, als im gesamten Onlinelexikon Wikipedia steht. Und schließlich musste perfekter Wettbewerb garantiert sein. Es durfte keine Monopole oder Oligopole geben; steigende Skalenerträge waren ebenfalls auszuschließen. Übersetzt: Es handelte sich um eine Welt ohne Großkonzerne.[64]

Für diese Erkenntnisse erhielten Arrow und Debreu den Nobelpreis – zu Recht. Dank ihrer Analyse war nun deutlich, dass der real existierende Kapitalismus niemals zum Gleichgewicht tendieren würde. Denn keine der Bedingungen war erfüllt oder erfüllbar. Man hätte also erwarten können, dass sich die Ökonomen von der Fiktion des Gleichgewichts verabschieden würden. Weit gefehlt. Auf eine derartige Idee können nur »Laien« kommen.

Die Ökonomie hingegen entwickelte sich in die entgegengesetzte Richtung: Das »allgemeine Gleichgewicht« wurde verfeinert und zur geltenden »Makroökonomie« erhoben. Vor der Finanzkrise arbeiteten alle Zentralbanken mit den DSGE-Modellen,[65] obwohl Banken und Kredite dort kaum vorkommen. Wie schon in der alten Neoklassik wurde das Geld wieder zu einem »Schleier« degradiert, der über der Realwirtschaft lag. Die Zentralbanken konnten die Finanzkrise also unmöglich erkennen: In ihren Theorien hatten sie längst ausgeschlossen, dass es Crashs gibt.

Die Neoklassiker opferten die Realität, weil sie auf jeden Fall vermeiden wollten, dass sie zur Makroökonomie von Keynes zurückkehren mussten. Denn aus ihrer Sicht hatte Keynes' Theorie einen fatalen Fehler: Es gab in ihr keine Verbindung zwischen der Mikro- und der Makroebene. Bei Keynes waren nur die »Gesamtaggregate« wichtig, also die Summe aller Investitionen oder die allgemeine Sparquote. Der einzelne Haushalt war unbedeutend und bildete nur eine kleine Ziffer in der Gesamtstatistik.

Damit wollte sich die Neoklassik nicht abfinden. Sie bestand auf einer »Mikrofundierung«. Die Gesamtwirtschaft sollte die Summe ihrer Einzelteile sein. Also bastelte man sich eine Makroökonomie, die sich »mikrofundieren« ließ: das allgemeine Gleichgewicht. Jede Unwucht musste prinzipiell ausgeschlossen werden, weil sonst nicht mehr gegolten hätte, dass die einzelnen Haushalte den Zustand der Gesamtwirtschaft spiegeln.

Dies führt nun zum zweiten Theorieelement, das Laien staunen lässt: Es wurde eine »Theorie der rationalen Erwartungen« postuliert. Robert Lucas und seine Mitstreiter behaupteten, dass jeder Mensch in jedem Moment seines Lebens nur darauf sinnen würde, seinen Nutzen zu maximieren. Diese Theorie ist sogar noch extremer, als sie zunächst klingt. Lucas setzte voraus, dass die Menschen die Zukunft kennen. Ereignisse in – sagen wir – zehn Jahren sollten genauso bekannt sein wie die Gegenwart.

Zu dieser ebenso drastischen wie absurden Annahme war Lucas gezwungen, weil es für die DSGE-Modelle nicht reichte, wenn Menschen rational sein *wollen* – sie müssen es objektiv sein. Dies ist jedoch nur möglich, wenn sie die Zukunft kennen.[66]

Natürlich ist es Unsinn, dass die Zukunft bekannt wäre, wie jeder weiß, der sich schon einmal mit dem Brotmesser geschnitten hat. Wenn man wüsste, dass gleich ein Unfall droht, würde dieses Missgeschick nicht passieren. Man schneidet sich ja nicht freiwillig in den Finger.

Auch abseits dieser banalen Alltagsweisheit hätte das Theorem von Lucas die erstaunlichsten Konsequenzen: Beispielsweise könnte es die Spekulation an den Börsen gar nicht mehr geben. Wenn jeder alles über die Zukunft weiß – wie soll man dann noch auf Aktienkurse wetten?[67]

Zudem ist der Mensch nicht rational. Diese Beobachtung machte schon Adam Smith, der ein Beispiel auswählte, das die »Theorie der rationalen Erwartungen« schlagend widerlegt: das Lottospiel. Dort ist nämlich der seltene Fall gegeben, dass die Zukunft tatsächlich genau kalkulierbar ist. Mühelos lässt sich berechnen, dass man beim Lotto höchstwahrscheinlich verliert. Doch obwohl die allermeisten Teilnehmer garantiert draufzahlen, lassen sie sich nicht davon abhalten, ihr Glück zu versuchen, wie Smith erstaunt notierte: »Dass die Gewinnchancen meist überschätzt werden, können wir vom allgemeinen Erfolg der Lotterien lernen.«[68]

Inzwischen hat auch die Verhaltensökonomie unzählige Beispiele geliefert, dass »Rationalität« keine Eigenschaft ist, die den Menschen besonders auszeichnen würde. Man hätte also erwarten können, dass die »Theorie der rationalen Erwartungen« einen raschen Tod sterben würde. Doch erneut passierte genau das Gegenteil – die Theorie wurde ins irrwitzige Extrem getrieben.

Das größte Problem der Neoklassik taucht nämlich dort auf, wo man es zunächst gar nicht vermuten würde: bei ihrem »Fundament«, also bei den Konsumenten und Produzenten. Denn es ist ja uninteressant, nur einen einzelnen Haushalt zu betrachten. Die Ökonomie will zu volkswirtschaftlichen Gesamtaussagen kommen – dafür muss man aber die Summe aller Konsumenten bilden. Man muss deren Nutzenkalkül »aggregieren«.

Dies ist jedoch unmöglich, wie bereits ein einfaches Beispiel zeigt: Konsument A isst lieber Bananen als Kekse – eigentlich. Aber wenn Konsument B auch Bananen kauft, dann steigt der Preis für die Tropenfrüchte.[69] Daher könnte es für Konsument A doch besser sein, Kekse statt Bananen zu kaufen, um den eigenen Gesamtnutzen zu optimieren.[70] Man stelle sich dieses Prozedere mit Milliarden von Menschen vor, die Billionen von Kaufentscheidungen treffen. Es geht nicht.[71]

Daher entwickelte die Neoklassik ein Modell, das diese Theorieprobleme umging, indem es die Makroökonomie auf eine einzige exemplarische Person reduzierte. Das Modell ähnelte also dem Roman *Robinson Crusoe*: Die gesamte Weltwirtschaft soll aus nur einem einzigen Konsumenten bestehen, der zugleich der einzige Produzent ist.[72] Selbst Freitag darf dieses Eiland nicht betreten, da die Theorie mit zwei Menschen schon überfordert wäre. Dieser Robinson Crusoe ist zudem kein normaler Mensch – sondern lebt ewig. Die Neoklassik kann nämlich nicht modellieren, wie das Altern den Konsum verändert. Außerdem stellt Robinson lebenslang nur eine einzige Ware her, weil schon zwei Güter die Theorie ebenfalls ins Chaos treiben würden.

Das Leben in dieser neoklassischen Theoriewelt nimmt also sehr merkwürdige Konturen an: Der einsame Konsument, der ewig lebt, verbraucht alle Waren, die aber nur aus einem einzigen Produkt bestehen, das in einer einzigen Firma hergestellt wird, die der einzige Konsument selbst besitzt und in der er auch der einzige Angestellte ist.[73] Banken, Kredite oder gar Geld sind in diesem Modell überflüssig.

Mit Kapitalismus hat diese Fiktion nichts zu tun. Der Nobelpreisträger Ronald Coase merkte 1992 bissig an, die Neoklassik sei nur in der Lage, »Einzelgänger« zu analysieren, »die am Rande eines Waldes mit Beeren und Nüssen handeln«.[74]

Die Neoklassik nennt ihren »Einzelgänger« etwas pompöser einen »repräsentativen Agenten«, was einmal einen intelligenten Studenten zu der Frage animierte: »Wen oder was repräsentiert denn dieser repräsentative Agent?«[75] Darauf gibt es keine Antwort. Die Neoklassik behauptet zwar, dass sich die unterschiedlichen Bedürfnisse der Haushalte gegenseitig aufheben würden, weswegen es legitim sei, nur von einem einzigen »repräsentativen Konsumenten« auszugehen. Doch das ist reine Tautologie. Das makroökonomische Gleichgewicht wird bereits vorausgesetzt, das die »Mikrofundierung« erst beweisen soll.

Obwohl die DSGE-Modelle so bizarr sind, wurden sie trotzdem von den Zentralbanken benutzt. Die Finanzaufsicht war entsprechend lasch, denn die fiktive Robinsonade schien ja zu beweisen, dass Banken und Kredite für das Gesamtsystem irrelevant sind.

Makroökonomisch hatte man also ausgesorgt, und auch in der Mikroökonomie gab es keine Zweifel, dass die Finanzmärkte stets effizient seien. Dies wurde durch eine Theorie »bewiesen«, die ebenfalls höchst seltsam anmutete: die »Efficient Market Hypothesis« (Markteffizienzhypothese).

Drei Annahmen sollten belegen, dass die Finanzmärkte immer recht haben und jederzeit den »wahren« Wert von Aktien und Anleihen abbilden. Erstens: Die Anleger sind rational. Zweitens: Sollten die Anleger nicht rational sein, macht das auch nichts. Denn ihre irrationalen Entscheidungen würden sich gegenseitig aufheben, so dass der Markt als Ganzes wieder rational sein würde. Drittens: Sollte der Markt tatsächlich einmal irrational sein, dann gäbe es garantiert Spekulanten, die sofort erkennen, dass die Aktien und Anleihen von ihrem »echten« Wert abweichen – und entsprechende Wetten abschließen. Prompt würde sich der Markt wieder einpendeln.[76]

In dieser schönen Plastikwelt war die Zukunft so bekannt wie die Gegenwart. Spekulanten folgten nie der Herde, und es war auch nicht denkbar, dass sich eine Spekulationsblase aufpumpte, weil ständig Kredite ins System flossen. Die Ökonomen konnten die Finanzkrise gar nicht vorhersehen – denn sie hatten Crashs theoretisch ausgeschlossen.

Blind vertraute man der Effizienz des Markts, was so absurd war, dass selbst Ökonomen schon Witze machten. Einer ging so: »Ein Ökonom und ein Freund laufen die Straße entlang. Plötzlich sehen sie einen 100-Dollar-Schein auf dem Gehweg. Als sich der Freund bückt, um den Schein aufzuheben, sagt der Ökonom: ›Lass es – wenn es ein echter 100-Dollar-Schein wäre, hätte ihn schon jemand aufgehoben.‹«[77]

Es wäre lustig, wenn es nicht so tragisch wäre. Denn die Finanzkrise war extrem teuer. Weltweit summierten sich die Schäden auf viele Billionen.[78] Verantwortlich waren auch jene Ökonomen, die liberalisierte Finanzmärkte forcierten, weil sie an die »Theorie der rationalen Erwartungen« glaubten. Ihre Hybris hat Robert Lucas perfekt zum Ausdruck gebracht. Vor der Krise sagte er: »Ich glaube, Keynes' gegenwärtiger Einfluss als Ökonom ist ziemlich nah bei null, und war bei null in den vergangenen fünfzig Jahren. Keynes war kein besonders guter Ökonom. Er hat nicht viel zur Entwicklung des Fachs beigetragen.«[79] So kann man sich irren.

Nach der Krise ist vor der Krise

Die Mainstream-Ökonomen hatten den Crash zwar produziert, aber deuten konnten sie ihn nicht – und Lösungen hatten sie auch keine zu bieten. Achtzig Jahre Forschung erwiesen sich als weitgehend überflüssig.

Da die Neoklassiker ratlos waren, orientierten sich die Regierungen wieder an Keynes: Banken wurden gerettet, Konjunkturprogramme angeschoben und gigantisches »deficit spending« betrieben. Diese Rettungsmaßnahmen waren enorm erfolgreich; eine Dauerdepression wie 1929 konnte vermieden werden.

Doch es hatte seinen intellektuellen Preis, dass es nicht zu einer furchtbaren Krise kam: Die Neoklassik wurde nicht gezwungen, sich mit dem eigenen Scheitern auseinanderzusetzen. Nach einer kurzen Schockstarre erholte sich der Mainstream wieder und postulierte unbeirrt die alten Gewissheiten. Ben Bernanke etwa sagte selbstbewusst: »Ich denke, dass die Forderung übertrieben ist, dass das ganze Fach neu überdacht werden muss. Ich würde argumentieren, dass die Finanzkrise im Wesentlichen ein Versagen der ökonomischen Steuerung und des ökonomischen Managements war – aber nicht der ökonomischen Wissenschaft.«[80]

Bernanke scheint also zu glauben, dass die »ökonomische Steuerung« in einem luftleeren Raum stattfindet und die Theorie keinerlei Einfluss darauf hat, wie die Banken beaufsichtigt werden. Wäre dies wahr, wären die Wirtschaftswissenschaften überflüssig.

Tatsächlich ist es umgekehrt: Da die Neoklassik bei ihren alten Theorien verharrte, hat sich auch auf den Finanzmärkten nicht viel geändert. Nach der Krise wurden zwar neue Vorschriften erlassen, die inzwischen viele tausend Seiten umfassen – aber an den zentralen Stellschrauben des Systems wurde nicht gedreht.[81] Der Derivatehandel läuft fast unverändert weiter und kommt immer noch, wie schon dargestellt, auf ein Volumen von etwa 500 Billionen Dollar. Nach der Krise ist also vor der Krise.

Der Kapitalismus entwickelt sich völlig ungesteuert, weil der Mainstream eine Theorie vertritt, in der dieser Kapitalismus nicht vorkommt. Es ist eine Theorie ohne Großkonzerne, ohne Produktion, ohne Kredite – ja ohne Geld. Zur Neoklassik zählen sich etwa 85 Prozent aller Ökonomen.[82] Sie werden wieder scheitern und Kosten produzieren, die in die Billionen gehen.

10 Was wir von Smith, Marx und Keynes lernen können

Die Ökonomie ist keine Naturwissenschaft. Diese Aussage mag trivial erscheinen – aber die Neoklassik versucht seit dem 19. Jahrhundert, ihre Theorie als eine Variante der Physik zu verkaufen. Symptomatisch ist Milton Friedman, der in seiner Nobelpreisrede verkündete: Die Prognosen der Ökonomie seien zwar manchmal falsch – aber nicht häufiger als in der Physik, Biologie, Medizin oder Meteorologie.[1]

Diese Sicht ist so erstaunlich wie unsinnig. Aber es hat eine Funktion, dass die Neoklassiker gern eine Naturwissenschaft wären: Dies entsorgt das leidige Thema namens »Macht«. Plötzlich ist es keine politische Frage mehr, warum einige reich und viele arm sind. Die Ungleichheit wird zu einem angeblichen Naturgesetz erhoben, an dem sich nichts ändern lässt.[2]

Der Mensch wird zu einem Atom stilisiert, das einsam auf seiner Bahn kreist. Die britische Premierministerin Margaret Thatcher brachte diese Fiktion einst wunderbar auf den Punkt, als sie ihren berühmt-berüchtigten Satz äußerte: »There is no such thing as society.« (Es gibt keine Gesellschaft.)

Glaubt man Thatcher und den Neoklassikern, dann wird eine Stadt wie London von 8,7 Millionen Robinson Crusoes bevölkert, die alle auf ihrer eigenen separaten Insel sitzen. Mit diesem Einzelgängermodell lässt sich der Kapitalismus nicht verstehen, der ein komplexes Zusammenspiel der gesamten Gesellschaft ist.

Die Ökonomie muss daher zu Smith, Marx und Keynes zurückkehren, wenn sie relevante Erkenntnisse produzieren will. Allerdings darf man nicht den neoklassischen Fehler wiederholen, nun ebenfalls nach »Wahrheiten« zu suchen. Der Kapitalismus ist so dynamisch, dass sich die Perspektiven und Themen ständig ändern.

Jede Generation muss ihre eigene Wirtschaftswissenschaft erfinden. Trotzdem können Smith, Marx und Keynes wesentliche Anregungen liefern.

Um bei der Mikroökonomie zu beginnen: Die Neoklassik liegt falsch, wenn sie glaubt, dass die »Grenzkosten« oder die »Grenzproduktivität« die Preise bestimmen würden. Stattdessen hatte Adam Smith mit seiner »additiven Sicht« recht, dass sich die Preise aus Kosten plus Gewinnmarge zusammensetzen. Genauso gehen die meisten Firmen auch heute vor, wie aktuelle Umfragen unter Managern zeigen: Sie kalkulieren ihre Aufwendungen und schlagen eine Profitrate oben drauf.[3]

Natürlich gibt es zahllose Zusatztricks, wie Firmen ihre Kunden übertölpeln können, was in der Beratungsliteratur für Führungskräfte auch breit beschrieben wird. Doch auch diese »Preisbibeln« kommen gänzlich ohne Begriffe wie Grenznutzen, Grenzkosten oder Grenzertrag aus.[4] Die Neoklassik hat also mit der Praxis der Firmen nichts zu tun und sich in eine fiktive Welt abgesondert.

Die Betriebswirtschaftslehre hat die Neoklassik nie rezipiert, weil diese so offensichtlich realitätsfern ist.[5] Aber anderswo hinterlässt diese irrige Preistheorie noch immer immense Schäden. Ganz besonders ist dies beim Thema Lohnpolitik zu beobachten.

Die Neoklassiker sind sehr einflussreich und dominieren alle Expertengremien, die die Ministerien beraten. Permanent werden also die Regierungen ermahnt, dass die Löhne der »Grenzproduktivität« des einzelnen Arbeitnehmers entsprechen müssten. Übersetzt: Wenn es Arbeitslose gibt, müssen die Löhne runter, denn die Arbeitslosigkeit scheint ja zu zeigen, dass die Beschäftigten zu teuer sind. Hierbei handelt es sich zwar um einen klassischen Zirkelschluss, aber das fällt in der Hitze der Debatte nicht auf. Auch wissen die meisten Politiker nicht, dass die Neoklassik auf einer Theorie beruht, die eine Fiktion namens Robinson Crusoe modelliert.

Wie zirkulär die neoklassische Theorie argumentiert, zeigt sich auch daran, dass man fast nie gehört hätte, dass die Neoklassiker für deutliche Lohnsteigerungen plädieren. Völlig unabhängig von der realen Lage dekretieren diese Ökonomen immer, dass die Gehälter tendenziell zu hoch seien, »Lohnzurückhaltung« angesagt und ein Mindestlohn brandgefährlich sei.

Zumindest ein eklatanter Widerspruch sollte jedoch sofort auffallen: Die Neoklassiker sind zwar hingebungsvoll damit beschäftigt, die »Grenzproduktivität« von Friseurinnen in Ostdeutschland zu analysieren – aber auf sich selbst wenden sie ihre Theorie niemals an. Nie wird gefragt, wie hoch eigentlich die »Grenzproduktivität« eines Wirtschaftsprofessors ist, der unbeirrt an einer Theorie festhält, die schwere Finanzkrisen und damit Billionenschäden produziert. Wäre die Welt tatsächlich neoklassisch, wären alle Neoklassiker längst entlassen, weil ihre »Grenzproduktivität« eindeutig weit unter null liegt.

Aber Löhne entstehen eben anders, als die Neoklassiker glauben: Das Lohnniveau hängt nicht von der »Grenzproduktivität« des einzelnen Arbeitnehmers ab – sondern entscheidend ist das technische Niveau der gesamten Volkswirtschaft. Je höher die Wirtschaftsleistung ist, desto höher sind auch die Löhne des Einzelnen. Der südkoreanische Ökonom Ha-Joon Chang illustriert diesen Effekt sehr anschaulich anhand von zwei Busfahrern: Sven lebt in Schweden und Ram in Indien. Beide sind gleich »produktiv«, denn beide transportieren Menschen in einem Bus. Trotzdem verdient Sven fast fünfzigmal so viel wie Ram.[6]

Auch der erfolgreiche Investor Warren Buffett weiß genau, dass er seine Milliarden nur verdienen konnte, weil er in den USA geboren wurde: »Ich persönlich glaube, dass ich mein Einkommen zu einem wesentlichen Teil der Gesellschaft zu verdanken habe. Würde man mich irgendwo in Bangladesch oder Peru aussetzen, würde man schnell feststellen, wie wertlos mein Talent in der falschen Umgebung ist. Ich würde nach dreißig Jahren immer noch ums Überleben kämpfen.«[7]

Neoliberale berufen sich zwar gern auf Adam Smith, haben aber nie verstanden, was aus dem Prinzip der Arbeitsteilung folgt: Jeder ist Teil eines Teams, und die Leistung des Einzelnen ist nur sehr eingeschränkt individuell messbar, weil sie von der Zuarbeit anderer abhängt. Im Kapitalismus kann der Erfolgreiche nur erfolgreich sein, weil ihm viele andere diesen Erfolg ermöglichen. Daher lässt sich auch nicht wissenschaftlich bestimmen, wie hoch das Gehalt einer Sekretärin im Vergleich zur Vergütung eines Managers sein sollte. Dies ist eine Machtfrage, um noch einmal das M-Wort zu benutzen, das die Neoklassiker so fürchten.

Nur ein Beispiel: Aktuell verdienen DAX-Manager fünfzigmal so viel wie durchschnittliche Angestellte.[8] Es fällt schwer zu glauben, dass sie auch so viel leisten wie fünfzig Angestellte.

Keynes hatte also recht, dass es sinnlos ist, auf den »Arbeitsmarkt« zu starren, um herauszufinden, warum es Arbeitslose gibt. Wie hoch die Beschäftigung ist, wird ganz woanders bestimmt – auf den Finanzmärkten. Die Anleger entscheiden, ob sich »echte« Investitionen in »echte« Firmen lohnen – ob es sich also rentiert, Arbeitskräfte einzustellen – oder ob es lukrativer ist, mit Derivaten, Anleihen, Aktien und Immobilien zu spekulieren.

Die ganz eigene Logik der Finanzmärkte lässt sich aber nur verstehen, wenn man, wie Keynes, makroökonomisch und damit in Gesamtaggregaten denkt. Nur dann fällt sofort auf, dass es sich um blanke Spekulation handeln muss, wenn täglich vier Billionen Dollar um den Erdball kreisen, um mit Währungen zu spekulieren – obwohl die globale Wirtschaftsleistung insgesamt nur 73 Billionen Dollar im Jahr beträgt.

Die Neoklassik hingegen kann diese Spekulation gar nicht erkennen, weil sie in ihrer Mikroökonomie verharrt und sich nur für das einzelne Derivat interessiert. Unbeirrt nimmt die Neoklassik an, dass die »Finanzmärkte« echte Märkte seien, auf denen sich normale Preise bilden. Dies ist offensichtlich falsch: Wenn Kartoffeln teurer werden, kaufen viele Kunden lieber Nudeln. Doch wenn die Preise für Aktien steigen, werden nicht etwa weniger Papiere gekauft – sondern mehr. Sobald die Kurse zulegen, stürzen sich die Spekulanten erst recht auf die Aktien, um die »Rallye« bloß nicht zu verpassen. Für den einzelnen Finanzanleger ist es rational, der Herde zu folgen, selbst wenn die gesamte Herde in die falsche Richtung hetzt.

Die Herde der Finanzanleger lässt sich nur stoppen, wenn man das Gatter ihrer Weide verrammelt. Es ist kein Zufall, dass Keynes letztlich sein Leben opferte, um ausgerechnet ein optimales Weltwährungssystem durchzusetzen. Er wusste, dass der Kapitalismus nur störungsfrei funktionieren kann, wenn man die Devisenspekulation unterbindet. Keynes' System ist unverändert aktuell, denn sein Bancor war weder an den Dollar noch ans Gold gekoppelt. Er hat damit genau jene Tücken vermieden, an denen das System von Bretton Woods gescheitert ist.

Wenn man Wechselkurse fixiert, ist jedoch eine Bedingung zu beachten: Der Außenhandel muss ausgeglichen sein. Es darf nicht sein, dass einige Länder permanent Exportüberschüsse anhäufen, während andere Staaten genauso unbekümmert Defizite produzieren. Beim Bancor war daher vorgesehen, dass sowohl Überschüsse wie Defizite mit Strafzinsen belegt werden.

Leider wurde Keynes' kluge Idee bei der Einführung des Euros nicht befolgt – dabei wäre es bei der Währungsunion noch nötiger gewesen, Überschüsse und Defizite zu ahnden. Denn beim Bancor wäre es immerhin jederzeit möglich gewesen, dass die Zentralbanken die Wechselkurse neu festsetzten, falls ein Land zu viel exportierte oder importierte. Dies geht beim Euro bekanntlich nicht, weil alle Mitgliedsländer das gleiche Geld haben.

Inzwischen ist die Eurozone kaum noch funktionsfähig. Deutschland hat gigantische Exportüberschüsse aufgehäuft, während Staaten wie Griechenland oder Spanien beträchtliche Auslandsschulden haben. Diese Unwucht wäre gar nicht erst entstanden, wenn von Anfang an klar gewesen wäre, dass sowohl Überschüsse wie Defizite massiv bestraft werden.

Noch immer sind viele Deutsche stolz auf den großen Exportüberschuss, den ihr Land jedes Jahr erwirtschaftet. Doch ist dieses Plus nur möglich, weil woanders ein Minus entsteht. Zudem ist dieses Plus völlig wertlos und nur noch eine fiktive Zahl in einem Bankcomputer, denn die Schuldner werden ihre Schulden niemals zurückzahlen können.

Besonders deutlich wird dies am Beispiel Griechenlands: Das Land steckt in genau jener Falle, in der Deutschland ab 1919 festsaß, als es Reparationen leisten sollte. Keynes hat damals das zentrale Problem herausgearbeitet: Wer Auslandsschulden bedienen soll, benötigt Exportüberschüsse. Diese Überschüsse hat Griechenland nicht. Es wäre daher sinnvoll, die Schulden der Eurokrisenländer abzuschreiben. Sie sind sowieso rettungslos verloren.[9]

Die Eurozone funktioniert nicht, weil auch sie an einem Irrtum der Neoklassiker krankt: Es wird unterstellt, dass Einzelstaaten genau wie Unternehmen funktionieren würden. Dieses groteske Missverständnis manifestiert sich in dem beliebten Schlagwort der »Wettbewerbsfähigkeit«. So wie einzelne Firmen nur überleben können, wenn sie mindestens so kostengünstig produzieren wie die Konkurrenz, so soll auch für Staaten gelten, dass sie sich im »Wettbewerb« durchsetzen müssen, indem sie möglichst billig sind und Exportüberschüsse anhäufen. Deutschland hat daher seit 1996 gezielt seine Reallöhne gedrückt, um die anderen Euroländer zu unterbieten.

Doch anders als Unternehmen sind Staaten keine Konkurrenten. Die heutige Neoklassik macht exakt den gleichen Fehler, den Adam Smith schon bei den Merkantilisten diagnostiziert hat: Sie setzt auf eine Verarmungspolitik des Nachbarn, auf die Strategie »beggar-thy-neighbour«.

Wie Adam Smith ebenfalls klar erkannte, kann eine solche Staatenkonkurrenz gar nicht funktionieren: Wohin soll die Exportnation denn exportieren, wenn den anderen Ländern das Geld fehlt, um zu importieren? Kapitalistische Länder können nur gemeinsam reich werden, nicht gegeneinander.

Deutschland muss sich also dringend von seinen gewaltigen Exportüberschüssen verabschieden, wenn die Eurozone überleben soll. Viele Bundesbürger entwickeln sofort Verlustängste, wenn sie diese Nachricht hören, doch auch diese Furcht beruht auf einem Missverständnis: Man darf ruhig »Exportweltmeister« bleiben – solange man auch »Importweltmeister« ist.[10] Wichtig ist nur, dass der Außenhandel ausgeglichen ist, damit alle Länder gemeinsam wachsen können.

»Importweltmeister« kann Deutschland jedoch nur werden, wenn hierzulande die Löhne deutlich steigen. Die frohe Botschaft lautet: Europaweit werden alle reicher, auch die deutschen Unternehmer, wenn die deutschen Arbeitnehmer mehr verdienen. Es handelt sich um eine klassische Win-win-Situation, die nur die Neoklassiker nicht wahrnehmen können, weil sie niemals die Perspektive der Einzelfirma verlassen.

Die Neoklassiker haben überhaupt ein sehr beschränktes Bild vom Außenhandel: Er kommt bei ihnen nur als Freihandel von Waren vor. Die grassierende Devisenspekulation wird genauso ignoriert wie das Problem der Auslandskredite und -schulden. Doch obwohl dieser neoklassische Begriff vom Freihandel so außerordentlich reduziert ist, soll ausgerechnet diese Schrumpfversion die Welt retten. Die Neoklassik stilisiert den Freihandel zum zentralen Wachstumsmotor, weswegen derzeit etwa 110 Länder damit beschäftigt sind, 22 regionale Handelsabkommen zu verhandeln.

Kritiklos wird unterstellt, dass der Freihandel grundsätzlich effizient sei, und in jedem Lehrbuch wird Ricardos Theorie der komparativen Kostenvorteile ausbuchstabiert. Tatsächlich ist dieses Modell mathematisch absolut sauber. Doch wie schon Keynes feststellte, gilt es in seiner reinen Form nur unter einer Bedingung: wenn allseits Vollbeschäftigung herrscht.

Zudem lebte Ricardo in einer Zeit, als es nur kleine Firmen gab. Er hätte sich niemals vorstellen können, dass 200 transnationale Konzerne etwa 10 Prozent der gesamten weltweiten Wirtschaftsleistung produzieren. Geschätzte 50 Prozent des globalen Handels finden nicht mehr zwischen Ländern statt – sondern innerhalb von grenzüberschreitenden Großkonzernen.[11]

Den klassischen Freihandel gibt es also genauso wenig wie den »freien Markt«, auf dem perfekter Wettbewerb herrscht. Stattdessen wird die globale Wirtschaft von Großkonzernen beherrscht, was Marx und Engels als Erste erkannten. Dieser Konzentrationsprozess ist jedoch keine Intrige böser Kapitalisten, sondern das Paradox des Wettbewerbs: Ausgerechnet das Prinzip der Konkurrenz führt dazu, dass am Ende nur noch Oligopole übrig bleiben. Denn jeder einzelne Unternehmer ist gezwungen, permanent seine Effizienz zu steigern und mehr zu produzieren, wenn er im Wettbewerb bestehen will. Doch da der Markt irgendwann gesättigt ist, überleben nur wenige Giganten.

Das Thema Macht lässt sich also nicht ignorieren, wie die Neoklassik gern behauptet. Man muss zur Kenntnis nehmen, dass die

Wirtschaft von den Großkonzernen und den Finanzmärkten dominiert wird. Der Staat ist daher unerlässlich, um als Gegengewicht zu wirken. Doch ist er mehr als nur ein Reparaturbetrieb, der die Schäden des Kapitalismus beseitigt. Ohne den Staat könnte sich der Kapitalismus gar nicht entwickeln – nicht zuletzt weil den Unternehmern die Ideen ausgehen würden.

Neoklassiker glauben zwar gern, dass die wichtigen Erfindungen einzelnen Genies zu verdanken seien. Doch das ist reine Fiktion. Forschung findet im Kollektiv statt – und wird meist vom Staat finanziert. Die italienisch-amerikanische Ökonomin Mariana Mazzucato hat kürzlich untersucht, wie es zu den technischen Erfindungen kam, die neue Produkte wie Google, Smartphones oder komplexe Krebstherapien möglich machten. Ergebnis: Die nötigen Erkenntnisse waren immer in staatlichen Labors entstanden. Private Firmen haben diese Innovationen »nur« noch zu marktfähigen Waren zusammengebaut. Steve Jobs beispielsweise war besonders genial darin, staatliches Wissen in neue Produkte umzusetzen – und den Gewinn zu privatisieren.[12]

Den perfekten Markt gibt es also nicht, den die Neoklassik herbeisehnt. Das ist gut so. Hätte der Markt immer recht, wären ökonomische Theorien überflüssig.

Die Deutung des Kapitalismus wird nie eindeutig sein, und es wird immer konkurrierende Interpretationen geben. Aber keine Theorie sollte so banal sein, dass sie den Kapitalismus auf eine fiktive Tauschwirtschaft reduziert, in der es noch nicht einmal Kredite gibt.

Der Kapitalismus ist komplex, wie Smith, Marx und Keynes wussten: Er ist ein Prozess, der keinen Stillstand kennt. Er ist niemals stabil, sondern schwankt zwischen Boom und Krise. Vermögen existiert nicht per se, sondern hat nur Bestand, wenn es ständig neu eingesetzt wird. Einkommen ist niemals garantiert, sondern entsteht nur, wenn unablässig investiert wird.

Zudem ist der Kapitalismus zutiefst paradox: Für den Einzelnen ist Sparen sinnvoll – für die Gesellschaft als Ganzes kann es gefährlich sein, weil dann die Nachfrage fehlt. Zwischen den Firmen gibt es Wettbewerb, bis kein Wettbewerb mehr übrig ist und nur noch

Großkonzerne herrschen. Kapitalismus ist also keine »Marktwirtschaft«, obwohl es Märkte gibt. Maschinen sind nur Hilfsmittel, doch diese technischen Innovationen definieren die Realität und verändern sie. Der Kapitalismus produziert immensen Wohlstand, aber gleichzeitig vergrößert er den Abstand zwischen Arm und Reich. Es herrscht Überfluss, aber in Krisen kann es plötzlich zu großer Not kommen. Geld entsteht »aus dem Nichts«, ist aber kein Nichts, sondern ein zentraler Machtfaktor, weil die Spekulation die Realwirtschaft aussaugt und erdrückt. Der Kapitalismus scheint das Gegenteil vom Staat zu sein, kann aber ohne den Staat gar nicht existieren.

Der Kapitalismus ist das einzige dynamische soziale System, das die Menschheit je hervorgebracht hat. Die Ökonomie sollte ihn erforschen, statt ihn aus ihrer Theorie zu verbannen.

Anmerkungen

1 Einleitung: Die Krise der heutigen Ökonomie

1 Tim Besley / Peter Hennessy, The Global Financial Crisis – Why didn't Anybody Notice? A Letter to the Queen, 22.7.2009.

2 Angela Merkel, Rede der Bundeskanzlerin bei der 5. Lindauer Tagung der Wirtschaftswissenschaften, 20.8.2014.

3 Paul Romer, Mathiness and Academic Identity, Blogeintrag vom 27.5.2015.

4 Der Titel ist auch eine wehmütige Reminiszenz an meinen verstorbenen *taz*-Kollegen Christian Semler. Einige seiner journalistischen Texte wurden 2013 posthum unter dem Titel *Kein Kommunismus ist auch keine Lösung* veröffentlicht.

2 Ein Philosoph entdeckt die Wirtschaft: Adam Smith

1 Jones, *Establishment*, S. 22 ff.

2 Berry u. a. (Ed.), *Oxford Handbook of Adam Smith*, S. 15.

3 Finlay, *Ancient Economy*, S. 17 ff.

4 Die Gesamtausgabe von Keynes beläuft sich auf dreißig Bände. Sie enthält jedoch nur einen Bruchteil des Materials. Der Herausgeber Donald Moggridge schätzt, dass etwa hundert Bände herausgekommen wären, wenn man sämtliche Briefe und Dokumente berücksichtigt hätte (Moggridge, *Maynard Keynes*, S. XV). Die *Marx-Engels-Gesamtausgabe* (MEGA) ist bisher nicht abgeschlossen; sie soll 2025 beendet sein und 114 Bände umfassen. Bei Smith hingegen sind nur 193 Briefe von ihm und 129 Schreiben an ihn überliefert. Mehr als die Hälfte dieser Dokumente fallen in seine allerletzten Lebensjahre, so dass man über seine Jugend und seine Zeit als Professor in Glasgow fast gar nichts weiß.

5 Die Darstellung von Smith' Leben folgt im Wesentlichen den Biographien von Ian S. Ross, *The Life of Adam Smith* (2010), sowie von Nicholas Phillipson, *Adam Smith* (2011), sofern dies nicht anders ausgewiesen ist. Dies gilt auch für die Zitate.

6 Adam Smith der Ältere hatte einen Bruder namens Alexander, der erst der oberste Steuereintreiber in Schottland und dann, ab 1699, der Chef der schottischen Postbehörde war.

7 Auf 30 Pfund im Jahr kamen die Arbeiter in Nordengland, was den schottischen Löhnen in etwa entsprochen haben dürfte. In London verdienten die Arbeiter fast 60 Pfund, allerdings waren dort auch die Preise höher. Siehe Allen, *The British Industrial Revolution*, S. 43. 300 Pfund entsprechen in heutiger Kaufkraft etwa 25 000 Pfund, wie einer Umrechnungstabelle der britischen Nationalarchive zu entnehmen ist (www.nationalarchives.gov.uk/currency/results2.asp#mid). Allerdings sind solche Angaben etwas irreführend, weil sie nicht den wachsenden Wohlstand in der Gesamtgesellschaft widerspiegeln. Im Jahre 1720 verdiente fast niemand umgerechnet 25 000 Pfund – während dies heute weniger als das Durchschnittseinkommen in Großbritannien ist.

8 Auch die Bibliothek ist im Nachlass komplett aufgelistet und bestand aus etwa achtzig Bänden. Bemerkenswert: Obwohl Smith' Vater Jurist war, besaß er kaum juristische Werke. Stattdessen sind 32 religiöse Abhandlungen verzeichnet, 24 literarische Bücher sowie zehn Texte historischen Inhalts. Die gebildeten Schichten lasen damals besonders gern Jonathan Swift und Alexander Pope, doch von diesen Bestsellerautoren besaß Smith' Vater nichts.

9 Dugald Stewart, *Account of the Life and Writings of Adam Smith LL.D.*, 1793. Stewart (1753–1828) war ein bedeutender schottischer Philosoph und Mathematiker, der in Edinburg lehrte und mit Smith befreundet war. Nach dessen Tod wurde er von der Royal Society of Edinburgh beauftragt, eine Biographie über Smith zu schreiben. Da Smith alle Privatdokumente vernichtet hatte, verlegte sich Stewart darauf, die noch lebenden Kollegen und Freunde zu befragen. Stewarts Biographie ist eine der wichtigsten Quellen über Smith' Leben.

10 Ebd.

11 Über die Salzsiedereien in Kirkcaldy ist man auch deswegen gut informiert, weil der schwedische Spitzel Henric Kalmeter 1719/20 in Großbritannien unterwegs war, um im Auftrag seiner Regierung die britischen Industrieanlagen auszukundschaften. Industriespionage ist keine neue Erfindung (Ross, *Life of Adam Smith*, S. 9).

12 Der Duke of Argyll war es auch, der David Hume als Philosophieprofessor in Glasgow verhinderte. Hume war ihm zu atheistisch (Ross, *Life of Adam Smith*, S. 112 f).

13 Ab 1742 wurde es für Smith etwas angenehmer: Er erhielt auch noch ein Warner-Stipendium, das 8 Pfund und 5 Schilling wert war.

14 Frauen waren im zölibatären Oxford nicht zugelassen. Die ersten Studentinnen wurden 1920 aufgenommen, aber es herrschte weiter strikte Geschlechtertrennung, so dass die Frauen separate Colleges besuchten. Echte Koedukation setzte sich in Oxford erst 1974 durch.

15 Kurz vor seinem Tod schrieb Hume einen knappen Abriss seines Lebens, der amüsant und selbstironisch ist: David Hume, *My Own Life*, 18.4.1776.

16 Für Engländer klang das Schottisch sehr fremd, das rund um Edinburg gesprochen wurde. Es galt fast als eigene Sprache. Zum hundertjährigen Jubiläum des Buchs *Der Wohlstand der Nationen* verfasste der englische Finanzjournalist Walter Bagehot 1876 eine kurze Biographie über Smith, in der er wohlwollend hervorhob, dass Smith zwar kein elegantes, aber immerhin richtiges Englisch geschrieben hätte. Hume hingegen würde alle idiomatischen Ausdrücke »stän-

dig falsch« verwenden: »Viele seiner besten Passagen sind daher seltsam ungelenk und verwirrend: Man hat das Gefühl, dass sie dem sehr nahe kommen, was ein Engländer sagen würde, aber irgendwie würde dieser es dann doch nie so sagen.« Bagehot erklärte sich diese irritierenden Abweichungen damit, dass Hume nie in England studiert, sondern seine gesamte Ausbildung in Edinburg absolviert hatte. (Bagehot, *Adam Smith as a Person*, S. 296 f.)

17 Spiegelneuronen sind ein Resonanzsystem im Gehirn. Diese Nervenzellen senden bereits Signale aus, wenn jemand eine Handlung nur beobachtet, und reagieren, als ob man das Gesehene selbst erlebt hätte. Die Spiegelneuronen machen den Menschen zum mitfühlenden Wesen.

18 So schrieb Smith' Freund Alexander Carlyle in seiner Autobiographie: »In Gesellschaft war er der zerstreuteste Mensch, den ich je sah, seine Lippen bewegend und mit sich selbst redend. Wenn man ihn aus seinen Träumereien riss und ihn zwang, am Gegenstand der Unterhaltung teilzunehmen, dann ergoss sich ein Wortschwall, der nicht eher endete, bevor er nicht alles erzählt hatte, was er darüber wusste, mit dem größten philosophischen Scharfsinn.« (Ross, *Life of Adam Smith*, S. 143)

19 Black war später sogar einer der beiden Testamentsvollstrecker von Smith.

20 Auch wenn unklar ist, wann genau Smith mit der Niederschrift seines Buchs *Der Wohlstand der Nationen* begonnen hat, so ist doch eindeutig, dass viele gedankliche Vorarbeiten schon aus seiner Zeit in Glasgow stammen.

21 Smith und sein Schützling machten auf dem Weg nach Paris extra noch einen Abstecher nach Genf. Die Stadt war damals eine eigenständige Republik, besaß also eine Regierungsform, die Smith noch nicht erlebt hatte. Zudem hatte er endlich die Gelegenheit, den Philosophen Voltaire kennenzulernen, den er sehr verehrte und dessen Büste er sogar besaß. Trotzdem war die Ausbeute letztlich gering: Weder Genf noch Voltaire kommen im *Wohlstand der Nationen* vor.

22 Smith hatte ein ausgeprägtes Gespür für historische und politische Kontexte und führte daher die Entstehung der Physiokratie auf die besonderen Umstände in Frankreich zurück. Wie an allen europäischen Höfen dominierte auch in Paris die Idee des Merkantilismus: Exporte und Manufakturen wurden gefördert, Importe behindert und die Landwirtschaft als unwesentlich betrachtet. In Frankreich litt die Landwirtschaft aber besonders, weil es keinen nationalen Markt gab und es nicht möglich war, Getreide über die Provinzgrenzen hinweg zu verkaufen. Smith deutete daher die Physiokratie als einen typisch französischen Versuch, die Landwirtschaft zu rehabilitieren und von den administrativen Fesseln zu befreien. Dies sei den Physiokraten auch gelungen, konzedierte Smith wohlwollend. Trotz grundsätzlicher Unterschiede gab es auch inhaltliche Übereinstimmungen mit den Physiokraten: Genau wie Smith waren sie der Meinung, dass Goldmünzen keinen nationalen Reichtum begründen, sondern nur ein Zahlungsmittel sind. Zudem waren Quesnay wie Smith für einen möglichst unumschränkten Freihandel. Siehe auch nächstes Kapitel.

23 Siehe etwa Linß, *Die wichtigsten Wirtschaftsdenker*, S. 26.

24 Hinzu kamen noch die 300 Pfund, die er als ehemaliger Reisebegleiter von Buccleuch erhielt. Auf dieses Geld hatte Smith verzichten wollen, was der Her-

zog jedoch ablehnte: Er wolle nicht den Eindruck erwecken, dass er Smith nur zum Zollaufseher gemacht habe, um seine eigene Kasse zu schonen.

25 Wie Smith stammte der Architekt Robert Adam aus Kirkcaldy. Er war fünf Jahre jünger als Smith. Das Grabmal ist noch heute auf dem Canongate-Friedhof in Edinburg zu sehen.

26 Zur Freude aller Biographen gibt es immerhin ein kleines Glasmedaillon mit einem Bild von Smith, das der Juwelier James Tassie 1787 angefertigt hat und das nur ganze 7,3 Zentimeter hoch ist. Stewart versichert, es würde einen »genauen Eindruck« von Smith' Profil vermitteln.

3 Vom Bäcker bis zum Freihandel: *Der Wohlstand der Nationen* (1776)

1 Zitate aus *Wohlstand der Nationen* werden nicht gesondert ausgewiesen. Sie wurden aus dem englischen Original von der Autorin übersetzt.

2 Tony Aspromourgos, Adam Smith on Labour and Capital. In: Berry u. a. (Ed.), *The Oxford Handbook of Adam Smith*, S. 267–289, hier S. 267.

3 Der eigentliche Titel ist länger und lautet: »Eine Untersuchung der Natur und Ursachen des Wohlstands der Nationen«. Aber wie das Grabmal von Smith zeigt, hatte sich schon zu Lebenszeiten die Kurzform »Wohlstand der Nationen« eingebürgert.

4 Die Merkantilisten selbst nannten sich nicht »Merkantilisten«. Dies ist ein Begriff ihrer Kritiker. Der Physiokrat Marquis de Mirabeau sprach 1763 erstmals von einem »merkantilen System«, und Adam Smith hat diesen Ausdruck im *Wohlstand der Nationen* übernommen.

5 T. C. Smout, Where had the Scottish Economy got to by the third quarter of the eighteenth century? In: Hont/Ignatieff (Ed.), *Wealth and Virtue*, S. 45–72, hier S. 49.

6 Ebd., S. 65.

7 Ebd., S. 62. Für Schottland gibt es besonders frühe Statistiken über das Wirtschaftsleben – dank des Politikers und Agrarschriftstellers John Sinclair of Ulbster, der im Jahr 1790 an 900 schottische Gemeindepfarrer einen Fragebogen sandte, der 160 Fragen unter anderem zu Geographie, Bevölkerung, Agrar- und Industrieproduktion enthielt. Sinclair orientierte sich an deutschen Erhebungen und war der erste Brite, der das Wort »Statistik« benutzte und in die englische Sprache einführte.

8 Ebd., S. 63.

9 Kathryn Sutherland, Notes. In: Smith, *Wealth of Nations*, hier S. 467. Stecknadeln wurden vor allem im englischen Gloucester produziert, das im Jahre 1802 neun Nadelfabriken hatte, die 1500 Arbeiter beschäftigten. Es war der wichtigste Produktionszweig der Stadt, die überhaupt nur 7600 Einwohner zählte. Es ist höchst unwahrscheinlich, dass Smith jemals in Gloucester war, das nicht auf der Reiseroute zwischen London und Edinburg liegt, sondern dicht an der walisischen Grenze.

10 Siehe unter anderem Marx, *Das Kapital*, MEW, Band 23, S. 375, Fußnote 2. Dort wies er Smith nach, dass er einen Passus »ziemlich wörtlich« vom Satiriker Bernard Mandeville übernommen hatte.

11 Kathryn Sutherland, Introduction. In: Smith, *Wealth of Nations*, S. XXIII.
12 Fellmeth, *Pecunia non olet*, S. 129.
13 Dugald Stewart, *Account of the Life and Writings of Adam Smith LL.D.*, 1793.
14 Unter Soziologen und Historikern ist längst umstritten, ob der Handel tatsächlich eine so »natürliche« menschliche Eigenschaft ist, wie Smith behauptet. Karl Polanyi hat beispielsweise versucht zu zeigen, dass Märkte stets durch Staatsinterventionen entstanden sind.
15 Heutige Kurzdarstellungen zu Smith neigen dazu, seine Ausführungen über den Bäcker und Brauer umstandslos mit der »unsichtbaren Hand« zu verknüpfen, die bei Smith aber sehr viel später und in einem anderen Zusammenhang, nämlich beim Fernhandel, erstmals auftaucht. Der polnische Ökonom Oskar Lange scheint diese Verknüpfung von Marktgeschehen und unsichtbarer Hand erstmals 1946 vorgenommen zu haben. (Ross, *The Life of Adam Smith*, S. XXVI)
16 Ross, *Life of Adam Smith*, S. 439.
17 Nicht nur Smith interessierte sich für unbeabsichtigte Konsequenzen. Viele schottische Aufklärer seiner Zeit widmeten sich diesem Phänomen, das sie auch in anderen Disziplinen erkundeten. So stellte der schottische Historiker Adam Ferguson fest: »Die Geschichte ist das Ergebnis menschlichen Handelns, aber nicht die Umsetzung menschlicher Pläne.« Zitiert nach Kurz/Sturn, *Adam Smith für jedermann*, S. 120.
18 Mandeville baute seine *Bienenfabel* immer weiter aus: 1705 erschien zunächst nur das Spottgedicht D*er unzufriedene Bienenstock*. Diese Verse wurden dann 1714, 1723 und 1729 durch Prosateile erweitert. Am Ende hatte das Werk 933 Seiten – wovon das ursprüngliche Spottgedicht nur ganze 24 Seiten ausmachte. Keynes adelte Mandeville zu einem Vorläufer seiner eigenen Nachfragetheorie und zitierte ausführlich aus der *Bienenfabel* (Keynes, *General Theory*, Kapitel 23, VII).
19 Das Wasser-Diamant-Paradoxon wurde nicht von Smith erfunden, sondern erstmals 1672 von dem deutschen Philosophen Samuel von Pufendorf aufgeworfen (Kathryn Sutherland, Notes. In: Smith, *Wealth of Nations*, S. 474).
20 Auch die Arbeitswertlehre ist nicht von Smith allein entwickelt worden. In Rudimenten findet sie sich bereits bei Aristoteles sowie den britischen Philosophen John Locke, Bernard Mandeville und David Hume. (Sutherland, *Notes*, In: Smith, *Wealth of Nations*, S. 474)
21 Kraus, *Englische Verfassung*, S. 46 f.
22 Vgl. auch Nerio Naldi, Adam Smith on Value and Prices. In: Berry u. a. (Ed.), *Oxford Handbook of Adam Smith*, S. 290–307.
23 Vgl. Meek (Ed.), *Precursors of Adam Smith*, S. VIII f.
24 Zu Smith' Zeiten war es ungewöhnlich, Löhne nicht nur als Kosten, sondern auch als Nachfrage zu betrachten. Dennoch war er nicht der Erste, der hohe Löhne als Wachstumsmotor erkannte. Daniel Defoe hatte bereits 1726 in seinem Buch *The Complete English Tradesman* erläutert, dass steigende Massenkaufkraft den Konsum ankurbelt. Siehe Kathryn Sutherland, Notes. In: Smith, *Wealth of Nations*, S. 481.
25 Smith stellte sich ausdrücklich vor, dass Pacht, Löhne und Gewinne besteuert werden sollten – also die Einnahmen (revenue). Das gab es zu seiner Zeit nicht.

Stattdessen wurden Grundsteuern erhoben, die aber nicht viel brachten, weil sie auf veralteten und unzuverlässigen Katastern beruhten. Die beiden Haupteinnahmequellen des Staats waren daher indirekte Steuern: Verbrauchssteuern namens »Akzise« und die Zölle auf Importe. Diese Konsumsteuern belasteten die unteren Schichten überproportional, weil diese ihr gesamtes Einkommen ausgaben – und nicht, wie die Reichen, auch sparen konnten. (Siehe Schremmer, *Steuern und Staatsfinanzen*, S. 8 ff.) Einkommenssteuern wurden vorübergehend bereits 1798 eingeführt, um den Krieg gegen Napoleon zu finanzieren. Diese neue Steuer war allerdings so unbeliebt, dass sie 1816 sofort wieder abgeschafft wurde, nachdem man in Waterloo endgültig über Napoleon gesiegt hatte. Erst 1842 wurde die Einkommenssteuer zu einer permanenten Einnahmequelle des Staats.

26 Diesen Gedanken hatte Smith von Adam Ferguson übernommen, der die nachteiligen Folgen der Arbeitsteilung bereits herausgearbeitet hatte. Typischerweise verzichtete Smith auch in diesem Fall auf eine entsprechende Fußnote – was Marx nicht entging. Siehe Marx, *Das Kapital*, MEW, Band 23, S. 383 f., Fußnote 70.

27 England und Portugal hatten bereits 1703 ein Handelsabkommen namens »Methuenvertrag« geschlossen. Es sah vor, dass England seine Textilien zu Vorzugszöllen nach Portugal exportieren durfte, während umgekehrt die Portugiesen Portwein und Wein lieferten. Obwohl dieser Handelsvertrag auf den ersten Blick paritätisch wirkt, benachteiligte er die Portugiesen, deren Textilindustrie durch die billigen Tuche aus England zerstört wurde. Doch die Portugiesen hatten keine andere Wahl: Sie waren auf die Seemacht England angewiesen, um sich gegen Spanien zu schützen.

28 Schon Hume hatte den Unsinn beklagt, einen Handelskrieg gegen Frankreich zu führen: »Wir haben den französischen Markt für unsere Wollprodukte verloren und beziehen jetzt Wein aus Spanien und Portugal, wo wir schlechteren Alkohol zu höheren Preisen kaufen.« (Hume, Of the Balance of Trade. In: *Essays*, S. 315)

29 Hume hatte bereits 1758 geschrieben, dass es schade, die Nachbarn durch Strafzölle ökonomisch zu ruinieren. Mitten im Siebenjährigen Krieg warnte er, den militärischen Gegner nicht auch als Handelsgegner zu behandeln: »Wenn unsere engstirnige und böswillige Politik erfolgreich sein sollte, würden wir alle unsere Nachbarstaaten in den gleichen Zustand der Trägheit und Ignoranz zurückzwingen, der in Marokko und an der Küste der Berberstaaten vorherrscht. Aber was wäre die Folge? Sie könnten uns keine Waren schicken und auch keine von uns nehmen ... Und wir selbst würden bald in die gleiche erbärmliche Lage geraten, die wir ihnen auferlegt haben. Ich wage es daher einzugestehen, dass ich nicht nur als Mensch, sondern auch als britischer Bürger dafür bete, dass der Handel mit Deutschland, Spanien, Italien und sogar Frankreich floriert.« (Hume, Of the Balance of Power. In: *Essays*, S. 333)

30 Hume hatte zuvor ein anderes Argument entwickelt, warum Freihandel ungefährlich ist: Die Außenhandelsbilanzen aller Länder würden automatisch zum Ausgleich neigen. Falls ein Land ständig mehr exportiert als importiert, würde Geld zufließen. Dies würde wiederum die Preise steigen lassen, weil die Geld-

menge zunimmt. Durch die steigenden Preise wäre das Exportland nicht länger wettbewerbsfähig, während Importe attraktiver würden. Die Exportüberschüsse wären verschwunden – und ein neues Gleichgewicht erreicht. Der Nobelpreisträger Paul Krugman nannte Humes Theorie »das erste Beispiel modernen ökonomischen Denkens« (in seinem Online-Blog »Conscience of a Liberal«, *New York Times*, 8.5.2011). Auch Smith kannte diese Theorie, erwähnte sie aber nicht in seinem *Wohlstand der Nationen*.

31 Dank der beiden Vorlesungsmitschriften aus Glasgow lässt sich rekonstruieren, dass Smith erstmals im April 1763 die These vertrat, dass die Arbeitsteilung einen großen Markt voraussetzt (Phillipson, *Adam Smith*, S. 178).

32 Afrika hatte im 18. Jahrhundert eine Sonderstellung: Die Briten waren dort noch keine allmächtigen Kolonialherren. Die afrikanische Küste eignete sich nicht für eine Invasion, da die Dünung stark war und fast überall Sandbänke lauerten. Die Europäer ankerten daher meist auf hoher See und waren darauf angewiesen, von einheimischen Bootsleuten an Land gebracht zu werden. Auch der Sklavenhandel war nur möglich, weil die lokalen Herrscher willig kooperierten: Sie gingen auf Menschenjagd im Landesinneren und lieferten ihre Beute an die Europäer aus, um im Gegenzug Stoffe, Schmuck und vor allem Waffen zu erhalten. Da die westafrikanischen Herrscher durch den Sklavenhandel aufrüsten konnten, war zunächst nicht daran zu denken, ihre Territorien zu erobern. Die einheimischen Herrscher wurden militärisch erst geschwächt, als die Briten ab 1808 den Sklavenhandel verboten und keine Waffen mehr nach Afrika lieferten. (Darwin, *Unfinished Empire*, S. 43 f.) Ende des 19. Jahrhunderts setzte dann ein Wettlauf um afrikanische Kolonien ein: Auf der Berliner Konferenz 1884 teilten die europäischen Mächte Afrika untereinander auf.

33 Indien war im 18. Jahrhundert keine formelle Kolonie der Briten, sondern wurde von der Britischen Ostindien-Kompanie kontrolliert, die eine private Aktiengesellschaft war. In der Schlacht von Plassey im Jahr 1757 hatte die Kompanie die Herrscher von Bengalen faktisch entmachtet, die seither nur noch Marionetten der Briten waren. Die Kompanie wurde in Indien zum Staat im Staate: Sie erhob Steuern und hatte eine eigene Armee. Zur echten Kolonie wurde Indien erst nach 1857, als das ganze Land dem britischen Parlament unterstellt und Queen Victoria zum Oberhaupt wurde.

34 Habib, *Indian Economy*, S. 31.

35 Darwin, *Unfinished Empire*, S. 77.

36 Kathryn Sutherland, Notes. In: Smith, *Wealth of Nations*, S. 558. Je größer ihr Imperium wurde, desto naheliegender erschien es vielen Briten, sich mit dem mächtigsten Reich der Antike zu vergleichen – mit Rom. Diese Analogie beunruhigte aber auch: Zeitgleich mit Smith' *Wohlstand der Nationen* erschien 1776 der erste Band von Edward Gibbons epochalem Werk *Geschichte des Verfalls und Untergangs des Römischen Reiches*. Gibbon war überzeugt, dass das römische Imperium auch an seiner »maßlosen Ausdehnung« gescheitert sei. Diesen Fehler schien Großbritannien nun zu wiederholen. (Darwin, *Unfinished Empire*, S. 272 f.) Smith und Gibbon kannten sich gut und frequentierten die gleichen Clubs in London.

37 Smith war nicht unbedingt für eine komplette Unabhängigkeit der Siedlerkolonien. Noch lieber hätte er eine föderale Allianz gesehen, die den britischen Bürgern auf beiden Seiten des Atlantiks die gleichen Rechte in einem gemeinsamen Staat einräumt.

38 Der jüngste Diskussionsbeitrag stammt von dem deutsch-amerikanischen Historiker Sven Beckert. In seinem Buch *King Cotton: Eine Globalgeschichte des Kapitalismus* (2014) stellt er die These auf, dass der Industriekapitalismus nur entstehen konnte, weil es zunächst den »Kriegskapitalismus« gab, der aus dem Dreieckshandel zwischen Afrika, der Karibik und Europa bestand und zu dem zwingend auch die Sklaverei gehörte.

39 Während des Siebenjährigen Kriegs (1756–1763) investierten die Holländer enorme Summen in England, um ihr Geld in Sicherheit zu bringen – und auf einen Sieg zu spekulieren. Um diese Kapitalanlagen vor Ort zu verwalten, entsandten viele holländische Maklerfirmen Mitarbeiter nach London. Unter ihnen war auch Abraham Ricardo. Siehe Arnold Heertje, Jewish Bankground. In: Kurz/Salvadori (Ed.), *The Elgar Companion to David Ricardo*, S. 216–224.

40 Im frühen 19. Jahrhundert gab es 179 Pfund-Millionäre sowie 338 Menschen, die mehr als eine halbe Million Pfund besaßen. (King, *David Ricardo*, S. 16) Nach heutiger Kaufkraft verfügte Ricardo über 350 bis 400 Millionen Pfund (ebd., S. 6) Im Vergleich dazu nahm sich der Nachlass von Ricardos Vater bescheiden aus: Abraham starb 1812 und hinterließ etwa 45 000 Pfund (Arnold Heertje, Jewish Bankground. In: Kurz/Salvadori (Ed.), *The Elgar Companion to David Ricardo*, S. 219), was heute rund 23 Millionen Pfund wären (King, *David Ricardo,* S. 3).

41 David Ricardo war Abgeordneter für die irische Gemeinde Portarlington, die nur zwölf registrierte Wähler hatte. Diese konnten jedoch nicht selbst entscheiden, wen sie wählen wollten, sondern mussten sich den Anordnungen ihres Grundbesitzers Lord Portarlington fügen. Dieser erhielt von Ricardo eine Einmalzahlung von 4 000 Pfund sowie ein Darlehen von 25 000 Pfund, das mit 6 Prozent verzinst wurde. (Siehe Murray Milgate, Member of Parliament. In: Kurz/Salvadori (Ed.), *Companion to Ricardo*, S. 322–331) Trotz der »Glorious Revolution« 1688 war Großbritannien damals noch weit von einer echten Demokratie entfernt. Erst die Wahlrechtsreformen von 1867 schafften den faktischen Privatbesitz von Parlamentssitzen endgültig ab. Ricardo hatte drei Söhne und fünf Töchter. Zwei Söhne wurden ebenfalls Abgeordnete.

42 Als Elfjähriger wurde Ricardo für zwei Jahre zu Verwandten nach Amsterdam geschickt, um Niederländisch, Französisch und Spanisch zu lernen. Doch Ricardo hatte so großes Heimweh, dass er nach eigener Darstellung gar nichts aufnahm: »außer Niederländisch, weil es nicht zu vermeiden war«. Siehe Arnold Heertje, Life and Activities. In: Kurz/Salvadori (Ed.), *Companion to Ricardo*, S. 264–272.

43 Ricardos Briefwechsel ist komplett erhalten. Insgesamt 555 Briefe haben überlebt, davon sind 259 von Ricardo und 296 an ihn adressiert. Am intensivsten war die Korrespondenz mit dem Ökonomen Thomas Malthus (167 Briefe) gefolgt von James Mill (107), Ricardos Börsenfreund Hutches Trower (99), sei-

nem späteren Biographen J. R. McCulloch (76) sowie vom französischen Ökonomen J. B. Say (17). Siehe King, *David Ricardo*, S. 53 f.

44 Alle Zitate aus dem Briefwechsel zwischen Ricardo und Mill stammen aus: Piero Sraffa, Introduction to Ricardo's Principles. In: Sraffa (Ed.), *The Works and Correspondence*, S. XIII–LXV..

45 Ebd., S. XXII, Fußnote 3. Für weitere Gliederungsvorschläge siehe King, *David Ricardo*, S. 55. Nicht nur der Gesamtaufbau war chaotisch, auch innerhalb einzelner Kapitel ging es bunt durcheinander, wie Ricardo genau wusste. Die dritte Auflage von 1821 nutzte er daher, um seinen ersten Abschnitt über »Wert« drastisch umzusortieren. Zwar behauptete er selbst im Vorwort zur dritten Auflage, er habe nur »einige Ergänzungen« im ersten Kapitel vorgenommen. Doch das war glatt gelogen, wie Sraffa nachgewiesen hat. Ganze Absätze wurden von vorn nach hinten verschoben und umgekehrt. (Piero Sraffa, Introduction to Ricardo's Principles. In: Sraffa (Ed.), *The Works and Correspondence*, S. XXXVII ff.)

46 David Ricardo, *The Principles of Political Economy and Taxation*, 1821 (Dent 1911), S. 1. Soweit nicht anders gekennzeichnet, stammen auch alle weiteren Zitate aus diesem Buch. Sie wurden von der Autorin aus dem englischen Original übersetzt.

47 Paul Krugman, Economists and Inequality, *New York Times*, 8.1.2016.

48 Allen, *The British Industrial Revolution*, S. 39.

49 Bei Ricardo geht es etwas durcheinander, was genau er eigentlich prognostiziert: Manchmal spricht er von »einem Fall der generellen Rate der Profite«, manchmal von »der natürlichen Tendenz der Profite zu fallen«.

50 Im Jahr 1819 hatte Ricardo etwa 275 000 Pfund in Ländereien investiert und weitere 200 000 Pfund als Hypotheken an Landbesitzer verliehen. 140 000 Pfund hatte er in französische Anleihen gesteckt. Seine jährlichen Zins- und Pachteinnahmen betrugen etwa 28 000 Pfund – also rund 15 Millionen nach heutigen Standards. (King, *David Ricardo*, S. 6 f.)

51 Ebd., S. 108 ff. Ricardo hatte den typischen Denkfehler begangen, dass er von seiner eigenen Gegenwart auf die Zukunft schloss. Denn zu seinen Lebzeiten war die Bevölkerung tatsächlich schneller gewachsen als die Landwirtschaft. Auch die Reallöhne stiegen zwischen 1760 und 1820 nur um 4 Prozent. (Ebd., S. 15 f.)

52 Ebd., S. 82 ff.

4 Ein Kommunist analysiert den Kapitalismus: Karl Marx

1 Die Briefe von Marx' Vater finden sich in der Marx-Engels-Gesamtausgabe (MEGA), Abteilung III (Briefwechsel), 1, S. 289 ff.

2 Wenn nicht anders markiert, folgt dieser Lebensabriss der Biographie des amerikanischen Historikers Jonathan Sperber, *Karl Marx – a Nineteenth-Century Life* (2013). Wie der Titel andeutet, interpretiert Sperber Marx und seine Theorien im Kontext des 19. Jahrhunderts. Dieser Ansatz ist sehr ergiebig, solange es um die biographischen Details geht. Es bleibt jedoch unklar, warum Marx' Theorien bis heute faszinieren, wenn man sein Denken komplett historisiert

und nur als Ergebnis der Französischen Revolution, der Philosophie Hegels und der englischen Frühindustrialisierung auffasst (Sperber, S. XIII). Wie der Publizist Gerd Koenen richtig anmerkt, »verpasst er (Sperber), was nun einmal das Elektrisierende oder eben das ›Revolutionäre‹ dieser geistigen Mixtur ausgemacht hat« (*Frankfurter Allgemeine Zeitung*, 26.5.2013).

3 Marx' väterliche Vorfahren waren bereits im 17. Jahrhundert Rabbiner in Trier gewesen, und auch sein Urgroßvater, Großvater und der älteste Bruder seines Vaters amtierten als Rabbiner. Der jüdische Friedhof in Trier hat die Verwüstungen des Nationalsozialismus weitgehend unbeschadet überstanden, so dass dort noch vier Grabsteine der Familie Marx stehen. Bedeutsam sind vor allem die Grabsteine von Marx' Großvater Mordechai Halevi ben Schmuel Postelberg (1804 gestorben) sowie seines Urgroßvaters Abraham Mosche ben Heschel Lwow (gestorben 1788). Erhalten sind auch die Grabsteine der Großmutter sowie der Großtante von Marx. Der Großvater Mordechai Halevi wurde auch Marx Lewy genannt. Die Familie entschied sich daher, Marx zum Familiennamen zu machen, als die Franzosen 1808 verfügten, dass alle Juden feste Nachnamen haben müssten. Bis dahin war es üblich gewesen, dass die Söhne den Vornamen des Vaters zu ihrem Nachnamen machten.

4 Die evangelische Gemeinde in Trier wurde erst 1817 gegründet, als durch die preußische Regierungsübernahme mehr Protestanten in die Stadt zogen (Limmroth, *Jenny Marx*, S. 46).

5 Die jüngere Schwester der Mutter, Sophie, heiratete den Geschäftsmann Lion Philips, der das Vermögen seiner Schwägerin Henriette verwaltete, nachdem Heinrich Marx 1838 gestorben war. Die Enkel von Sophie und Lion Philips gründeten später den gleichnamigen Elektronikkonzern.

6 Körner, *Karl Marx*, S. 17. Dieses Wohnhaus hat heute die Adresse Simeongasse 8. Karl Marx war fünfzehn Monate alt, als die Familie dorthin umzog. Sein Geburtshaus, Brückenstraße 10, wurde 1928 von der SPD gekauft und zum Geschichtsmuseum »Karl-Marx-Haus« umgewandelt.

7 Diese Aufstellung stammt aus dem Jahr 1838: Nach dem Tod von Heinrich Marx wurde die Erbmasse genau aufgelistet.

8 Das »Corps Palatia« formierte sich erst 1838, zu Marx' Zeiten hieß es noch »Trierer Tischgesellschaft«. In einigen Biographien hält sich immer noch die Behauptung, Marx hätte diese Tischgesellschaft sogar angeführt. Doch dafür gibt es keine Belege. Was es gibt: ein Semesterbild der Trierer Studenten von 1836. Auf dieser Lithographie von David Levy Elkan könnte Marx in der hinteren Reihe der sechste von rechts sein. Allerdings sind auf der Lithographie keine Namen eingezeichnet, sie wurden erst 1890 nachträglich zugeordnet. Diese Unsicherheiten werden aber gern ignoriert: Da es keine anderen Jugendbilder von Marx gibt und der »sechste von rechts« viel Ähnlichkeit mit ihm zu haben scheint, fehlt diese Lithographie in keiner bebilderten Marx-Biographie. Siehe Bodsch, Karl Marx und Bonn. 1835/1836 und 1841/42. In: Bodsch (Hg.), *Dr. Karl Marx*, S. 9–27, hier S. 18 ff.

9 Kiem, *Karl Marx*, S. 27.

10 Von Marx' Lehrveranstaltungen in Bonn ist nur eine bekannt: Mit 68 anderen Studenten saß er jeden Dienstag von 18 bis 19 Uhr beim alten August Wilhelm

Schlegel und widmete sich »ausgewählten Elegien des Propertius«. Auch der spätere Dichter Emanuel Geibel nahm an dieser Vorlesung teil und schrieb an seine Mutter über Schlegel: »Freilich tritt seine Eitelkeit fast in jeder Vorlesung einmal hervor, aber das muss man dem alten Manne hingehen lassen, konnte doch selbst der redegewandte Cicero, da er ein Greis geworden, nicht aufhören, vom eigenen Ruhme zu posaunen.« (Ingrid Bodsch, Karl Marx und Bonn. 1835/1836 und 1841/42. In: Bodsch (Hg.), *Dr. Karl Marx*, S. 9–27, hier: S. 16 ff.)

11 Jennys Großmutter war Jeanie Wishart of Pittarow, deren Mutter Anne Campbell wiederum die einzige Tocher von John Campbell of Orchard war. Weitläufig war Jenny mit den mächtigen Herzögen von Argyll verwandt, die auch Adam Smith' Leben immer wieder geprägt hatten.

12 Obwohl sie nur eine »Edle« war, firmierte Jenny als »Baronesse« und ließ in London auch entsprechende Visitenkarten drucken. Damit wertete sie sich deutlich auf: Anders als in Deutschland zählen die Barone in Großbritannien bereits zum niederen Hochadel.

13 Limmroth, *Jenny Marx*, S. 51. Auch war in Trier noch nicht vergessen, dass Jenny schon einmal verlobt gewesen war: 1831, im Alter von 17 Jahren, hatte sie sich mit dem 28-jährigen Sekondeleutnant Karl von Pannewitz verbunden. Doch nach etwa einem halben Jahr entlobte sich Jenny wieder.

14 1836 hatte Berlin 1696 immatrikulierte Studenten, davon waren 511 bei den Juristen und 322 an der philosophischen Fakultät eingeschrieben. Die Berliner Universität zählte damals 88 Professoren, 37 Privatdozenten und sieben Sprach- und Exerzitienmeister. Bei den Juristen wirkten nur acht ordentliche Professoren, an der philosophischen Fakultät stattliche 21. (Kiem, *Karl Marx*, S. 18 f.)

15 Materna/Ribbe (Hg.), *Brandenburgische Geschichte*, S. 436 ff. Obwohl die Industrie in den nächsten Jahrzehnten rasch wuchs, waren 1875 immer noch 94,5 Prozent aller Berliner Beschäftigten in Betrieben mit unter fünf Personen tätig.

16 Ebd., S. 450 ff. Mit »latitierenden Personen« waren Menschen gemeint, die ihren Wohnsitz vor der Polizei verbargen oder deren Wohnort nicht bekannt war.

17 Karl Marx, Brief an den Vater, 10. November 1837. In: MEW, Band 40, S. 3–12. Es ist der einzige Brief von Marx, der aus seiner Studienzeit erhalten ist. Johann Gottlieb Heineccius (1681–1741) und Anton Friedrich Justus Thibaut (1772–1840) waren deutsche Rechtsgelehrte, die sich vor allem mit den »Pandekten« befassten, einer spätantiken Zusammenstellung der Werke römischer Rechtsgelehrter. Vor allem Thibaut versuchte, die römischen Gesetzestexte zu einem wissenschaftlichen juristischen System weiterzuentwickeln. Aus diesen Bemühungen ist später das Bürgerliche Gesetzbuch (BGB) von 1900 entstanden, das zu einem großen Teil auf der Rezeption des römischen Rechts beruht. Der Jurist Ernst Ferdinand Klein (1744–1810) war ein Experte für das preußische Kriminalrecht. Karl Wilhelm Ferdinand Solger (1780–1819) war ein deutscher Romantiker und Idealist, später Rektor der Berliner Universität und entscheidend für die Berufung Hegels nach Berlin.

18 Dieses und die folgenden Zitate, wenn nicht anders angegeben, wie Anm. 1 bzw. 17.

19 Die Cholera hatte sich von Indien über Russland nach Preußen ausgebreitet. Bis Dezember 1831 waren allein in Berlin 2249 Menschen erkrankt, von denen 1417 den Tod fanden. Die Seuche grassierte vor allem in den Armenvierteln, aber neben Hegel starb in Berlin auch der preußische General von Gneisenau an der Krankheit.

20 Clark, *Iron Kingdom*, S. 433.

21 Weischedel, *Philosophische Hintertreppe*, S. 213 f.

22 Engels, *Eugen Dührings Umwälzung der Wissenschaft*, S. 22 f.

23 Marx, Zur Kritik der Politischen Ökonomie, Vorwort. In: MEW, Band 13, S. 7–11, hier S. 9.

24 Die linkshegelianische Religionskritik hatte mit David Friedrich Strauß begonnen, der 1835/36 sein Buch *Das Leben Jesu – kritisch bearbeitet* veröffentlicht hatte. Anders als Bauer bezweifelte Strauß nicht, dass Christus existiert hatte, ordnete aber die Evangelien in ihren historischen und kulturellen Kontext ein. Das Neue Testament offenbarte nicht mehr das heilige Wort Gottes, sondern war ein menschliches Produkt.

25 Marx' Abgangszeugnis von der Berliner Universität vermerkt, dass er »mehrmals wegen Schulden verklagt worden ist«. Schneidermeister Kremling forderte Anfang September 1838 40 Taler und 2½ Silbergroschen; Schneidermeister Selle verlangte Anfang Oktober 1838 41 Taler und 10 Silbergroschen. Tuchhändler Habel wollte Ende Januar 1839 15 Taler wiedersehen, und der Buchhändler Eyssenhardt wartete Mitte Februar 1839 noch auf 48 Taler und 4 Silbergroschen. Die meisten dieser Rechnungen wurden nie oder nur unvollständig bezahlt. (Kiem, *Karl Marx*, 66 f.) Die hohen Schneiderkosten kamen zustande, weil die Kleiderherstellung damals noch reine Handarbeit war. Die Nähmaschine wurde erst ab 1851 marktreif.

26 Körner, *Karl Marx*, S. 19.

27 Jena hatte zudem den Vorteil, dass man seine Promotion auf Deutsch einreichen konnte, während Berlin eine lateinische Version forderte (Kiem, *Karl Marx*, S. 81). Auch der Komponist Robert Schumann promovierte »in absentia« in Jena, indem er im Februar 1840 mehrere, heute noch immer hochaktuelle musiktheoretische Aufsätze als Dissertation einreichte. (Joachim Bauer, Thomas Pester, *Die Promotion von Karl Marx an der Universität Jena 1841. Hintergründe und Folgen*. In: Bodsch (Hg.), *Dr. Karl Marx*, S. 47–82, hier S. 51) Der Dichter Emanuel Geibel schaffte es sogar, in Jena »in absentia« zu promovieren, ohne überhaupt eine Promotionsschrift einzuschicken.

28 Siehe etwa Nasar, *Grand Persuit*, S. 34.

29 MEGA, Abteilung I, Band 1, Erster Halbband, S. 13–81.

30 Marx hatte seine Habilitation bei Bruno Bauer schreiben wollen, doch dieser verlor im März 1842 seinen Posten in Bonn, weil die preußischen Autoritäten Anstoß an seiner Religionskritik nahmen. Damit war auch der Plan hinfällig, Marx an die Universität Bonn zu lotsen.

31 Marx und Ruge war es nicht gelungen, französische Autoren zu gewinnen, weswegen die *Französisch-Deutschen Jahrbücher* in Frankreich nicht gekauft wurden. Zudem wurden 800 Exemplare der deutschen Ausgabe von der preu-

ßischen Grenzpolizei abgefangen – was das Projekt endgültig finanziell ruinierte.

32 In Marx' Text »Zur Kritik der Hegelschen Rechtsphilosophie. Einleitung« kommt nur ein einziges ökonomisches Faktum vor: die Schutzzölle, die ganz am Rande erwähnt werden.

33 Marx, Zur Kritik der Hegelschen Rechtsphilosophie. Einleitung. In: MEW, Band 1, S. 378–391. Alle folgenden Zitate in diesem Kapitelabschnitt stammen aus diesem Text.

34 Marx war nicht der Erste, der Opium und Religion miteinander verband. 1840 hatte der Dichter Heinrich Heine schon geschrieben: »Heil einer Religion, die dem leidenden Menschengeschlecht in den bittern Kelch einige süße, einschläfernde Tropfen goss, geistiges Opium, einige Tropfen Liebe, Hoffnung und Glauben!« Aber Marx hat diesen Gedanken zugespitzt und verdichtet. Marx hatte Heinrich Heine in Paris kennengelernt. Beide waren sogar verwandt, was sie aber selbst nicht wussten: Über Marx' Mutter Henriette hatten sie gemeinsame Ururgroßeltern. (Limmroth, *Jenny Marx*, S. 99 f.)

35 Marx, Zur Kritik der Politischen Ökonomie, Vorwort. In: MEW, Band 13, S. 7–11, hier S. 10. Umso erstaunlicher ist es, dass einige Marx-Biographen dazu neigen, den Text von Engels zu unterschlagen. So wird er bei Sperber nur mit jeweils zwei kurzen Zeilen erwähnt (Sperber, *Karl Marx*, S. 139 sowie S. 144). Es ist zu vermuten, dass sich manche Biographen derartig mit ihrem Gegenstand Marx identifizieren, dass sie es als eine Schmälerung seines Genies empfinden, dass er wesentliche Impulse von Engels erhielt.

36 Engels, Umrisse zu einer Kritik der Nationalökonomie. In: MEW, Band 1, S. 499–524. Alle folgenden Zitate in diesem Kapitelabschnitt stammen aus diesem Text, wenn nicht anders angegeben.

37 Eine sehr populäre Attacke auf das Privateigentum hatte 1840 der französische Kommunist und Anarchist Pierre-Joseph Proudhon in seinem Buch *Qu'est ce que la propriété?* formuliert. Weltberühmt wurde Proudhons knappe Formel, dass Eigentum Diebstahl sei. Das Neue bei Engels war, dass er nicht nur das Eigentum an sich kritisierte, sondern versuchte, die Auswirkungen des Konkurrenzprinzips auf Löhne, Handel, Krisen und Preise darzustellen. Überhaupt waren Marx und Engels eher späte Entdecker des Kommunismus: Als erster deutscher Kommunist gilt der Schneidergeselle Wilhelm Weitling, der bereits 1838 in seinem Buch *Die Menschheit, wie sie ist und wie sie sein sollte* eine sozialistische Utopie entwarf. Vgl. auch Hobsbawm, *How to Change the World*, S. 16 ff.

38 Engels wies selbst darauf hin, dass er seine Krisentheorie dem britischen Publizisten John Wade verdankte, der 1835 das Buch *History of the Middle and Working Classes* veröffentlicht hatte. Von Wade übernahm Engels auch die Idee, dass sich Handelskrisen alle fünf bis sieben Jahre ereigneten. Später verlängerte er diesen Zeitraum auf zehn Jahre.

39 Zur Geschichte der Krisen siehe auch: Herrmann, *Sieg des Kapitals*, S. 153 ff.

40 Die Darstellung der Lebensgeschichte von Engels folgt, soweit nicht anders angegeben, dem Kurzabriss von Gareth Stedman Jones, Engels and the History of

Marxism. In: Hobsbawm (Ed.), *History of Marxism*, S. 290–326, sowie Hunt, *The Frock-Coated Communist*.

41 Knieriem (Hg.), *Die Herkunft des Friedrich Engels*, S. 600.

42 Engels, Briefe aus dem Wuppertal. In: MEW, Band 1, S. 413–43, hier S. 413.

43 Engels, Briefe aus dem Wuppertal. In: MEW, Band 1, S. 413–432.

44 Ebd.

45 Engels, Ludwig Feuerbach. In: MEW, Band 21, S. 291–307, Fußnote 1.

46 Materna/Ribbe (Hg.), *Brandenburgische Geschichte*, S. 449. Sogar die Schriftstellerin Bettina von Arnim schrieb ein Werk über die Armut mit dem Titel *Dies Buch gehört dem König* (1843).

47 Engels, *Die Lage der arbeitenden Klasse.* In: MEW, Band 2, S. 225–506.

48 Engels verwendet hier das im Deutschen unübliche Wort der »Mittelklasse«, weil er dieses Vorwort zunächst auf Englisch geschrieben hatte, um mit dieser Kurzfassung auch die britischen Arbeiter zu erreichen. Im Englischen wurde das Wort »middle classes« und nicht »Bourgeoisie« benutzt, um Unternehmer und Wohlhabende zu bezeichnen. Trotz des englischen Vorwortes wurde Engels' Werk in der englischsprachigen Welt nicht rezipiert. Eine englische Übersetzung, erschien in den USA 1887 und in England erst 1892.

49 Dieses und die folgenden Zitate, wenn nicht anders angegeben: siehe Anmerkung 47.

50 Nebenbei wurde Engels zu einem Pionier der Stadtsoziologie, denn er beschrieb als Erster, wie sich die englischen Städte segregierten und in »schlechte« und »gute« Viertel teilten. Über Manchester berichtete er: Die Oberschicht lebte »in einer freien, gesunden Landluft, in prächtigen, bequemen Wohnungen, an denen halbstündlich oder viertelstündlich die nach der Stadt fahrenden Omnibusse vorbeikommen. Und das schönste bei der Sache ist, dass diese reichen Geldaristokraten mitten durch die sämtlichen Arbeiterviertel auf dem nächsten Wege nach ihren Geschäftslokalen in der Mitte der Stadt kommen können, ohne auch nur zu merken, dass sie in die Nähe des schmutzigsten Elends geraten, das rechts und links zu finden ist. Die Hauptstraßen nämlich, die von der Börse nach allen Richtungen aus der Stadt hinausführen, sind an beiden Seiten mit einer fast ununterbrochenen Reihe von Läden besetzt und so in den Händen der mittleren und kleineren Bourgeoisie, die schon um ihres Vorteils willen auf anständigeres und reinliches Aussehen hält und halten kann.« Bitter stellte Engels fest, »dass diese heuchlerische Bauart mehr oder weniger allen großen Städten gemein ist«. Es gebe überall eine »systematische Absperrung der Arbeiterklasse von den Hauptstraßen, eine so zartfühlende Verhüllung alles dessen, was das Auge und die Nerven der Bourgeoisie beleidigen könnte«. (Engels, *Lage der arbeitenden Klasse*. In: MEW, Band 2, S. 225–506; S. 279 f.) Engels zeichnete sogar schematisierte Pläne, um zu illustrieren, wie ungesund die Bauweise in den Arbeitervierteln war.

51 Belgien existierte erst seit 1830. Zuvor hatte es zu den Niederlanden gehört, die jedoch protestantisch waren, während die belgischen Wallonen und Flamen katholisch waren. Nach einem kurzen Unabhängigkeitskrieg war Belgien eine liberale Demokratie, deren König fast nur noch repräsentative Funktionen

hatte. Es herrschte Meinungsfreiheit, weswegen sich radikale Demokraten aus ganz Europa in Brüssel niederließen.

52 Materna/Ribbe (Hg.), *Brandenburgische Geschichte*, S. 450.

53 Wehler, *Deutsche Gesellschaftsgeschichte*, S. 210 ff.

54 Hobsbawm, *The Age of Capital*, S. 34 f.

55 Marx hat das *Kommunistische Manifest* allein geschrieben, dennoch wird Engels immer als Mitverfasser angegeben, weil er zuvor zwei Entwürfe abgeliefert hatte. Sie waren noch im Stil eines christlichen Katechismus gehalten – also mit 25 Fragen und Antworten. Doch schon bei Frage 4 »Wie ist das Proletariat entstanden?« fiel die Antwort so umfangreich aus, dass Engels einsah, dass sein kommunistischer Katechismus nicht funktionierte. Siehe: Engels, *Grundsätze des Kommunismus*. In: MEW, Band 4, S. 361–380.

56 Marx/Engels, *Manifest der Kommunistischen Partei*. In: MEW, Band 4, S. 459–493. Alle folgenden Zitate in diesem Kapitelabschnitt stammen aus diesem Text, sofern nicht anders angegeben.

57 Zitiert nach Misik, *Marx verstehen*, S. 67. Gerade die deskriptiven Teile im *Kommunistischen Manifest* hat Marx zum Teil wortgleich von anderen Autoren übernommen. Vom Hegelianer Eduard Gans stammte etwa die Passage »Freier und Sklave, Patrizier und Plebejer, Baron und Leibeigener, Zunftbürger und Gesell, kurz, Unterdrücker und Unterdrückte standen in stetem Gegensatz zueinander … Unsere Epoche, die Epoche der Bourgeoisie, zeichnet sich jedoch dadurch aus, dass sie die Klassengegensätze vereinfacht hat. Die ganze Gesellschaft spaltet sich … in zwei große, einander direkt gegenüberstehende Klassen: Bourgeoisie und Proletariat.« Marx hatte bei Gans studiert, der sein wichtigster Lehrer war, bis er 1839 im Alter von nur 42 Jahren an einem Schlaganfall starb. (Siehe auch Sperber, *Karl Marx*, S. 208 f.)

58 Das *Kommunistische Manifest* ist ein Dokument seiner Zeit, denn es enthält nicht nur Formulierungen, die unsterblich geworden sind. Etwa ein Drittel des Texts befasst sich mit sozialistischen Konkurrenzauffassungen, die heute niemand mehr kennt. Auch Marx und Engels mussten zugeben, dass diese Teile »veraltet« sind. Doch von einer Aktualisierung sahen sie ab: »Das ›Manifest‹ ist ein geschichtliches Dokument, an dem zu ändern wir uns nicht mehr das Recht zuschreiben«, notierten sie 1872 im Vorwort zu einer deutschen Neuauflage. (Siehe Marx/Engels, *Manifest*, neue Ausgabe. In: MEW, Band 18, S. 95 f.)

59 Hauke Brunkhorst, *Kommentar*. In: Karl Marx, *Der achtzehnte Brumaire des Louis Bonaparte*, S. 226 f.

60 Clark, *Iron Kingdom*, S. 483. Der reaktionäre Friedrich Wilhelm IV. war in allen Schichten sehr beliebt, weil er gern und häufig über die »deutsche Einheit« sprach. Ein Nationalstaat war damals vielen Deutschen wichtiger als eine parlamentarische Demokratie.

61 Marx wurde als »unerwünschter Ausländer« aus Preußen ausgewiesen, denn er hatte 1845 auf seine preußische Staatsangehörigkeit verzichtet. Marx hatte gehofft, dass sich die preußischen Spitzel nicht mehr für ihn interessieren würden, wenn er kein preußischer Bürger mehr wäre. Doch diese Hoffnung erfüllte sich nicht: Marx wurde weiterhin intensiv beobachtet.

62 Zitiert nach Limmroth, *Jenny Marx*, S. 146

63 Wilhelm Stieber war promovierter Jurist und stieg später zum Geheimdienstchef unter Reichskanzler Bismarck auf. Gleichzeitig war er von 1859 bis 1874 Spion für Russland.

64 Zitiert nach Misik, *Marx verstehen*, S. 83.

65 Körner, *Karl Marx*, S. 95. Engels unterstützte Marx jedoch nicht nur materiell. Um die Ehe von Karl und Jenny zu retten, war Engels auch bereit, die inoffizielle Vaterschaft für einen Sohn zu übernehmen, den Marx mit seiner Haushälterin Helene Demuth gezeugt hatte. Um die Lüge perfekt zu machen, wurde das Kind nach Engels benannt und auf den Namen Harry Frederick getauft. Anschließend wurde Freddy Demuth zu Pflegeeltern abgeschoben, was damals oft einem Todesurteil gleichkam. Trotz der harten Kindheit überlebte Freddy und starb 1929 im Alter von 77 Jahren.

66 Herrmann, *Sieg des Kapitals*, S. 156 ff.

67 Universität Marburg, »Rauchen verursachte Karl Marx' Eiterbeulen. Marburger Dermatologen identifizieren Grund für Hautkrankheit«. Pressemitteilung vom 19. Juni 2008

68 Limmroth, *Jenny Marx*, S. 198

69 1855 starb Jennys Onkel Heinrich Georg von Westphalen; im Sommer 1856 Jennys Mutter Caroline. Im November 1863 folgte Marx' Mutter Henriette, die ihrem Sohn Karl 580 Pfund vermachte. Völlig überraschend erbte Marx von seinem langjährigen Freund Wilhelm Wolff 1864 weitere 700 Pfund. Doch typisch Marx waren diese knapp 1300 Pfund (was heute etwa 130000 Pfund entspricht) innerhalb von einem Jahr verprasst.

70 Wer auf Marx' Spuren wandeln will: In Soho lebte die Familie in 28 Dean Street, danach in 9 Grafton Terrace in Kentish Town (heute 46 Grafton Terrace). Anschließend zog man in die 1 Modena Villas / 1 Maitland Park Road. Das Haus steht nicht mehr, sondern wurde circa 1900 durch ein anderes ersetzt. Als die Töchter aus dem Haus waren, verkleinerten sich die Eltern Marx und zogen in die 41 Maitland Park Road. Dieses Haus wurde im Zweiten Weltkrieg zerstört und durch sozialen Wohnungsbau ersetzt. Engels wohnte ab 1870 in der 122 Regent's Park Road.

71 Zitiert nach Limmroth, *Jenny Marx*, S. 207 f.

72 Herrmann, *Sieg des Kapitals*, S. 158 ff.

73 Das Grab wird von einer monumentalen Marx-Büste geziert, die die Kommunistische Partei Großbritanniens 1956 gestiftet hat. Der ursprüngliche Grabstein war schlicht.

74 Dieses und die folgenden Zitate: Engels, Das Begräbnis von Karl Marx. In: MEW, Band 19, S. 335–339.

75 Hobsbawm, *How to Change the World*, S. 104 f. Man darf sich die einzelnen Auflagen allerdings nicht allzu hoch vorstellen: Obwohl es 70 russische Auflagen gab, dürften sie nur wenige tausend Leser erreicht haben.

76 Marx hatte 1870 extra Russisch gelernt, um die Statistiken aus dem Zarenreich besser auswerten zu können.

5 Der Sozialismus wird wissenschaftlich: *Das Kapital* (1867)

1 Harvey, *A Companion to Marx's Capital*, S. 9.

2 Siehe Jameson, *Representing Capital*, S. 11. Wie unglücklich Marx mit seinen ersten drei Kapiteln war, zeigt sich auch daran, dass er sie für die zweite Auflage 1873 noch einmal stark überarbeitete. In das erste Kapitel wurde unter anderem ein Abschnitt über den »Fetischcharakter der Ware« integriert, der bis dahin nur ein Anhang gewesen war. Dieser Textteil begeistert Literaturtheoretiker und Philosophen bis heute, trägt aber nichts zur Marx'schen Mehrwerttheorie bei. Gleiches gilt für das dritte Kapitel über Geld: Marx kommt im Rest des *Kapital* auf die eigene Geldtheorie nicht mehr zurück, die im Übrigen auch noch falsch ist (siehe S. 189 ff. in diesem Buch).

3 In Deutschland wurde der Begriff »Kapitalismus« vor allem durch zwei Buchtitel allgemein bekannt: Werner Sombarts *Der moderne Kapitalismus* (1902) und Max Webers *Die protestantische Ethik und der Geist des Kapitalismus* (1905).

4 In einer berühmten Passage hieß es bei Marx: »Ohne die Annahme der Warenform wird das Geld nicht Kapital … Der Kapitalist weiß, daß alle Waren, wie lumpig sie immer aussehn oder wie schlecht sie immer riechen, im Glauben und in der Wahrheit Geld, innerlich beschnittne Juden sind und zudem wundertätige Mittel, um aus Geld mehr Geld zu machen.«

Diese Passage ist natürlich nicht nur berühmt, weil sie die Formel G – W – G′ anschaulich zusammenfasst – sondern weil sehr irritierend wirkt, wie Marx hier auf die Juden anspielt. Im Kapital selbst kommt Marx nicht mehr auf die Juden zurück, aber in seinen Briefen an Engels gibt es despektierliche Äußerungen über den jüdischen Arbeiterführer Ferdinand Lassalle, den er gern als »Baron Itzig« titulierte. Bis heute umstritten ist auch Marx' Frühschrift Zur Judenfrage (1843).

Hier ist nicht der Ort, um detailliert auf Marx' Verhältnis zum Judentum einzugehen, aber wichtig ist der Kontext: Zu Marx' Lebzeiten war der Antisemitismus noch kulturell geprägt. Das Judentum wurde vor allem als Religion abgelehnt, weswegen der Lebensweg von Marx' Vater typisch war: Sobald Juden zum Christentum konvertierten, standen ihnen alle Karrierewege offen. Der rassistische Antisemitismus hatte sich noch nicht durchgesetzt, der die Juden zu einem genetisch minderwertigen Volk erklärte und der im 20. Jahrhundert zu Hitlers Vernichtungsantisemitismus führen sollte.

Marx hat sich nie geschämt, dass er selbst von Rabbinern abstammte, aber die jüdische Religion erschien ihm gestrig und unaufgeklärt. Die Stelle im *Kapital* kann man als polemische Volte lesen, als ein Spiel mit dem Antisemitismus: Jeder Kapitalist verhielt sich so, wie es den Juden vorgeworfen wurde. Die Juden waren also kein Sonderfall, sondern geradezu typisch für den Kapitalismus – und damit war der Antisemitismus gegenstandslos. Siehe ausführlicher Harvey, Companion, S. 91, sowie Sperber, Karl Marx, S. 127 ff.

5 Statistisches Bundesamt, *Statistisches Jahrbuch 2017*, S. 521.

6 Siehe etwa Harvey, *Companion*, S. 243 ff.

7 Stefan Bach, Andreas Thiemann, Hohes Aufkommenspotential bei Wiederbelebung der Vermögenssteuer. In: *DIW-Wochenbericht* 4/2016, S. 79–89, hier S. 88.

8 Harvey, *Companion*, S. 170
9 Bernstein, *Voraussetzungen des Sozialismus*, S. 209.
10 Zitiert nach Bürger/Rothschild, *Wie Wirtschaft die Welt bewegt*, S. 18.
11 Sevket Pamuk/Jan-Luiten van Zanden, Standards of Living. In: Broadberry/O´Rourke, *Cambridge Economic History*, S. 217–234, hier S. 226.
12 Statistisches Bundesamt, *Statistisches Jahrbuch 2015*, S. 319.
13 Marx selbst hat nicht erkannt, dass der Kapitalismus zusammengebrochen wäre, wenn die Reallöhne der Arbeiter nicht gestiegen wären. Im Gegenteil: Der »Unterkonsumtionstheorie« stand er eher kritisch gegenüber, die Wirtschaftskrisen dadurch erklärte, dass die Löhne der Arbeiter zu niedrig und ihre Nachfrage zu gering sei. Diesen Gedanken hatte erstmals der Schweizer Ökonom Jean-Charles-Léonard Simonde de Sismondi (1773–1842) formuliert. Weiterentwickelt wurde das Konzept vom deutschen Ökonomen Karl Rodbertus (1805–1875). Allerdings verstanden auch Sismondi und Rodbertus noch nicht, welche Rolle der Massenkonsum strukturell spielt. Stattdessen zogen sie die geringen Löhne heran, um die periodischen Konjunkturschwankungen zu erklären. Marx konnte dieser konjunkturellen Sichtweise nichts abgewinnen – mit dem schlagenden Argument, dass permanent niedrige Löhne nicht der Grund sein können, warum es gelegentlich zu Krisen kommt. (Siehe Bernstein, *Voraussetzungen*, S. 96 f.) Aber Marx beließ es bei dieser Kritik und hat nicht systematisch über die Rolle des Konsums nachgedacht.
14 Hobsbawm, *The Age of Empire*, S. 53. Siehe auch Herrmann, *Sieg des Kapitals*, S. 48 ff.
15 Inzwischen ist mehrfach nachgewiesen worden, dass es mathematische Lösungen für das »Transformationsproblem« gibt. Die berühmteste Variante stammt vom Italiener Piero Sraffa (1898–1983), der fast sein ganzes Forscherleben in Cambridge zugebracht hat und auch Herausgeber der hochgelobten Ricardo-Gesamtausgabe ist. Sraffa widmete sich dem »Transformationsproblem«, weil es auch Ricardos Arbeitswertlehre bedrohte, die Marx ja nur weiterentwickelt hatte. Allerdings hatte Sraffa eher destruktive Absichten: Er wollte nicht beweisen, dass die Arbeitswertlehre von Ricardo und Marx richtig war, sondern die Neoklassiker entthronen (siehe auch Kapitel 6 in diesem Buch). Die Neoklassiker gingen davon aus, dass es prinzipiell unmöglich sei, die relativen Preise etwa von Birnen im Vergleich zu Schuhen über die Produktionskosten dieser Waren zu bestimmen. (Stattdessen setzten die Neoklassiker auf die subjektive Nutzenkalkulation.) Sraffa publizierte 1960 ein Modell, mit dem man alle relativen Preise gleichzeitig auf der Basis ihrer Produktionskosten berechnen konnte. Damit hatte er zwar das »Transformationsproblem« gelöst – aber für echte Marxisten war das Ergebnis trotzdem extrem unbefriedigend, weil bei Sraffa die Arbeitsmenge keine Rolle mehr spielte, um den relativen Preis zu bestimmen. Sraffas Modell führte dazu, dass sich die meisten Marxisten von der Werttheorie verabschiedet haben – womit auch der Mehrwert entfällt.
16 Bernstein, *Voraussetzungen*, S. 65 f.
17 Ebd., S. 70

18 Die gesammelten Steuerdaten sind im Internet öffentlich einsehbar unter »World Wealth and Income Database« (www.wid.world) und werden laufend aktualisiert. Es kommen auch ständig neue Länder hinzu.

19 So eindrucksvoll die Zahlen von Piketty sind: Seine Daten sind noch keine Theorie. Piketty kann letztlich nicht erklären, warum die Ungleichheit zunimmt. Er formuliert zwar als »Gesetz des Kapitalismus«, dass die Rendite des Vermögens stets über dem Wachstum der Wirtschaft liege (r > g). Reiche werden also reicher, während die Arbeitnehmer verlieren. Aber dieses »Gesetz« ist längst nicht so evident, wie es zunächst klingt. Denn eine zentrale Schwäche ist, dass Piketty nur die Nettovermögen betrachtet – die Schulden sind also schon abgezogen. Dadurch entgeht Piketty, dass Staaten, private Haushalte und Unternehmen ihre Verschuldung seit 1980 mehr als verdoppelt haben, wenn man die Kredite in Bezug zur Wirtschaftsleistung setzt. Ohne diese Schuldenblase wäre es jedoch nicht denkbar gewesen, dass die Vermögen so rasant wachsen. Denn Kredite haben einen Hebeleffekt und vergrößern den Reichtum scheinbar, weil sie die Preise von Aktien und Immobilien nach oben treiben. (Siehe auch Stelter, *Die Schulden des 21. Jahrhunderts*) Zudem will Piketty zwar ein »Gesetz des Kapitalismus« formulieren, doch definiert er den Kapitalismus nicht und kann ihn nicht vom Feudalismus unterscheiden. Daher bleibt letztlich unklar, wie das Wachstum entsteht, das Piketty nur voraussetzt. Die Rolle von Eigentum oder Löhnen kommt ebenfalls nicht vor, so dass Piketty die Ungleichheit zwar statistisch erfasst – aber nicht herleiten kann. (Vgl. Kaufmann/Stützle, *Kapitalismus: Die ersten 200 Jahre*)

20 Im 19. Jahrhundert galt zwar offiziell, dass Banknoten durch Goldvorräte gedeckt sein sollten – doch faktisch spielten die Banknoten kaum noch eine Rolle. Stattdessen wurde das Buchgeld auf den Bankkonten verwendet, das sich beliebig vermehren ließ, indem die Banken Kredite vergaben. Die Geldmenge explodierte, während sich die Menge des Goldes kaum veränderte. Im deutschen Kaiserreich nahm die Geldmenge von 6,9 Milliarden Mark im Jahr 1876 auf 43,7 Milliarden Mark im Jahr 1913 zu. Kurz vor dem Ersten Weltkrieg machte das Buchgeld 88 Prozent der Geldmenge aus, während Münzen nur noch auf 7 Prozent kamen und Papiergeld auf 5 Prozent. (Sprenger, *Das Geld der Deutschen*, S. 179 f. und 201 f.)

21 Aristoteles, *Nikomachische Ethik*, 1133a, 29–31. Siehe auch Herrmann, *Der Sieg des Kapitals*, S. 109 ff.

22 Harvey, *Companion*, S. 331.

23 Wehler, *Deutsche Gesellschaftsgeschichte*, S. 615.

24 Dieses und die folgenden Zitate: Karl Marx, Friedrich Engels, *Briefe über »Das Kapital«*, S. 71 ff. Schon 1845 hatte Engels in seinem Buch *Die Lage der arbeitenden Klasse in England* zutreffend beschrieben, wie Kreditkrisen verlaufen (S. 314).

25 Oft wird unterstellt, Marx hätte noch eine weitere Fehlprognose zu verantworten. Genau wie Ricardo hätte er einen »tendenziellen Fall der Profitrate« vorhergesagt. Was stimmt: Marx hat noch 1882, kurz vor seinem Tod, daran herumgerechnet, ob es eine sinkende Profitrate geben könnte. Denn sie schien sich logisch aus seiner Theorie zu ergeben: Wenn die Kapitalisten stets mehr Tech-

nik einsetzen, entsteht immer weniger Mehrwert, weil nur menschliche Arbeit Wert produzieren kann. Allerdings sah Marx selbst, dass es innerhalb seiner eigenen Theorie auch gegenläufige Tendenzen gab: Durch den Einsatz der Technik wird weniger Arbeit nötig, um die Lebensmittel für die Arbeiter zu produzieren. Der »relative Mehrwert« pro Arbeitskraft steigt also. Gleichzeitig sinkt auch der Wert der Technik, wenn Technik und weniger Arbeit eingesetzt wird, um die Maschinen herzustellen. Am Ende bleiben der Anteil des Mehrwerts und damit die Profitrate also tendenziell gleich. Dies schien sich auch mit der Empirie zu decken: Wie Marx selbst erkannte, war die Wirtschaft in fortschrittlichen Ländern wie England profitabler als in rückständigen Staaten wie im damaligen Österreich. Technik schien also die Gewinne nicht zu senken, sondern zu erhöhen. Seine Überlegungen zum tendenziellen Fall der Profitrate finden sich daher nur in Band III, der Notizen aus den Jahren 1864/65 sammelt. Im späteren Band I wird ein tendenzieller Fall der Profitrate nicht erwähnt.

26 Galbraith, *The Affluent Society*, S. 61.

27 Siehe etwa Linß, *Wirtschaftsdenker*, S. 76 f., oder Heilbroner, *Worldly Philosophers*, S. 293.

28 Schumpeter hatte Marx' Lehren 1905 kennengelernt, als er an der Wiener Universität an einem Marx-Seminar des konservativen Ökonomen Eugen von Böhm-Bawerk teilnahm. Böhm-Bawerk hatte sich intensiv mit Marx beschäftigt und bereits auf die Unlösbarkeit des »Tranformationsproblems« hingewiesen. Neben Schumpeter wurde dieses Seminar von vier Studenten besucht, die später ebenfalls berühmt werden sollten. Drei waren Marxisten: Otto Bauer wurde später österreichischer Außenminister und war Begründer des Austromarxismus; Rudolf Hilferding war zweimal deutscher Finanzminister und Autor des Buchs *Das Finanzkapital*, das die Theorie vom staatsmonopolistischen Kapitalismus entwickelte. Emil Lederer wurde ein bedeutender Soziologe. Der vierte Student hingegen entwickelte sich zu einem radikalen Liberalen: der Ökonom Ludwig von Mises.

29 Schumpeter, *Theory of Economic Development*, S. 66.

30 Engels hatte sogar schon 1845 beschrieben, dass Unternehmer durch neue Technik Monopolgewinne kassieren können: »Aber die Bourgeoisie zieht den Vorteil von der Verbesserung der Maschinerie, sie hat während der ersten Jahre, wo noch viele alte Maschinen arbeiten und die Verbesserung noch nicht allgemein durchgeführt ist, die schönste Gelegenheit zum Geldaufhäufen.« (*Lage der arbeitenden Klasse in England*, S. 363)

31 Heilbroner, *Worldly Philosophers*, S. 297 und S. 309. Heilbroner hat Schumpeter als Student in Harvard erlebt und seine psychologische Deutung dürfte daher zutreffen: Schumpeter meinte sich selbst, wenn er von der »Elite« der Außenseiter schwärmte, die zu innovativen Unternehmern wurden. Denn auch Schumpeter war ein sozialer Aufsteiger: Er war zwar der Stiefsohn eines adeligen Offiziers und wuchs an der hochherrschaftlichen Ringstraße in Wien auf, aber sein Vater war Tuchfabrikant im mährischen Triesch gewesen. Kaum verwitwet, hatte Schumpeters ehrgeizige Mutter ihren zweiten Mann mit dem Ziel

ausgesucht, ihrem hochbegabten Sohn Joseph eine exzellente Schulausbildung und eine gesellschaftliche Karriere zu ermöglichen.

32 McCraw, *Prophet of Innovation*, S. 68 f.

33 Ebd., S.155. Siehe auch Kurz/Sturn, *Schumpeter für jedermann*, S. 83 f.

34 Schumpeter, *Capitalism, Socialism and Democracy*, S. 21 und S. 32. Dieses Alterswerk ist letztlich eine einzige Hommage an Marx. Denn es beginnt nicht nur mit vier Kapiteln, die die Überschriften »Marx, der Prophet«, »Marx, der Soziologe«, »Marx, der Ökonom« und »Marx, der Lehrer« tragen. Wie Marx sagte auch Schumpeter voraus, dass der Kapitalismus zugrunde gehen würde. Durch die stets steigende Konzentration der Wirtschaft dominierten am Ende die großen Trusts, so dass selbst die genialsten Unternehmer keine Chance mehr hätten, sich gegen die Bürokraten durchzusetzen, die in diesen Großkonzernen herrschten. Auch der Kapitalismus verkomme zu einer Planwirtschaft.

6 Der Kapitalismus interessiert nicht: die Neoklassiker

1 Walter Bagehot, Adam Smith as a Person. In: *The Works of Walter Bagehot*, Volume III (Hartford 1891), S. 269–306, hier S. 297.

2 Zitiert nach King, *David Ricardo*, S. 172.

3 Zitiert nach Monroe (Hg.), *Early Economic Thought*, S. 59. Im Mittelalter gab es keine Sklaven mehr, aber Thomas von Aquin hatte dieses Problem vom antiken Kirchenvater Augustinus (354–430) übernommen, der sich auch schon mit dem Problem befasst hatte, warum Sklaven in der Regel billiger sind als Pferde und Mägde billiger als Perlen (Augustinus, *De Civitate Dei*, XI, 16).

4 Skousen, *The Big Three*, S. 15 f.

5 Der deutsche Ökonom Hermann Heinrich Gossen (1810–1858) entwarf bereits 1854 in seinem Hauptwerk *Entwicklung der Gesetze des menschlichen Verkehrs und der daraus fließenden Regeln für menschliches Handeln* eine Theorie des Grenznutzens. Er wurde jedoch von seiner Zunft nicht zur Kenntnis genommen. William Stanley Jevons (1835–1882) publizierte seine *Theory of Political Economy* zwar erst 1871, hatte aber bereits 1862 seine Kerngedanken zur Grenznutzentheorie in dem Artikel »Notice of a General Mathematical Theory of Political Economy« veröffentlicht. Zudem berief sich Jevons ausdrücklich auf Schriften des Ökonomen Richard Jennings (1855). Zeitgleich veröffentlichte auch der österreichische Ökonom Carl Menger (1840–1921) eine Grenznutzentheorie in seinem Buch *Grundsätze der Volkswirtschaftslehre*. 1874 folgte der französische Ökonom Léon Walras (1834–1910) mit seinem Werk *Éléments d'économie politique pure ou théorie de la richesse sociale*. Walras baute auf Arbeiten seines Vaters Auguste auf, der wiederum stark durch den französischen Ökonomen Antoine-Augustine Cournot (1801–1877) inspiriert worden war. Die Grenznutzentheorie lag damals offenbar »in der Luft«, so dass viele Ökonomen unabhängig voneinander auf sie stießen. (Siehe auch Blaug, *Economic Theory in Retrospect*, S. 304 ff.) Die Neoklassik ist also in der gleichen Zeit entstanden, in der Marx an seinem *Kapital* gearbeitet hat. Die frühen Neoklassiker kannten Marx daher nicht, sondern bezogen sich nur auf Smith und Ricardo, um ihr Gegenmodell zu entwickeln. Umgekehrt hat Marx kurz vor seinem Tod

zumindest noch Jevons zur Kenntnis genommen. Um auf die Neoklassiker antworten zu können, hat er sich sogar mit der Differentialrechnung beschäftigt. Geschrieben hat er dazu aber nichts. (Sperber, *Karl Marx*, S. 460 f.)

6 Heine/Herr, *Volkswirtschaftslehre*, S. 18. Ursprünglich war die Grenznutzentheorie sogar sehr sozialkritisch – solange man davon ausging, dass sich der Grenznutzen »kardinal« messen ließe, also in genauen Zahlen. Beispiel: Ein armer Handwerker benötigt ganz dringend ein (erstes) Auto, damit er seinen neuen Arbeitsplatz erreichen kann. Ein reicher Haushalt könnte ebenfalls ein (weiteres) Auto gebrauchen, damit es die Tochter zur Schule bringen kann. Sonst müsste das Kind laufen. Auf den ersten Blick scheint es ganz einfach, wie der Grenznutzen gesamtgesellschaftlich zu optimieren ist: Das Geld wird vom reichen zum armen Haushalt umverteilt, denn es stiftet eindeutig mehr Grenznutzen, wenn der Handwerker seine neue Arbeitsstelle antreten kann. Das reiche Kind leidet keinen Schaden, wenn es laufen muss. Doch diese Art der objektiven Kalkulation funktioniert nicht, weil die Neoklassik vom subjektiven Nutzen ausgeht, der subjektiv erlebt wird. Vielleicht hasst die reiche Familie das Laufen ganz ungemein – vielleicht ist ihr das Auto subjektiv so wichtig wie dem Handwerker. Der italienische Ökonom Vilfredo Pareto (1848–1923) hat daher ein anderes Nutzenkalkül vorgeschlagen: Es beruht auf der subjektiven Präferenzfolge und wird in Ordnungszahlen ausgedrückt. Man könnte also feststellen, dass dem Handwerker ein Auto wichtiger wäre als ein Stück Kuchen, während der reiche Haushalt das Auto dringender findet als eine Flugreise nach New York. Aber diese individuellen Präferenzanordnungen lassen sich nicht intersubjektiv vergleichen. In dieser »ordinalen« Interpretation ist die Neoklassik automatisch strukturkonservativ.

7 Heine/Herr, *Volkswirtschaftslehre*, S. 17.

8 Mit diesem Fehlschluss startete beispielsweise Schumpeter seine Karriere. Mit nur 23 Jahren hatte er 1906 den programmatischen Aufsatz »Über die mathematische Methode der theoretischen Ökonomie« veröffentlicht. Darin hieß es: Da die Begriffe der Ökonomie »quantitativ« seien, »ist unsere Disziplin eine mathematische«. Vgl. Kurz/Sturn, *Schumpeter für jedermann*, S. 87.

9 Heine/Herr, *Volkswirtschaftslehre*, S. 63.

10 Wie Firmen bei einem Oligopol vorgehen, ist inzwischen sehr gut erforscht: durch die sogenannte Spieltheorie. Vereinfacht gesagt: Im Oligopol haben die Firmen nur zwei Optionen – einen zerstörerischen Preiskampf oder Kooperation. Keine dieser Varianten ist im neoklassischen Wettbewerbsmodell vorgesehen.

11 Schumpeter, *Capitalism, Socialism and Democracy*, S. 78.

12 In der Realität betreiben nicht nur Großkonzerne Preispolitik – selbst Kleinstbetriebe können ihre Preise beeinflussen. Beispiel Restaurants: Jede Gaststätte ist letztlich unverwechselbar, weil sie eine besondere Lage, Speisekarte, Einrichtung oder Musik hat. Die Restaurants konkurrieren zwar um Kunden, aber nicht mit dem exakt gleichen Gut. Für dieses Phänomen hat sich der Begriff »monopolistische Konkurrenz« eingebürgert.

13 Zitiert nach Kurz/Sturn, *Schumpeter für jedermann*, S. 96.

14 Schumpeter, *Capitalism, Socialism and Democracy*, S. 84.

15 Zitiert nach Kurz/Sturn, *Schumpeter für jedermann*, S. 223 f.
16 Zur Weltwirtschaftskrise siehe auch Herrmann, *Sieg des Kapitals*, S. 162 ff.
17 Zitiert nach Heilbroner, *Worldly Philosophers*, S. 291.

7 Wo bleibt das Geld?! John Maynard Keynes

1 Der biographische Abriss folgt zwei Standardwerken: Robert Skidelsky, *John Maynard Keynes* (2003), sowie Donald Moggridge, *Maynard Keynes* (1992). Soweit nicht anders markiert, stammen auch die Zitate aus diesen beiden Büchern. Bereits 1951 erschien die Biographie von Roy Harrod, der bei Keynes studiert hatte und ihm lebenslang verbunden blieb. Bei Harrod fehlen aber noch wichtige Details über Keynes' Privatleben, weil Homosexualität in Großbritannien damals strafbar war.
2 Siehe etwa Braunberger, *Keynes für jedermann*.
3 Siehe etwa Blaug, *The Methodology of Economics*, S. 72–76.
4 Im ersten Jahr in Eton gewann Keynes zehn Preise, im zweiten achtzehn und im dritten elf.
5 1912 versuchte Keynes den Philosophen Ludwig Wittgenstein für die »Apostel« zu gewinnen. Aber Wittgenstein fand bereits den ersten Abend so furchtbar, dass er gleich wieder ausschied.
6 Alfred Marshall (1842–1924) führte das partielle Gleichgewicht in die Ökonomie ein, weil man mit dem allgemeinen Gleichgewicht von Walras nicht weiterkam. Jetzt sollten nur noch einzelne Märkte analysiert werden. Dieses Vorgehen ist bis heute in der Mainstream-Ökonomie außerordentlich beliebt. Allerdings wird dabei meist nicht erwähnt, dass der partielle Markt eine Fiktion ist. In der Realität hängen alle Märkte miteinander zusammen. Von Marshall stammt auch die berühmteste Graphik der Ökonomie, die jeder Student schon im ersten Semester kennenlernt: das »Marktdiagramm«. Angebots- und Nachfragekurve kreuzen sich an genau jenem Punkt, wo sich der »Gleichgewichtspreis« bildet. Dieses Modell setzt, wie immer in der Neoklassik, die perfekte Konkurrenz voraus.
7 Arthur Cecil Pigou (1877–1959) übernahm Marshalls Theorie der partiellen Gleichgewichte – und wandte sie auf diverse praktische Probleme an. Berühmt ist seine Erkenntnis, dass es negative »externe Effekte« gibt, die vom Markt nicht mit einem Preis versehen werden, obwohl sie Kosten verursachen. Dazu gehört etwa die Umweltverschmutzung. Um die Verursacher zur Kasse zu bitten, müssten die Schäden eingepreist, also »internalisiert« werden. Pigou schlug dafür eine Art Ökosteuer vor, die nach ihm »Pigou-Steuer« heißt. Pigou lehnte auch die Idee von Vilfredo Pareto ab, dass sich der Grenznutzen einzelner Individuen nicht miteinander vergleichen lasse (siehe Kapitel 6, Anmerkung 6). Pigou war überzeugt, dass der gesamtgesellschaftliche Grenznutzen steigt, wenn man von den Reichen zu den Armen umverteilt. Daher schlug er eine progressive Einkommenssteuer vor.
8 Auch der begabte Nachwuchs war nicht von der Doktorarbeit überzeugt, wie Keynes zur Kenntnis nehmen musste. In einem Brief berichtete er: »Ramsay und die anderen jungen Männer (sind) ziemlich halsstarrig und meinen immer

noch, dass Wahrscheinlichkeit entweder genau messbar und mit Häufigkeit verknüpft ist *oder* dass sie nur von psychologischer Bedeutung und definitiv nicht-logisch ist.« Mit »Ramsay« war der geniale Mathematiker Frank Plumpton Ramsay (1903–1930) gemeint, der bereits mit 21 Jahren Fellow am King's College wurde. Er war ebenfalls ein Apostel sowie ein enger Freund von Ludwig Wittgenstein und übersetzte dessen *Tractatus logico-philosophicus* ins Englische. Für Keynes' *Economic Journal* schrieb er drei Artikel, die bis heute zitiert werden. Unter anderem entwickelte er eine Theorie, wie eine optimale Besteuerung aussehen könnte. Ramsay gilt bis heute als einer der wichtigsten Ökonomen. Er starb im Alter von nur 26 Jahren nach einer verpfuschten Unterleibsoperation.

9 Das zweite Kapitel ist noch heute lesenswert. Es befasst sich nicht speziell mit Indien, sondern allgemein mit dem Goldstandard. Knapp und anschaulich erläuterte Keynes, dass der Goldstandard damals nicht deshalb so reibungslos funktionierte, weil er auf Gold beruhte. Stattdessen war entscheidend, dass der Finanzplatz London die weltweiten Kapitalströme lenkte, so dass die Bank of England mit ihrem Leitzins den globalen Geldmarkt steuern konnte.

10 Wie teuer ein Krieg würde, war in den letzten Friedensjahren intensiv diskutiert worden: Der Publizist Norman Angell hatte 1910 das Buch *The Great Illusion* veröffentlicht, das zu einem internationalen Bestseller und in nur einem Jahr in fünfzehn Sprachen übersetzt wurde (dt.: *Die falsche Rechnung. Was bringt ein Krieg ein?*). Angell rechnete vor, dass auch der Sieger so große finanzielle Verluste machen würde, dass sich ein Krieg nicht lohnte.

11 Ein detaillierter Abriss dieser Finanzkrise findet sich bei Richard Roberts, *Saving the City. The Great Financial Crisis of 1914*. Die Goldreserven der Bank of England waren so schnell erschöpft, weil sie nur Gold im Wert von 24 Millionen Pfund eingelagert hatte, während beispielsweise die deutsche Reichsbank Gold im Gegenwert von 40 Millionen Pfund besaß – und die USA sogar Gold im Wert von 142 Millionen Pfund hatten. Die Briten waren in einer paradoxen Situation: Offiziell galt der Goldstandard, und London war der größte Finanzplatz der Welt – aber Gold hatten die Engländer kaum. Dieses Missverhältnis zeigt erneut, dass der Goldstandard eine reine Fiktion war: Der Welthandel ließ sich auch ohne Gold abwickeln. Insgeheim hatten die Engländer daher ihre Goldbestände reduziert, um Kosten zu sparen. (Siehe Roberts, *Saving the City*, S. 75 f.)

12 Die Goldknappheit in England wurde mit einem Mix aus Maßnahmen behoben. Ein praktisches Problem war, dass es damals keine kleinen Geldscheine gab, sondern nur 5-Pfund-Noten, was heutigen 100-Euro-Scheinen entspricht. Für alle kleinen Ausgaben musste also mit Goldmünzen gezahlt werden. Das Finanzministerium druckte daher eigene Geldscheine, die von allen offiziellen Stellen angenommen wurden, aber nicht in Gold konvertierbar waren. Wie erhofft, verdrängten diese Geldscheine die Goldmünzen zum Teil, so dass dieses Gold dann bei der Bank of England eingelagert werden konnte. Das Drucken der kleinen Geldscheine war bereits beschlossen, als Keynes sein Memorandum verfasste. Aber die Privatbanken hatten noch weitergehende Forderungen: Sie wollten auch die Golddeckung der »echten« Geldscheine aufheben.

Keynes war absolut dagegen, die Konvertierbarkeit aufzukündigen. Er fürchtete, dass dies genau jene Panik erzeugen würde, die man eigentlich vermeiden wollte. Zudem hatte er die Sorge, dass das internationale Ansehen des Finanzplatzes London irreparablen Schaden nehmen könnte. Keynes behielt recht: Der Goldstandard blieb, und die Sparer beruhigten sich wieder.

Lloyd George erwies sich sowieso als Talent. Er benötigte nur wenige Tage, bis ihm attestiert wurde, dass er »an die Spitze der Finanzexperten aufgerückt« sei. Denn Lloyd George traf noch eine zweite Entscheidung, an der Keynes nicht beteiligt war, die aber die damalige Finanzkrise sofort beendete. Die Operation hieß »Tiefkühl-Strategie«: Gegen einen Zins von 5 bis 7 Prozent durften die Banken alle notleidenden Wechsel bei der Bank of England abladen. Das Risiko trugen nicht mehr die Institute, sondern die Steuerzahler. Lloyd George selbst erwartete einen Verlust von 40 Millionen Pfund, doch es kam anders als gedacht. Als nach dem Krieg endgültig abgerechnet wurde, verbuchte der Staat einen Gewinn von 6,5 Millionen Pfund.

13 Der Versailler Friedensvertrag sah noch keine konkrete Zahl für die deutschen Reparationen vor. Die endgültige Summe wurde erst im Mai 1921 auf einer Schuldenkonferenz in London festgelegt. Allerdings hatten die Franzosen schon im Januar 1919 gefordert, dass die deutschen Reparationen mindestens 120 Milliarden Goldmark betragen sollten. Die in London vereinbarte Summe von 132 Milliarden Goldmark ging sogar noch darüber hinaus.

14 Kindleberger, *Financial History of Western Europe*, S. 297.

15 Als Alternative schlug Keynes damals einen umfassenden Schuldenerlass vor. Denn die Franzosen wollten die deutschen Reparationen nicht nur nutzen, um die Kriegsschäden auf den Schlachtfeldern zu beseitigen – sie brauchten das Geld vor allem, um ihre Kriegsschulden in England zu tilgen. Umgekehrt war Großbritannien stark bei den USA verschuldet. Hätten die Alliierten ihre Schulden untereinander gestrichen, hätten die USA auf 1,668 Milliarden Pfund verzichten müssen. Großbritannien hätte einen Verlust von 651 Millionen Pfund eingefahren. Profitiert hätte hingegen Italien, dessen Schuldenerleichterung 700 Millionen Pfund betragen hätte. Frankreich hätte 510 Millionen erlassen bekommen. Die Amerikaner weigerten sich jedoch, einem derartigen Schuldenschnitt zuzustimmen. Gebracht hat es den USA nichts: Spätestens nach der Weltwirtschaftskrise waren die Schulden weitgehend wertlos. (Tooze, *The Deluge*, S. 293 ff.)

16 In seinem Bestseller schrieb Keynes auch: »Lenin soll gesagt haben, der beste Weg zur Zerstörung des kapitalistischen Systems sei die Zerrüttung seiner Währung.« Dieser Spruch ist seither ein sehr beliebtes Lenin-Zitat, doch in Lenins Schriften findet sich kein entsprechender Satz (Kindleberger, *Financial History of Western Europe*, S. 321).

17 John Maynard Keynes, A Short View of Russia, 1925. In: Keynes, *Essays in Persuasion*, S. 297–311.

18 Kapitel III, Abschnitt IV enthält eine wunderbare Beschreibung der Terminmärkte, in der Keynes seine gesammelten Erfahrungen als Derivatespekulant verarbeitete.

19 Winston Churchill hat sich seine Fehlentscheidung nicht leicht gemacht. An den zuständigen Finanzstaatssekretär Otto Niemeyer schrieb er im Februar 1925: »Das Schatzamt hat sich niemals, wie mir scheint, mit der tieferen Bedeutung dessen auseinandergesetzt, was Herr Keynes ›das Paradox von Arbeitslosigkeit inmitten von Mangel‹ nennt. Der Präsident der Bank of England wiederum ist rundum zufrieden mit dem Zustand, dass Großbritannien die höchste Kreditwürdigkeit in der Welt besitzt und gleichzeitig eine Million und ein Viertel arbeitslos sind. … Ich würde gern die Finanziers weniger hochmütig und die Industrie zufriedener sehen.« Am 17. März 1925 arrangierte Churchill sogar extra ein Abendessen, an dem neben Keynes auch hochrangige Vertreter des Finanzministeriums und der Bank of England teilnahmen. Churchill selbst war aber kein Ökonom, wie er freimütig zugab – und Keynes in der Minderheit. Also hat sich Churchill für die Mehrheit entschieden. Das persönliche Verhältnis zwischen Keynes und Churchill hat durch diesen Schlagabtausch nicht gelitten. Keynes gehörte weiterhin dem »The Other Club« an, den Churchill gegründet hatte.

20 Wie von Keynes prognostiziert, traten die Bergleute am 1. Mai 1926 in den unbefristeten Ausstand, um gegen die Lohnkürzungen zu protestieren. Im Herbst 1926 mussten sie ihren Streik jedoch ergebnislos abbrechen und die reduzierten Gehälter akzeptieren, weil die Gewerkschaftskasse erschöpft war. Der Goldstandard wäre verkraftbar gewesen, wie Keynes detailliert herausarbeitete, wenn die Löhne und Preise in allen Branchen gleichzeitig und gleichmäßig gefallen wären. Denn die reale Kaufkraft bliebe erhalten, wenn Löhne und Preise im Tandem sinken: Die Beschäftigten verdienten zwar weniger Geld, müssten für die Waren aber weniger ausgeben. Doch im Kapitalismus gibt es keinen Mechanismus, um eine allgemeine Lohnsenkung zu erreichen, weil nicht alle Branchen dem Weltmarkt ausgesetzt sind. Nach der Einführung des alten Goldstandards blieben die Löhne und Preise in den »geschützten« Wirtschaftszweigen in Großbritannien unverändert, so dass die Exportindustrie allein die gesamte Last der Anpassung tragen musste.

21 John Maynard Keynes, The Economic Consequences of Mr. Churchill, 1925. In: Keynes, *Essays in Persuasion*, S. 244–270, hier S. 261 f.

22 Die Weltwirtschaftskrise ab 1929 hatte bereits Fragen aufgeworfen, die sich nur mit einer ökonomischen Gesamtrechnung beantworten ließen: Wie viele Arbeitslose gab es eigentlich? Hatten die Menschen noch genug Geld, um zu überleben? Wie stark war die Produktion gesunken? Und in welchen Branchen? Im Auftrag des US-Senats berechnete der Ökonom Simon Kuznets das amerikanische Volkseinkommen für den Zeitraum von 1929 bis 1932. Ergebnis: Es war um die Hälfte gesunken. Die Industrie war sogar um 70 Prozent eingebrochen, die Baubranche um 80 Prozent. Nur der öffentliche Sektor hatte zugelegt. Auch in England hatte der Ökonom Colin Clark bereits erste Berechnungen des Volkseinkommens angestellt. Keynes entwickelte das BIP nicht allein: Die konkrete Statistik lieferten die jungen Ökonomen James Meade und Richard Stone, die später beide den Nobelpreis erhielten – wie auch Simon Kuznets. Ein guter Abriss der Geschichte des BIPs findet sich bei Philipp Lepenies, *Die Macht der einen Zahl* (2013).

23 Siehe auch Ulrike Herrmann, Die Zahl, die Hitler besiegte, *die tageszeitung*, 2.5.2015.

24 Lepenies, *Die Macht der einen Zahl*, S. 73.

8 Sicher ist nur die Unsicherheit: *Die allgemeine Theorie* (1936)

1 Skidelsky, *Keynes*, S. 531.

2 Blanchard, *Macroeconomics*, S. 107.

3 Galbraith, *History of Economics*, S. 232. Da Keynes' Hauptwerk so unübersichtlich ist, wird oft empfohlen, zunächst nur einzelne Kapitel zu lesen, um den Kern der Theorie kennenzulernen. Keynes' Biograph Skidelsky schlägt beispielsweise vor, mit Kapitel 2 zu starten und dann Kapitel 8 bis 13 sowie Kapitel 18 zu lesen (Skidelsky, *Short Introduction*, S. 88).

4 Keynes' Hauptwerk wurde bereits 1936 ins Deutsche übersetzt, allerdings mit vielen Fehlern. Die 10. Auflage (2006) und die 11. Auflage (2009) wurden zwar nachgebessert, aber im Herbst 2016 erscheint endlich eine komplette Überarbeitung, die die Wirtschaftsjournalistin Nicola Liebert vorgenommen hat: John Maynard Keynes, *Die allgemeine Theorie der Beschäftigung, des Zinses und des Geldes* (Duncker & Humblot).

5 Arthur Cecil Pigou versuchte, die neoklassische Theorie zu retten, indem er einen »Geldvermögenseffekt« (real balance effect) postulierte: Wenn Löhne und Preise sinken, dann können die Geldbesitzer mit ihren Ersparnissen mehr kaufen. Also würde die Nachfrage steigen, so dass neue Arbeitsplätze entstehen. Doch auch dieser »Pigou-Effekt«, wie er bald genannt wurde, basierte auf einem Denkfehler: Zwar stimmt es, dass die Geldbesitzer profitieren, wenn Löhne und Preise fallen. Doch gleichzeitig leiden alle Firmenbesitzer und Haushalte, die Schulden haben, weil es schwieriger wird, Kredite zu bedienen, wenn Umsätze und Gehälter sinken. Also müssen die Schuldner ihren Konsum einschränken. In der Summe kommt es nicht zu zusätzlicher Nachfrage, weil der Gewinn der Geldbesitzer der Verlust der Schuldner ist.

6 Dieses Argument findet sich in Keynes' *Allgemeine Theorie* in Kapitel 2, Abschnitt II. In Kapitel 19 kommt Keynes noch einmal auf die Frage zurück, welchen Effekt es hätte, wenn Preise und Löhne flexibel wären. Diesmal integriert er seine eigenen theoretischen Annahmen wie etwa die Rolle der Erwartungen seitens der Unternehmer – und berücksichtigt auch, dass in der Realität die Preise oft stärker nachgeben als die Löhne. Erneut lautet das Ergebnis, dass die Arbeitslosigkeit nicht fällt, wenn die Löhne sinken.

7 Alle Zitate aus der *Allgemeinen Theorie* wurden von der Autorin übersetzt.

8 Keynes' Kenntnisse der ökonomischen Theoriegeschichte waren eher oberflächlich, was dazu führte, dass er dachte, Adam Smith und David Ricardo hätten mehr oder minder die gleichen Positionen vertreten wie die Neoklassiker. Daher summierte Keynes alle seine Vorläufer und Kollegen unter dem Etikett »Klassiker« (siehe Fußnote 1 in der *Allgemeinen Theorie*). Diese theoretische Unschärfe hatte Keynes von seinem Lehrer Alfred Marshall geerbt. In *Principles of Economics* hatte Marshall versucht, die Unterschiede zwischen Klassik und Neoklassik zu verwischen, indem er behauptete, dass die Produktionsmenge

einer Firma kurzfristig vom neoklassischen Grenznutzen bestimmt wird (also von der Nachfrage) – und langfristig von den Produktionskosten. Dabei überging Marshall geschickt die Tatsache, dass die Produktionskosten in der Klassik völlig anders bestimmt werden als in der Neoklassik. Piero Sraffa hatte diesen Unterschied zwar herausgearbeitet (siehe Kapitel 5, Anmerkung 15 in diesem Buch), doch obwohl Keynes mit Sraffa befreundet war, hat er dessen theoretische Arbeiten offenbar nicht zur Kenntnis genommen. Zudem gab es einen zweiten Grund, warum es zumindest aus Keynes' Sicht nahelag, Klassik und Neoklassik gleichzusetzen: So unterschiedlich diese Theorien sonst waren – beim Thema Geld gingen sie von ähnlichen Annahmen aus. Beide Schulen glaubten, dass erst gespart (Marx: akkumuliert) werden müsse, bevor Investitionen möglich seien. Da sich Keynes vor allem als Geldtheoretiker verstand, waren die sonstigen Unterschiede zwischen den beiden Richtungen für ihn unwesentlich.

9 Zitiert nach Skidelsky, *Keynes*, S. 525.

10 Ebd., S. 469.

11 John Maynard Keynes, The General Theory of Employment. In: *The Quarterly Journal of Economics*, 1937, S. 209–223.

12 Kurt Tucholsky, *Kurzer Abriss über die Nationalökonomie*, 1931.

13 Das Problem der Geldschöpfung beschrieb Keynes erstmals 1913 in dem Text *How Far are Bankers Responsible for the Alternations of Crisis and Depression*. Auch sein großes Werk *Vom Gelde* (1930) drehte sich vor allem um die Frage, wie der Zins Spareinlagen und Investitionen in Deckung bringen könnte – wenn doch Kredite aus dem Nichts entstehen und gar keine Sparer benötigen.

14 Die Verhaltensökonomie hat inzwischen eine Vielzahl von Experimenten durchgeführt, die allesamt beweisen, dass der Mensch kein Homo oeconomicus ist. Wir sind nicht in der Lage, mit Risiken rational umzugehen. Am berühmtesten sind die Versuche von Amos Tversky und Daniel Kahneman, die unter anderem zeigen konnten, dass der Schmerz über Verluste größer ist als die Freude an Gewinnen – was wiederum das Anlageverhalten der Börsianer beeinflusst (siehe Kahneman, *Thinking, Fast and Slow*).

15 Keynes' Ausführungen über die Finanzmärkte finden sich im zwölften Kapitel der *Allgemeinen Theorie*. Für Keynes selbst war es eines der wichtigsten Kapitel seines Buchs, was sich daran zeigt, dass er die dort entwickelten Thesen ausführlich in seinem Aufsatz *The General Theory of Employment* wiederholt. Trotzdem wurde ausgerechnet dieses zwölfte Kapitel auch von Keynesianern lange ignoriert. Ein Beispiel ist der Harvard-Ökonom Alvin Hansen (1887–1975), der sehr wesentlich dazu beigetragen hat, die *Allgemeine Theorie* in den USA bekannt zu machen. In seinem Einführungsbuch *A Guide to Keynes* (1953) wird das zwölfte Kapitel zwar als »brillant« gewürdigt, aber in nur zwei Absätzen abgehandelt (S. 125).

16 In der *Allgemeinen Theorie* hat Keynes den Bezug zu seiner Doktorarbeit explizit hergestellt (siehe Fußnote 61).

17 Keynes' Idee einer Börsenumsatzsteuer wurde später vom Nobelpreisträger James Tobin aufgegriffen. Seither heißt sie oft auch »Tobin-Steuer«. Die Forderung einer Tobin-Steuer führte 1998 in Frankreich zur Gründung des globali-

sierungskritischen Netzwerks *Attac*, dessen ausgeschriebener Name explizit auf die Finanztransaktionssteuer hinweist: *association pour une taxation des transactions financières pour l'aide aux citoyens.* Nach der Finanzkrise ab 2007 dachte auch die EU darüber nach, eine Finanztransaktionssteuer einzuführen. Vorgesehen waren Steuersätze von 0,1 Prozent für Aktien und 0,01 Prozent für Derivate, damit der Handel entschleunigt wird, weil sich Börsengeschäfte dann nicht mehr lohnen, die nur kleinste Gewinnspannen bieten. Dieses Projekt ist jedoch vorerst gescheitert, weil sich die EU-Staaten auf kein gemeinsames Vorgehen einigen konnten. Um ein gängiges Missverständnis zu vermeiden: Eine Finanztransaktionssteuer könnte zwar die Märkte beruhigen, aber echte Spekulationsblasen nicht verhindern. Wenn Anleger glauben, dass die Aktienkurse stark steigen, werden sie sich nicht von einer Steuer von 0,1 Prozent abschrecken lassen.

18 Inzwischen sind die Finanzmärkte sogar noch dominanter geworden, als Keynes es beschrieb, weil sich die Unternehmen am »Shareholder-Value« orientieren müssen und permanent Aktienpflege betreiben.

19 Es gibt auch reine Krisentheorien, die nur den Verlauf von Depressionen erklären wollen, aber keine allgemeine Wirtschaftstheorie sind. So hat der US-amerikanische Ökonom Irving Fisher 1933 das Phänomen der »Schuldendeflation« beschrieben: Viele Finanzanleger hatten damals Kredite aufgenommen, um an den Börsen zu spekulieren. Sie wollten ihre Gewinne »hebeln«, also mit wenig Eigenkapital maximale Profite erzielen. Diese riskante Strategie führte jedoch zu einer Kettenreaktionen, sobald die Kurse an den Finanzmärkten einbrachen – und die Spekulanten ihre Kredite nicht zurückzahlen konnten. Um wenigstens Teile ihrer Schulden zu begleichen, waren diese Anleger gezwungen, ihre Aktien und auch andere Sachwerte wie Häuser oder Autos zu verramschen. Die Vermögenspreise sanken daher weiter, so dass die Schuldner in einem Teufelskreis feststeckten. Je mehr Sachwerte verkauft wurden, desto stärker fielen die Preise. Je mehr aber die Preise sanken, desto unmöglicher wurde es, die Schulden zurückzuzahlen, deren Nominalbetrag ja unverändert blieb. *Real* nahmen die Schulden sogar zu, obwohl jeder versuchte, sie zurückzuzahlen. Oder wie Fisher es ausdrückte: »Je mehr alle Schuldner zahlen, desto mehr schulden sie.« (*The Debt-Deflation Theory of the Great Depression*) Die Schuldendeflation war jedoch nicht nur gefährlich, weil sie zu spektakulären Konkursen von Fonds und Banken führte, sondern sie veränderte auch das Investitionsverhalten der eigentlich gesunden Firmen. Der japanische Ökonom Richard C. Koo hat diesen Effekt »Bilanzrezession« getauft, da damals in der Bilanz eines jeden Betriebs automatisch riesige Löcher klafften, weil die Vermögenspreise um 25 bis 50 Prozent gefallen waren, während die Höhe der Kredite nominal gleich blieb. Selbst vorsichtige Firmen waren daher technisch überschuldet und wollten ihre Kredite so schnell wie möglich abbauen. Also verzichteten die Betriebe auf alle Investitionen, die nicht unbedingt nötig waren, und verwendeten ihre laufenden Einnahmen lieber, um ihre Darlehen zu tilgen. Die Krise verschärfte sich weiter. (Koo, *The Holy Grail of Macroeconomics*) Diese Krisentheorien ergänzen den Ansatz von Keynes, indem sie detaillierter erklären, warum in einer Finanzkrise die Investitionen ausbleiben und

die Gesamtnachfrage zusammenbricht. Siehe auch Herrmann, *Sieg des Kapitals*, S. 169 ff.

20 Es gibt allerdings eine Ausnahme, wo Lohnsenkungen für einzelne Länder funktionieren: die Eurozone. Deutschland hat es mit seiner »Agenda 2010« vorgemacht. Die deutschen Reallöhne wurden gedrückt, um die Wettbewerbsfähigkeit der deutschen Firmen zu steigern. Dieser Trick funktionierte aber nur, weil es innerhalb der Eurozone keine Wechselkurse gibt. Hätte Deutschland noch seine D-Mark gehabt, hätten die enormen Exportüberschüsse dafür gesorgt, dass die deutsche Währung aufgewertet hätte – und die Lohnvorteile wieder verschwunden wären. Zudem können nicht alle Euroländer den Lohntrick der Deutschen wiederholen. Dies gebietet schon die Logik: Es können nicht alle mehr exportieren als importieren. Siehe auch Kapitel 10 in diesem Buch.

21 Eine verständliche Einführung in die Geldpolitik der Zentralbanken bietet Dirk Ehnts, *Geld und Kredit*.

22 Wer Spaß an gelungener Satire hat: In Kapitel 10, Abschnitt VI der *Allgemeinen Theorie* macht sich Keynes ausführlich über die konservativen Politiker lustig.

23 Wie groß der Multiplikator konkret ist, hängt davon ab, wie viel die Haushalte üblicherweise von ihrem Einkommen ausgeben – und wie viel sie sparen und damit der Nachfrage wieder entziehen. Dieses Verhältnis zwischen Konsum- und Sparneigung nannte Keynes die »Konsumfunktion«. Wie schon dargestellt, hat diese Konsumfunktion den großen Charme, dass sie relativ stabil ist: Die Ausgaben der Haushalte schwanken längst nicht so stark wie die Investitionen der Firmen. Der Staat kann also ziemlich sicher berechnen, wie viel von dem zusätzlichen Einkommen, das die öffentlichen Konjunkturprogramme erzeugen, wieder im Wirtschaftskreislauf landet. Der Multiplikator wurde nicht von Keynes entwickelt, sondern 1930 von seinem Schüler Richard Kahn. Keynes hatte 1929 in seiner Wahlbroschüre *Can Lloyd George Do It?* erstmals Beschäftigungsprogramme gefordert und indirekt bereits einen Multiplikator angedeutet. Allerdings wusste Keynes damals noch nicht, wie man diesen »Faktor der indirekten Beschäftigung« berechnen könnte. Bei einem Wanderurlaub in den Tiroler Alpen gelang Kahn dann der Durchbruch, indem er sich die Frage stellte: Warum wirkt der Multiplikator nicht unendlich? Kahn machte verschiedene »Lecks« aus, die den Nachfrageeffekt begrenzen: Die Haushalte sparen einen Teil ihres Einkommens, während die Unternehmer einen Teil der zusätzlichen Nachfrage aus ihren Lagerbeständen befriedigen – und nicht gleich neu investieren. Außerdem wird das Geld zum Teil für Importprodukte ausgegeben und fließt ins Ausland ab. Dieser Importeffekt war allerdings zu Keynes' Zeiten gering, weil der Welthandel in der Weltwirtschaftskrise weitgehend zusammengebrochen war. Heute hingegen ist es fast unmöglich, als einzelner Staat eine eigenständige Konjunkturpolitik zu betreiben, weil der Außenhandel eine enorme Rolle spielt. Nach der Finanzkrise ab 2007 waren die Konjunkturprogramme nur wirksam, weil sie von fast allen Ländern gleichzeitig beschlossen wurden.

24 Siehe auch Herrmann, *Sieg des Kapitals*, S. 176 ff.

25 John Maynard Keynes, The Keynes Plan, 1942. In: J. Keith Horsefeld (Ed.), The International Monetary Fund 1945–1965. Volume III: Documents (IMF 1969), S. 3–18.

26 Der Goldstandard war allerdings schon im 19. Jahrhundert faktisch ausgehebelt worden, indem die Außenhandelsdefizite meist nicht durch Gold ausgeglichen wurden – sondern durch Kredite, die das Weltfinanzzentrum London gewährte.

27 Konkret stellte sich Keynes beim Thema Gold eine Art Einbahnstraße vor: Es war gestattet, dass Länder ihr Gold bei der »International Clearing Bank« einzahlten, um weitere Bancor zu erhalten – und Importdefizite abzudecken. Aber der Rückkauf war versperrt: Man konnte keine Bancor einsetzen, um Gold zu erhalten.

28 Im Kern war Keynes' Idee, das Weltwährungssystem wie eine normale Bankbilanz aufzuziehen, wo sich Schulden und Vermögen ja auch ausgleichen. Und wie bei einer normalen Bank wäre es auch zu einer (sehr begrenzten) Geldschöpfung gekommen: Die »International Clearing Bank« hätte so viele Bancor produziert, wie nötig geworden wären, um Defizite und Überschüsse im Außenhandel zu verrechnen. Dies hätte auch zu mehr »echtem« Geld in der Realwirtschaft geführt. Ein Beispiel: Land A hat Exportüberschüsse, was zu einem Bancor-Guthaben führt. Diese Bancor werden von der Zentralbank geschöpft. Da der Bancor wiederum einen Festkurs zu der Währung von Land A hat, kann die Zentralbank von Land A entsprechend mehr Geld der Landeswährung »drucken«. Mit diesem »echten« Geld werden dann die Exporteure bezahlt. Es bestand jedoch nicht die Gefahr, dass unbegrenzt Bancor produziert wurden: Exportüberschüsse und Importdefizite wurden ja mit Strafzinsen geahndet. Keynes wollte nicht die Welt mit Geld fluten – sondern ein möglichst flexibles System entwerfen, das die Länder langfristig zu einem ausgeglichenen Außenhandel zwang.

29 Der US-Plan wurde von dem Harvard-Absolventen Harry Dexter White ausgearbeitet, der einer der engsten Mitarbeiter des amerikanischen Finanzministers Henry Morgenthau war. Erst später kam heraus, dass Dexter White regelmäßig die Sowjets informiert hatte. Um die Unterschiede zwischen den Papieren von Keynes und Dexter White herauszuarbeiten, erstellte das amerikanische National Bureau of Economic Research eine Synopse, die noch heute hilfreich ist: J. H. Riddle, *British and American Plans for International Currency Stabilization* (1943).

9 Der heutige Mainstream

1 Chang, *Economics: The User's Guide*, S. 79.

2 Flassbeck, *Die Marktwirtschaft im 21. Jahrhundert*, S. 43.

3 Ebd., S. 42.

4 Siehe auch Schulmeister, *Mitten in der großen Krise*.

5 Siehe auch Herrmann, *Sieg des Kapitals*, S. 181 ff.

6 Paul Krugman, Der amerikanische Alptraum. *Die Zeit*, 13. Oktober 2008.

7 Der Paritätische Gesamtverband, *Ungleichheit: Ausmaß, Ursachen und Konsequenzen.* Jahresgutachten 2016, S. 4.
8 Noonan, *When Character Was King: A Story of Ronald Reagan*, S. 66.
9 Ebd., S. 54.
10 Ebd., S. 80 ff. Der Darstellung von Noonan ist schon deswegen zu trauen, weil sie Reagan völlig unkritisch sieht: Sie hat für ihn zwei Jahre im Weißen Haus gearbeitet und ihre Biographie als Heldengeschichte gestaltet. Sie selbst wollte Reagans Opportunismus also keinesfalls kritisieren – sondern hält seinen Sinneswandel für eine Art Erweckungserlebnis.
11 Eine ausführliche Geschichte des Neoliberalismus findet sich bei Stedman Jones, *Masters of the Universe.*
12 Siehe auch Ulrike Herrmann, Ein deutscher Held. *die tageszeitung*, 3.5.2013.
13 Galbraith, *A Life in Our Times*, S. 251 ff.
14 Die deutsche Währungsreform wurde von einem Deutschen und zwei Amerikanern ausgearbeitet: von Gerhard Colm, der 1933 in die USA emigriert war, sowie von Raymond W. Goldsmith und Joseph Dodge.
15 Abelshauser, *Deutsche Wirtschaftsgeschichte*, S. 126.
16 Ebd., Tabelle 6, S. 107.
17 Ebd., S. 128 f.
18 Galbraith, *A Life in Our Times*, S. 253.
19 In die Reihe der bekennenden Erhard-Anhänger hat sich zwischenzeitlich sogar die Linken-Politikerin Sahra Wagenknecht eingereiht, die beispielsweise für das *Handelsblatt* einen Artikel verfasste, der den Titel trug »Denkt an Ludwig Erhard!« (9.12.2013).
20 Die führenden Ordoliberalen Alexander Rüstow und Wilhelm Röpke schieden ziemlich bald wieder aus der »Mont Pèlerin Society« aus, weil selbst ihnen die amerikanischen Neoliberalen zu radikal waren, die den Markt ganz sich selbst überlassen wollten. Rüstow und Röpke hingegen verstanden, dass Wettbewerb nur existieren kann, wenn der Staat eingreift und »Ordnungspolitik« betreibt. Siehe auch Stedman Jones, *Masters of the Universe*, S. 121 ff.
21 Obwohl Erhard vor allem auf den Wettbewerb setzte, hat die Regierung Adenauer natürlich auch Sozialpolitik betrieben. Besonders bekannt ist die Rentenreform von 1957. Aber dies war keine Umverteilungspolitik, wie viele bis heute glauben – sondern es wurde nur innerhalb der Klasse der Angestellten umgeschichtet: Die arbeitende Generation zahlte für die Rentner. Die Rentenreform wurde also aus den steigenden Löhnen finanziert. Wenn die Adenauer-Regierung tatsächlich Umverteilungspolitik betrieb, war diese von extrem konservativen Leitbildern geprägt: Berühmt-berüchtigt ist das »Ehegattensplitting«, das 1958 eingeführt wurde und die Hausfrauenehe subventionierte.
22 Erhard, *Wohlstand für alle*, S. 15.
23 Ebd., S. 16.
24 Ebd., S. 17.
25 Siehe auch Herrmann, *Sieg des Kapitals*, S. 65 ff.
26 Erhard, *Wohlstand für alle*, S. 200.
27 Milton Friedman, Vorwort zur ersten deutschen Ausgabe. In: Friedman, *Kapitalismus und Freiheit*, S. 23.

28 Dieser und die folgenden Absätze sind aus Herrmann, *Der Sieg des Kapitals*, S. 184 ff. entnommen.

29 Friedman, *Kapitalismus und Freiheit*, S. 23.

30 Abelshauser, *Deutsche Wirtschaftsgeschichte*, S. 392.

31 Der starke Anstieg der Ölpreise war allerdings nicht nur ökonomisch motiviert, sondern hatte auch politische Ursachen: Als Reaktion auf den Jom-Kippur-Krieg 1973 rief die Organisation erdölexportierender Länder zu einem Lieferboykott an die westlichen Staaten auf. 1979 kam es dann zur »zweiten Ölkrise«, weil durch die islamische Revolution im Iran ein wichtiges Lieferland ausfiel.

32 Soros, *Das Ende der Finanzmärkte*, S. 93 ff.

33 Zitiert nach Moore, *Margaret Thatcher*, S. 351.

34 Skousen, *The Big Three in Economics*, S. 192.

35 Galbraith, *History of Economics*, S. 271.

36 Siehe etwa Skousen, *The Big Three in Economics*, S. 192. Hayek veröffentlichte 1944 sein Buch *A Road to Serfdom* (Der Weg zur Knechtschaft), das zu einem internationalen Bestseller wurde. Selbst vielen Neoliberalen war das Buch zu extrem: Jede Form der staatlichen Steuerung wurde letztlich mit dem Faschismus und dem Sozialismus gleichgesetzt.

37 Ebenstein, *Milton Friedman*, S. 24.

38 Dieser taktisch motivierte Aufbau findet sich etwa bei Friedmans berühmter Rede von 1967 auf dem Jahreskongress der American Economic Association. Veröffentlicht unter Milton Friedman, *The Role of Monetary Policy*. In: *American Economic Review*, März 1968, S. 1–17.

39 Schon 1957 hatte Friedman eine erste Attacke gegen Keynes gestartet – mit seinem Buch *The Theory of the Consumption Function*. Dort wies er anhand von statistischen Daten nach, dass nicht nur das gegenwärtige, sondern auch das erwartete Lebenseinkommen wichtig ist, wenn man das Konsumverhalten von Haushalten erklären will. Diese Erkenntnis wich in der Tat von den Annahmen Keynes' ab, der sich keinerlei Mühe gemacht hatte, seine *Allgemeine Theorie* durch empirische Daten zu untermauern. Letztlich erwies sich aber diese erste Attacke von Friedman als Rohrkrepierer. Zum einen ist auch seine Interpretation der Konsumstatistiken keineswegs unumstritten. Vor allem aber war es für die keynesianische Theorie ziemlich gleichgültig, wie es konkret zum durchschnittlichen Konsumverhalten der Haushalte kommt. Es musste nur gelten, dass gespart wird – und dass diese Sparneigung relativ stabil ist. Dies konnte auch Friedman nicht widerlegen. Später entwickelte Friedman noch weitere Gegenargumente gegen den Keynesianismus – berühmt ist etwa sein Angriff auf die sogenannte Phillips-Kurve. Auf diese Kontroversen gehe ich hier nicht ein, weil sie mit Keynes' Originalwerk nichts zu tun haben, sondern durch die teils eigenwilligen Deutungen seiner Nachfolger ausgelöst wurden.

40 In der Langfassung findet sich die These im 7. Kapitel von Milton Friedman/Anna J. Schwartz, *A Monetary History of the US, 1867–1960* (1963). Doch Friedman verfasste auch populäre Versionen seiner These, siehe etwa Friedman, *Kapitalismus und Freiheit*, S. 69 ff.

41 Siehe Kindleberger, *Die Weltwirtschaftskrise*, S. 17 f.

42 Ebenstein, *Milton Friedman*, S. 233. Zu diesem Grabstein kam es jedoch nicht. Als Friedman 2006 starb, wurde seine Asche über der Bucht von San Francisco verstreut.

43 Zitiert nach Quiggin, *Zombie Economics*, S. 81.

44 Friedman übernahm die »Quantitätsgleichung« des Neoklassikers Irving Fisher (1867–1947): M x V = P x T. Übersetzt: Geldmenge (M) mal Umlaufgeschwindigkeit (V) = Preis (P) mal Zahl der Transaktionen (T). Wie selektiv Friedman mit den Theorien anderer Ökonomen umging, zeigt die Tatsache, dass er Fishers Theorie der Schuldendeflation ignorierte (siehe auch Fußnote 19 in Kapitel 8 in diesem Buch). Denn Fishers Erkenntnis, dass viele Firmen und Finanzanleger in der Weltwirtschaftskrise überschuldet waren, hätte ja Friedmans These widerlegt, dass allein die US-Notenbank Fed an der Depression schuld war.

45 Der Mechanismus war genau andersherum, als von Friedman unterstellt: Erst stieg die Inflation – und dann die Geldmenge. Auch dies hatte rein realwirtschaftliche Ursachen: Sobald Preise zulegen, werden Maschinen und Rohstoffe teurer. Unternehmer müssen also höhere Kredite aufnehmen, wenn sie investieren wollen. Jedes Darlehen ist aber Geldschöpfung: Mit der Inflation nimmt der Umfang der Kredite zu – und damit auch die Geldmenge.

46 Friedman, *Kapitalismus und Freiheit*, S. 59.

47 Milton Friedman, Mr. Market. In: *Hoover Digest*, 1999, Nr. 1.

48 In Großbritannien währte Friedmans Einfluss länger, aber selbst Margaret Thatcher sah ab 1985 ein, dass der Monetarismus nicht funktioniert: Blaug, *Methodology of Economics*, S. 200. Die Geldmenge lässt sich nicht quantitativ steuern, weil sie stets das letzte Glied in der Kette ist, nicht der Ausgangspunkt. Dies zeigt sich auch bei der Zinssteuerung: Wenn eine Zentralbank die Zinsen hoch setzt, um die Inflation zu bekämpfen, zielt sie damit nicht auf die Geldmenge, sondern wieder direkt auf die Realwirtschaft. Bei hohen Zinsen sind Kredite so teuer, dass kaum noch investiert wird. Die Arbeitslosigkeit nimmt zu, die Löhne stagnieren, so dass auch die Preise nicht mehr steigen. Die Geldmenge sinkt erst am Schluss: Wenn keine Kredite mehr vergeben werden, nimmt auch die Geldschöpfung ab.

49 Galbraith, *History of Economics*, S. 271.

50 Dieser und die folgenden Abschnitte folgen: Herrmann, *Sieg des Kapitals*, S. 193 f.

51 Lewis, *Liar's Poker*, S. 191.

52 So extrem die Summen der außerbörslich gehandelten Derivate sind: Früher lagen die Werte sogar noch höher. Das Maximum wurde 2013 erreicht, als der Nominalwert bei 632,6 Billionen Dollar lag. Durch die Bankenregulierung ist es gelungen, den Derivatehandel zumindest ein bisschen einzuschränken – aber er ist immer noch exorbitant. Siehe Bank für Internationalen Zahlungsausgleich, *Quarterly Review*, Dezember 2017, S. A14.

53 Comptroller of the Currency, *OCC's Quarterly Report on Bank Trading and Derivatives Activties*, Third Quarter 2017, S. 3 und 28.

54 Die Banken verteidigen sich gern mit dem Hinweis, dass die Derivate das Preisniveau bei Nahrungsmitteln nicht dauerhaft verzerren könnten, weil am Ende

das physische Angebot von Weizen oder Mais zählen würde. Das stimmt: Langfristig passen sich die Terminmärkte an die »Fundamentaldaten« an. Aber dies kann Monate dauern – oft zu lange für einen hungernden Menschen.

55 Chang, *Economics*, S. 299.

56 Turner, *Between Debt and the Devil*, S. 1.

57 Ebd., S. 24 f.

58 Auf den konkreten Verlauf der Finanzkrise kann hier nicht eingegangen werden. Wer sich für Details interessiert: siehe Herrmann, *Sieg des Kapitals*, S. 199 ff.

59 Robert Lucas, Macroeconomic Priorities. In: *American Economic Review*, März 2003, S. 1–14, hier S. 1.

60 Zitiert nach Chang, *Economics*, S. 301.

61 United States of America, *The Financial Crisis Inquiry Report*, S. 11.

62 Nur wenige Außenseiter warnten, dass es wieder zu einem Finanzcrash kommen würde. Der heute berühmteste Kritiker des Mainstreams war Hyman Minsky (1919–1996), der jedoch zu Lebzeiten kaum beachtet wurde. Minsky baute auf Keynes auf, denn anders als die meisten Keynes-Interpreten hatte Minsky sofort verstanden, dass Keynes eine Theorie des Finanzkapitalismus entwickelt hatte (siehe Minsky, *Keynes*). Minsky ergänzte Keynes, indem er eine detailliertere Psychologie der Finanzmärkte entwickelte. Minsky machte drei Phasen aus: Nach einem Crash sind die Investoren gewarnt und nehmen nur Kredite auf, die sie auch zurückzahlen können. Wenn die Wirtschaft stabil wächst, kommt es zu Phase II: Spekulation scheint sich wieder zu lohnen. Finanzanleger setzen darauf, dass die Kurse weiter steigen, und nehmen daher Kredite auf, die sie aus ihren laufenden Einnahmen nicht mehr zurückzahlen können. Nur die Zinsen können sie noch bedienen. Schließlich kommt Phase III, das »Schneeballsystem«: Selbst die Zinsen können nur noch durch neue Kredite bezahlt werden. Der Crash ist unausweichlich – und der Zyklus beginnt von Neuem.

63 Zitiert nach Turner, *Between Debt and the Devil*, S. XI.

64 Siehe Rodrik, *Economic rules*, S. 50 f.

65 Wolf, *The Shifts and the Shocks*, S. 197; Turner, *Between Debt and the Devil*, S. 28 ff.

66 Lucas ging also weiter als die »alte« Neoklassik, die sich keine weiteren Gedanken über die Zukunft gemacht hatte. Walras hatte einfach angenommen, dass rationales Verhalten möglich sei. Keynes hatte daher kritisiert, dass die prinzipielle Unsicherheit der Zukunft ignoriert würde. Lucas war extremer: Er ignorierte nicht, dass die Zukunft unbekannt ist – er leugnete dies explizit (Keen, *Debunking Economics*, S. 247).

67 Heine / Herr, *Volkswirtschaftslehre*, S. 354.

68 Smith, *Wealth of Nations*, S. 104 f.

69 Die Neoklassik geht ja davon aus, dass die Grenzkosten steigen, was wiederum höhere Preise bedeutet, wenn der Absatz zunimmt. Diese weltferne Annahme ist nötig, weil es sonst keinen perfekten Wettbewerb gäbe (siehe auch Kapitel 6 in diesem Buch).

70 Keen, *Debunking Economics*, S. 43 f. Bei den Produzenten tauchen spiegelbildlich die gleichen Probleme auf, worauf der italienische Ökonom Piero Sraffa schon 1926 hingewiesen hat.

71 Schon David Ricardo war aufgefallen, dass es in theoretische Sackgassen führt, vom subjektiven Nutzen auszugehen. Vor 200 Jahren ließ er sein Hauptwerk mit dem Satz enden: »Eine Menge von Bedürfnissen und Nützlichkeiten lässt sich nicht mit einer anderen Menge vergleichen; der Gebrauchswert kann nicht gemessen werden; er wird von verschiedenen Personen verschieden eingeschätzt.« (*The Principles of Political Economy and Taxation*, S. 292)

72 Die Neoklassik hat sich immer über Marx' Mehrwerttheorie lustig gemacht, aber dies ist unfair: Wenn Marx eine Ein-Gut-Welt unterstellt hätte wie die Neoklassik, dann hätte er sein »Transformationsproblem« sofort gelöst. Dies konnte ja nur auftauchen, wenn es mehrere Produkte gab, die mit unterschiedlich viel Technik hergestellt wurden. (Heine/Herr, *Volkswirtschaftslehre*, S. 628)

73 Zitiert nach Keen, *Debunking Economics*, S. 256 f.

74 Zitiert nach Chang, *Economics*, S. 127.

75 Zitiert nach Mirowski, *Never Let a Serious Crisis Go to Waste*, S. 279.

76 Turner, *Between Debt and the Devil*, S. 37 f.

77 Zitiert nach Mirowski, *Never Let a Serious Crisis Go to Waste*, S. 264.

78 Allein in Deutschland stieg die Staatsverschuldung durch die Finanzkrise um knapp 20 Prozentpunkte, was umgerechnet etwa 400 Milliarden Euro waren. Die direkte Hilfe für die Banken dürfte am Ende etwa 50 Milliarden Euro betragen. Viel teurer waren die indirekten Kosten durch Steuerausfälle, Konjunkturpakete und Unterstützung für die Arbeitslosen. Dieses Bild zeigt sich auch international: Im Durchschnitt mussten die westlichen Industriestaaten »nur« etwa 3 Prozent ihrer Wirtschaftsleistung aufwenden, um die Banken zu retten. Aber die Staatsverschuldung stieg im Durchschnitt um 34 Prozent. (Turner, *Between Debt and the Devil*, S. 3)

79 Zitiert nach Mirowski, *Never Let a Serious Crisis Go to Waste*, S. 178.

80 Ebd., S. 188.

81 Siehe auch Wolf, *The Shifts and the Shocks*, S. 191 f.

82 Keen, *Debunking Economics*, S. 8.

10 Was wir von Smith, Marx und Keynes lernen können

1 Friedman, *Inflation and Unemployment*, S. 267 f. Friedman verglich die Prognosefehler in der Ökonomie mit Heisenbergs Unschärferelation. Dieser Vergleich ist so falsch, dass es sprachlos macht, dass Friedman die Chuzpe hatte, diesen Unsinn bei der Verleihung der Nobelpreise vorzutragen. Die Unschärferelation gehört zur Quantenphysik und beschreibt unter anderem, dass sich auf der Ebene der Teilchen nicht gleichzeitig Ort und Impuls bestimmen lassen. Doch diese Unschärfe ist erstens genau beschreibbar – und zweitens erlaubt sie in der realen Welt sehr exakte Vorhersagen. Die Flugbahn eines Balls lässt sich absolut präzise berechnen. Beides fehlt in der Ökonomie: Weder lassen sich präzise Prognosen treffen, noch lässt sich hinterher sicher angeben, woran es

eigentlich lag, dass es anders kam als gedacht. Stattdessen ist die Zukunft prinzipiell unsicher.

2 Der britische Ökonom Tony Atkinson hat sich kürzlich die führenden Lehrbücher für Ökonomie angesehen und dabei durchgängig festgestellt, dass die Einkommensverteilung zwar in den hinteren Kapiteln kurz dargestellt wird – aber nie in der Zusammenfassung der ökonomisch relevanten Erkenntnisse erwähnt wird (Atkinson, *Inequality*, S. 15).

3 Robinson, *Economic Philosophy*, S. 41 f.; Keen, *Debunking Economics*, S. 124. Siehe auch Simon, *Preisheiten*, S. 59 ff. zur »Kostenplus-Methode«.

4 Einer der weltweit führenden »Preisberater« ist Hermann Simon. In seinem Standardwerk *Preisheiten* kommt der Begriff »Grenzkosten« nicht vor (siehe Index, S. 284 ff.). Simons Buch ist allerdings auch ein wunderschönes Beispiel dafür, dass selbst Experten der betrieblichen Preisfindung nicht verstehen, wie Geld volkswirtschaftlich funktioniert: Simon würde gern den Goldstandard wieder einführen (S. 47).

5 Um eventuelle Verwechslungen zwischen Mikroökonomie und Betriebswirtschaft zu vermeiden: Die Mikroökonomie ist ein Teil der Volkswirtschaftslehre und befasst sich mit dem vermeintlichen Verhalten aller Haushalte und Firmen und versucht dort Gesetzmäßigkeiten zu erkennen. Die Betriebswirtschaftslehre hingegen sieht sich ganz konkret an, wie Unternehmen geführt werden: Da geht es um Themen wie Managementtechniken, Formen der Kreditfinanzierung, die Organisation des Cash-Flows etc.

6 Chang, *23 Things*, S. 23 f.

7 Ebd., S. 30.

8 Deutsche Schutzvereinigung für Wertbesitz (DSW), zitiert nach dpa, 7.7.2016

9 Die eleganteste Lösung wäre, wenn die Europäische Zentralbank zumindest einen Teil der Schulden einfach aufkaufen würde, die die Krisenländer erdrücken. Eine Inflation wäre nicht zu befürchten: Es handelt sich nur um die Bereinigung von Altschulden.

10 Flassbeck, *Marktwirtschaft*, S. 17 f.

11 Freihandel ist vor allem für Industriestaaten vorteilhaft, die auf dem höchsten technologischen Stand sind. Siehe dazu auch Herrmann, *Freihandel – Projekt der Mächtigen*, sowie Chang, *Kicking Away the Ladder*.

12 Siehe Mazzucato, *The Entrepreneurial State*.

Literatur

Abelshauser, Werner, *Deutsche Wirtschaftsgeschichte. Von 1945 bis zur Gegenwart* (Beck 2011)

Allen, Robert C., *Global Economic History. A Very Short Introduction* (Oxford University Press 2011)

Allen, Robert C., *The British Industrial Revolution in Global Perspective* (Cambridge University Press 2009)

Ambrosi, Marlene, *Jenny Marx. Ihr Leben mit Karl Marx* (Weyand 2015)

Aristoteles, *Nikomachische Ethik* (Reclam 1969)

Atkinson, Anthony B., *Inequality. What Can Be Done?* (Harvard University Press 2015)

Bach, Stefan / Andreas Thiemann, Hohes Aufkommenspotential bei Wiederbelebung der Vermögenssteuer. In: *DIW-Wochenbericht* 4/2016, S. 79–89

Bagehot, Walter, Adam Smith as a Person, 1876. In: *The Works of Walter Bagehot, Volume III* (Hartford 1891), S. 269–306

Bank für Internationalen Zahlungsausgleich, *Quarterly Review*, Dezember 2017

Beckert, Sven, *King Cotton. Eine Globalgeschichte des Kapitalismus* (Beck 2014)

Bernstein, Eduard, *Die Voraussetzungen des Sozialismus und die Aufgaben der Sozialdemokratie*, 1899 (rororo 1969)

Berry, Christopher J. / Maria Pia Paganelli / Craig Smith (Eds.), *The Oxford Handbook of Adam Smith* (Oxford University Press 2013)

Blanchard, Olivier, *Macroeconomics*. Fifth Edition (Pearson 2009)

Blaug, Mark, *Economic Theory in Retrospect*. Second Edition (Heinemann 1968)

Blaug, Mark, *The Methodology of Economics. Or How Economists Explain.* Second Edition (Cambridge University Press 1992)

Blomert, Reinhard, *John Maynard Keynes* (rororo 2007)

Blomert, Reinhard, *Adam Smiths Reise nach Frankreich oder die Entstehung der Nationalökonomie* (Die Andere Bibliothek 2012)

Bodsch, Ingrid (Hg.), *Dr. Karl Marx. Vom Studium zur Promotion – Bonn, Berlin, Jena* (Stadtmuseum Bonn 2012)

Braunberger, Gerald, *Keynes für jedermann. Die Renaissance des Krisenökonomen* (Frankfurter Allgemeine Buch 2012)

Broadberry, Stephen / Kevin H. Rourke (Eds.), *The Cambridge Economic History of Modern Europe, Volume I: 1700–1870* (Cambridge University Press 2010)

Bröckers, Mathias / Stefan Reinecke (Hg.), Christian Semler, *Kein Kommunismus ist auch keine Lösung* (taz.die tageszeitung 2013)

Bürger, Hans / Kurt W. Rothschild, *Wie Wirtschaft die Welt bewegt. Die großen ökonomischen Modelle auf dem Prüfstand* (Lesethek 2009)

Chang, Ha-Joon, *Kicking Away The Ladder. Development Strategy in Historical Perspective* (Anthem Press 2003)

Chang, Ha-Joon, *23 Things They Don't Tell You about Capitalism* (Penguin 2011)

Chang, Ha-Joon, *Economics: The User's Guide* (Penguin 2014)

Clark, Christopher, *Iron Kingdom. The Rise and Downfall of Prussia 1600–1947* (Penguin 2007)

Comptroller of the Currency, *OCC's Quarterly Report on Bank Trading and Derivatives Activities*, Third Quarter 2017 (Washington 2017)

Darwin, John, *Unfinished Empire. The Global Expansion of Britain* (Penguin 2013)

Davenport-Hines, Richard, *Universal Man. The Lives of John Maynard Keynes* (Basic Books 2015)

Eagleton, Terry, *Why Marx Was Right* (Yale University Press 2011)

Ebenstein, Lanny, *Milton Friedman: A Biography* (Palgrave Macmillan 2007)

Ehnts, Dirk, *Geld und Kredit: eine €-päische Perspektive* (metropolis 2015)

Engels, Friedrich, Briefe aus dem Wuppertal, 1839. In: *Karl Marx / Friedrich Engels – Werke*, MEW, Band 1 (Dietz 1976), S. 413–432

Engels, Friedrich, Umrisse zu einer Kritik an der Nationalökonomie, 1844. In: MEW, Band 1 (Dietz 1976), S. 499–524

Engels, Friedrich, Die Lage der arbeitenden Klasse in England. Nach eigner Anschauung und authentischen Quellen, 1845. In: MEW, Band 2 (Dietz 1976), S. 225–506

Engels, Friedrich, Grundsätze des Kommunismus, 1847. In: MEW, Band 4 (Dietz 1974), S. 361–380

Engels, Friedrich, *Herrn Eugen Dührings Umwälzung der Wissenschaft (»Anti-Dühring«)*, 1878 (Dietz 1948)

Engels, Friedrich, Die Entwicklung des Sozialismus von der Utopie zur Wissenschaft, 1882. In: MEW, Band 19 (Dietz 1962), S. 189–228

Engels, Friedrich, *Ludwig Feuerbach und der Ausgang der klassischen deutschen Philosophie*, 1886. In: MEW, Band 21 (Dietz 1962), S. 291–307

Erhard, Ludwig, *Wohlstand für alle* (1957) (Anaconda 2009)

Fellmeth, Ulrich, *Pecunia non olet. Die Wirtschaft der antiken Welt* (Wissenschaftliche Buchgesellschaft 2008)

Finlay, Moses I., *The Ancient Economy*. Second Edition (Penguin 1985)

Fisher, Irving, The Debt-Deflation Theory of the Great Depression. In: *Econometrica* 1933, S. 337–357

Flassbeck, Heiner, *Die Marktwirtschaft im 21. Jahrhundert* (Westend 2011)

Friedman, Milton, *Kapitalismus und Freiheit*, 1962 (Eichborn 2002)

Friedman, Milton, Mr. Market. In: *Hoover Digest* 1999, Nr. 1

Friedman, Milton, The Role of Monetary Policy. In: *The American Economic Review*, März 1968, S. 1–17

Friedman, Milton, *Inflation and Unemployment, Nobel Memorial Lecture*, 1976, http://www.lexissecuritiesmosaic.com/gateway/sec/speech/1976_friedman-lecture.pdf

Galbraith, John Kenneth, *A Life in Our Times* (Houghton Mifflin 1981)

Galbraith, John Kenneth, *A History of Economics. The Past as the Present* (Hamish Hamilton 1987)

Galbraith, John Kenneth, *The Affluent Society, 1958*. Updated and with a New Introduction by the Author (Penguin 1999)

Haakonssen, Knud (Ed.), *The Cambridge Companion to Adam Smith* (Cambridge University Press 2006)

Habib, Irfan, *Indian Economy Under Early British Rule 1757–1857* (Tulika Books 2013)

Hansen, Alvin H., *A Guide to Keynes* (McGraw-Hill 1953)

Harrod, Roy, *The Life of John Maynard Keynes* (Norton 1951)

Harvey, David, *A Companion to Marx's Capital* (Verso 2010)

Heilbroner, Robert L., *The Worldly Philosophers. The Lives, Times, and Ideas of the Great Economic Thinkers* (Touchstone 1999)

Heine, Michael/Hansjörg Herr, *Volkswirtschaftslehre. Paradigmenorientierte Einführung in die Mikro- und Makroökonomie*. 4. Auflage (Oldenbourg 2013)

Herrmann, Ulrike, *Hurra, wir dürfen zahlen. Der Selbstbetrug der Mittelschicht* (Piper 2012)

Herrmann, Ulrike, *Freihandel – Projekt der Mächtigen* (Rosa-Luxemburg-Stiftung 2014)

Herrmann, Ulrike, *Der Sieg des Kapitals. Wie der Reichtum in die Welt kam: Die Geschichte von Wachstum, Geld und Krisen* (Piper 2015)

Herrmann, Ulrike, Über das Ende des Kapitalismus. In: *Le Monde diplomatique*, April 2015, S. 3

Hicks, J. R., Mr. Keynes and the »Classics«. A Suggested Interpretation. In: *Econometrica*, Vol. 5, 1937, S. 147–159

Hobsbawm, Eric, *The Age of Revolution 1789–1848* (Abacus 2010)

Hobsbawm, Eric, *The Age of Empire 1875–1914* (Abacus 1994)

Hobsbawm, Eric J. (Ed.), *The History of Marxism. Volume I: Marxism in Marx's Day* (Harvester Press 1982)

Hobsbawm, Eric J., *How to Change the World: Marx and Marxism 1840–2011* (Little, Brown 2011)

Hont, Istvan/Michael Ignatieff (Eds.), *Wealth and Virtue. The Shaping of Political Economy in the Scottish Enlightenment* (Cambridge University Press 1983)

Horn, Gustav A., *Wirtschaftliche Krisen bewältigen. Neue Erkenntnisse aus den jüngsten Krisen* (Springer Gabler 2016)

Hume, David, *Essays*, 1752 (Liberty Fund 1985)

Hume, David, *My Own Life*, 18.4.1776, http://socserv2.socsci.mcmaster.ca/econ/ugcm/3ll3/hume/humelife

Hundert, E. G., *The Enlightenment's Fable. Bernard Mandeville and the Discovery of Society* (Cambridge University Press 1994)

Hunt, Tristram, *The Frock-Coated Communist: The Life and Times of the Original Champagne Socialist* (Penguin 2010)

Jameson, Fredric, *Representing Capital. A Reading of Volume One* (Verso 2011)

Jones, Owen, *The Establishment. And How They Get Away With It* (Allan Lane 2014)

Kahn, Richard F., *The Making of Keynes' General Theory* (Cambridge University Press 1984)

Kahneman, Daniel, *Thinking, Fast and Slow* (Penguin 2011)

Kaufmann, Stephan / Ingo Stützle, *Kapitalismus: Die ersten 200 Jahre. Thomas Pikettys »Das Kapital im 21. Jahrhundert« – Einführung, Debatte, Kritik* (Bertz + Fischer 2014)

Keen, Steve, *Debunking Economics: The Naked Emperor Dethroned?* Revised and Expanded Edition (Zed Books 2011)

Keynes, John Maynard, *Indian Currency and Finance*, 1913

Keynes, John Maynard, *The Economic Consequences of the Peace*, 1919 (Digireads 2011)

Keynes, John Maynard, *A Tract on Monetary Reform*, 1923 (BN Publishing 2008)

Keynes, John Maynard / Hubert D. Henderson, *Can Lloyd George do it? An Examination of the Liberal Pledge*, 1929

Keynes, John Maynard, *Essays in Persuasion*, 1931 (Norton 1963)

Keynes, John Maynard, *The General Theory of Employment, Interest and Money*, 1936 (BN Publishing 2008)

Keynes, John Maynard, The General Theory of Employment. In: *The Quarterly Journal of Economics*, 1937, S. 209–223

Keynes, John Maynard, The Keynes Plan, 1942. In: J. Keith Horsefeld (Ed.), *The International Monetary Fund 1945–1965. Twenty Years of International Monetary Cooperation, Volume III: Documents* (IMF 1969), S. 3–18

Kindleberger, Charles P., *Die Weltwirtschaftskrise 1929–1939* (dtv 1973)

Kindleberger, Charles P., *A Financial History of Western Europe.* Second Edition (Oxford University Press 1993)

King, John E., *David Ricardo* (Palgrave Macmillan 2013)

Kisch, Egon Erwin, *Karl Marx in Karlsbad* (Aufbau 1983)

Kliem, Manfred, *Karl Marx und die Berliner Universität 1836 bis 1841* (Beiträge zur Geschichte der Humboldt-Universität zu Berlin 1988)

Knieriem, Michael (Hg.), *Die Herkunft des Friedrich Engels. Briefe aus der Verwandtschaft 1791–1847* (Schriften aus dem Karl-Marx-Haus Trier 1991)

Körner, Klaus, *Karl Marx* (dtv 2008)

Koo, Richard C., *The Holy Grail of Macroeconomics. Lessons from Japan's Great Recession*. Revised and Updated (Wiley 2009)

Koo, Richard C., The World in Balance Sheet Recession. Causes, Cure, and Politics. In: *Real-World Economics Review 58*

Kraus, Hans-Christof, *Englische Verfassung und politisches Denken im Ancien Régime 1689–1789* (Oldenbourg 2006)

Krugman, Paul, *Introduction to The General Theory of Employment, Interest and Money, by John Maynard Keynes*, http://www.pkarchive.org/economy/GeneralTheoryKeynesIntro.html, ursprünglich veröffentlicht am 3.7.2006

Krugman, Paul, *The Conscience of a Liberal* (Norton 2007)

Kurz, Heinz D., *Geschichte des ökonomischen Denkens* (Beck 2013)

Kurz, Heinz D. / Neri Salvadori , *The Elgar Companion to David Ricardo* (Elgar Publishing 2015)

Kurz, Heinz D. / Richard Sturn, *Schumpeter für jedermann. Von der Rastlosigkeit des Kapitalismus* (Frankfurter Allgemeine Buch 2012)

Kurz, Heinz D. / Richard Sturn, *Adam Smith für jedermann. Pionier der modernen Ökonomie* (Frankfurter Allgemeine Buch 2013)

Lepenies, Philipp, *Die Macht der einen Zahl. Eine politische Geschichte des Bruttoinlandsprodukts* (edition suhrkamp 2013)

Lewis, Michael, *Liar's Poker. Two Cities, True Greed: Playing the Money Markets* (Coronet 1989)

Limmroth, Anne, *Jenny Marx. Die Biographie* (Dietz 2014)

Linß, Vera, *Die wichtigsten Wirtschaftsdenker* (Marix 2014)

Lucas, Robert E., Macroeconomic Priorities. In: *American Economic Review*, März 2003, S. 1–14

MacLean, Nancy, *Democracy in Chains: The Deep History of the Radical Right's Stealth Plan for America* (Penguin 2017)

Mandeville, Bernard, *The Fable of the Bees: or Private Vices, Public Benefits*. Erweiterte Erstausgabe 1723 (J. Wood 1772)

Marx, Karl, Zur Kritik der Hegelschen Rechtsphilosophie. Einleitung, 1844. In: MEW, Band 1 (Dietz 1976), S. 378–391

Marx, Karl / Friedrich Engels, Manifest der Kommunistischen Partei, 1848. In: MEW, Band 4 (Dietz 1959), S. 459–493

Marx, Karl, *Der achtzehnte Brumaire des Louis Bonaparte 1852.* Mit Kommentar von Hauke Brunkhorst (Suhrkamp 2007)

Marx, Karl, Zur Kritik der Politischen Ökonomie. Vorwort, 1859. In: MEW, Band 13 (Dietz 1961), S. 7–11

Marx, Karl / Friedrich Engels, *Briefe über »Das Kapital«* (Dietz 1954)

Marx, Karl, *Das Kapital*, Band I, 1867. In: MEW, Band 23 (Dietz 1962)

Materna, Ingo / Wolfgang Ribbe (Hg.), *Brandenburgische Geschichte* (Akademie Verlag 1995)

Mazzucata, Mariana, *The Entrepreneurial State. Debunking Public vs. Private Sector Myths* (Anthem Press 2014)

McCraw, Thomas K., *Prophet of Innovation: Joseph Schumpeter and Creative Destruction* (Harvard University Press 2009)

Meek, Ronald L. (Ed.), *Precursors of Adam Smith 1750–1775* (Dent 1973)

Minsky, Hyman, *John Maynard Keynes*, 1975 (McGraw Hill 2008)

Minsky, Hyman, *Can It Happen Again? A Reprise* (Bard College 1982)

Mirowski, Philip, *Never Let a Serious Crisis Go to Waste. How Neoliberalism Survived the Financial Meltdown* (Verso 2014)

Misik, Robert, *Marx verstehen* (Anaconda 2012)

Moggridge, Donald E., *Maynard Keynes. An Economist's Biography* (Routledge 1992)

Monroe, Arthur Eli (Ed.), *Early Economic Thought. Selected Writings from Aristotle to Hume* (Dover 1951)

Moore, Charles, Margaret Thatcher. *The Authorized Biography*. Volume I: *Not For Turning* (Allen Lane 2013)

Nasar, Sylvia, *Grand Pursuit. The Story of the People Who Made Modern Economics* (Fourth Estate 2011)

Noonan, Peggy, *When Character Was King: A Story of Ronald Reagan* (Penguin 2001)

Ötsch, Walter / Stephan Pühringer / Katrin Hirte, *Netzwerke des Marktes. Ordoliberalismus als politşche Ökonomie* (Springer VS 2017)

Offer, Avner / Gabriel Söderberg, *Nobel Factor: The Price in Economics, Social Democracy and the Market Turn* (Princeton University Press 2016)

Pasinetti, Luigi L., *Keynes and the Cambridge Keynesians. A »Revolution in Economics« to be Accomplished* (Cambridge University Press 2007)

Phillipson, Nicholas, *Adam Smith. An Enlightened Life* (Penguin 2011)

Piketty, Thomas, *Capital in the Twenty First Century* (Harvard University Press 2014)

Quiggin, John, *Zombie Economics. How Dead Ideas Still Walk Among Us* (Princeton University Press 2010)

Ricardo, David, *The Principles of Political Economy and Taxation,* 1821 (Dent 1911)

Riddle, J. H., *British and American Plans for International Currency Stabilization. Chapter I: Features of the Plans* (US National Bureau of Economic Research 1943), S. 1–21

Roberts, Richard, *Saving the City. The Great Financial Crisis of 1914* (Oxford University Press 2013)

Robinson, Joan, *Economic Philosophy* (Penguin 1964)

Rodrik, Dani, *Economic Rules. Why Economics Works, When It Fails, and How To Tell The Difference* (Oxford University Press 2015)

Ross, Ian S., *The Life of Adam Smith*. Second Edition (Oxford University Press 2010)

Schremmer, Eckart, *Steuern und Staatsfinanzen während der Industrialisierung Europas: England, Frankreich, Preußen und das Deutsche Reich 1800 bis 1914* (Springer 1994)

Schulmeister, Stephan, *Mitten in der großen Krise. Ein »New Deal« für Europa* (Picus 2010)

Schumpeter, Joseph A., *The Theory of Economic Development,* 1911 (Transaction Publishers 1983)

Schumpeter, Joseph A., *Capitalism, Socialism and Democracy,* 1942 (Harper 2008)

Simon, Hermann, *Preisheiten. Alles, was Sie über Preise wissen müssen* (Campus 2013)

Sinclair, John (Ed.), *The Statistical Account of Scotland 1791–1799, Volume X: Fife* (EP Publishing 1978)

Skidelsky, Robert, *John Maynard Keynes, 1883–1946: Economist. Philosopher. Statesman* (Penguin 2003)

Skidelsky, Robert, *Keynes. A Very Short Introduction* (Oxford University Press 2010)

Skousen, Mark, *The Big Three in Economics: Adam Smith, Karl Marx and John Maynard Keynes* (Routledge 2007)

Smith, Adam, *An Inquiry into the Nature and Causes of the Wealth of Nations*, 1776 (Oxford University Press 2008)

Smith, Adam, *Letter to William Strahan*, 9.11.1776, http://www.ourcivilisation.com/smartboard/shop/smitha/humedead.htm

Soros, George, *Das Ende der Finanzmärkte – und deren Zukunft. Die heutige Finanzkrise und was sie bedeutet* (FinanzBuch Verlag 2008)

Sprenger, Bernd, *Das Geld der Deutschen. Geldgeschichte Deutschlands von den Anfängen bis zur Gegenwart* (Schöningh 1991)

Sraffa, Piero, The Laws of Returns Under Competitive Conditions. In: *The Economic Journal*, 1926, S. 535–550

Sraffa, Piero, Introduction to Ricardo's Principles. In: Sraffa, Piero (Ed.), *The Works and Correspondence of David Ricardo, Volume I* (Cambridge University Press 1951), S. XIII–LXV

Statistisches Bundesamt, *Bildung und Kultur, Personal an Hochschulen 2014*, Fachserie 11, Reihe 4.4. (Wiesbaden 2015)

Statistisches Bundesamt, *Statistisches Jahrbuch 2017* (Wiesbaden 2018)

Stedman Jones, Daniel, *Masters of the Universe. Hayek, Friedman, and the Birth of Neoliberal Politics* (Princeton University Press 2012)

Stelter, Daniel, *Die Schulden im 21. Jahrhundert. Was ist drin, was ist dran und was fehlt in Thomas Pikettys »Das Kapital im 21. Jahrhundert«* (Frankfurter Allgemeine Buch 2014)

Stewart, Dugald, *Account of the Life and Writings of Adam Smith LL.D.*, 1793, http://socserv2.socsci.mcmaster.ca/econ/ugcm/3ll3/smith/dugald

Teusch, Ulrich, *Jenny Marx. Die rote Baronesse* (Rotbuch 2011)

Tooze, Adam, *The Deluge. The Great War and the Remaking of Global Order* (Penguin 2015)

Tucholsky, Kurt, *Kurzer Abriss der Nationalökonomie*, 1931, http://www.textlog.de/tucholsky-nationaloekonomie.html

Turner, Adair, *Between Debt and the Devil. Money, Credit and Fixing Global Finance* (Princeton University Press 2016)

United States of America, *The Financial Crisis Inquiry Report. Final Report of the National Commission on the Causes of the Financial and Economic Crisis in the United States* (Washington 2011)

van Treeck, Till / Janina Urban (Hg.), *Wirtschaft neu denken: Blinde Flecken in der Lehrbuchökonomie* (iRights 2016)

Wapshott, Nicholas, *Keynes – Hayek. The Clash That Defined Modern Economics* (Norton 2012)

Wehler, Hans-Ulrich, *Deutsche Gesellschaftsgeschichte*. Zweiter Band: *1815–1845/49* (Beck 1987)

Weischedel, Wilhelm, *Die philosophische Hintertreppe. 34 große Philosophen in Alltag und Denken* (dtv 1975)

Wolf, Martin, *The Shifts and the Shocks. What We've Learned – and Have Still to Learn – from the Financial Crisis* (Allen Lane 2014)